ARCHITECTUS JENENSIS

Abbildung

Der

Jenischen Gebäuden

Das ist:

Die F. S. Residentz-Stadt

JENA

Nach ihren Umbfange / Mauren /
Graben / Fischteichen /Zwingern / Thoren / Thürmen
Glocken / Zeigern / Vorstädten / Gassen / Plätzen
Wohnhäusern / Schlosse / Rathhause / Mühlen / Back-
Schlacht- Maltz- Brau Häusern / Kellern / Garkü-
chen / Gasthöfen / Wirthshäusern / Herbergen /Apo-
theken / Terminienhäusern / Spitälen / Capellen
Klöstern / Tempeln oder Kirchen / Leich- und Grab-
schriften / Schulen / Collegien / Auditorien / Consisto-
rien / Bibliothecken / Communität oder
Convictorio und Mediciner
garten ꝛc.

Entworffen von aller derselben Liebhaber und Genüser

M. Adrian Beiern

Der Kirchen daselbst Archi-Diac.

Druckts und verlegts Samuel Adolph Müller /1681.

Bibliografische Information der Deutschen Nationalbibliothek:
Die Deutsche Nationalbibliothek verzeichnet diese Publikation in der Deutschen
Nationalbibliografie; detaillierte bibliografische Daten sind im Internet über
http://dnb.dnb.de abrufbar.

2018 **pitdejene**

Dieses Buch ist eine Reproduktion des Originals aus dem Jahr 1681. Durch das
neu gesetzte Layout stimmen die Seitenzahlen nicht mehr mit dem Original überein.
Zum Nachschlagen und zum Nutzen des Registers/Inhaltsverzeichnisses (am Ende
des Buches) sind an den äußeren Rändern die genauen Stellen der originalen Seiten-
umbrüche dargestellt.

Herstellung und Verlag: BoD – Books on Demand, Norderstedt

ISBN: 978-3-748-1118-63

J. J.
Nach Standes Gebühr
hoch und viel zu ehrender
Leser.

Demselben ist vor etzlichen Jahren ein Büchlein, Geographus Jenensis benamt, vorgelegt und communiciret worden, dessen Annehmligkeit dahero abzunehmen, daß solches bald hernach anderweit auffgeleget und zum Druck befodert werden müssen. In welchem beschrieben worden die Gegend der F. S. Residentz- und Universität Stadt Jehna, oder die umliegende und angräntzende Oerter derselbigen. Und weiln durch Veranlassung dessen, bey vielen eine Begierde entstanden, den Ort, um welchen andere so nahmhaffte, und von vielen denckwürdigen Begebenheiten bekant wordene Plätze gelegen, dermahl einst selbst, und zwar durch eben den Autorem vorgestellet zubekommen, als von deme ——II Sie gute Nachricht aus obigen vermuthet, und solches nicht nur ein, sondern unterschiedliche mahl an Ihn gelanget, von andern auch ein mehrers, und insonderheit ein Jahr-Buch oder so genante Jehnische Chronica verlanget worden, hat Er solches Ihm vor eine sonderbare Ehre geschätzet, und bewegen lassen, aus seinem promptuario, wie man es nennen möchte, oder denen von Ihm also genanten Athenis Salanis, nach seinem unermüdetem Fleiße dergleichen heraus zuziehen, und in Teutzsche Sprache zu übersetzen, darmit Er Gelehrt- und Ungelehrten, und also desto mehrern Leuten nach seinem verliehenem Pfunde dienen möchte. Inmassen denn die Annales in unterschiedenen Bänden, nicht alleine affectiret, sondern bey nahe zum Stande bracht, wenn anders dergleichen Geschicht-Bücher eine Endschafft erreichen können, deren materia oder Zugang unerschöpflich ist. In seinem hohen Alter noch, hat Er sich an den von ihme selbst also genan- ——III ten Architectum Jenensem gemachet, an vielen Orten eingetragen, was etwa merckwürdig, und seind der Verfassung wargenommen worden, solches mit eigener Hand umgeschrieben und zum Druck verfertiget. Eine Arbeit, deren sich einer von solchen Jahren, mit Amts- und Hauß-Geschäfften sonst beladener Greiß (denn Er solches in seinem 74. Jahr verrichtet) nicht leicht unterziehen wird, nicht allen auch die Inclination und Gaben darzu verliehen sind. Dem Verfasser aber dieses gegenwärtigen Büchleins hat nicht allein die gütige Natur eine sonderbare Zuneigung vielerhand alt und neuer Geschicht zu erforschen und beschreiben eingepflanzet, sondern auch das Geschick selbsten das seine herbey getragen, und ihn gleichsam mit gutem Bedacht an einen solchen Ort gesetzet, deme es weder an alten noch neuen, und einer ausführlichen Beschreibung wolwürdigen Geschichten ermangelt. Wie denn eben die Zeit in deme zutreffen, und Er mit diesem 17den Seculo jung werden müssen, denn Er den 9. Aug. 1600. gebohren, damit beydes die verjungte Welt zu neuen Begebenheiten fruchtbar, es am Zeuge zu schreiben nicht ermangeln, als auch dieser künfftige Geschicht-Schreiber alles selbst mit anschauen, theils selbst mitleiden und verrichten helffen könne, und bey wachsenden Leibs und Gemüths Kräfften uffs fleissigste auffzuzeichnen, sich nicht verdrüsen liese. Damit ihme dann um so weniger Gelegenheit zur Sache gebräche, hat nicht allein geschehen müssen, daß Er bey die sechzig Jahre, eine wenige Zeit, die Er in seiner Jugend zu Anschauung ander Oerter angewendet, abgezogen, beständig allhier zubrächte, sondern auch ein dergleichen Ehren-Amt bedienete, dem so gar keine Veränderung menschlicher Fälle, der Geburth, Ehestandes, Kranckheit und Absterbens verhohlen bleiben können, daß vielmehr eine versamlete Christl. Gemeinde durch ihn und seines Amts-Genossen, deren öffentlich berichtet werden muß. Sein Stand gab Anlaß, mit literatis und denen Herren von einer wol-löbl. Universität zu conversiren, sein Haußwesen hieß ihn mit der Bürgerschafft, und nach Gelegenheit auch mit Bauren umgehen. Sein Amt schaffte, daß ihme Thür und Thor zu Tag und Nacht offen stunden, damit ihme auch in deme, was den Augenschein erfordert, nichts abginge, den mündlichen Bericht daraus zu bestärcken, wie denn niemand gewesen, der ihn nicht auf Begehren gern berichtet, sondern auch von freyen Stücken was ihme bewust angebothen, als wolte man bey ihm eine Vorraths Kammer und Magazin aufrichten, da mans uffn Bedarff strack finden könte. Solche affection hoher und niederer Personen verursachte in ihm eine sonderbare observanz und Gegen-Liebe zu allen, und der Segen Gottes, den Er diß Orts genossen, verband ihn zu einer Danckbarkeit, die er anders nicht gewust besser an Tag zu geben, als durch tägliche Uffzeichnung sich dessen immer selbst zuerinnern, durch Verfassung gewisser Schufften, ein beständiges Andencken bey den seinigen zu erhalten, auch so viel an ihm, die jenigen so um und bey uns wohnen, oder nach uns auffkommen werden, dessen mit zu berichten, alles zu des Höchsten Lob, diesem guten Ort zu

Aufnehm- und Ehren, und der darinnen jemahls befindlichen tapffern Leute zu schuldigem Nachruhm. Solchem nach hat Er sich vorgenommen, unter dem Namen Athenarum Salanarum, vermuthlich zur Nachfolge des berühmten Niederländers Dominici Baudii, der ehemahls Athenas Batavas, und darmit die Universität Leyden in Holland beschrieben, den allhiesigen Ort, und darinnen zuförderst die Leute, welche denselben entweder bewohnet oder doch beherrschet, so denn auch die Geschichte, welche die Einwohner und deren Obrigkeit theils selbst verrichtet, zum Theil sich mit ihnen oder zu ihrer Zeit begeben haben, zusammen zu tragen und in Lateinischer Sprache zu beschreiben, worzu die lange Zeit, unveränderliche Wohnung dieses Orts, und allgemeine conversation, deren oben gedacht, wie auch sein unermüdeter Fleiß und innerliche Zuneigung das ihrige gethan. Er war auch bereits im 1642. Jahre so weit gediehen, daß Er dem Werck seine vollkommene Gestalt geben, und in sieben Tomos eintheilen können, und durffte nunmehr nicht, als was sich unter der Hand begeben, solches, gleich einer Bienen, gehörigs Orts eintragen. Ich kan Zeuge seyn, daß Er nicht unterlassen, so bald er des Sontags aus der Früh-Predigt zu Hause gelanget, das jenige so auff Verordnung und nach eingeführtem Brauch, eine wollöbliche Universität öffentlich anschlagen oder austheilen lassen, an seine ordentliche Stelle zu bringen, und was ad historiam academicam gehöret, auszuzeichnen, ehe denn er einen Bissen Speise genossen, damit ja nach der Mahlzeit nicht etwas anders in Weg käme, so ihn hieran verhindern könte, es musten so gar über die programmata Register gemachet seyn, kein carmen ward ausgetheilet, welches doch mancher wol ehe zu andern Brauch zu verwenden pfleget, das er nicht auffgehoben, und absonderlich verwahret, weil es ad notitiam historicam, wie er pflegte zu antworten, dienete. Hierdurch nun wuchsen seine collectanea, daß vieler Orten der, bey der Eintheilung gelassene Raum nicht zugelanget, sondern appendices, paralipomena und dergleichen gemachet werden müssen. Mit dieser seiner Arbeit nun, war er so eisern oder eckel nicht, daß er auff Ersuchen vornehmer Leute, derer Schedulæ noch in guter Anzahl bey handen, denen nicht solte gedienet und gantze Tomos, mit eingelegten Zeichen, wo jedwedes verlangte zu finden, willigst solte zu Hauße geschicket haben, wodurch er manchen Danck, und den Nahmen eines fleissigen und sorgfältigen antiquarii bekommen, daß von seinen Schrifften viel sagens gewesen, und selbige von Einwohnern und Auswärtischen verlanget worden. Nachdem mahl aber der bereits beniemte Anwachs der Materien und Bücher den Autorem vermuthen heissen, daß solches auf einmahl zu verlegen, eben so schwere Kosten, als ^{IX} Mühe dem Verfasser gestehen würde, es auff einmahl also einzurichten, wie es die Würdigkeit der Sache erfordert, so hat er beydes theilen und leichter machen wollen, dannenhero vor vielen Jahren schon einen Vortrab unter dem Nahmen Syllabus Rectorum & Professorum sehen lassen, deme denn ein dergleichen Syllabus Judicum in Curia provinciali, Ordinariorum in Facultate juridica wie auch Pastorum & Diaconorum in Ecclesia beygefügt gewesen. Deme eine Zeit hernach der Geographus Jenensis gefolget, weisende die Gegend, wo der Ort gelegen, davon mit solchem apparatu gehandelt werde, und folget numehr seine Gestalt und Ansehen, so viel die Gebäude und Situation belanget. Was aber noch zurück, sind (1.) Magistratus Jenensis (2.) Ecclesiastes Jenensis, oder die Stadt Jena, nach dero hohen und niedern Obrigkeit, so wol religion und Gottesdienst, welches beydes gewesen, ehe und bevor das Kleinod der Universität dahin verleget worden. So dann erst würde kommen (3.) Plantator Academiæ Jenensis, so wol (4.) Rector und (5.) Professor Academiæ Jenensis, ausführlicher als in ^X dem obvermeldetem Syllabo, und (6.) der Promotor academicus den Trupp der Personen schliessen, damit (7.) der so offt erfragten Jehnischen Chronik Platz gemacht, und nach solchen annalibus Jenensibus endlich (8.) mit der Thuringia antiqua-nova beschlossen werden könne, wie denn solche bereits in Teutzscher Sprache überbracht, ausgezogen, in sechs Bücher eingetheilet vorhanden. Wie es aber mit Verfassung dergleichen Historischer Bücher zugeschehen pfleget, daß man nimmer alles bey sammen, und da auch gleich die alten Geschichte aufs fleissigste verzeichnet wären, sich ehe etwas neues zugetragen müste, das auffzuzeichnen wäre, also ists auch dem Urheber obiger Bücher und dieses gegenwärtigen Werckleins insonderheit ergangen, an seinem müglichen Fleiß hat er nichts erwinden lassen, wie ihme der Leser selbst wird Beyfall geben. Aber er ist ein Mensch gewesen, vor welchem sich leicht etwas verborgen halten, und er es über gehen, oder es hat sich ihme unvollkommen und unter einer ^{XI} duncklen Gestalt vorstellen, und er es anders als es in Warheit gewesen, ansehen und erkennen, dahero im urtheilen darüber irren und fehlen können. Es fehlet in solchen alten Geschichten entweder an besserer Nachricht, oder, man kan sich derer so man gebrauchen muß, nach verlangen und wie es seyn solte, nicht bedienen, wenn alte unleserliche Schrifften unter die Hände kommen, wenn man anderer Leute mündlichen Bericht trauen muß, ja es fehlet öffters an der Zeit, einem Dinge vorher besser nachzusinnen, solches zu ergründen, eigentlich vorzustellen, und gnug geschickte Wort dazu zu finden, oder nachgehends ein und anders besser einzurichten. Endlich übereylet uns der Tod, daß, was wir hätten thun sollen oder wollen, andern überlassen müssen, so entweder unserer Meinung nicht berichtet, oder der Sache so wenig als wir, recht kundig sind, oder es nicht wagen mögen. Vor mich gestehe ich, daß mir des Verfassers Person heilig, und seine Arbeit bey mir, der ich unter seiner Hand auferwachsen, iedesmal in solchem concept gewesen, daß ich was daran zu endern, vor bedenklich gehalten. Denn so viel historica belanget, bin ich sein Schüler, und muß von ihm lernen, so viel den Vortrag und führende Redens Art betrifft, ist sein stylus ausser dem bekant, wie nicht weniger sein aufrecht Teutzsch Gemüth, als einem historiographo und theologo nicht wol anderst zukömmet. So hat er vor sich verträglich gelebt, und niemals gesucht mit Wercken oder Worten iemand zu reitzen, wolte auch nu nicht wol heraus kommen, über ein Wort mit einem Toden sich zu ärgern. Wiewol mich doch solchen Fleisses im durchlesen nicht rühmen kan, daß mir dergleichen mochte vorkommen seyn, dar sich ein Vir cordatus solte anstossen mögen. Solte gleichwol etwas anzutreffen seyn, welches der Historischen Warheit unähnlich, und iemand eines bessern gründlich berichtet wäre, der wolle so gütig seyn, und uns dessen theilhafft machen, es soll mit rühmenden Danck erkennet werden. Solte sich etwas finden, dadurch mancher gedencken möchte, daß seinem Recht und Parthey etwas zugelegt sey, der wisse, daß solches præter intentionem Autoris geschehen, wie ihme denn niemand wolle zutrauen, daß er iemanden etwas abzusprechen gesinnet gewesen, denn er keinen JCtum sondern Historiographum abgeben, und nicht Jura, sondern facta tractiren wollen. Düncker manchem, ein factum sey nicht lob-würdig, und er selbst daran interessiret, und hätte lieber gesehen, daß es stillschweigend übergangen worden, der wolle bedencken, wie das Amt eines Geschichtschreibers nicht an eitel gute Wercke gebunden, sondern wie er sie findet, so nimt er sie, und wissen wir ja alle, daß ein ieder unter uns kein Engel, sondern menschlichen Gebrechen unterworffen sey. Man melde sich nur selbst nicht vor aller Welt, durch bezeugtes Unvergangen über solcher Schrifft, warum verdreußt uns, daß von andern gedacht wird, welches zu thun wir uns nicht geschämet? Ist aber aber einer, der sich durch Lästerung an dem Verstorbenen, oder durch Beschädigung an dessen Nachbliebenen zu rächen dencket, der schone lieber seyn selbst, denn die Läster-Zunge wird von der Erbarn Welt beschämet werden, der Verfolger aber des Höchsten-Rache nicht entgehen. Es verstehet sich aber der Vorredner zu jedwedem des Besten, und wil, neben des Verfassers Arbeit, auch seine Person des Lesers gütigem Wolwollen, einen aber mit dem andern des Höchsten Schirm befohlen haben.

Architectus Jenensis

Abbildung

Der Jenischen Gebäuden.

Das erste Capitel,

Von der Fürstl. S. Residentz-
Stadt Jena Umfang.

Unlängst hat sich sehen lassen unser Geographus Jenensis, oder die Abbildung der Jenischen Gegend, Grund und Bodens, das ist die Stadt Jena beschrieben nach ihrem Nahmen, Lobe, Ursprung, Alter, Unfälln, Patronen, Lage, angräntzenden Ländern, Städten, Marcktflecken, Schlössern, Dörffern, Wassern, Brunnen, Bächen, Strömen, Brücken, Bergen, Thälern, Haynen, Höltzern, Forsten, Weidichten, Feldern, Wiesen, Ahräckern, Wein-Obst und Kraut-Gärten.

Nunmehr kömmet herfür unser Architectus Jenensis, oder die ─── 2 Abbildung der Jenischen Gebäuden, das ist, die Stadt Jena beschrieben nach ihrem Umfange, Mauren, Graben, Fisch Teichen, Zwingern, Thoren, Thürmen, Glocken, Uhr-Weisern oder Zeigern, Vorstädten, Gassen, Plätzen, Wohn-Häusern, Schlosse, Rahthause, Mühlen, Back- Schlacht- Maltz- Brau- Häusern, Kellern, Garküchen, Gasthöfen, Apotheca, Terminien-Häusern, Spittaln, Capellen, Clöstern, Tempeln oder Kirchen, Gottes-Acker, Leichsteinen, Grabschrifften, Epitaphien, Schulen, Collegien, Auditorien, Bibliotheca, Convictorio oder Communität, Medicinischen Garten. Von diesen allen soll ordentlich gehandelt werden.

Nach dem Umfang ist die Fürstl. S. Residentz-Stadt Jena zu betrachten. Andere Historici und Topographi, Geschicht- und Ort-Beschreiber, mögen sich verlieben an andern grossen Städten, solche zu beschreiben, entweder die Stadt Aglar, Aquilegia in Friaul, (in foro Julii) welche die andere Stadt Rom, und Sitz der Römischen Keyser genennet wird. Oder die Stadt Eri in Persien, ─── 3 welche die Persianer, wegen vieler wohlriechender Rosen, genennet die *Rosen-Stadt.* Oder die Stadt Malaca in Ober-India, welche wegen ihres Meerhafens vor das centrum commerciorum, das ist, vor den Mittelpunct, Grund und Boden der Kauffmannschafft gehalten wird. Oder die Stadt Rom, welche weyland gewesen ist ein Haupt der Welt, ein Schloß der Könige, ein Licht der Völcker, und ein Schirm aller Länder. Oder die Stadt Hispahan in Parthien, welche von den Persiern vor den halben Theil der Welt geachtet wird. Oder die Stadt Pariß, und Rothmägen (Rouan) in Frankreich. Als ihr König Franciscus I. vom Keyser Carolo V. gefraget wurde, welches die gröste Stadt darinnen wäre? Antwortet er: *Rothmägen.* Als der Keyser weiter fragte, was er dann von Pariß hielte? Gab er zur Antwort: *Pariß sey nicht eine Stadt, sondern vielmehr ein gantzes Land.* Wie solches vermeldet Petrus Matthæus in Historia Heinrici IV. Gall. R. lib. 6. Oder Erffurt in Thüringen, welches die Bauren heissen: *Das gantze Land.*

4   Ich will mich an meinem lieben *Jena* verlieben, und mich mit ihr gleichsam verloben. Sie ist weder zu klein, noch zu groß, sondern eben recht. Kleine Städtgen oder Marckflecken sind einem Dorff ähnlicher, als einer feinen Stadt. Churfürstens von Sachsen Friderici des Dritten dieses Nahmens, und der Weise genannt, kurtzweiliger Rath, Claus von Ranstädt, soll von Ranstädt, seinem Vaterland, im vorüber-reiten, einsmal diese Schimpff- und Schertz-Rede gesagt haben: *Pfuy dich, du garstige Stadt, wie ein schönes Dorf wärest du.* Julius Wilhelm Zingkräff hat viel seiner weisen und klugen Reden aufgezeichnet, und einverleibet den Apophthegmaten Teutscher Nation, oder sinnreichen Reden im ersten Theil, p. 375. 386. mit dieser Uberschrifft: *Claus von Ranstädt in Meissen, Churfürstens Friderici III. von Sachsen, Narre.*

     Grosse Städte sind gleich der Miltz, iemehr die im Leibe zunimmet, iemehr nehmen die andern Glieder abe, welches weiland

5   von der Stadt Bizantium, hernach Constantinopel genannt, der Kirchenlehrer Hieronymus, und von der Stadt Londen in Engeland, gesagt hat Thomas Lansius in Orat. contra Britan. p. 700. Denn dieweil diese Stadt Londen zur Zeit des Gvilhelmi Normanni hat viertzig tausend Fußgänger, und zwey tausend Reuter können hergeben, und noch hundert und ein und zwantzig Kirchen (so viel die Stadt Rom nicht) gezehlet, so ist die Rechnung leichtlich zu machen, daß in derselben Gegend, und üm sie herüm, wenig grosse Städte zu finden und zu zählen seyn.

     Der Umfang der Stadt Jena, nicht nach seinen Vorstädten, sondern nach seinen Zwingern, Mauren und Graben, ähnlichet keinem länglichen Ey, wie die Stadt Ulm in Schwaben, auch keiner runden Boßkugel, sondern sie ist viereckigt.

(Die Stadt Rom ist anfangs Circkelrund, darnach viereckicht erbauet gewesen. Demsterus ad Antiquit. Roman. Rosini l. 1. c. 2.)

Europa ist das vierdte Theil der Welt, des kugel-runden Erd-kreises, darinnen ̗Teutschland, und in Teutschland Thüringen ⎯⎯ 6 liegt, und in demselbigen unsere Stadt Jena, und hat an sich die Gestalt eines fliegenden Drachens, wie Strabo schreibet, oder eines sitzenden Weibesbilds, wie Cluverus will: Dessen Haupt *Hispania*, Der Hals *Franckreich*, der Leib *Teutschland*, Der Bauch *Polen*, Der rechte Arm *Italia* oder *Welschland*, Der Lincke aber *Engeland, Schottland, Irrland, Dennemarck, Schweden, Norwegen*. Die anderen Landschafften sind unter ihrem Rock, oder Kleidern ausgebreitet. Henr. Schævius in seiner Geographi fol. 3.

Das Meissen-Land liegt in Gestalt eines Trianguli oder Dreyangels. Venedig in Gestalt einer Lauten oder Leyer. Gallia oder Franckreich in Gestalt eines Brettes, darauf die Ruder ge-bunden werden. Das Königreich Arragonia in Gestalt der Fuß-stapffen eines Menschen. Die gantze Welt oder Erdkreiß in Ge-stalt eines Reitrockes, (instar Chlamydis) M. Herm. ̗Oelschlegel in ⎯⎯ 7 Imaginum Hierogl. 49. Die alte drey-theilhafftige Welt: (Europa, Asia, Africa) in Gestalt eines Kleeblats, in dessen Mitten der Stiel die Stadt Jerusalem. Welches Kleeblat ist der Stadt Hanover in Sachsen, meines Vaterlandes, Wapen. Also schreibet M. H. Bünting. in Itineratio SS. Scripturæ p. 1. fol. 4. Belgium, oder Nieder-Teutschland, hat die Gestalt eines Löwens. Hispanien hat die Gestalt einer ausgespanneten Kuh- oder Ochsen Haut. Schlesien hat die Gestalt eines Wechsel-Tisches oder Rechen-Banck (instar Trapezii). Italia, oder Welschland, hat die Gestalt eines Eichblats. Peloponesusi (Morea oder die Peninsulen in Achaja) hat die Ge-stalt eines Blats an Ahorn. Die Anfurt bey einer Stadt in der Landschafft Calabria hat die Gestalt eines Hirsch-Geweihes. Das Meer Genezareth in Galilæa hat die Gestalt einer Zitter. Das Morgenländische Meer hat die Gestalt des Buchstabens Y (Literæ Pythagoricæ.) Oelschlegel d. l. Hierogl. 49.

Wenn ich den Umfang der Stadt Jena, nach ihren Mauren, Graben und Vo̗rstädten, verblümter Weise beschreiben sol, wolte ⎯⎯ 8 ich es vergleichen einem fliegenden Adler, oder anderem Vogel, der von Abend aus dem Mühlthal, gegen Morgen nach dem Jän-zig-Berge, von Niedergang gegen Aufgang der Sonnen seinen Flug nehme. Der Kopff wäre der Steinweg, als die Vorstadt vor dem Saalthor, der Leib, die Stadt innerhalb der Mauer. Der rechte

13

Flügel wäre die Vorstadt vor dem Löberthor, der lincke Flügel aber, die Vorstadt vor der Pforten oder Schloßbrücken. Der Schwantz were die Vorstadt vor dem Johannisthor.

D. Conradus Dieterich, Lib. 1. de conscribendis Orationibus c. 10. p. 105. schreibet von der Stadt Giessen in Hessen, (in welcher auch Musæ und Gratiæ, die freyen Künste und Christliche Tugenden wohnen) daß sie in einer Stunde könne ümgangen werden. Den Umfang der Stadt Jena, nach den Mauren, dreyen Thoren und einer Pforten, kan einer in einer guten halben Stunde, aber nach den vier Vorstädten, kaum in zwey Stunden ümgehen. Wer solchen Spatziergang wil zur Lust vor sich nehmen, der gehe durch das Lobderthor, nach der Neugasse durch das neue Thor, begebe sich nach dem Leuterbach hinan zum Lotter- oder Leuterborn, von dannen nach den Oel- und Walck- Mehl- und Pappier-Mühlen, auf die Landstrassen herein zu dem unlängst (A.C. 1668. den 29. Junii) abgebrochenen Gemäuer des Erffurtischen Thurms, auff die lincke Seiten hinan zu dem Critzgraben, nach dem Campo Philosophico, und dem Siech Spittel zu S. Jacob, von dannen durch das Zwetzener-Thor hinter dem Gasthof zum schwartzen Beeren, nach dem S. Niclas-Brüder- und Studenten-Spittel, über die kleine Saalbrücken, auff die lincke Hand nach den Gerbers-Häusern und Wiesen-Grund der Insul. Umgehe dieselbige nach dem rechten Arm des Saalstrohms heran zu ihrem Wehr und Land-Veste, die Frauen-Gassen hinein auf den Stein-Weg, bey der Badstube, Weiber-Spittel und neuen Schlachthause gegen die Krietgassen nach den Paradiß-Wiesen, auf den neuen Bau, durch das neue Thor herein.

Diß wird ein lustiger Spatziergang seyn üm die gantze Stadt Jena, und üm ihre vier Vorstädte, auf zwey gute Stunden, so das Wetter gut ist, früh oder gegen Abend, im Frühling, Sommer und Herbst. Da wird er hören die Vögel singen, da wird er beyde Arm des Saalstrohms sehen fliessen, und darinnen die Fische schwimmen, und offt springen, da wird er seine Augen weiden an den hohen Bergen, an den tieffen Thälern, an den grünen Wiesen, an den lustigen Weidichten, an den wohlbestellten Feldern, an den schönen Wein- Obst- und Kraut-Gärten.

Von solchen und dergleichen Spatziergang sonderlich durch das Paradiß und das Weidicht, hat M. Joh. Stigelius, Anfangs zu Wittenberg, hernach allhier zu Jena Professor und zwar A.C. 1548.

den 19. Martii, der erste, solche Andachten aufgesetzet, in Lib. 5.
Elog. 50.

> Qui nemora a hæc transis, & culta vireta, viator,
> atq hæc herbosi cana salicta soli,
> Garritûsque audis avium ling vasque sonoras,
> Et sparsum doctô gutture dulce melos.
> ˏContemplare animo, quid simus, & unde volucres,   11
> hinc aliquid, mentem, quod juvet, esse potest.
> Vivimus immunes curarum, & nescia culpæ
> turba, piæ volucres, innocuumque genus.
> Cantando extrahimus quantum Deus annuit ævi,
> & celebrat verum vox quoque nostra Deum.
> Sic erit æternæ ratio placiddissima vitæ
> ante Deum, electis gaudia plena ferens.
> Aures simplicitas dulces meditabitur hymnos
> præsentem gaudens concelebrare Deum.
> ˏVita fovens alacres gaudendo inno xia mentes,   12
> Lætitiæ æternæ regula semper erit.
> Vera Deum pleno spectans sapientia fructu
> gaudebit summum docta videre Deum.
> Grata Deum dulci concentu Ecclesia laudans,
> perpetua æternæ gaudia pacis aget.
> Hoc tibi dum nostri monstramus imagine cantûs,
> auribus an duræ possumus esse tuis?

Von dem Spatziergang aus Jena über die beyden Saalbrücken,
durch die Dörffer Cambsdorff und Wenigen-Jena, durch den
Thalstein nach dem Marcktflecken Cunitz, auf den Gleißberg und
niedergerissenem Schloß, singet er und saget ˏalso zu seinem da-   13
mahls verhofften Collegen M. Victorino Strigelio, P.P. und ersten
Decano der Philosophischen Facultät, Vol. 2. Poëmat. Lib. 3. Eleg. 20.
p. 183.

> Per varias rupes, per tot ludibria venti
> speratâ, mentis victor in arce steti.
> Et gaudens patriæ thesauros cernere terræ,
> subjectas oculis sum licitatus opes.
> Thessala miretur, miretur & Itala Tempe,
> Ebria Pegaseis Musa Maronis aquis.
> Pax modo non desit, frugali candida vitæ
> hic mihi, & hic Musis non aliena domus.

15

Hic ego Pegaseas Christi servire Camœnas,
hic faciam numeris astra sonare meis.
Quod si etiam mecum mi Victorine suisses,
jampoterat penitus Jena placere tibi.
Sed placet, hocque unum tibi Vir doctissime, cordi est,
hoc Christo ut possis grata docere polo.
Sint magni, quicung nihil nisi magna loqvuntur,
nos juvet esse Deo, quod jubet esse Deus.
Nil vitæ utilius, nil Christo gratius ipsi,
quam memorem officii quemlibet esse sui.

Das ander Capitel

Von der Fürstl. S. Residentz-Stadt Jena Mauren

Nach den Mauren ist die Fürstl. S. Residentz-Stadt Jena zu betrachten. Denn bey einer Stadt finden sich ihre Theil und ihre Häuser. Jene sind zufälliger Weise die Mauren und die Vorstädte, fürnemlich aber die Gassen und die Plätze. Diese sind in gemein die Nähr- und Wohn-Häuser, insonderheit die Lehr-Häuser, als Kirchen und Schulen, so wohl die Wehr-Häuser, als Rath- und Gerichts-Häuser.

Die Mauren machen eigentlich keine Städte, sonst müsten viel Städte in Engelland und Teutschland, auch weyland zu Sparta bey den Lacedæmoniern, keine Stadt gewesen seyn. Als ihr König Agesilaus gefraget wurde, warüm seine königliche Stadt Sparta nicht ümmauret were? Der Bürger Tapferkeit, sagt er, ist ihre Mauer. Die Stadt Bamberg in Francken ist ohne Mauer und Wall weiland gewesen, weil Kunegunda, Keyser Heinrich des II. Heiligen und Lahmen Gemahlin mit einem seidenen Faden sie soll ümzogen, und in ihr patrocinium und Schutz genommen haben. Cluten. in Sylloge rerum quotidian. thes. 24. Dannenhero wird sie noch anitzo von den Päbstlern genennet der Seidene Faden, Schnur oder Band der heiligen Kunegunden. Bruschius in Catal. Episc. German. Diesem Bißthum hat gemelter Keyser die 4. weltlichen Churfürsten des Reichs, auff gewisse Maße, zu Lehnleuten gemacht, welche auch von ihm, durch ihre Vicarien solche Lehen empfahen. Als der Böhme durch die Auffsäße, Der Pfältzer durch die Pommersfelder, Der Sachse durch die Ebner, und der Brandenburger durch die Rotenhahn. Joh. Limnæus aus Jena, eine Zierde seines Vaterlandes, Tom. III. Jur. Publ. lib. 3. cap. 7. n. 77. 78. p. 86.

Die Mauren der Stadt Jena sind gebauet nicht von Kreyden, wie die Stadt Cano in Africa. Auch nicht von Holtze, wie etliche Städte in Moscau, welche mit hohen Zäunen und starcken Pfalen befestiget seyn. (Die Athenienser haben sich uff Befehl des Oraculi Pythiæ und nach des Themistoclis Auslegung, in höltzernen Mauren, das ist, in Schiffen wieder Xerxem, der Persier König beschützet.) Sondern von Steinen, nicht von künstlichen Ziegelsteinen, wie die Kornstädte Pithon und Raemses in Aegypten, uf Befehl des Königes Pharaonis Omenophis, erbauet wurden, nicht _17 ohne unerhörte neue Frohndienste der Israeliter, Exod. 1. v. 8. 14. Und hernach anfangs die Stadt Rom, von welcher C. Octavius Cæsar Augustus, der andere Römische Keyser den Spruch, und Lob-Wort zuführen pflegte: Rom habe ich funden auffgebauet von Ziegelsteinen, und hinterlasse sie ausgebauet von Marmelsteinen. Lateritiam inveni, marmoream Romam relinquo.

Die Mauren der Stadt Jena sind gemacht nicht dreyfach, wie zu Constantinopel in Thracien. Auch nicht siebenfach, wie zu Campanel im Indischen Königreich Cambaja, sondern einfach, auswendig mit tieffen Graben, inwendig mit Zwingern, darbey drey Thore und eine Pforte. Durch jene gehet die Landstrasse, durch diese allein der Fußsteig.

Die Mauren der Stadt Jena sind nicht etwan gestern oder ehegestern auffkommen, sondern haben nun eine lange Zeit gestanden. Vielleicht ist Jena noch ehe ümmauret gewesen als Leipzig in Meissen, und Eisenberg im Osterlande. Welche Marggraff Otto zu Meissen, Laußnitz und Osterland, der Reiche genant, hat ümmauren lassen, und ist gestorben A.C. 1189. Denn _18 A.C. 1353. hat Landgraff Friderich zu Thüringen, Marggraff zu Meissen, Osterland und Landsberg, Graff zu Orlamünda und Herr zu Pleissen, dem Rath und Bürgern zu Jena die Vollmacht gegeben, die Stadt auswerts der Mauren gegen dem Saalthor zu befestigen, und mit Einwilligung der Clerisey die Niclaß-Capell und Spittal zu bauen. Daraus folget, daß sie auch domals an andern Orten ist ümmauret und befestiget gewesen.

Die Mauren der Stadt Jena sind baufällig, bedürffen einen andern Demosthenem, Ctesiphonetem und Æschinem. Der erste besserte die Mauren zu Athen, thäte aber keine Rechnung. Der andere erkandte dem Demostheni eine güldene Krone zu. Der dritte klagte den Ctesiphontem an, daß er dem Demostheni eine güldene Krone hette zuerkandt, ehe derselbe die Baurechnung abgeleget hette. Wie Plutarchus darvon schreibet.

19 Unsre baufällige Stadt-Mauer ist gegen Norden und den Fürsten-Keller und Garten ergäntzet worden A.C. 1661. üm dem Herbst, unter dem Regiment Georgii Pascasii, N.P.C. und zugleich Syndici, darzu auch die wohllöbliche Universität mit ihren Gliedern gutwillig gesteuret, und ich selber einen Reichsthaler beygetragen habe. Dergleichen Beytrag ist auch vorher geschehen A.C. 1655. da ich einen Reinischen Gülden zum Brückenbau, und hernach A.C. 1664. da ich einen Ducaten oder 2. Reichsthaler zur Ausfegung des Stadtgrabens von der Schloßpforten an, nach dem Sal- und Lobderthor beygetragen habe.

Obgleich die Stadtmauer noch an etlichen Orten, sonderlich bey dem Johannes-Thore baufällig ist, iedoch ist sie daselbsten mit Pallisaten oder spitzigen langen Pfalen und Bauhöltzern vor einen Anfall befestiget. *NB.* Die beste Mauer in dem XXXII. Jährigen Kriegswesen (von A.C. 1618. biß 1650.) ist gewesen Gottes gnädiger Schutz und Schirm. Da lässet Gott der Herr einer feurigen Mauer sich vergleichen, Zach. 2. v. 5. *Ich will, spricht der Herr eine feurige Mauer ümher seyn, und will mich herrlich darinnen erzeigen.*

20

Irrdische und leibliche Festungen und feste Mauren sind mancher Stadt sehr nützlich, aber den ümligenden Städten, Marckflecken und Dörffern offt schädlich.

A.C. 1636. im November oder Wintermonat nahmen die Schwedischen die Stadt Erffurt mit Accord ein, das ist, die Stadt ergab sich gutwillig den Schwedischen, und räumeten ihnen die Cyriaxburg ein. Was vor Steuren das Land uff XII. Meilen üm sie herüm gegeben hat, nicht Jährlich, nicht Quartälich, sondern oft Monatlich, das kan ohne Seuffzen nicht gesaget und geklaget, ohne Threnen nicht beschrieben und gelesen, ohne Wehe und Schmertz nicht bedacht und betracht werden.

Was Georgius Sabinus, sonst Schüler genant, der erste Magnificus Rector zu Königsberg in Preussen (von A.C. 1544. den 17. Aug.) von Festungen und festen bemaureten Städten hat gehalten, das ist zusehen aus seinem allhier folgenden Carmine in Libr. Epigramat. p. 278. 279.

21

NB Nunmehr ist A.C. 1679. daselbst die Stadtmauer von neuen auffgeführet, auch der dabey ligende Zwinger erhöhet worden.

Quando ruinosis stabant circumdata muris
oppida, nec præceps, fossa nec agger erat.
Inclyta dum belli Germania laude vigebat,
hoste tibi nullos incutiente metus.
At fossis postquam nunc es munita profundis,
aggeribusque urbes vallat amœna tuas.
Nunc virtute cares, nunc supplex porrigis ultrò
omnibus imbelles hostibus ipsa manus.
Grandia quod trepidos formidine cornua cervos,
Hoc tua te fossis mœnia cincta juvant.

Die Mauren der Stadt Jena sind so wohl als andere, Heilig zu achten und zuhalten. Nicht allein weil der Jenige den Kopff verwircket, der sich daran vergreiffet. Sondern auch weil der Einwohner darfür streiten soll, solte er auch darbey und darüber sein Leib und Leben lassen J. Limnæus tom. III. Jur. publ. lib. 7. cap. 1. num. 23. p. 8. 9. 22

Die Mauren der Stadt Jena sind nutzbar. Theils wegen des Schutzes, dann auf und von den Mauren kan den feindseligen Belägerern Wiederstand gethan werden. Theils wegen der Schau-Lust, denn auff den Mauren kan man sich weit und breit ümsehen. Theils wegen des Unterschieds, denn die Mauren scheiden die Stadt und die Vorstädte von einander. Die in der Stadt gewohnet, sind eigentlich die Bürger genennet, und von Hand und andern Frohndiensten befreyet worden.

Meine Geburts-Stadt Glauchau an der Mulda, unter den Frey-Herrn von Schönburg, hat zwo Vorstädte, Ober- und Unter. Darzu auch die Wohnhäuser auff dem Wericht gehören, welche auch eine eigene Vorstadt machen könten, und eine iede Vorstadt hat ihren sonderlichen Richter. Die Stadt aber ihren Vogt und Bürgermeister. Ob gleich alle Einwohner in der Stadt und in den zweyen Vorstädten Bürger genennet werden, und das Braurecht haben, iedoch sind allein diejenigen, so in der Stadt wohnen, von Hand- und Jagt- und andern Frohnen befreyet, nicht aber diejenigen, so in zweyen Vorstädten und uf dem Wericht hausen, denn diese müssen mit uff die Wolffs-Jagt und Schaff-schere gehen, und die Weiber mit der Flachs Arbeit frohnen. 23

Allhier in Jena werden zwar alle Einwohner in und vor der Stadt, genennet Bürger, und haben das Braurecht zugleich, (wofern einieder über 30. Groschen jährlich von seinen Gütern schosset) iedoch haben die in der Stadt vor denen, die in den vier

Vorstädten wohnen, einen Unterschied. 1. Wegen der Frondiensten am Mühlbache, damit werden allein die Vorstädter beleget. A.C. 1676. wurden die Bürger zur Erweiterung des Gartens an dem Fürstenkeller mit klingenden Spiel auf- und abgeführet, nicht aus Schuld und Pflicht, sondern zur Lust und Kurtzweil, ohne Zwang, aber auch ohne Lohn. 2. Wegen der Ehrenämpter. Ob gleich auch aus den Vorstädten Herren von der Gemeine und Rathsverwandten erwehlet werden, iedoch keine Richter, und keine Bürgermeister. 3. Wegen des Vorzugs. Die Vorstädter haben zwar ihre eigene Vormünder, aber sie werden nicht ehe zu Rath gezogen, es seyn denn alle drey Stadt-Räthe beysammen. Im übrigen bleibts zu Jena bey dem gemeinen Sprichwort, welches bey dem Johann Agricola unter seinen 750. teutschen Sprichwörtern ist das 244. und lautet im 126. Blat also: *Bürger und Bauer scheidet nichts denn die Mauer. Bürger heissen wir Teutschen, so in gemauerten Städten wohnen, Bauren aber, die ausserhalb der Mauren wohnen. Nun ist gar ein schlechter Unterscheid, so Bauren und Bürger scheidet, nichts, denn allein die Mauer. Daß also ein Bürger nichts mehr ist, denn ein Bauer, der Mauer halber, und nicht Frömmigkeit halben. Ist ein Bauer verständig und vollrath, so ist er höher denn ein Bürger, der da heisst Wenigrath. Es wollen die Bürger Edler seyn, denn die Bauren, aber Bürger und Bauer scheidet nichts denn die Mauer. So weit Agricola.*

Das dritte Capitel
Von der Fürstl. S. Residentz Stadt Jena Graben.

Nach den Graben ist die Fürstl. S. Resodentz Stadt Jena zu betrachten.

Die Graben sind üm und üm die gantze Stadt von einem Thore zu dem andern ausgemauret, tieff gnug, fest gnug, aber nicht so weit und breit, daß ein Dorff darinnen erbauet were, wie in dem Stadtgraben zu Meissen, von welchen das Rätzel ist gemacht worden. Welche Stadt ist mit drey Flüssen ümgeben, und hat drey Schlösser auff einem Berge, in dessen Stadtgraben liegt ein Dorff, in welchem eine Brücke höher ist, als ihr Tempel. Georg. Fabricius lib. 1. Annal. Urbis Misnæ fol 17.

Die Graben sind offenbar und gangbar, daß man gerings üm die Stadt gehen kan. Wiewohl bey der Schloß- und Zugbrücke ein Unterschied A.C. 1669. gemacht ist wegen der wilden Schweine und anderer Thiere, die darinnen gehalten und versperret werden.

Die Graben haben ihren Nutz zu allen Zeiten. In Friedens Zeiten haben die Bürger in dem Graben an dem Johannes-Thore mit Büchsen und Armbrusten sich geübet, und wird deswegen noch der Schießgraben genennet. Wiewohl heute zu Tage uff der Landfeste bey der grossen Salbrücke nach der Scheibe und Ziel geschossen wird. Unweit gegen über ist der Waschgraben, bey welchen der Leuterbach bey dem Thore in die Stadt läufft, und darinnen schellen die Wäscherin ihr Geräthe aus, und waschen —27 zugleich mit den Mäulern und mit den Bläueln, die sie in Händen führen. Dannenhero wird manches Weibesbild wol ehemals eine *Wasche*, eine *Klatsche*, eine *Drösche* genennet. Denn in Backhäusern, in Badestuben, in Waschgraben höret man immer was neues, ehe Lügen, als Warheit.

In Kriegszeiten sind die tieffen, festen, weiten Stadtgraben ein Schutz und Schirm wieder die streiffenden Rotten, und kan der gantze Leuterbach im Nothfall darein geleitet, und darmit erfüllet werden. Zu dem Ende, aus Furcht wegen des Türcken Krieges, und anderer Ursachen hat Hertzog Bernhard I. zu Sachsen A.C. 1664. den 12. Sept. die Anordnung gemacht, daß die mit vielen Schutt gefüllten Stadt-Graben von der Schloßbrücke an gegen dem Sal- und Lobder-Thore musten ausgestochen, und tieffer gemacht werden, und wurde fünff Bürgern eine Ruthe auszuführen zuerkennet.

In diesen Stadtgraben, sonderlich von der Schloßpforten an hinauff zum Johannes- und Lobderthore stunden nicht allein hohe Erlen, sondern auch andere Obst- Nuß- und Birnbäume, —28 aber sie sind domals fast alle deswegen ausgerottet worden.

Das vierdte Capitel,
Von der Fürstl. Sächs. Residentz-Stadt Jena Fischteichen.
Nach den Fischteichen ist die Fürstl. S. Residentz-Stadt Jena zu betrachten.

Obgleich üm die diese Stadt-Mauren und Graben nicht so viel Helder- und Fischteiche zufinden und zusehen sind, als üm die Stadt Weimar, darin der schöne Quellbach, genand die Lotta, fleusst, und etliche Mühlen aus und innerhalb der Stadt treibet. Jedoch hat sie etliche zu ihrer Notturft, Lust und Nutz, und zwar dreye. (Dünckelspiel eine uhralte Reichsstadt in Schwaben, am Wasser Wernitz, soll so viel Teiche und Weyher haben, als Tage im Jahr seyn. Dresserus von Städten in Teutschland p. 161. Es sind aber 365. Tage in einem Jahre und 6. Stunden. Wie dieser Schulverß zeichnet und zeuget:

⌊LXV. *tria CCC sex horas continet annus,*
Hæ bissextilem dant quarto quolibet anno.)

Die drey Fischteiche liegen theils in dem Stadtgraben, und zwar nur einer unter der Brücken des andern und euersten Lobderthors. Als er A.C. 1626. abgelassen und ausgefischet, wurde darinnen ein noch in Windeln eingewickeltes Kindlein gefunden. Wer daran schuldig, das weiß Gott, dessen beyde geistliche Augen, das Auge der Allgegenwärtigkeit, und das Auge der Allwissenheit alles sehen, und dessen beyde Hände, die Hand der Gerechtigkeit, und die Hand der Allmächtigkeit alles richten und rächen. Der Weltkreiß ist voll Geistes des Herren, und der die Rede kennet, ist allenthalben, Sap. I. 7. *Die Augen des Herren sind viel heller denn die Sonne, und sehen alles, was die Menschen thuen.* Syr. XXIII. 28. *Schrecklich ists, in die Hände des lebendigen Gottes zu fallen. Ebr.* X. v.

31. Theils aber neben ⌊dem Stadtgraben, und zwar die andern zweene vom Johannsthore biß zum Löbderthore. Jener nimmet zu sich das Wässerlein aus dem Leuterbache, und leitet es seinem Nachbar zu, durch eine Rinne über den Graben, durch die Stadtmauer oben beym Collegio Academico. Dieser aber emphähet es von jenem, und theilet es aus, in einer Rinne durchs Löbderthor in die Löbdergasse.

Es ist aber der Mittelteich ohngefehr A.C. 1659. uff beiden Seiten am Rande mit Weiden beleget und befestiget worden, darunter die Fische desto kühler wieder die heissen Sonnenstrahlen, und desto sicher wieder die Fischottern und Nacht-Diebe seyn können.

Es sind aber diese drey Fischteiche zu betrachten nicht allein nach ihrer Lage, sondern auch nach ihren Wol- und Mißbrauch.

Der Wolbrauch gehet auff den Nutzen. Das Wasser aus dem Mittelteiche fleust theils in den untern Fischteich unter der Brücken, theils in die Vorstadt des Lobderthors hinter dem Gasthofe, genandt der Halbemond nach der Frosch- und Krietgassen in die Saale, theils durchs Löbderthor in die von ihm genandte Löbder-

gassen, hinter ⌊dem Rathhause, den Marck hinunter in die Ober- und unter Lauengassen zum Saalthor hinauß bey der Badestuben in die Mühllache, oder lincken Arm des Salstrohms. Auff diese Weise erfrischet das Wasser aus diesem Mittelteiche die Fische im untern Brückenteiche, und reiniget die Gassen in der Stadt und vor dem Lobderthore.

Jährlich üm den Tag Ægidii, wenn der alte Rath ab- und der neue Rath antritt, wird einer aus diesen dreyen Teichen gefischet, und die Karpen unter die Rathspersonen ausgetheilet, auch unter das Predigtampt. Dafür sage ich einem wolweisen und gutthätigen Stadt-Rath in meinem und in meiner Ampts- und Fischgenossen Nahmen grossen Danck, und wünsche ihnen von Gott einen jährlichen reichen Fischzug, wie der Apostel Petrus und seine Gesellen erfahren haben, mehr als einmahl, Luc. V. 7. Johan. XXI. 6. II.

Der Mißbrauch gehet auff den Schaden, den erfähret mancher Mensch entweder aus Trunckenheit und Unvorsichtigkeit, oder aus Muthwillen und Leichtfertigkeit. Wiewol ich noch zur Zeit kein Exempel und ,Unfall erlebet habe. Unterdes will ich 32 beyde schädliche Mißbräuche mit zweyen Exempeln, geschehen bey der Stadt Meissen anitzo beweisen. A.C. 1525. in Meyen, grasen zwo Mägde uff Jacob Lossens zu Zeila Wiesen, er kommet ohngefehr darzu, jagt sie weg mit seinem blossen Degen, aus Furcht entlauffen sie ihm, weil sie aber des Fuhrts darüber sie gewadet, fehlen, und in Fischteich gerathen, ersauffen sie beyde. Und weil eine die andere, aus Hülffe, hatte ümfangen, sind sie auch in solcher gestalt aus dem Teiche gezogen worden. G. Fabricius lib. 3. Annal. Urb. Misnæ fol. 84. das ist das eine Exempel. Hierauff folget das andere. A.C. 1416. erlustigen sich zweene Jünglinge mit ihren aus Knochen und Beinen gemachten Eißschlitten auff dem gefrornen Elbstrohm, und fallen unversehens damit in ein darauff zur Wasserschöpffung gehauenes Loch, kommen unter das Eiß, und ersauffen jämmerlich. Idem ibid. lib. 2. fol. 85.

Von Fischteichen hat Pabst Martinus III. sein geld- und blutdürstiges Sprichwort gemacht, und gewünschet, daß gantz Alemannia oder Teutschland möchte eine einige Piscina oder Fisch- 33 teich seyn, die er durchfischen möchte. A.C. 1279. Sigfried. Presbyter lib. 2. Epitom. Seines gleichen ist vor ihm gewesen Keyser C. Cæsar Caligula, der hat gewünschet, daß doch das Römische Volck nur einen Hals hätte, damit er solchen auff einen Hieb und Streich abschlagen könte. Reusner. in Genealog. Imp. Rom. fol. 65.

Das fünffte Capitel,

Von der Fürstl. Sächs. Residentz-Stadt Jena Zwingern.

Nach den Zwingern ist die Fürstl. S. Residentz-Stadt Jena zu betrachten.

Die Zwinger haben ihren Namen vom Zwange. Weil sie neben der Mauer, die zwischen sie und dem Graben stehet, die Einwohner zum Gehorsam, und die Belägerer zum Abzuge zwingen. Denn in solchen Zwingern und Zwangplätzen, die zwischen den Bürgers-Häusern und der Stadmauer frey liegen, versamlen sich die belägerten Bürger, und zwingen gleichsam einander zur Gegenwehre wieder ihre vor und an der Mauer liegende Feinde.

Was wir Teutschen nennen Zwinger, das nennen die Lateiner Pomœria, das ist, die nechsten Plätze und Raum hinter der Stadt-Mauer. Pomœrium qs. post mœrum seu murum. Wie Varro, Festus, Agellius bezeugen. Es haben die alten Baumeister und Städtebauer nit allein hierüber, sondern auch vor der Stadtmauer, neben dem Stadtgraben solche Pomœria und Zwinger gemacht, daraus sie dem Feind Gegenwehr gethan, und ihm den Weg über den Stadtgraben zur Stadtmauer abgeschnitten haben. Wie zusehen beym Livio lib. 1. wenn er des fünfften Königs der Römer, des Tullii gedencket. Solche Pomœria und Zwinger werden auch geheget und heilig gehalten, gleichwie die Stadtmauer, und durffte niemand darauff bauen, noch dieselbige verunreinigen. Suche das vorhergehende II. Cap. pag. 22.

Unser Jena hat ihre Zwinger hinter- und vor der Stadtmauer, aber nicht allenthalben.

Hinter der Stadtmauer sind weite Zwinger vom Johannsthor und keulichten Thurme an, gegen der Stadtpforten, biß an das Schloß, und sind heute zu Tage mit Schutt, so vom Bau der Häuser verursachet, schwehr- und gefährlich belästiget, und an manchem Orthe mit Unflat abscheulich gemacht. Ferner vom Salthor an biß an den Thurm beym Saumarcke, und diese werden am reinlichsten und saubersten gehalten. Von diesem Thurme an biß an das Brauhauß beym Lobderthor sind die Zwinger weyland und von undencklichen Jahren von einem und dem andern eingenommen, und verbauet, und die andern haben ihnen in Einziehung solcher nötigen und nützlichen Freyplätzen ungescheuet und ungestrafft nachgefolget, daß sie ihre enge Höfe davon erweitert, und grosse Gebäude darauff gesetzet, zugeschweigen der

Lust-Häuser, die sie darauff gebauet, und also den allgemeinen Zwingergang hinter der Stadtmauer an dieser Seiten gäntzlich verbauet haben. Zu loben ist mein lieber und treuer Collega M. David Lipach, der hat zwar auch ein Lusthauß auff die Stadtmauer gesetzet, aber mit eines wolweisen Raths Vorbewust, und mit einem Durchgang, nöthig und nützlich nicht allein in Friedens-__36 Zeiten zur Schau-lust, sondern auch in Kriegsläufften und Feuersnöthen, darfür der getreue Gott uns ferner aus Gnaden behüten wolle.

Von Löbderthore an biß an das Johannsthor sind keine Zwinger hinter der Stadtmauer zufinden, weil auff derselben das Brüder- und Pauliner-Kloster, nunmehr das Collegium Academicum genant, mit seinen Gebäuden an- und fortgehet fast biß zum Johannsthor.

Vor der Stadtmauer sind auch kleine Zwingerlein angeleget, aber nicht allenthalben, sondern allein unter und über dem Löbderthore, wiewohl sie ziemlich eingegangen, und an manchen Orte der Erden gleich worden seyn.

Das sechste Capitel,
Von der Fürstl. Sächs. Residentz-Stadt Jena Thoren.

Nach den Thoren ist die Fürstl. Sächs. Residentz-Stadt Jena zubetrachten.

Die Thore mit ihren Mauren und Gebäuden sind nichts an-__37 ders als zweybletteriche Thüren, bequem und dienlich zum Aus- und Ein-tritt, zum Aus- und Ein-ritt, zur Aus- und Ein-fuhr in die Stadt. In Lateinischer Sprache werden sie genennet portæ, von dem Worte ist gemacht das teutsche Wort Pforte. (Der Türckische Keyser lässet Constantinopel nennen seine Pforte, weil er sie hält vor eine Brücke und Pforte der gantzen Welt. Middendorp. de Acad. part. 1. lib. II. p. 390. Wien aber vor eine Pforte des teutschen Landes. Crusius in Libro Paralip. Annal. Svevic. c. XXVII. fol. 114. Denn er meinet, wenn er die Pforte einnehme, so wolte er hernach gantz Teutschland einnehmen. Aber es hat Solimannus der II. dieses Namens A.C. 1529. ümsonst daran geklopfet, und über achtzigtausend darfür sitzen lassen.)

Wenn die Lateiner eine Stadt wolten bauen, so spanneten sie zwey Rinder, einen Ochsen und eine Kuhe an einen Pflug, wohin sie damit ackerten, da baueten sie die Stadtmauer, wo sie aber den Pflug uffhohen, dahin machten sie die Stadtthore. (portæ à porta-__38

25

re) Diese Thore sind auch heilig und geheget gewesen, nicht nach der Heidnischen und Römischen Priester oder Warsager Meinung, dahin siehet Plutarchus, sondern nach dem Römischen Bürgerrecht. Dahin zielet J. Limnæus tom. III. Jur. Publ. lib. VII. c. I. n. 25. p. 9.

Unsere Stadtthore oder Thürm sind gemacht nicht aus Eisen, wie die zu Antiquera im Königreich Granaten, und wie die meisten Städte der Carabassarum in Syrien und Aegypten. Nicht aus Ertz, wie die zu Winetha, welche A.C. 830. König Haldung zu Schweden weggenommen, und in die Insul Gotland gebracht hat. Casp. Ens in Deliciis Germ. p. 277. Vielweniger aus Gold, wie zu Bisantz im Hertzogthum Burgund. Die ist Chrysopolis Goldstadt genennet worden, alldieweil weyland ihre Stadtthore mit lautern Golde sind überzogen gewesen. Idem Ib. p. 73. Und Deliciis Gallicis p. 15. Sondern aus Steinen, was die Mauer, und aus Holtz, Thielen, Bretern, was die Thüren und Pfosten anlanget.

Sie sind runder Gestalt, und mit eisern Fallgittern weiland befestiget gewesen, wie die eisern Angel noch anzeigen. Aber nicht so bedachtsam und künstlich erbauet, wie die zu Nicæa, im Lande Bithynia, da haben die Stadtthore einander so angesehen, daß einer auff dem Marck stehender Mensch hat seine Augen auff alle Thor wenden, und sehen können, wer auf einmahl dardurch aus- und eingehe, aus- und einreite, aus- und einfahre. Meigerius libr. II. Nucl. histor. c. 16. fol. 215.

Unsere Stadt-Thore sind nöthig und nützlich zum aus- und eingehen, zum aus- und einreiten, zum aus- und einfahren bey Tage, und im Nothfall bey Nacht. (Zu Augspurg wird der Thurm nach Baden, genennet der Inlaß, gemacht zur Zeit Keyser Maximiliani des I. damit die Stadt, welche da sey porta & portus, eine Pforte und Furt der gantzen Welt, nicht dorffte auffgemacht werden. Casp. Ens in deliciis Apodem. Germ. part. 1. p. 2.)

Die Schlüssel zu unsern Stadtthoren hat in Kriegs-Zeiten bey sich der regierende Bürgermeister, aber in Friedens-Zeiten behalten solche die vier geschwornen Thorwärter, und sind Handwercksleute, gemeiniglich Schuster, die ohne das, wie die Schneider, immer an den Fenstern sitzen, und bey der Arbeit sich ümsehen können. (Zeno Citticus, also genandt von einer Stadt in der Insul Cypern, ist bey den Atheniensern in solchem Ansehen der Treue gewesen, daß sie ihm die Schlüssel der Stadt Athen anvertrauet, und ihn mit einer güldenen Krone und Messing

Ebenbild verehret haben, wie Cicero schreibt in Orat. pro Muræna.)

Unsere Stadtthore haben keine an Steinen hangende oder in Stein gehauene Urkunden, ausser dem Menschen-Kopff, der unten am eusersten Löbder-Thor bey der Brücken zusehen ist. Die gemeine Rede gehet. Es soll ein Bürger durch Ehebruch das Leben verwircket, und dasselbe zubehalten, die Unkosten, als eine Straffe, zu diesem Thor- und Brückenbau hergeben müssen. Es kan seyn, es kan auch nicht seyn. Es muß doch der eingehauene Menschen-Kopff seine Endursache haben. (Warüm ließ der Römische Keyser Ælius Adrianus A.C. 136. eine Sau an das neue Stadtthor zu Jerusalem gegen Bethlehem, aus Marmelstein setzen, zum aspect der Jüden, denen das Schweinenfleisch verboten war. Zu Brusæ in Bithynia hänget das Schwert Rolandi, welcher Keyser Caroli des Ersten und Grossen Schwester Sohn, und ein tapffer Kriegsheld gewesen seyn soll, die Türcken halten ihn deswegen vor ihres Geblüts und Gemüths. Casp. Ens in Deliciis Acad. per German. p. 29.) Wenn man so offt Denckzeichen und Merckmahl an die Stadtthor machen solte und wolte, so offt etwas denckwürdiges in und bey der Stadt geschehe, oder der Landsfürst und ein ander Potentat dardurch einzeucht, wie in Frankreich, Welschland, Spanien und andern Ländern geschicht, so würde in und an keinem Stadtthore bey uns mehr Raum zu finden seyn.

Unsere Stadtthore haben keine eingehauene Schrifften, ausser das Lobdethor, wie wir bald hören werden. Anderswo sind solche daran gar gemein zu finden.

Zu Bremen in unter Sachsen am Herren-Thore:

Brema ut sis sospes, sis hospite fortior hospes.

Bremen sey andächtig, laß nicht mehr ein, du seyst ihr denn mächtig.

Zu Capua in Welschland werden die Eingeher versichert ihres Eingangs, und erinnert ihres Verhaltens, mit diesen versa leonino, welcher Keyser Friederich I. Rothbart ans Thor hat mahlen oder machen lassen:

Intrent securi, qui tentant vivere puri.

Die wollen friedlich seyn, Gehen sicher hienein.

Zu Breßlau in Schlesien wurde A.C. 1577. den 24. Maii, darein Keyser Rudolff II. seinen Einzug hielt, an das Stadtthor, dardurch er einzog, dieser Spruch geschriben. Sapiens consilium, præsens auxilium. Rath, Hülff. Valer. Heerberger part. 3. Magnal. Dei p. 442.

Unsere Stadt-Thor sind an der Zahl nicht allzuwenig, wie zu Elnbogen an Böhmischen Grentzen gegen Meissen gelegen, und wie zu Aquæ Mortuæ. Das ist, Todtwasser, eine Stadt in Franckreich. Jede hat nur ein Thor zum Aus- und Eingehen, reiten und fahren. Nicht allzuviel, wie anderswo. Thebe in Bœotia hat sieben Thore, davon nimmet Juvenalis Satyr. 13. die Art zu reden und vergleichet darmit die Zahl der Frommen, der weren auch kaum siebene.

₄₃

Rari quippe boni vix sunt numerô totidem, quot
Thebarum portæ, vel divitis ostia Nili.

Wie Avenio am Fluß Rhodano auch sieben Thore hat. Welche unlängst König Ludovicus XIV. in Franckreich dem Pabst Alexandro VII. wegen des, von den Corsen, uf Befehl Marii Chisii seinem Gesandten dem Hertzoge von Crequi zu Rom angethanen Schimpffs, abnahme, und uf geschehene Gnugthuung endlich wieder einräumete. Avenio ist sonst berühmt wegen der Siebenden Zahl. Denn sie hat 7. Paläste, 7. Pfarrkirchen, 7. Spittel, 7. Münchklöster, 7. Nonnenklöster, 7. Schulen, 7. Zünffte, und also auch sieben Thore. Antwerpen in Braband hat XIII. Rom hat XXI. Thebe in Aegypten hat C. Stadtthore.

Unsere Stadtthore stehen theils an den vier Ecken der Stadtmauer, theils an den vier Vorstädten.

₄₄

An der viereckigen Maure sind diese viere, mit eingeschlossen die Pforte zwischen dem keulichten Thurme und der Schloßbrücken.

I. Das Johannsthor gegen West und Abend, von darein gehet die lange Gasse biß an den Burg- oder Raths-Keller, genand, die Johannsgasse, und haben beyde ihre Namen von der Kirche zu St. Johannis des Täuffers, welche liegt vor dem Johannsthor, auff dessen Kirchhoff und Gottes Acker. Es ist gedoppelt, das ist: Es hat zwey unterschiedene, von einander liegende gemachte Schwibbogen und Eingänge, Einritte, Einfahrten. Uff der rechten Seiten des Eingangs, Eintritts, Einfahrt ist der Röhrkasten oder Wasserkunst, welche das Wasser in unterschiedene Röhren eintheilet, und darbey An.C. 1667. ein Wohnhauß und Werckstadt vor einen Schlösser oder Nagelschmid gebauet worden. Uff der lincken Seiten ist A.C. 1675. ein neu Backhauß von einem Wolweisen Rath gebauet, und hat darinnen Brodt gebacken und verkaufft den 16. Nov. zum erstenmahl Meister Jeremias, bürtig von Borstendorff.

II. Das Löbderthor gegen Sud und Mittag. Von darein gehet
die Löbdergasse biß ans Ende der Brüder oder Collengengasse,
gegen die Fleischbäncke unter dem Rathhause. Hat seinen Namen von dem nahgelegenen Städtlein Lobda, dahin weiland unser
Jena gehöret, sintemahl eine absonderliche Linea der Grafen und
Herren von Arnshag bey der Neustadt an der Orla, auff den
dreyen Schlössern, Ober- Mittel- und Unter-Lobdenburg, (welches letzte allein noch stehet) hat Hoff gehalten, und von daraus
die Befehle an ihren Stadtvogt oder Schultzen, Rath und Gemeine noch An. 1200. vor 476. Jahren abgeben lassen. Gleichwie eine
andere Linea derselben hat hoffgehalten zu Leuchtenburg, und
aber eine andere zu Elsterburg, und sich davon geschrieben hat.
Wie davon zeiht und zeuget mein ausgegangener Geographus
Jenensis, cap. X. und XV.

Dieses Löbderthor ist auch gedoppelt, und ein Theil desselben älter als das andere. Das Löbderthor gegen der Stadt ist zwar
das älteste, aber An.C. 1551. uffs neue erbauet und erhöhet. Wie
die Schrifft im nachfolgenden Capitel mit ietzterwehnter Jahrzahl
davon ausweisen wird. Hingegen das Löbderthor gegen den
Gasthof, der halbe Mond genandt, ist das neue, wiewol es schon
An.C. 1431. ist gebauet gewesen. Denn also lautet die in Stein
daran ausgehauene Schrifft. *Nach Christi Geburt M. CCCC. XXXI. Jahr*
sind gewesen Rathsmeister Herman von Berge, Ewald Werner Baumeister,
Lorentz Cain (Kayn) Stephan Corsa, ist angehoben dieser Bau in der Mar-
terwochen.

Zwischen diesen beyden gedoppelten Löbdethoren sind zwey
Werckstätten vor alters, auff ieder Seiten eine, vor Schlösser und
andere Schmiede, grob- und klein- Nagel- und Zwecken Schmiede gebauet worden. An.C. 1672. unter der Regierung Bürgermeister Michael Tannenbergers, sind zwey neue Steinerne Häuser auff
beyden Seiten vor Handwercksleute angebauet, gleichwie in vorigen 1678. geschach mit dem Salthor.

III. Das Saalthor gegen Ost und Morgen. Von darein gehet
die Saalgasse, und stösset in die quehre an die Schloß- und ober-
Lawengassen beym breiten Steine, aber in die Länge an das Krämergäßlein und auff den Platz die Haupt- und Pfarrkirche zu S.
Michael, genandt das Creutz, welches weyland im Pabstthum
darauff gestanden hat. Es hat seinen Namen von dem Lincken
Arm des vorüberfliessenden Salstrohms, genandt die Mühl Lache.

Dieses Thor ist auch zwiefach und gedoppelt mit seinen Eintritten, Einritten, Einfurten.

Unlängst als ich A.C. 1618. studierens wegen nach Jena kam, stund ein Tollhäußlein an der lincken Seiten des Thores im hinausgehen, darinnen vor diesem ein armer Sinnloser Mensch ist verwahret, und durch sein Sinnloses Wesen auch mancher Vorüberreisender zur Erkentnüß seiner mißgebrauchten Vernunfft, und zu einer milden Gabe gegen ihn beweget worden. Dieses Tollhäußlein neben einer Wohnung vor eine Hebamme, ist eingerissen, und ein Wohnhauß von Nicolao Gumperten, von der Neustadt an der Orla, dem Seiler hingebauet worden.

48 Zwischen diesen beyden Thoren sind zwo Wohn- und Werckstätte vor Schmiede und andere Leute An.C. 1670. unter Bürgermeister Christoph Neubergern angeleget, auch vorher die baufälligen langen Spitzen am eusersten Salthore abgetragen worden. Dahin weiland die sündhafftigen Bürger musten Gehorsam halten.

IV. Die Pforte gegen Nord und Mitternacht. Von darein gehet die Schloßgasse, liegt zwischen dem Johannsthore und der Zug- oder Schloßbrücken. Wird wohl ehemahls genennet die Pforte beym Schlosse, weil sie daran stösst, und die Zwezener Pforte, zum Unterscheid des Zwezener Thors und Gassen, dahin sie siehet und weiset. An.C. 1670. im Augusto ist eine Wohnstube im Eingang derselben angeleget worden. Aber gnug von den Thoren und Pforten in der Stadt.

In den vier Vorstädten sind diese fünff Thore, mit eingeschlossen das Creutzthor bey dem Carmeliter Kloster, nunmehr Gasthofe zum gelben Engel.

I. Das Erfurtische Thor, lag noch unlängst vor dem Johannsthore gegen West und Nord, im Eingang der Ober- oder Wagnergassen, uf der Landstrasse nach Weymar, und von dannen nach Erffurt, ist aber A.C. 1668. den 27. Martii gesprenget, und die Rudera oder Bausteine zum Ballhause ins Schloß von Fronbauren allmählich geführet worden. Demnach hat es seinen Namen von der Landstrassen nach Erffurt, oder von einem, auff der lincken Hand im hinaus gehen, nahe darbey liegenden Rasenplatz und Plan, zwischen Hans Merten, des Kutschers Hopffengarten, und den Meerrättig Ländern, dardurch das vom Regen gesamlete Wasser in den grossen Gerhardischen Mühlgarten, und aus demselben in den lincken Fluß des Leuterbachs geführet wird, denn es ist eine alte Sage, einem Mährlein ähnlicher als einem Geschichte, als were derselbe längliche Rasenplatz und Plan von den Erffurtischen befreyet, und zu einem Asylo und Freystete gemacht, das niemand ohne ihr Wissen und Willen, einen darauff geflohenen Ubelthäter davon wegführen dürffte.

Dieser alten Sage kan ein Färblein angestrichen, und mit dieser Schmincke bescheinet werden. Denn Landgraff Albertus zu <u>50</u> Thüringen, Degener oder der Unartige genant, hat mit Hülffe der Erffurter die Raubschlösser an der Saal, fürnemlich Windberg und Kirchberg, auff dem Haußberge bey Jena, und Leisten eingenommen, und uff Vorbitte das Schloß Greiffberg, gelegen an desselben Spitzen und Kopffe, dem Burggraff Otten dem Aeltern zu Kirchberg, und seinen dreyen Söhnen, Otten, Albrechten und Hartmann wieder eingeräumet, welches geschehen A.C. 1303. 1304. domahls können die Erffurter diesen Freyplatz und Plan von dem Landgrafen ausgebeten haben. Weil aber die Stadt Jena niemals unter des Burggraffen zu Kirchberg, Herren zu Capellendorff, Altenberga und Kranichfeld, sondern unter den Grafen und Herren zu Arnshag, genandt von Lobdeburg, Leuchtenburg, Elsterberg und Burgau gehöret. Uber das, domals Herman und Albrecht von Lobdeburg, nicht dem friedbrüchigen Burggraffen Otten zu Kirchberg, sondern ihren Landsfürsten Landgraff Allbrechten zu Thüringen wieder jenen, nach dem Exempel derer von Erffurt, beygestanden haben, so werden sie den Erffurtern nicht gestattet haben in ihrem Land und Gebiete ein Asylum und <u>51</u> Freystäte anzurichten. Were es ja auff beyden Theilen also beliebet worden, so ist doch dieses Privilegium und Freyheit vorlängst verloschen, als die Landgraffen zu Thüringen die Stadt Jena erblich und eigenthümlich an sich gebracht haben. Und zwar den einen vierdten Theil An.C. 1301. Mitgifftsweise, da Landgraff Friderich zu Thüringen, Admorsus & Fortis, der Gebissene und Freudige, eheliget Fräulein Elisabeth die Jüngere, Graff Ottens zu Arnshag, und Gräfin Elisabeth der Eltern zu Castell, einige Tochter und Erbin. Hernach auch Erbkauffsweise, zum erstenmahl A.C. 1315. den Freytag vor Jubilate, da kauffte itzt gedachter Landgraff von seinem Schwager Graff Busen von Arnshag, Herren zu Elsterburg den andern vierdten Theil. Zum andernmahl An.C. 1331. am Tage Dorothæa, da kauffte Landgraff Fridrich zu Thüringen, genandt der Ernste und Hagere, des vorigen Sohn die halbe Stadt Jena, und also die andern zwey Viertel von Herrn

Albrechten und Johansen zu Leuchtenburg, genant von Lobdeburg. Wie ich solche Kauffbrieffe von Wort zu Wort, auff gut alt
teutsch und Thüringisch auffgezeichnet habe in meinen Annalibus
Germano Thuringo Jenensibus, A.C. 1301. 1315. 1331. Thuringia
Antiquo – Nova libr. 5. cap. 30. Magistratu Jenensi cap. XV. und in
etwas schon gedacht habe in meinem ausgegangenen Geographo
Jenensi cap. XV. p. 242.

II. Das Ziegelthor liegt vor dem Johannsthor auch gegen
West und Abend, bey der Gerhardischen Mahlmühle, wenn man
über den rechten Arm des Leuterbachs nach dem Saulauffe und
Forstwege gehen will, hat seinen Namen entweder vom Ziegeldache, damit die Mühle gedecket, oder von der Ziegelhütten, die
weiland üm diese Gegend gestanden, und eingegangen. Oder von
der itzigen Ziegelhütten, die einen langen Strich davon an dem
rechten Arm des Leuterbachs, bey der Leuterbrücken liegt.

Es ist vor alters dieser Strich Landes nicht zu der Johanns-
sondern zu der Lobder-Vorstadt gerechnet worden. Es ist aber
dieses Thor ein schlecht, doch mit Gatterflügeln verwahrtes
Thor.

III. Das Neuthor liegt auch vor dem Löbderthor gegen Süd
und Mittag, auff welchem der Feldhüter einer flegt zuwohnen, hat
seinen Nahmen von der Lage, weil es liegt am Ende der Neugassen, und nicht weit von dem neuen Bau an dem Saalstrohm.

IV. Das Creutzthor liegt vor dem Löbderthor gegen Sud und
Mittag, im eingange des Münchs-Gäßlein, und ist die Aus- und
Einfahrt gewesen in das Carmelitter-Kloster, oder des alten Spittels zum heiligen Creutze, welches A.C. 1525. im Bauren Kriege ist
verwüstet, und A.C. 1554. zur Druckerey vor die Schrifften D. M.
Luthers gebraucht. Ferner A.C. 1642. im Aprill von Matthæo de
Moncado, Keyserlichen Kriegs Obersten zu Fuß, und Commendanten in Jena, gäntzlich biß uff die weite und breite steinerne
Küchen eingerissen. Endlich A.C. 1669. im Aprill abgetragen, und
der Raum zu einem Gasthofe, genant der gelbe Engel gebraucht
worden. Suche unten das XXV. Capitel von Gasthöfen.

V. Das Zwetzener Thor liegt vor der Pforten gegen Nord
und Mitternacht, und wohnet darauff der Feldhüter einer. Hat
seinen Namen von dem Dorffe Zwetzen, darinnen ein Commen-
datur-Hauß liegt. Könte auch wol das Jacobs- oder Löbsteter
Thor genennet werden, weil es unweit von der Jacobs-Capell und

Siech-Spittel liegt, am Fußsteige und Fahrwege nach dem Dorff Löbstät, denn Löbstät liegt diesem Thore näher als Zwetzen.

Wird von Johanne Grunern, Amtschössern zu Jena genennet das Hammerthor, entweder von seinem Baumeister, oder von andern Zufällen. Seine Worte im Erbbuche A.C. 1569. gemacht, lauten also: *Baltzer Börner Junior III. Acker vor dem Hammersthor unterm Spittal, neben den Herren (von Herden) und Cyrols Erben.* Davon giebt er jährlich 5. Garben, fol. 63.

Das siebende Capitel,
Von der Fürstl. Sächs. Residentz-Stadt Jena
Thürmen in gemein.

Nach den Thürmen ist die Fürstl. S. Residentz-Stadt Jena zu ——<u>55</u>
betrachten.

Vorzeiten durfften nicht alle Bürger, sondern allein die Edlen und ältesten Geschlechte Thürme bauen. Besold. in Tr. Polit. dissert. de jure civium cap. 3. sect. 4. n. 47. Weil nun etliche Thürme in und vor der Stadt Jena gebauet, so folget daraus, daß auch solche Geschlechter darinne weiland gewohnet haben. Wie ich deren etzliche in meinem Magistratu Jenensi gedencken will.

Vor 670. Jahren ist schon das Nonnen-Kloster zu St. Michaelis in Jena berühmt gewesen. Nun findet man selten ein Kloster und Kirche ohne Thurm. Zu Rothmagen in Normannia hat die Marien-Kirche drey hohe Thürme, und wird der mittelste genennet der Butter-Thurm, weil der Päbstliche Nuncius, Georgius de Amboile den Leuten die Butter in der Fastenzeit zu essen üms Geld erleubet, und aus solchem Ablaß und Indulgenz-Brieffen die Baukosten dadurch gemarcket. Mit was Geldmitteln wird unser Kirchthurm Anfangs seyn erbauet worden?

Unsere Thürme in und üm Jena sind nicht wunderhafftig, wie ——<u>56</u>
der zu Hypra in Flandern, Hallas genandt, darinnen ist kein Kancker und Spinnwebe gesehen worden, Casp. Ens in Delic. Apod. per German. p. 99. oder wie der zu Ach, genand Ponellenthurm, dahin ein böser Geist soll gebannet seyn. Daher das Sprichwort entstanden: Das wird geschehen, wenn der Teuffel von Ach kommet. Joh. Agricola im Buch von 750. Sprichwörtern, Prov. 301. p. 158.

Unsere Thürme in und üm Jena sind noch zur Zeit, Gott helffe ferner, keinem schrecklichen In- und Einfall unterworffen, wie zu Schweinitz an der schwarzen Elster A.C. 1406. da fält des

Nachts der Thurm ein, und erschlägt Churfürst Rudolffs des III. zu Sachsen zweene in Betten schlaffende Söhne, Sigsmunden und Wenzeln. Hieron. Henninges in Tabul. Geneal. de IV. Monarch. part. 2. p. 172. Wie zu Breßlau in der Schlesien An.C. 1529. am Tage Matthæi des Heil. Apostels, nach Mitternacht üm 2. Uhr gegen Morgen, da fället der 119. Ellen hohe Thurm zu St. Elisabethen ein, und kömmet kein Leib-Seel üm, auser eine Katz, Grossius in Appendice Epitaph. Basiliens. p. 492. Wie zu Ravensburg in Algaw An.C. 1552. den 23. Nov. nach Mittag üm zwey Uhr, da fällt der alte Bläserthurm ein, der Bläser bleibt lebendig, sein schwangergehendes Weib und ein Sohn von 16. Jahren sterben von solchen Fall, wiewohl das Weib biß an den dritten Tag gelebet, Crusius part. 3. Annal. Svev. lib. XI. c. 26. fol. 685. Wie zu Brandeburg in der Marck, als der eine Drommeter gegen Morgen üm 2. Uhr den Gesang: Wenn wir in höchsten Nöthen seyn, und wissen nicht wo aus noch ein ꝛc. abgeblasen hatte, gehet er wieder schlaffen. Um 4. Uhr fället der Thurm, und die drey Drommeter fallen mit herunter ohne Schaden. Da seyn die Engel auff ihrer Hut geschäfftig gewesen, Val. Herberger 2. part. Postill. am Tage S. Michaelis. Wie zu Altenburg im Oster- oder Pleißnerlande A.C. 1659. den 21. Febr. des Montags zu Nacht, 3. viertel auff XI. Uhr fält der Bartholomæus Thurm ein, aber ohne allen Schaden eines einigen Menschen.

Unsere Thürme in und üm die Stadt Jena sind unterschiedlich. Der Lobdische ist hoch, der Erffurtische höher, der Michaelis- oder Kirchthurm ist der höchste, der runde oder keulichte der feste. Die andere sind wie kleine Fixsternen gegen die Sonne und Monden zu rechnen. M. Wolff. Heider P.P. lib. 4. poëmat. 439. p. 440. zehlet der fürnehmsten nur sieben, denn also lauten hiervon seine Verse:

Turribus erigitur septempia Jena, duorum
Templorum geminæ surgunt, sacra prima Johanni,
Altera Michaeli, sua nomina tertiæ debet
Urbs Erfordatibi, portæ sunt quarta Johannis,
Quinta Salam versus, Lobedam post sexta tuetur.
Septima nomen habet formæ sic dicta rotundæ.
Plures sunt speculæ sed quæ vix tecta domorum
Æquant. Tu nobis DEUS, es tutissima turris.
Te quicunque petit fugiens, is salvus abibit.

57

58

59

34

Das achte Capitel,
Von den Thürmen auserhalb der Fürstl. S.
Residentz-Stadt Jena.

Ich theile die Jenischen Thürme nach ihrer Lage. Denn es stehen etzliche vor den Vorstädten, etzliche üm die Stadtmauer, etzliche in der Stadt.

Vor den Vorstädten ist der Zwetzener, und der Erffurter Thurm.

Der Zwetzener Thurm ist vor der Pforten, am Ende der Zwetzener-Gassen, und hat seinen Namen von der Lage, dieweil er liegt an der Strassen nach dem Dorffe Löbstet und Zwetzen. Es ist nunmehr das Thor unter demselben Thurm wol verwahret, und pflegt auff demselben ein Feldhüter oder Florschütze zu wohnen.

Der Erffurter Thurm ist zu betrachten:

1. Nach seiner Erbauung. Er war ziemlich hoch, und vier-_____60 eckig, hatte inwendig keine Treppen, sondern von aussen nur eine eiserne Thür gegen Mittag, dahin niemand ohne Behuff einer langen starcken Leiter gelangen kunte. Es soll der Kalck zu dessen Erbauung aus rothen Wein eingemenget worden seyn, nicht aus Mangel des Wassers, denn unweit davon fleust der Leuterbach, sondern aus Uberfluß des verdorbenen rothen Weins, Jonas Gleiner in MS. Chron. Thuring. Und diese Erzehlung hält der gemeine Mann vor keine Fabel und Gedicht, sondern warhafftige Historia und Geschicht. Theils weil der Kalck roth schiene, theils weil nicht allein An.C. 1166. und 1432. so viel Weins in Thüringen gewachsen, daß aus Mangel der Fassen der Wein zur Einweichung des Kalcks, und Aufbauung der Mauren gebraucht, sondern auch An.C. 1484. da ein Stübgen Wein vor ein Ey gegeben, und der An.C. 1432. erwachsene geringe rothe Wein weggegossen worden. Wie in meinen Annalibus Germano-Thuringo-Jenensibus A.C. 1166. 1432. 1484. zu finden.

Es ist nichts neues, daß der Uberfluß der Gaben Gottes ver-_____61 ursacht eine Verachtung, und der Nothfall eine Verschwendung. Beydes will ich mit Exempeln beweisen.

Martinus Crosius part. 3. Annal. Suev. lib. 8. cap. 17. p. 464. schreibet: Daß A.C. 1482. oder 1483. der Wein in Schwaben sey theuer gewesen, und ein Eymer Tübinger Wein üm 3. Pfund Heller verkaufft worden. Im nachfolgenden Jahre aber, sey des Weins so viel und gut worden, daß ein voll Faß vor ein leeres, und ein Eimer Wein vor ein Ey gegeben, und der Kalck mit Wein eingemenget worden sey.

A.C. 1015. den 13. Septembr. belägerte Messico, Königs Boleslai Sohn in Polen, die Stadt Meissen an der Elbe, verbrandte die Vorstädte, und wurff auch Feuerkugeln in die nechsten zweene Wasserburgische Thürme, welches Marggraff Herman zu Meissen, in Abwesenheit seiner beyden Brüder Günthers und Eccards, in Mangel des wassers, mit Meed dempffen und leschen hieß. Fabricius lib. 1. Annal. Urb. Misn. fol. 24.

Die Schwaben haben den Wein aus Uberfluß zur Kalck-Einmengung, und die Meißner den Meed im Nothfall zur Le-
₆₂ schung des Feuers mißgebraucht. Aber Dinocras König Alexandri des Grossen in Grichenland Baumeister hat das Mehl aus Hoch- und Ubermuth an statt des Kalckes zur Erneuerung der Stadt No, auch Alexandria und Memphis genant, mißgebraucht. Marcellino in lib. XXII. in Juliano. Plinius lib. V. cap. 10.

Zu Temextican, einer Hauptstadt im Königreich Mexico, ist der Leimen, daraus die Americaner ihre Götzenbilder machen, mit dem Blute ihrer jungen Kinder eingemenget. Mich. Neander in Cosmogr. part. 3. p. 212.

Es ist aber dieser Erffurter Thurm viel älter, und hat schon A.C. 1484. gestanden, ja noch eher, denn A.C. 1247. ist Heinrich Römischer König, und der letzte Landgraff zu Thüringen und Hessen aus der Aurelianer Stamm, uf seiner Festung und festen Schloß Wartburg bey Eisenach, ohne männliche Erben verstorben, und haben Marggraff Heinrich zu Meissen, und Hertzog Heinrich zu Braband, als nechste Erben von Weibesbildern, darüm an die XV. Jahr Krieg geführet, und sich endlich A.C. 1263.
₆₃ mit einander also verglichen, daß jener das Thüringen, dieser das Hessenland bekommen, und einer des andern Land, wenn dieses oder jenes männliche Geschlecht solte verleschen, beerben solte. Daher kömmet die Erbverbrüderung zwischen Thüringen und Hessen.

Demnach muthmasse ich, daß dieser Erffurter Thurm in diesem 1263. Jahre erbauet sey, und die zwey Wapen, das Thüringische Landgräffliche gegen Abend, und dem Thüringer Lande zu, das Meißnische Marggräffliche aber gegen Morgen, und dem Meißnerlande zu, bekommen haben. Warüm? Zum Denckzeichen und Merckmahl der Vereinigung dieser beyden Länder. Es kan auch seyn, daß dieser Erffurter Thurm lang zwar ist erbauet gewesen, und die Wapen von den Grafen zu Arnshag, Herrn zu Leuchtenburg, Lobdeburg und Elsterburg allererst daran gesetzet worden. Entweder An.C. 1263. da Marggraff Heinrich zu Meissen der erste Landgraf in seinem Stamm worden ist. Oder A.C. 1301. da Landgraff Friedrich zu Thüringen und Marggraff zu Meissen der Gebissene und Freudige genandt, den ersten vierdten Theil der Stadt Jena als eine Mitgift bekommen. Oder An.C. 1315. da —64 derselbe den andern vierdten Theil von Herrn Bussen oder Burcharden zu Lobdeburg und Elsterberg erkaufft. Oder A.C. 1331. da desselben sein Sohn Fridericus der Ernste und Hagere, die letzten zwey Theil von Herrn Albrechten und Johansen Ge-brüdern, Herrn zu Leuchtenburg, genant von Lobdeburg, Kauff-weiß an sich gebracht hat. Oder A.C. 1326. da die Landgräffin Elisabeth die Jüngere, jenes Witbe, und dieses Mutter, unter an-dern die gantze Stadt Jena zu einem Leibgeding überkommen, und allererst A.C. 1359. verschieden ist. Wovon in etwas gemeldet ist oben im 6. Capitel.

2. Nach seiner Gebrauchung. Dieser Erffurter Thurm ist wei-land gebraucht worden zur Verwahrung des Pulvers. Darüm ist er auch gantz frey gestanden, und sind keine Wohnhäuser oder Scheunen daran gebauet gewesen. A.C. 1528. am Allerheiligen Tage hat diesen Thurm auf Befehl Churfürst Johansen zu Sach-sen besichtiget, Hans von Göpping, und ihn vor eine Brustwehr der Stadt Jena gehalten, auch Vorrath an Pulver darauff geschaf- —65 fet. Denn glückselig ist diese Stadt, welche in Friedens-Zeit an Krieg gedencket. Dahin zielet die Uberschrifft des Zeughauses zu Venedig: Felix illa civitas, quæ tempore pacis de bello cogitat. Nath. Chytræus in delic. Itiner. Europ. p. 31.

3. Nach seiner Erinnerung. Uff der Zinnen dieses Thurms gegen das Mühlthal nach Weimar und Erffurt, ist an einem ab-sonderlichen grossen Quater Stein gestanden das Wapen der Landgraffschafft Thüringen. Gegen die Johannes Vorstadt aber und Michaels Kirchen, das Wapen der Marggraffschafft Meissen. Jenes ist ein aufgereckter bunter Löwe mit einer güldenen Cro-nen. Dieses aber ein ausgereckter schwartzer Löwe ohne Crone. Von solchen beyden Wapen suche Petrum Albinum in Meißner Land Chronick fol. 423. Daraus ist abzunehmen, daß dieser Thurm vorher ist gebauet gewesen. Johann-Mauritius Richter, Fürstl. S. Baumeister zu Weimar und Jena, hält in einem an mich A.C. 1663. den 8. Jan. gethanen Schreiben, Hertzog Wilhelm zu

Sachsen, dieses Namens den III. und Kleinen, vor den ersten Angeber und Anleger des Thurms, zur Zeit des Kriegs zwischen ihm und seinen Bruder Churfürst Friedrichs des II. und Versühnlichen zu Sachsen geführet An.C. 1446-1451. Aber ohne Grund. Denn wenn Hertzog Wilhelm diesen Thurm hätte gebauet, so würde er ja das Wapen, wo nicht das Churfürstliche, iedoch das Fürstliche Sächsische Wapen daran hauen lassen. Weil auch in der St. Michaels Kirche zu Jena, die nunmehr A.C. 1669. den 12. Maii abgethane Decke uf der Cantzel oder Predigtstuhl, und die Stühle im Chor vor dem Altar auff beyden Seiten, mit solchen zweyen Chur- und Fürstlichen Wapen gezieret, zum Zeichen, daß diese Stadt Jena gehöre unter das Gebiete des Chur- und Fürstl. Hauses Sachsen.

4. Nach seiner Niederlegung und Einreissung. Die ist geschehen An.C. 1669. den 23. Junii, davon in meinen Annalibus dieses ufgezeichnet ist. Nachdem vorher, als am Freytag nach Ostern, war der 27. Martii uff Befehl Hertzog Bernhards des Andern zu Sachsen, der Anfang zur Niederwerffung des Erffur- ter Thurms und Thors gemacht: Uf beyden Seiten gegen Mittag und Mitternacht durchlöchert, auch die beyden in grossen langen Quatersteinen gehauene Fürstliche Wapen, als das Landgräffliche Thüringische gegen Weimar und Erffurt, und das Marggräffliche Meißnische gegen die Stadt Jena, Bürgel und Eisenberg sehende, herabgelassen, und in das Jenische Schloß gebracht worden, sind unterschiedliche Minen in die durchlöcherte Seitmauren von Herrn Johan. Mauritii Richters, Baumeisters seeligen Sohne, den 23. Junii früe Morgends vor vier Uhren angelegt und angezündet worden.

Weil nicht alle Minen ihre Wirckung zugleich gethan, so sind zwar Anfangs viel Seitsteine zerspelt und geprellet, hin und her gleichsam geschleudert und geworffen worden. Aber gleichwol hat sich der Thurm und das Thor fast eine Viertelstunde noch auffgehalten, biß er sich allmählich gesencket und eingefallen ist, ohn allen Schaden und Gefahr an Menschen und an Häusern, ausgenommen die Gartenwand an D. Johan. Ernst Gerhards P.P. seeligen, und Martin Behlings Castenschreibers, so in etwas niedergelegt worden.

Es sind die wenigsten Quatersteine, welche groß, lang und breit seyn, im niederfallen verletzet worden.

Das neunde Capitel,

Von den Thürmen üm der Fürstl. Sächs. Residentz-Stadt Jena Mauren.

Um die Stadtmauer stehen etliche Thürme, unter welchen diese drey die fürnehmsten sind.

1. Der Johannsthurm, siehet gegen Abend und Niedergang der Sonnen, hat seinen Namen von der unweit davon gelegenen Kirchen, erbauet im Pabstthum in der Ehre Johannis des Täuffers, ist viereckig, und ziemlich hoch, von dessen Zinnen man sich weit und breit kan ümsehen, Städte und Dörffer, Berge und Thale, Wasser und Wiesen, Felder und Höltzer besehen. An der Seiten gegen Abend ist zusehen ein Steinern Gebäude, genandt der Käsekorb, darein werden gefänglich gesetzet die zancksüchtigen, unzüchtigen und diebischen Weibesbilder, und ander loses Gesinde. Uff diesem Thurme wohnet der Wein- und Bier-Ruffer, der zugleich die Nachtwache darauff hält. Am Thore aber des Thurms der Thorwärter. _69_

2. Der runde oder keulichte Thurm, siehet gegen Mitternacht, und hat seinen Namen von der Gestalt, der ist gantz in die runde gebauet, und kan von daraus die Stadt im Nothfall wider den Anlauff der Feinde mit Gottes Hülffe beschützet werden. In der Tieffe des Thurms ist ein Gefängnüß, darein an Seilen und Ketten die Ubeltäter gelassen, und oben mit einer Fallthür bewahret werden, daß sie weder Sonn noch Mond bescheinet, und sie nicht wissen, obs Tag oder Nacht ist.

3. Der Löbder Thurm siehet gegen Mittag, nach dem Städtlein Lobda, davon er auch den Namen hat, und ist erhöhet und gebessert A.C. 1551. denn an der Seiten gegen Mittag stehet diese Jahrzahl, und vorher dieser Lateinische Spruch: Turris fortissima verbum domini. Das ist: Der allerfesteste Thurm ist Gottes der Herren Wort. Zu Hispalis stehet an der Haupt-Kirchen fast dergleichen Spruch: Turris fortissima nomen Domini. Das ist: Der festeste Thurm ist der Name des Herren. Uff dessen Spitze ist zusehen das Bild des Glaubens in Menschen Gestalt und Gröse, welches sich kehret und drehet, wie der Wind gehet. Middendorp. de Acad. part. 2. lib. 7. p. 422. _70_

Vielleicht haben die Bauleute hier und dort gesehen auff den Spruch des weisen Königs Salomons, der Prov. 18. v. 18. also lautet: *Der Name des Herren ist ein festes Schloß, der Gerechte läufft dahin, und wird beschirmet.* In diesem Thurme ist ein Gefängnüß, genandt der Fischer, vielleicht von dem ersten Ubelthäter, der nur Fischer geheissen, oder auch ein Fischer gewesen, und ihn mit seiner Gegenwart eingeweihet hat. Auff diesem Thurm wohnet der Marck-Knecht.

Die andern Thürme üm die Stadtmauer sind etwas niedriger und geringer als die vorigen drey, etliche vorlängst eingegangen, etliche aber stehen noch.

71 ‚Unter die eingegangene Thürme sind zu zehlen diese:

1. Der Thurm an der Schloßmauer zwischen zweyen Rundelen, davon das eine oben bey der Zugbrücken des Schlosses gegen dem Gasthofe, dem Schwartzen Beeren, noch stehet, das andere Rundel ist bey meiner Zeit A.C. 1620. uff Fürstl. Befehl von Burghart Großmann, Amtschössern allhier, eingerissen, und die Mauersteine zum neuen Schlosse gegen Mitternacht gebraucht worden. Diesen fast vor 100. Jahren eingerissenen Thurm hat Hertzog Fridrich Wilhelm I. und Hertzog Johansen zu Sachsen, als ihren gnädigen Landesfürsten, uff Ansuchung Heinrichs von Vippach Hoffmarschalls, und Davids von Uttenhofen Hoffmeisters, A.C. 1576. der Raht überlassen, wie zu lesen im Erbbuche des Amts Jena von A.C. 1576. fol. 395. und in meinen Annalibus.

2. Der Thurm zun grossen Stücken und Geschützen ist An.C. 1574. eingerissen. Wo sind aber dieselben hinkommen? Ihrer acht hat Churf. Joh. Fridrich zu Sachsen zur Zeit des Schmalcaldischen oder Teutschen Krieges entlehnet, und in der Feld-

72 Schlacht ‚bey Mühlberg an der Elbe in Meissen An.C. 1547. den 24. Aprilis eingebüßet. Die andern hat Hertzog Johan. Ernst der Jüngere zu Sachsen zur Zeit des Böhmischen Kriegs, und in der Feldschlacht auff dem Weissen Berge in Böhmen A.C. 1620. den 8. Nov. verlohren. Allhier setze ich die Reimen eines tapffern und kühnen Kriegs-Helden, und die lauten also:

Hätte ich der Nürnberger Witz,
Der Straßburger Geschütz,
Der Augspurger Pracht,
Der Venediger Macht,
Der Ulmer Geld,
So bezwing ich die gantze Welt.

Unter die noch stehende Thürme sind zuzehlen diese:

1. Der Marterthurm, darinnen die Ubelthäter weiland sind gefoltert und peinlich gefraget worden.

2. Der neue Thurm, oder das Rundel gegen der Kriet-Gassen und Paradiß, darauff weiland A.C. 1451. Hertzog Wilhelm III. zu Sachsen eine Besatzung gehalten, und von daraus seinen Bruder Churf. Fridrichen II. und Placidus genandt, seine Dörffer Ammerbach, Burgau, Wintzerle, und auch die Rasenmühl, so weiland in das Amt Burgau gehöret, angefallen und ausgeplündert hat. Wie zulesen im Hallischen Machtspruche wegen der Landestheilung dieser beyden Brüder.

Die Schrifft an diesem Thurm ist wegen des daran geworffenen und anklebenden Unflats unleserlich worden. Als zu meiner Zeit (An.C. 1619.) ein vornehmer Studiosus die Schrifft lesen wolte, und in Gedancken stehet, stösset ihn ein vorüber getriebener und beladener Esel mit seinem Sacke in Stadtgraben. Jedoch ohne Schaden. Diesen Esel hat die studierende und schertzende Jugend in einem zierlichen programmate uff 99. Jahr velegiret und verwiesen.

Das zehende Capitel,
Von den Thürmen in der Fürstl. S. Residentz-Stadt Jena.

In der Stadt Jena stehet der Pauliner- und der Engel Thurm.

Der Paulinerthurm stehet im Münchs-Kloster oder Collegio der Universität, und hat seinen Nahmen von dem Heil. Apostel Paulo. Denn dasselbe Kloster ist Anfangs in der Ehre der H. Jungfrau Maria, des H. Apostels Pauli, und Predigers Dominici erbauet gewesen. Des Collegii Academici und dieses Thurms Baumeister ist gewesen Nicolaus Zölner, ein Sohn Wolffgangi, ein Enckel Bernhardi, von dem er auch den Zunahmen bekommen, und Nicol Berlet ist genennet worden. Der hat nicht allein An.C. 1548. diesen Thurm, sondern auch vor und hernach den Raths- oder Burgkeller, die Brückenmühle und andere Gebäude mehr, wie sie anietzo noh stehen, erbauet, und ist gestorben An.C. 1590. den 23. Nov. mit Hinterlassung eines Sohns M. Johan. Zölners, Oratoriæ P.P. der An.C. 1548. den 31. Oct. allhier gebohren, und auch A.C. 1628. den 15. Febr. gestorben ist.

An diesem Thurme sind zusehen in ziemlicher Größe die Wapen des Fürstl. Sächs. Hauses Sachsen, und zu lesen die Lateinische Verse:

Cum distracta, suô bellisq obnoxia, fato
abductam gemeret, Saxonis ora, Ducem:

41

Templaq lugerent, plantariaq addita templis,
Ingenius tradunt quæ bona vera, scholæ:
Ille favens studiis & honestis artibus, absens
Hic dedit Aoniis ocia grata choris.
Ornarunt decus hoc soboles gerneosa parentis
Tres fratres, armis & pietate graves.
Christe tui cœtus Custos & maxime Vindex,
Da pacem, studiis ut celebrêre bonis.

Diese Verse hat gemacht M. Johann. Stigelius der ersten Professoren einer, von An.C. 1548. den 19. Martii, wie zulesen in seinem Volum. Poëmat. I. lib. IX. p. 397.

Der Engelthurm stehet an der Pfarr-Kirchen, und hat seinen Nahmen von dem Ertz-Engel Michael, in dessen Ehre das Nonnen-Kloster und Kirche ist gebauet worden. Wird sonsten genennet der Kirch- oder Haußthurm, weil der Haußmann darauff wohnet, und wachet, und iede Stunde mit einem Blaßhorn, die zehende Mittags- und fünffte Abendstunde mit Drometen, die dritte Morgen eilffte Mittags- und siebende Abendstunden mit Zincken und Posaunen, Ja die Feuersnoth mit einem Anschlag an die grosse Glocke, und mit Aussteckung der Feuers-Fahnen andeutet, so wol ankommende eigene oder frembde Herrschafft mit Anblasung empfähet und verehret.

Dieser Thurm ist so alt als das Michaels-Kloster und Kirche, wiewol er Anfangs nicht so hoch, als er anitzo ist, erbauet gewesen.

A.C. 1486. ist er uffs neue gegründet, und auff der Seite gegen dem Marckte eine Schrifft in Stein gehauen worden: Welche uff mein Anhalten Heinrich Presser, Mahler in Jena A.C. 1641. im Augusto hat erneuert, und diese nachfolgende dunckele Wort mir zugeschicket.

Ann. Dom. M.CCCC.LXXXVI. Eckart Toppher, Ambrosius Borner ratismeister, Hans Altenburck, Hans Sawlich Bawmeister, P. KVVrt Meisner, ein Meister 1486. uff Dinstag Pentecostes ist angeleit dieser torm.

An.C. 1557. ist erhöhet und bedecket worden dieser Thurm, nicht mit Bley, wie der Thurm zu Venedig, sondern mit Schieferstein. Dannenhero sind in einem Gewelbe desselben, darinnen die Gewichte des Uhrwercks hangen, diese Denckworte zu lesen.

Anno Domini 1557. des Montags am Abende Bartholomaei ist dieser Thurm mit aller seiner Zugehörung, wie vor Augen, gäntzlich und vollkömmlich vollbracht, die Zeit sind regierende Bürgermeister gewesen Herman

Nebeling, und Johan Wolfram, und Baumeister Hans Schmid der Gerber.
J.VV.F. Demnach irret an der Jahrzahl Jonas Gleiner in MS. Chronico Thur. Wenn er das 1554. Jahr setzet. Es sey denn, daß er damit auff den Anfang des Baues gehe.

An.C. 1577. den 16. Julii zwischen 7. und 8. Uhr unter werendem Gottesdienste, schlägt das Wetter in diesen Thurm, verletzet das Dach, das Uhrwerck, die Orgel, daß die Breter daran hin und her springen, und ein solches Schrecken in der Kirchen anrichtet, daß der Prediger muß auffhören, und M. Zachariæ Muthesii Diaconi schwangergehendes Eheweib plötzlich stirbt. Kempius in Calend. Sax. p. 197. Binhart. in Thuring. Chronick. lib. III. p. 187. 188.

An diesem Engel- und Kirchthurme sind 242. steinerne Stuffen, erstlich 33. biß zur Orgel, ferner 104. biß zur Eisernthür in das Gewelbe, darinnen die Hoffgerichts-Acten und Deposita verwahret werden. Aber An.C. 1637. Dominica Septuagesimæ, war __79__ domals der 5. Februar. in der Jenischen Plünderung unter dem Keyserlichen General Graff Hansen von Götzen, daraus geraubet worden. Weiter 216. biß zum Zeiger oder Uhrwerck. Uber das 242. biß zur Haußmanns Wohnstuben, wie schon gemeldet, und zwar iede Zahl und Stuffen von der Erden an zurechnen. Endlich kommen 14. hültzerne Stuffen biß zur Spitzen des Thurms. Demnach weren in allen 256. Stuffen, wie ich solche gezehlet habe An.C. 1643. den 31. Aug. als der Saalstrohm die ober- und unter Aue gantz und gar überschwemmete, und die Salgasse herein in die Schloßgasse drange.

Von diesem, als vom allerhöchsten Thurm, vor, in, und üm die Stadt, kan man weit und breit sich nicht nur ümsehen, in die ümliegenden Berge und Thäler, Wiesen und Felder, Gärten und Weinberge, sondern auch ersehen Städte, Schlösser und Dörffer, als Leuchtenburg, Lobdau, Burgau, Winzerle, Lichtenhayn, Löbstet, Zwezen, Cunitz, Wochau, Wenigen Jena, Cammsdorff, Welniz.

Und weil die Glocken und der grosse Zeiger oder Uhrwerck __80__ in- und an diesem Engel- oder Kirchthurm zu finden seyn, so will ich in den nechsten zweyen Capiteln, als im XI. und XII. davon Meldung thun.

Das eilffte Capitel,
Von den Glocken in der F. Sächs. Residentz-Stadt Jena.

Nach den Glocken ist die F. S. Residentz-Stadt zu betrachten in gemein und insonderheit.

In gemein: Hieronymus Magius hat ein sonderlich Buch von Glocken und Schellen beschrieben. Das Kirchengeläute zur Versammlung der Leute zur Predigt an Sonn- und Festtagen hat auffbracht der Römische Bischoff Sabinianus A.C. 604. vorher ist das Volck durch den Knall und Schall der geschlagenen Breten beruffen worden. Das Abendgeläute und den Dreyschlag mit dem Ave Maria hat geordnet Pabst Johannes der XXII. A.C. 1320. Und das Mittags-Geläut hat eingesetzt Pabst Calixtus der Dritte A.C. 1455. Sonst ist auch das Geläute und Gebet wieder den Türcken angeordnet worden An.C. 1592. An etzlichen Orten wird noch wöchentlich uff die Freytage üm Mittag eine oder alle Glocken geläutet, zum Gedächtnüß des Creutz-Todes unsers Herrn und Heilands Jesu Christi. Dafür kan ein Haußvater mit den Seinigen lesen das LIII. Capitel des Propheten Jesaiæ oder den XVI. XXII. und LXIX. Psalmen, schreibet D. Joh. Förster in der XIIX. Passion Predigt p. 717.

Bey uns in Jena wird auff alle Sonn- und Festtage dreymahl in einer Stunde, aber uff die Werckeltage nur zweymahl in einer Viertelstunde, uff die Dienst- und Donners-tage, und in einer halben Stunde uff die Montage zur Betstunde, uff die Mitwoche und Freytage zur Predigt geläutet. Uber das ☽ ☿ und ♀ des Morgens üm 5. und zu Mittage üm 12. Uhr. Und solches Amt ist dem Kirchner befohlen, welcher anderswo genennet wird der Glöckner. Von einer solchen Person hat ein gelehrter Mann, Bartholomæus Schäfer dieses Apophthegma oder sinnreiche Rede geführet. Wann er schon der geschickeste Mensch were, wolte er doch lieber ein Glöckner, als ein Pfarr seyn, denn jener, wenn ihm das Seil aus der Hand wische, könte er es leicht wieder ereilen. Dieser aber, wenn ihm ein ungefertes Wort entfahre, könne er es nicht wieder zurücke ziehen. Manet irrevocabile verbum. Zingref part. I. Apoph. Germ. p. 316.

Insonderheit sind zubetrachten die Glocken und die Glöcklein. Die Glocken sind bey uns nicht aus Steinen gemacht, sondern aus Ertz gegossen. In Morenland unter den mächtigen Fürsten der Abyssiner, welcher gemeinlich Priester Johannes genennet wird, sind ehrne und steinerne Glocken zusehen. Middendorp. de Acad. part. I. lib. 2. p. 298. Sie haben Klippel inwendig, nicht von Holtze, sondern von Eisen. Bey den Sinensern haben ihre aus Ertz gemachte Glocken, keine eiserne, sondern höltzerne Klippel oder Schwengel. Schröter part. 2. Cosmogr. lib. 3. p. 133.

Hengen theils in der Mitten des Engel-Kirch- und Michaelsthurms, nemlich die Sonntags- und die Fest- oder Feyertags-Glocke, theils im Winckel entweder gegen Morgen die Wetter und Wächter Glocke, oder gegen Abend die Johannes Glocke. 83

1. Die Sontags-Glocke wird uff die Sonntage 3. mahl in einer Stunde geläutet, und hat gantz und gar keine Schrifft an sich.

2. Die Fest Glocke wird geläutet uff die hohen Feyertage, und bey Leichbegängnüssen, Hochzeiten und Doctoraten in allen vier Facultäten oder Obergeschickligkeiten, und hat an sich diese Schrifft:

Anno Domini millesimo quadringenresimo quinto decimo † ô Rex gloriæ veni cum pace. Amen. Das ist: *Im Jahr des Herren (Jesu Christi) 1415. O König der Ehren komme mit Frieden. Amen.*

3. Die Wetter- oder Wächter-Glocke ist im Pabstthum gegossen, getaufft, und Maria genennet worden, wie die daran gegossene Schrifft anzeiget:

Anno Domini M.CCCC.XV. Maria, ✠ ô Rex gloriæ Christe, veni cum pace. Amen. Das ist: *Im Jahr des Herren 1415. Maria. O König der Ehren Christe, komme mit Frieden. Amen.* 84

4. Die Johannes-Glocke scheinet die älteste unter allen Glocken zu seyn, und die Schrifft und Jahrzahl zu haben. Anno Domini 1325. Aber D. Frid. Hortleder setzet eine andere, und zwar diese Anno Domini 1415. *an Marien geborte,* das ist: Im Jahr des Herren 1415. an Marien Geburtstage gegossen.

Den Wol- und Mißbrauch der Glocken im Pabstthum zeugen die Hexametri Leonini an:

Laudo Deum verum, plebem voco, congrego Clerum,
Defunctos ploro, pestem fugo, festa decoro.

Solche seyn zu lesen in der Jacobs-Glocke zu Freyberg in Meissen, gegossen A.C. 1506. Mollerus in Theatro Freiberg. part. I. c. XI. p. 111.

Die Glöcklein theilen wir ein und abe in Hang- und Hand Glöcklein.

Die Hang-Glöcklein seynd zusehen 85

1. In dem Engel-Kirch- und Michaels-Thurme, gantz oben über den 4 grossen zuvorerwehnten Glocken hengt das kleine Glöcklein, damit wird der Anfang zum läuten gemacht, und sonderlich bey Begräbnüß der Armen Leute gebraucht, und hat diese Reimschrifft:

Hans Langsfeld goß mich,
In Gottes Nahmen floß ich.
Anno 1518.

2. Bey der lincken Seiten des Altars in der Pfarr- oder Michaels-Kirchen hänget ein Glöcklein, und wird vom Kirchner geläutet, wenn die Communicanten sich vor den Altar sollen versamlen, und kniend anhören die Wort, damit der Herr Jesus Christus das H. Abendmahl eingesetzet hat. (Nicephorus Gregoras lib. 8. Histor. schreibet: Das der Patriarch und Bischoff in Griechenland mit der Glocken das Volck zusammen beruffen habe.)

3. Uber dem Consistorio im Collegio Academico, hänget ein wohlklingendes Glöcklein, und wird geläutet, so oft eine Lection, Disputation, Peroration, oder auch ein Actus Academicus, Rectorat oder Doctorat in allen vier Facultäten soll gehalten werden, nach dem Exempel und Beyspiel der uralten Philosophen, welche ihre weit entsessene Zuhörer mit solchen weitschallenden Glöcklein zu sich in die Auditoria ruffeten. Wie von den Jassæis schreibet Strabo lib. 14. Geogr. so wol der Poët Juvenalis:

Tot pariter pelves, tot tintinabula dicas Pulsari. —— —

In dem Thürmlein in der Pfarr-Kirchen zu Wittenberg hengt ein Glöcklein, und wird geläutet, wenn der Pfarr ein Kind täuffen, und wenn die Knaben sollen in die Schule gehen. Menzius lib. 2. Epitaph. Witteberg. p. 3.

4. Uff dem Rath Hause henget das Geschoß Glöcklein, und wird jährlich von Michaelis biß uff Martini üm Mittag geläutet, und die Bürgerschafft durch seinen Klang ihres Jahr-Geschosses erinnert. Welcher nun solchen vor Martini uff der Cämmerey erleget, dem wird ein Glaß voll Most oder Wein gereichet, nicht allein aus alter Gewonheit, sondern auch andere damit zu bewegen.

5. In der Jacobs-Capelle hengt das Spittal Glöcklein und wird so offt geläutet, als die armen Leute beichten, und das Heil. Abendmahl empfahen wollen, oder als eins unter ihnen daselbst begraben wird.

Die Hand-Glöcklein sind im Gebrauch im Hofgerichte, beim Rectore Magnifico im Consistorio, beym Amtmanne im Schlosse, beym Bürgemeister im Rath und Gerichte, und werden geläutet, so offt ihre auffwartende Diener oder die Parteien sollen zu ihnen hienein kommen. Solche Hand-Glöcklein gebrauchten weiland die Magi, oder Königlichen Räthe bey den Persiern, und noch vor 100. und mehr Jahren Keyser Carolus V. Denn als seines Bruders Ferdinandi I. Rath Johan. Sigismundus Seldius, zu Flissingen sich biß in die Nacht bey ihm verweilet, und nunmehr Abschied bekam, klinget der Keyser mit seinem Hand-Glöcklein, und als darauff kein Hoffdiener kam, nahm er das Liecht in die Hand, und leuchtet dem Seldio, der sich hefftig weigerte, die Wendeltreppe hinab, — 88 sagende: Das habt zum Andencken Keyser Carls, mein lieber Seld, der ich weiland mit so vielen Kriegsheeren ümgeben, bin ietzo von allen meinen Leibdienern verlassen, und dem ihr so viel Jahr gedienet, der dienet euch anietzo wieder, und trägt euch das Liecht vor. Dav. Chytræus in Orat. Funeb. Caroli V. Imper.

Das zwölffte Capitel,
Von Uhrzeigern und Weisern der Fürstl. S.
Residentz-Stadt Jena.

Nach den Uhrzeigern und Weisern ist die Fürstl. S. Residentz-Stadt Jena zu betrachten in gemein und insonderheit.

In gemein. Anfangs sind keine Uhrwercke gewesen, und haben die Menschen die unterschiedene Tagszeit aus dem Schatten abgenommen, darzu haben die reichen Leute bestellet einen Knecht, der Achtung auff solche Schatten hatte, und iede Tagsstunde seinem Herren ansagen muste, wie Hesychius schreibt. In — 89 Aegypten wurde dem Serapidi ein Thier auffgeopffert, und weil dasselbige täglich XII. mahl sein Wasser liesse von sich fliessen, hat Hermes Trismegistos dannenhero Anlaß genommen, die Tagszeit in XII. Stunden ein und abzutheilen. Polyd. libr. 2. de Invent. cap. 5. p. 103. Das Thier ist von Alciato deswegen Horus Cynocephalus genennet worden. Hernach sind mancherley Uhrwercke erfunden worden.

Insonderheit: Die Uhrwercke können ein- und abgetheilet werden, theils in die Lauff-Uhren, als da sind Wasser- und Sand-Seiger. Etesibius Alexandrinus hat das Wasser Uhrwerck und Seiger erfunden, wie Vitruvius schreibet lib. IX. de Architectura. Theils in die Zeig-Uhren, als da sind die Compasse und die Sonnenweiser.

In Heiliger Schrift ist berühmt der Sonnenzeiger und Weiser des Königs Assa in Juda, daran nach Gottes Willen der Schatte X. Stuffen hinter sich gieng, und dem todtkrancken Könige Hißkia die uff 15. Jahr Verlängerung seines Lebens andeutete, 2. Reg. 20. v. 8. Und theils in Schlag- und Klang-Uhren. A.C. 800. haben die Gesandten des Königs Abdellæ in Persien dem Römischen Keyser Carolo dem I. und Grossen unter andern Præsenten und Geschencken gebracht ein künstliches Schlag-Uhrwerck, das durch den Schlag und Klang eines Glöckleins die gewisse Stunde angezeiget hat. Das ist damals das erste Schlag-Uhrwerck in Teutschland gewesen, darnach der Keyser allenthalben die Schlag-Uhren an- und aufgerichtet hat. Paræus in Univ. histor. Medulla p. 995. Diese Schlaguhren sind so gemein, daß fast kein Dorff in unsern Thüringen und anderswo mehr ist, es hat eine solche.

In Türckey werden die Schlag-Uhren zwar heimlich in Häusern, aber nicht öffentlich an Thürmen gebraucht, Auffruhr zuverhüten. Die Talismanni, also werden die Kirchendiener bey den Türcken genennet, haben ihre Wasserseiger, und theilen den gantzen Tag in vier Theil oder Wachen. Bey einer ieden Wache rufft einer unter ihnen von einem hohen Thurm, so laut er kan, diese Worte: Allach hechber, der ware Gott ist einer.

A.C. 1541. hat König Ferdinandus I. in Teutschland, Ungarn und Böhmen, hernach Römischer Keyser durch Graff Nicolaum von Salm, und Sigismundum Lithestanum dem Türckischen Keyser Solimann eine Trinckschale von Gold und Edelgesteinen überschicket. Darinnen ein heimlich Uhrwerck, welches die Stunden klingend anzeigte, so wol der Sonnen, und des Monden Lauff weisete Paræus d. I. p. 1008.

Solche Schlag- und Klang-Uhren sind nicht allein ein Abriß der Obrigkeit, wenn sie mit ihren Unterthanen eins oder uneins seyn. Anton. Guevara in Horol. Princip. lib. I. cap. 40. sondern auch ein Merckmahl eines guten Regiments, wie aus diesem Reimen zu vernehmen:

Kirch, Schul und Seiger wohl bestelt,
Im Rathstuel recht Sententz gefält.
Diß zeigt an ein löblich Stadt,
Die allwegen guten Namen hat.

Keyser Carolus der V. hatte im Brauch, daß er in Besichtigung oder Durchreisung einer Stadt nach dem zu dreyenmahlen ausgesprochenen Buchstaben, dem P.P.P. fragte, und diese bedeuten

Prætorem, Pastorem, Præceptorem, die Oberkeit, den Prediger, den Schulmeister. Darzu hat ihn verursachet Erasmus Roterodamus in seinem Antibarbaro.

In unser Stadt Jena sind zweyerley öffentliche Uhrwercke, ein sichtbares und ein höhrbares. Jenes ist ein Sonnen-Zeiger und Weiser, dieses aber ein Schlag- und Klang Uhrwerck. Zugeschweigen der heimlichen Compassen und Schlag Uhren, die in vieler Professorum Häusern anzutreffen seyn. An.C. 1577. den 16. Julii war allhier ein groß Wetter, schlug unter der Predigt in den Michaels Thurm, und durch das Kirchtach an dreyen Orten. Item durch das steinerne Gewelbe, in die Orgel. Item den traat am Zeiger etlichemahl entzwey. A.C. 1668. ist der Sonnen-Zeiger und Weiser am Michaels Thurme auffs neue angestrichen und geweisset worden, aber nicht auff allen vier Seiten.

Der Sonnenzeiger und Weiser ist zusehen theils an der Mauer ⎯ 93 des Rath Hauses gegen Morgen, uff dem langen viereckichten Marckte. Theils an allen Seiten des hohen Kirch- Engel- oder Michaels-Thurms, daran der Weiser und Zeiger mit den Zahlen der Stunden vergüldet seyn. Den ersten Sonnen-Weiser und Zeiger zu Rom hat L. Papyrius setzen lassen, Plinius lib. 7. cap. 7.

Das Schlag- und Klang-Uhrwerck ist theils uff dem Engel-Thurme und Kirche, theils uff dem Rath-Hause, deuten an die Viertel- und die gantzen Stunden, und so oft dieser letzte schlägt, so offt schlägt ein aus Ertz gegossener Mann mit einem Hammer auff die Glocke, und sperret ein ander Mann sein Maul auff, daher kömmet das Sprichwort von Gaff- und Maulaffen. Du sperrest das Maul auff, wie Hans von Jena. Denn also wird dasselbe Mannsbild genennet, und davon hat auch D. Martin Luther in der Haußpostill in der dritten Predigt über das Evangelium am XX. Sontage nach Trinitatis seine verblümte Redeart genommen. Suche meinen Geographus Jenens. cap. 1. p. 28. 29.

Das Wort Gaffen soll herkommen vom Ebreischen Wort ⎯ 94 Ogaff, denn also schreibt D. Georg. Weinreich An.C. 1606. den 22. Maji in der Vorrede des Leipzischen Gesangbuchs. Ebenermassen sind auch die natürlichen Geister unsers Gemüths und Geblüths dem lieblichen Gesang und Musicklang so verwand und zugethan, daß der Mensch dadurch gar leicht bewogen und entzückt wird, wenn er solch lieblich Gedöhne höret, daß er gleich durch Verwunderung Maul, Augen, und Ohren auffsperret, und sich ümsiehet, wo doch solcher lieblicher Schall und Hall her-

kommet. Daher denn bey den Hebreern ein iedes liebliches In-
strument oder Seitenspiel ogaff genennet wird. Welches so viel
heisst, als ein anmuthiger und lieblicher Klang, der mit Lust und
Liebe gehöret wird. Wie mans denn auch darfür hält, das unser
teutsch Wörtlein gaffen von dem Ebreischen ogaff herkommen
soll.

Wenn zu Weimar der Zeiger am grossen Rath-Hause schlägt,
so stossen zweene Ziegenböcke auffeinander zu. Zu Venedig auff
dem St. Marxmarckte gehet ein posaunender Engel herfür, auff
ihn folgen die heiligen drey Könige, und beugen sich für der H.
Jungfer Maria, über ihnen sind zwey Mohrenbilder, welche wechselweise auff die Zeiger Glocke schlagen. So offt der Zeiger zu
Lugdun in Franckreich schlägt, so offt thut sich eine Thür auff,
und gehet herfür der Ertz-Engel Gabriel zu der H. Jungfer Maria,
und der H. Geist in Taubens Gestalt, überschattet sie. Ist gemacht An.C. 1496. Megiserus im Buch von der Venediger Regiment.

Das dreyzehende Capitel,
Von der Johannis Vorstadt.

Nach den Vorstädten ist die Fürstl. S. Residentz-Stadt Jena
zu betrachten, in gemein und insonderheit.

In gemein:

1. Nach ihrem Anfang. Als Keyser Heinrich der I. Vogler o-
der Finckler, Hertzog in Thüringen, An.C. 924. wieder die Wenden und Sorben Krieg führete, befahl er keine oder nur kleine
Vorstädte zubauen. Fabric. lib. II. Orig. Sax. fol. 113. Daraus folget,
daß unsere Stadt Jena domals entweder mit keiner oder mit gar
kleinen Vorstädten muß ümgeben gewesen seyn.

2. Nach ihrem Umfang: Es ist immer eine Vorstadt älterer,
grösser und besser als die andere erbauet, und wohnen in einer
mehr Handwercksleute als in der andern. In allen seyn Scheuren
vor Getreide, Heu, Holtz, Reben, so wol lustige Obst-Kraut und
Graß-Gärten.

3. Nach ihrem Zustand. Ob gleich eine iede mit der andern
eine gemeine Noth erfahren und erlitten, theils eine Wassers-
Noth, als An.C. 1613. den 29. Maji am Sonnabende vor Trinitatis,
zur Zeit der Weimarischen Sünd- und Wasserfluth. Theils eine
Kriegsnoth, als A.C. 1637. den 5. Februar. am Sontage Septuagesimæ, zur Zeit der Plünderung, unter dem Keyserlichen Gene-

ral Graff Johan Götzen. Theils eine Wetter- Theuerung- Hunger-
Pest- und Sterbens-Noth. Wie ich in meinem Geographo Jenensi
cap. 5. p. 66. 68. vermeldet.

0Jedoch ist keine mit der andern gäntzlich eingerissen und zu- 0störet worden, wie zu Wittenberg an der Elbe A.C. 1546. üm Martini, uff Gutachten der Kriegs-Völcker, die Churfürst Johann
Fridrich zu Sachsen in der Besatzung hielte, wurden alle Vorstädte mit Feuer angelegt, und die nahe daran stehende Bäume und
Zäune ausgerottet. Damals sind auch die Zäune des Gottesackers,
der nunmehr ümmauret ist, ümgerissen worden. Menzius lib. 4.
Epitaph. Witteb. pag. 3.

97Insonderheit. Unsere Stadt Jena hat nicht etwan nur eine
Vorstadt wie Ebora, die hat wol zehen Thore, und doch nur eine
Vorstadt, die von denen allda wohnenden Töpffern ihren Namen
hat, oder gar keine Vorstadt, wie Erffurt, die weiland ihre wolbe-
wohnte und volckreiche Vorstädte alle in den Wall eingeschlossen
und ümmauret hat. Sondern wol vier Vorstädte, gelegen nach der
Sonnenlauff, und nach der Lage der dreyen Stadt Thore, und
einer absonderlichen Hauptpforten.

Im Geschoßbuche und im Erbbrieffe über den Geschoß,
wird gedacht der Dörffer Krottdorff, Zweiffelsbach oder Zwiebelbach, Schodelsdorff oder Schezelsdorff, und Nollendorff.
Welche damals ausser der Stadtmauer zu Jena in den Vorstädten
gelegen. Meines Erachtens hat Krottdorff gelegen vor dem Jo-
hanns-Thor, in der Krautgassen, und wurden die Inwohner genandt die Schweitzer. Zweiffelbach, oder Zwiebelbach war gelegen vor dem Löbderthor, und wurden die Inwohner genandt
Zweiffelbacher. Schotzelsdorff oder Schedelsdorff hat gelegen
vor dem Salthor. Nollendorff hat gelegen vor der Stadtpforten,
und wurden die Inwohner genandt die Nollendorffer, und diese
sind einverleibet den Inwohnern auff dem Steinwege vor dem
Salthor, und alle diese Vorstädte haben ihre Vormünder und
Auffseher, und werden gemeiniglich mit solchem Nahmen absonderlich in Rath gefordert, wenn die drey Räthe in wichtigen
Sachen beyeinander seyn.

Wir wollen nun eine Vorstadt nach der andern beschauen.

Die Johannes Vorstadt kömt uns zu betrachten vor, nach ihrem Namen, Gassen, Plätzen, Häusern und Zufällen.

1. Nach ihrem Nahmen. Sie liegt gegen Abend, vor dem Jo-
hanns-Thore, unter dem Johanns-Kirchhoff oder Gottesacker,

davon sie auch ihren Nahmen bekommen, und denselben der Stadt Jena mitgetheilet hat. Denn Jehn kan seyn der Name Johannes. Bey der Johanns-Kirchen, so Anfangs allein gestanden, haben allmählich von Zeiten zu Zeiten etzliche Leute Häuserlein gebauet, biß ein Dörfflein daraus erwachsen, und Jehn gennennet worden ist. In dieser Johanns-Vorstadt hat gelegen Krotdorff, wie seiner gedacht wird im Geschoßbuche, gemacht An.C. 1406. uff Befehl Landgraff Friedrichs, und Wilhelms zu Thüringen, und Marggrafen zu Meissen.

Diese Johanns Vorstadt wird wol ehemals gennennet die Schweitzer-Vorstadt, entweder, daß etzliche gebohrne Schweitzer darinnen gewohnet, oder daß ihre Einwohner den Schweitzern in der Mann- und Wehrhafftigkeit nachgefolget. Denn diese Vorstädter wol ehemals mit den Studenten sich veruneiniget, und mit ihnen zum Streit kommen seyn, sonderlich zu meiner Zeit von A.C. 1618. da die Heerferte noch lebten.

100

2. Nach ihren Gassen, und derer sind vier an der Zahl: 1. die Obergasse, genandt die Wagnergasse. 2. Die Quergasse, in dessen Eingang ein Röhrborn und Wassertrog stehet. 3. Die Mittelgasse, dardurch der lincke Arm des Leuterbachs in der Fahrstrassen fleusst. 4. Die Krautgasse, weiland die Krotgasse. Könte auch wol die Flegelgasse genennet werden, wegen der Flegel, darmit die Drescher in denen darinnen gebauten Scheunen spielen, und die Körner aus den Garben schlagen. Wie bey der Stadt Meissen An.C. 1529. die Flegelgasse ihren Anfang in der Vorstadt zwischen dem Wasser Tribisch und Mühlgraben genommen, und ihren Namen bekommen hat. Fabric. lib. 3. Annal. Urbis Misnæ fol. 85.

Den Leuterbach in der Mittelgassen fegen die Müller, wenn und so offt sie wollen, aber den in der Krautgasse, die Einwoner derselben jährlich auf den Abend vor dem Festtag Johannis des Täuffers, und bekommen aus dem Burck- und Raths-Keller einen halben Eimer Bier. Fodern auch ein Trinckgeld von einem ieden, der in solcher Gassen einen Garten oder eine Scheune hat.

101

3. Nach ihren Plätzen oder Planen, und derer sind zweene: 1. Der Anger, am Ende der Mittelgassen, bey D. Joh. Gerhards Mühlgarten, auff welchem die Hochzeit-Gäste ihren Tantz gemeiniglich halten. Nunmehr unter der hohen und breiten Linden bey dem Johanns Thore. 2. Der Heinrichsberg bey dem Gottes-Acker im Eingange des Johanns-Thors. Auff diesem Platz und Plan sind die zweene Brüder und Hertzoge zu Sachsen Johann-

Fridrich, und Joh. Wilhelm, von dem ersten Magnifico Rectore, Johann Schrötern, der Artzney Doctore und P.P. Keyserlichen Pfaltzgrafen den 1. Febr. am Dienstag des H. Abends vor Liechtmesse An.C. 1558. in Begleitung aller andern P.P. und Studenten angenommen, und in die Stadt biß ins Schloß begleitet worden. Den nachfolgenden Tag, als an Liechtmesse ist die vor 10. Jahren, als den 19. Martii 1548. angegangene, und den 15. Aug. 1557. allererst vollkömmlich befreyete Universität herrlich und prächtig eingeführet worden. Wie ich dessen gedacht habe in meinem Geographo Jenensi cap. 32. p. 444.

Diese auff dem Heinrichsberge geschehene Empfahung, ist _102_ diesen beyden Hertzogen, und ihrem vorher angelangten Bruder, Hertzog Johan. Fridrichen dem III. und Jüngern, viel angenehmer und rühmlicher gewesen, als wenn sie mit köstlichen und von allerhand Farben, und uff 7. Meilwegs gelegten Tüchern, oder mit 180. Pflügen weren empfangen und eingeleitet worden. Das erste ist begegnet Keyser Otten dem III. als er dem neuen, von den Preussen erschlagenen Märter Adelberto zu Ehren, von Posnia aus nach Gneza zu Fuß wolte wallfarten gehen. Cramerus von Polnischen Geschichten lib. 3. Das andere ist begegnet den Königen in Engelland, von den Einwohnern des Dorfs Gormon, Chestria genandt, wenn sie durch oder vorbey gezogen seyn. Cambdenus in Britannia p. 367.

Uff diesen Heinrichsberge hat Valentin Kötschau Huffschmid im Eckhause wohnend, A.C. 1625. etzliche Lindenbäume gesetzet, davon noch eine vorhanden, und Gott der Herr hat mir daselbst eine Scheune verehret, wie auch A.C. 1637. in der Plünderung eine eingegangene Schoppen im Ausgange der Krautgassen, und noch eine baufällige Scheune in derselben, hinter der Bade- _103_ stuben. Auff eine iede habe ich zu Gottes Ehren, und meinem Nechsten zur Nachfolge im Dancken diese 3. Epigrammata gemacht.

I.
In divo Heinrici cujusdam à nomine dicto
horrea possideo, frugibuis apta meis.
Diruit hæc Svecus bis Miles, & abstulit harpax
stramina cuncta manu, gramina cuncta manu.
O miserere, Deus, nostri, mavortia pelle
arma procul, pacis tempora redde, precor.

Campi ita servabunt frumentum, gramina pratum.
Horrea cum fœno stramina cuncta meo.

II.

Omnia succrescunt tranquillô tempore pacis,
decrescunt belli tempore cuncta feri.
Gramen uti driæ Bellonæ tempore crescit,
surgit ibi pacis tempore pulcra domus.
Structa ubi pulcra domus jucundo tempore pacis,
carduus assurgit tempore Martis ibi.
Horrea testantur mea, florida tempore pacis,
diruta bellonæ tempora tota trucis.

III.

Horrea bina mihi concessit Jova Triunus,
á quo promanat, quicquid in orbe bonum.
Unum custodit frumenta reposta, secundum
sarmenta & fœnum, & cætcra ligna tenet.
Horrea sunt speculum vitæ cœlestis, in ista
Granum me gratis transferat ipse Deus.
(ad Matth. 3. 12.)

4. Nach ihren Häusern, und derer sind etzliche eigene, etzliche gemeine. Von Schrifften an beyden, suche das nachfolgende XX. Capitel.

Die eigenen Häuser, sind die Bürger-Häuser, unter welchen das Vorwerck im Ausgange der Mittelgassen das gröste ist, und von dem gemeinen Mann die Eselsburg genennet wird. Ich weiß nicht, ob es solchen Namen bekommen hat wegen der nahe darbey gelegenen Ziegel- oder Gerhardischen Mühlen, dahin es weiland gehöret. Oder wegen seines Besitzers und Erweiters Martin Bremens, der Brücken-Herr zu meiner Zeit war, und die Brückenmühl-Pferde darzu mißbrauchte. Es bekömmet offt ein Gebäude, auch wol eine Person, von den Eseln einen Zunahmen. Als Cornelius der Edle Römer ein Gut kauffte, und der Verkäuffer einen Bürgen von ihm begehrte, erbote sich der Käuffer, uff den morgenden Tag seinen Bürgen uff den Marck zu führen, brachte aber eine Eselin mit Gelde beladen, an statt des Bürgen, darüm wurde er forthin Cornelius Asina genennet, wie Macrobius schreibt.

An.C. 1666. im Sommer, sind uff der rechten Seiten des Heinrichsbergs zwey neue Häuser angebauet worden, das eine vom

Wagner Caspar Vatern, das andere vom Schlösser Adam Schmieden. Jenes auff der lincken Seiten des Fahrwegs, dieses uff der rechten nach dem Stadtgraben.

Die gemeinen Häuser sind theils geistliche, als die Johanns-Kirche, welche An.C. 1597. geweisset, zum Brauch der Leich-Sermonen, Predigten und Sprüchen. Denn vor diesem nur auf dem Kirchhofe oder Gottesacker die Leichen beym Gesang und Gebet ohne Leichpredigten sind beygesetzet worden. Theils weltliche, als da ist 1. die Badestube, liegt beym Johannsthore, und ___107___ fleusst der von lautern Wasser genandte Leuterbach vorbey.

In diese Badestuben wurden vor Zeiten die Einwohner erfordert durch den Klang einer höltzernen Gelten oder Stotzes, zum Unterscheid der Badestuben vor dem Saalthor, darzu sie wurden erfordert durch den Klang eines messingen Beckens. 2. Die Ziegelmühle, welche D. Matthias Colerus Ordinarius A.C. 1583. erneuert. Liegt beym Ziegelthore. Dieses und jene haben ihren Nahmen von der Ziegelhütten, welche weiland nicht zur Löbder- sondern zur Johanns-Vorstadt ist gerechnet worden. Zu geschweigen der Plumb-, der Nau-, der Weidichs-, der Parasken- oder Oehl- und Walck- und der Pappier Mühlen, welche alle weiter hienaus im Mühlthal zwar liegen, aber zu der Johanns-Vorstadt gehören. 3. Das Hirten-Hauß, liegt im Eingange der Krautgassen, unweit der grossen Linden.

5. Nach ihren Zufällen. In Wassers-Noth, An.C. 1613. den 29. Maji am Heil. Abend vor Trinitatis gieng das Regenwasser in der Krautgassen über Tisch und Bäncke.

In Feuers-Noth, An.C. 1658. am 7. Sontag Trinitatis des ___108___ Nachts kam ein Feuer aus zwischen der Hans Klinckhartin Backhause, und Catharinen Willen sonst Barthkethen Wohnhause, und branten vier Wohnhäuser abe.

In Kriegs-Noth. So offt feindselige Durchzüge oder Einquartirung allhier geschehen, so offt hat auch diese Vorstadt ihren Theil davon empfunden, sonderlich An.C. 1637. den 5. Febr. da gantz Jena von Keyserlichen Völckern ausgeplündert wurde, wie schon oben gedacht.

Das vierzehende Capitel,
Von der Löbder-Vorstadt.

Die Löbder-Vorstadt kömmet uns zu betrachten vor, nach ihrem Nahmen, Gassen, Plätzen, Häusern und Zufällen.

1. Nach ihrem Namen, den hat sie von ihrer Lage, denn sie liegt gegen Mittag vor dem Löber- oder Lobderthore, und durch <u>109</u> sie gehet die Landstraße nach der, uff eine kleine halbe Meile davon gelegenen Stadt Lobedau. Diese Vorstadt wird sonsten im Kloster- Amt- und Rathsbrieffen genennet Zweifelsbach, auch Zwiefelbach und Zwiebelbach, von dero darbey gebaueten Zwiebeln. Dieses Vorwerck oder Dörfflein Zwiebelbach haben die beyden Brüder, Albertus Ritter, und Friedrich, Herren zu Helderung dem Michaels- und Nonnen-Kloster in Jena übergeben A.C. 1344. Ein Dorff eben dieses Namens, ist auch zu finden im Amt Orlamünda, zwey Meilen von Jena.

2. Nach ihren Gassen, und derer sind fünffe. 1. Die Kritgasse oder Krötengasse, von dem Ungeziefer, daß sich weiland darbey aufgehalten hat. Liegt an der Saale, und wurde wegen der verdächtigen Einwohner, genandt die Butterwecken, genennet die Diebsgasse. 2. Die Froschgasse, von den Fröschen, welche sich in dem Bache und sümpffigen Oertern daselbst weiland haben lassen sehen, hüpffen und quaxen hören. In der Mitten ist ein ausgewelbter Quellbrunn. 3. Die Neugasse, hat den Nahmen theils <u>110</u> von dem Neuthore, theils von dem neuen Bau an dem Salstrohm, bey dem Paradiß. Könte auch wol die Töpffergasse genennet werden, weil auf beyden Seiten etzliche Töpffer wohnen. Ob diese auch einen solchen grossen Topff, darein 3. Faß Bier gehen, machen können, wie die Töpffer in der Stadt Penick an der Mulda, darein ist ein Fürst von Sachsen einsmal gestiegen, und hat mit Fleiß ein Loch darein gemacht, und sich dardurch heraus gebracht. Wie Scheræus berichtet part. 4. miscell. Hierarch. p. 252. das mögen sie versuchen. 4. Die Spittelgasse hat ihren Namen vom alten Spittal und Carmeliterhofe oder Kloster, dessen Obergebäude A.C. 1642. den 12. April. Matthæus de Moncado, Keyserlicher Kriegs Obrister und Commendant in Jena ließ einreissen, und aus dem Holtze Palisaten machen, und damit die Stadt Jena verwahren. Wurde unlängst genennet der Bettler-Platz. Denn als A.C. 1637. und 1641. viel arme Leute, sonderlich aus dem Franckenlande ankamen, würden sie auf den Hoff dieses eingegangenen Spittels und Klosters versammlet, und ihnen nach gehaltenem Gebet die Allmosen ertheilet, in meiner Gegenwart und <u>111</u> Amtsverrichtung. Heute zu Tage ist diese Gasse durch den neuen Gasthoff zum gelben Engel verbauet, und wird nicht mehr die Spittelgasse oder Bettlerplatz genennet, sondern hinter der Dru-

56

ckerey und Gasthoffe. Denn in diesem noch stehenden Carmeliter Hoff-, Spittel- oder Kloster, hat Churfürst Johann Fridrich I.
zu Sachsen, die Schrifften D. M. Luthers lassen trucken, und die
gedruckten in IIX. Teutsche und in IV. Lateinische Tomos aus
seinen Manuscriptis ein- und abtheilen lassen. Darüber ist bestellet
gewesen L. Nicolaus von Ambsdorff, vertriebener Bischoff zur
Naumburg und Zeitz, und M. Georgius Rorarius, vor diesem Prediger zu Wittenberg, und Christianus Rhodius oder Rödinger,
Buchdrucker aus Magdeburg. Welchem letzten gemeldter Churfürst das Privilegium darüber ertheilet, uff der Festung Grimmenstein bey Gotha A.C. 1553. Montag nach Elisabeth, und hernach
A.C. 1554. am Tage Mariæ Magdalenæ zu Weimar, haben seine
drey hinterlassene Söhne, Hertzog Johann-Fridrich II. und Mittlere, Hertzog Johann-Wilhelm, und Hertzog Johann-Fridrich der
III. und Jüngere dasselbe erneuret, und ihme noch darüber er- _112_
blich verliehen, nicht den gantzen Carmeliter-Hoff, sondern nur
den Garten, und die Gebäude, darinnen die Druckerey gestanden.
Denn das nunmehr gantz eingerissene Carmeliter-Kloster oder
alte Spittel, ist dem Rathe verblieben, und von ihm zu einem
öffentlichen Gasthofe An.C. 1669. gemacht worden. Zu diesem
ersten Druck der Schrifften Lutheri haben verehret 500. Thaler,
Bürgermeister Christoff Druckscherff, und Christoff von Hagen
zu Thune uff dem Eisfelde 1000. ja etliche tausend Gülden, wie
Spangenberg von diesen letzten berichtet im andern Theil des
Adelspiegels lib. 6. cap. 40. fol. 64. Aber davon mit mehrern an
seinem Orte. 5. Das Münchsgäßlein, hinter der Druckerey und
neuen Gasthofe, uf dessen beyden Seiten keine Wohnhäuser,
sondern Gärten zu sehen seyn. Hat seinen Namen von dem
Carmelitter München, die ihren Aus- und Eingang durch solches
genommen haben.

3. Nach ihren Plätzen oder Planen, und derer sind weiland
drey gewesen, nunmehr aber nur zweene. 1. Der Zimmerhoff
zwischen dem Gasthoff zum halben Mond, und dem langen Gar- _113_
ten, welchen D. Julius Marx, D. Zacharias Prüeschenck, M. Johan
Zeisold, und D. Ernst Fridrich Schröter, nach einander besessen.
Daraus das frische lautere Wasser durch eine Röhre in einen
Wassertrog heut zu Tage fleusst. Dieser Platz und Plan ist A.C.
1664. von unten her Georg Bernigen einem Fischer, und A.C.
1665. von oben her Caspar Georg Römhilden, bürtig von Farren-
roda, genandt der Gärtner von Schleben, verkaufft, welche ihre

Wohnhäuser darauff gesetzet haben. Kinder zeugen und Stadt bessern, machet ein ewiges Gedächtnüß, schreibet Syrach im 41. Capit. vers. 19. Nunmehr werden die Gebäude gezimmert uff der Landfesten und auff dem neuen Bau, da ist Raum genug darzu. 2. Der Platz üm den eingerissenen Carmeliter und auffgebauten Gasthoff, auff welchen Michael Ziegler An.C. 1629. eine Linde gesetzet, die nunmehr so hoch, und so breit gewachsen ist, daß unter ihr die Müssigen sitzen, die Müden ruhen, und die Frölichen tantzen können. 3. Der weite und breite Platz und Plan vor dem neuen Thore, zwischen dem neuen Bau an der Saal, und

114 dem Leuterbach, darauff die Zimmerleute ihre Gebäude zurichten, und die Studenten ihre Kurtzweil mit Ballenschlagen, und Fahnenschwingen suchen. Weiland auch ihre Büchsen loßliessen, und manchem Vorübergehenden einen Verzug auff die Reise, will nicht sagen, eine grosse Furcht auff dem Wege und Stege verursachten. Darwieder ließ die wollöbliche Universität ein ernstes Verbot ausgehen, in dem öffentlichen gedruckten Programmate An.C. 1620. den 24. Septembr. Die neuen Abschnitte am Salstrohm auff dem neuen Bau im Paradiß, so wol bey der Brücken zu Camsdorff, sind An.C. 1668. verfertiget worden, nicht mit geringen Unkosten.

4. Nach ihren Häusern, eigenen und gemeinen. Von den Schrifften an beyden, suche das nachfolgende XX. Capitel.

Die eigenen Häuser sind die Wohnhäuser der Handwercks- und Fuhrleute, darunter weiland berühmt gewesen der Sandstein in der Neugassen. In diesem Hause hat Christoff Heser, der sich An.C. 1618. den 5. Augusti zu tode gefallen, seinen Wein und Bier

115 ausgeschencket, und darbey allerley Kurtzweil vor die Gäste darinnen angerichtet. Seine Stieff-Söhne, Georgius und Johannes Freunde, haben es an Johan Weisen, Oeconomum der Universität verkaufft, der es auch, nach dem es An.C. 1637. den 5. Febr. bey der Plünderung durch den Brand verderbet, wiederüm auff- und angebauet hat.

Die gemeinen Häuser sind theils geistliche, als der eingerissene Carmeliter-Hoff, der wird genennet das alte Spittal, zum Unterscheid des neuen zu St. Nicolai vor dem Salthor. Das alte Mauerwerck ist im Frühling An.C. 1669. eingerissen, und der Grund zum neuen Gasthofe angelegt worden, unter dem Regiment Bürgermeister Michael Tannenbergers. Theils weltliche, und sind diese nachfolgende: 1. Die Wirthshäuser oder Gasthöfe zum halben Monden bey dem Lobderthore, zur güldenen Kronen im Eingange der Froschgassen, welchen A.C. 1670. D. Johan. Christoff Falckner JC. P.P. wieder auffgebauet. Zum rothen Hirsch, und gegen über zum grünen Hecht, und dieser letzter brante abe A.C. 1630. den 27. Febr. an einem Sonnabende nach der Vesper. Zu diesen Gasthöfen und Wirthshäusern ist kommen der zum gelben $\underline{116}$ Engel, erbauet A.C. 1669. uff der Stete des abgegangenen Carmeliter-Hoffs, und zum erstenmahl den 1. Sept. verpachtet worden Hansen Debnern, sonst Strumpf Hansen genandt, uf 3. Jahr. Der Zins ist das erste Jahr 60. fl. das andere 80. fl. das dritte 100. fl. darff Wein und Bier einlegen vor die Gäste, aber nichts auff die Gasse verkäuffen. 2. Die Salpeter-Hütte bey der Carmeliter-Capell, welche uf Befehl Churfürst Joh. Fridrichs zu Sachsen A.C. 1553. angefangen, und A.C. 1642. im Aprill eingegangen ist. Der Salpetersucher und Pulvermacher hat domals dürffen einschlagen, wo er gewolt, auch in der Bürger Häuser, in welchen er die Materien darzu angetroffen hat. An statt der Pulverhütten sind nunmehr gebauet zwey Wohnhäuser, das eine vor einen Töpffer, das andere vor einen Kärner. 3. Das Wach-Häußlein bey der Carmeliter-Capell vor die Nachtwächter aufs neue erbauet A.C. 1646. den 1. Septembr. bey Regierung Bürgermeister Philip Beiers. 4. Die Ziegel- und Kalckhütte, davon ein Theil A.C. 1641. durch Sturmwind eingeworffen, aber nunmehr wieder in etwas $\underline{117}$ auffgerichtet. Vor diesem hat sie der Rath verlegt, und biß anhero verpachtet, unter andern Martino Behlingen, Not. Publ. Cæs. Castenschreibern, jährlich üm 60. fl. 5. Das Latrin oder heimliche Gemach bey dem Mittelteiche, von Mauerwerck auffgerichtet, vor die frembden Leute, darinnen ihre Füsse zudecken (1. Sam. 24. 4.) welche uff die zweene Wochenmärckte, Dienstag und Sonnabend, Bau- und Brennholtz in derselben Gegend nun bey dem grünen Hecht in grosser Menge, bey 30. und mehr Karren feil haben.

5. Nach ihren Zufällen. In Wassersnoth. A.C. 1613. den 29. Maji am Abend vor dem Fest Trinitatis ist der Leuterbach so groß worden von der Weimarischen Sünd- und Wasserfluth, daß er übergangen, und die beladenen Rüstwagen der fremden Fuhrleute auswendig vor den obgenanten Gasthöfen auffgehoben, zerrissen, und die Froschgassen hinab zu der Krietgassen geführet hat.

In Feuersnoth. A.C. 1630. den 27. Febr. ist das Wirthshauß zum grünen Hecht, und An.C. 1637. den 6. Febr. der halbe Sandstein neben etlichen Wohnhäusern in der Neugassen abgebrant.

In Kriegsnoth. A.C. 1637. den 5. Febr. ist gantz Jena, und also auch diese Vorstadt von den Keyserlichen Völckern, so Graff Johann von Götz führete, ausgeplündert worden.

Das funffzehende Capitel,
Von der Saal-Vorstadt oder Steinwege.

Die Saal-Vorstadt kömmet uns zubetrachten vor, nach ihrem Nahmen, Gassen, Plätzen, Häusern und Zufällen.

1. Nach ihrem Nahmen. Sie hat ihren Nahmen von der Lage, denn sie liegt gegen Morgen vor dem Saalthor, zwischen dem rechten und lincken Arm des Saalstrohms, wird gemeiniglich genennet der Steinweg, und eingetheilet in den innersten und eusersten. Weil er meistentheils mit Kieselsteinen ist gepflastert, und geschehen A.C. 1578. Muß vorzeiten ein Dorff gewesen seyn, denn in Kloster-, Amt- und Raths-Urkunden und Brieffen wird diese Vorstadt genennet Schotelsdorff uff dem Sande.

2. Nach ihren Gassen, und derer sind viere. 1. Die Frauengasse, welche im Wechsel des obern- und des untern Steinwegs sich anhebet, und bey den Scheunen, Häusern und Gärten hinaus nach der Eißwehre fortgehet. Die Ursache des Namens will niemand wissen. Vielleicht haben die Kloster-Frauen oder Nonnen zu St. Michael einen Garten in derselben Gegend besessen, und auch besucht, oder haben daselbst gewohnet die Frauen, welche die Krancken zur Pestzeit gewartet, die Todtengräber, welche unfern wohnen, bestellet, und die Leute zu Grabe gebeten. Solche Weiber wurden bey den Römern genennet Præficæ, die andere wolten, und sich selber nicht kunten loben, oder weinend und mitleidlich machen. 2. Die Holtzgasse oder Holtzweg, welche an der Ecken der Gerberhäuser an und nach der Insel fortgehet. Hat ihren Nahmen vom Bau- und Brennholtz, welches weiland daselbst ist feil geboten und verkauft worden. In der Mitten ist ein freyer Plan, und darauff eine schöne Linde, darunter die Hochzeit-Täntze in Ehren gehalten werden. Nunmehr aber wird das Bauholtz uff dem neuen Bau und Landfesten, das Brennholtz aber auf den Schub- und Ziehkarren, uff dem Creutz bey der Michaels-Kirchen, und vor dem Löbderthore an Marcktagen, Diensttag und Sonnabend, und auch auff dem Marck, an andern

Werckeltagen, sonderlich am Donnerstage feilgeboten und verkaufft. 3. Die Gasse an der Saale, nemlich an dem lincken Arm
des Salstroms und Mühl Lache, oder die Gerbergasse, weil nur
Loh- und Weißgärber darinnen wohnen, oder ihre Werckstädte
daselbst haben. 4. Der Steinweg, und dieser gehet bey der kleinen
Salbrücke und Badestube an, biß zu der grossen Salbrücke, und
wird ein- und abgetheilet in den innersten oder obersten, und in
den euersten oder untersten Steinweg. Wer dadurch gehet, fähret, reitet, der mag gedencken theils an die Reimen, welche D.
Lucas Osiander über das 26. Capitel im Buch Sirach anführet.

Wer auff dem Pflaster sprengt, <u>121</u>
Und auff Brücken rennt,
Und ein Weib nimmt, das er nicht kent,
Der bleibt ein Narr biß an sein End.

Theils an das Sprichwort. Der Steinweg ist heiß. Der Steinweg zu Leipzig ist heisser, denn der zu Jena. Und der zu Nürnberg heisser, denn der zu Braunschweig. Die Ursach setzet Johann
Agricola im Buch der Teutschen Sprichwörter, num. 591. p. 287.

In Städten, sagt er, sind gemeiniglich alle Gassen mit Steinen gepflastert,
auff daß man desto saubere Gassen habe. Was aber heiß ist, das verzehrt
viel. Denn dieweil im Menschen die natürliche Hitze ist, so muß man dem
Leibe immer Speise und Tranck mittheilen, auff daß die Hitze ihn selbst
nicht verbrenne. Soll ein Feuer für sich selbst brennen, so muß man immer <u>122</u>
Holtz anlegen, sonst verzehrt das Feuer das Holtz, und verlischt. Also ist
der Steinweg heiß, da theuer Zehrung ist, und geht viel auff, man verzehret
viel. Zu Nürnberg ist ein heisser Steinweg, zu Braunschweig ist er nicht also
heiß, das ist: Zu Braunschweig ist leichter zehren, denn zu Nürnberg. Also
reden wir auch von andern Orten und Städten. So weit Agricola.

3. Nach ihren Plätzen und Planen, und derer sind zweene. 1.
Der Siechplatz, uff der rechten Seiten der Wiesen, genandt die
Insul, unweit des Rabensteins, darauff stunden weiland die Woh-
nungen vor die Krancken-Wärter und Todtengräber, und wurden
deswegen genennet die Pestilentz-Häuser, darunter das eine alte
auf der lincken Seiten am Wege, die andern drey gantz neue uff
der rechten Seiten A.C. 1612. erbauet, welche A.C. 1637. den 5. <u>123</u>
Febr. im Schwedischen und Keyserlichen Einquartirung und
Durchzügen sind niedergerissen, aber An.C. 1670. ist an des alten
Stäte ein grosses Hauß mit unterschiedenen Cammern und Stuben unter Bürgermeister Christoff Neubergers Regiment erbauet
worden. Die Schrifft an demselben wird sich bald finden. 2. Die

Landfeste, zwischen der grossen Saalbrücken und der Wasser-
wehre oder Eißfehre. Hat den Nahmen von der festen Sand-
Erden. Uff diesem langen und breiten Platz und Plan werden die
Schafe geschwemmet und geschoren, werden die Gebäude gezimmert und zugeleget, werden die Floßhöltzer und Scheitte
ausgezogen und gesetzet, werden die leinen Tücher ausgebreitet
und gebleichet, werden die Bürger gedrillet und gemustert, werden die Ubelthäter mit dem Schwerte gerichtet und geköpffet.

Es wird dieser Platz und Plan wol ehemals von den Büchsen-
und Armbrust-Schützen zugenahmet, weil bey der Brücken ein
Schützen-Häußlein stehet, daraus die Bürger des Sontags nach
124 der Versper-Predigt nach der Scheibe zu schiessen, und sonsten
den Vogel von der Stangen abzuschiessen pflegten.

A.C. 1534. nach geendeten Pfingstfeyertagen ist unter Bürgermeister Johann Geiselmann und Johann Flachen ein Vogelschiessen gehalten worden, und hat Valentin von Berga den Hals
und den Kopff, Wolff Born die Flügel, Johann Töpffer die Brust
abgeschossen.

A.C. 1538. am Pfingstfeyertagen hat Churfürst Johann Fridrich und sein Halbbruder Hertzog Johann Ernst I. zu Sachsen ein
Vogelschiessen uff dieser Landfeste und Schützenplan gehalten,
darbey auch ein Hertzog von Braunschweig und Lünæburg gewesen.

An.C. 1551. den 28. Aprill fället eine Wolckenbrust im
Mühlthal zu Jena, und schwemmet das Wasser die Vogelstange
hinweg, und obgleich eine andere erbauet, ist sie doch nach X.
Jahren A.C. 1562. den 11. Martii vom Sturmwinde darnieder geworffen worden.

Von A.C. 1618 biß 1670. so lange ich bin, Gott Lob und
125 Danck! in Jena gewesen, weiß ich zwar von Büchsenschiessen
nach der Scheibe, geschehen im Stadtgraben bey dem Johanns-
hor gegen dem keulichten Thurme, und auff der Landfeste, aber
von keinem Vogelschiessen. Doch ist A.C. 1675. eine neue Vogelstange auffgerichtet, aber noch kein Vogelschiessen gehalten
worden.

4. Nach ihren Häusern. Eigenen und gemeinen. Von den
Schrifften an beyden suche das XX. Capitel.

Die eigenen Häuser sind die Wohnhäuser, unter welchen berühmt Johann Gräfens Raths Cämmerers Hauß, welches wegen
seiner Bequemligkeit offt zum Hochzeiten angesprochen und

erlaubet wird, liegt in der Holtzgasse, uff der lincken Seiten nach der Wiesen, die Insul genandt.

Die gemeinen Häuser sind geistliche und weltliche.

Die Geistliche sind 1. die An.C. 1612. zur Pestzeit erbaute, und An.C. 1637. zur Kriegszeit eingerissenen Siech-Häuser. Uff der lincken Seiten des Wegs nach dem rechten Arm des Salstroms ist A.C. 1670. ein gantz neues Hauß mit seinen unterschiedenen Cammern und Stuben erbauet worden unter Bürgemeister Chris- 126 topff Neubergern. Die Schrifft daran ist zu finden im nechstfolgenden XX. Capitel. 2. Die Capellen zu St. Nicolai und zu St. Marien Magdalenen. Jene gehöret zum Bruder-Spittel, diese zum Weiber-Spittel. 3. Die Spittel, und zwar 1. der Studenten Spittel. 2. Der Bruder-Spittel, diese beyde liegen an- und neben-einander. 3. Der Weiber-Spittel neben dem Schlachthause. Im ersten, den die Universität An.C. 1612. vom Rath erkaufft, werden krancke Studenten verpfleget, im andern werden XII. alte Männer ernähret, im dritten werden alte Weiber erhalten, welche in Sterbensläufften müssen auffwarten, und iede wöchentlich zweene Groschen, als ein Wartgelt aus dem Gottes-Kasten empfähet. 4. Der Brückenhoff, neben der Mühl, am lincken Saalstrom. Diesen rechne ich unter die geistliche Gebäude, nicht eigentlich wegen der Mühle, dahin er gehöret, sondern wegen der Allmosen. Weil er, wie auch der Brückenhoff zu Dreßden, als ein geistlich Gut, schon A.C. 1485. im Leipziger Vertrag und Landestheilung zwischen Churf. Ernsten, und seinem Bruder Hertzog Albrechten zu 127 Sachsen ist angeschlagen worden. Denn die beyden Dörffer, Osmeritz und Jehne Löbnitz mit dem Brückenhofe und Mühle, seyn nicht eigentlich zum Brückenbau und Erhaltung, sondern zur Unterhaltung XII. armer Bürger aus der Stadt Jena, und armen Nachtbaren aus den gedachten zweyen Dörffern, weiland gestifftet und gewidmet worden. Darzu das Ihre gethan haben die Edlen von, zu und in Timpling, weil ihr Wapen im Eingange des Bruder-Spittels noch auf- und angehenget ist.

Die weltlichen Häuser sind 1. die Mühlen an dem lincken Arm des Salstroms oder Mühlbachs, uff ieder Seiten mit dreyen Gängen; uff der rechten die Brück- oder Rathsmühle, uff der lincken die Donn- oder Fürstenmühle, beyde besitzet der Rath, von jener ernähret er die XII. armen Brüder, von dieser giebt er jährlichen Zinß. Suche das XXIV. Capitel, und meine Annales A.C. 1315. 1316. 1377. 2. Die Schlachthäuser, die hat der Rath zu Jena uff empfangenen Befehl Hertzog Joh. Fridrichs II. zu Sachsen, gegeben A.C. 1551. den 29. Julii allererst An.C. 1554. Donnerstags nach Marien Magdalenen, an dem lincken Arm des Salstroms bauen lassen, da vorhin ein ieder Fleischer vor seiner Haußthür schlachten thäte, und manchen Stanck mit dem Unflath und Kothe dem Vorübergehenden verursachte. Das Fleischer-Handwerck zinset dem Rath darfür jährlichen XX. fl. Es sind aber die beyden Schlacht Häuser A.C. 1668. von Grund aus einge-rissen, und zwey andere, viel grössere, höhere, weitere auffgebau-et worden. Damals waren Bürgermeister Michael Tannenberger, und Christoff Neuberger. 3. Die Badestube, welche A.C. 1590. gegen dem Wasser oder Mühl Lache erneuert, aber An.C. 1665. einfiel. Zu meiner Zeit An.C. 1620. war darinnen ein Bader, Hans Kranich, wenn der einem schröpffete oder Aderschlug, sahe er das Blut an, lobete oder tadelte dasselbe, und sagte zugleich: Ich nehme eine Kanne Wein oder Bier, und trincke es aus. Meinete aber nicht das Blut im Becken, sondern den Wein oder Bier in der Kannen. Von ihm kömmet das Sprichwort: Er ist ein Salba-der. Das ist: Er bringet albere Possen auf die Bahn. Wer neue Zeitung will wissen, der erfahre sie in der Barbirer Häusern, Ba-destuben, Backhäusern, Sechswochen Betten, gemeinen Taber-nen. Also lautet das 166. Sprichwort beym Joh. Agricola: p. 81. b. und setzet diese Ursache: *Da kömmet allerley Volck zusammen. Ein ieglicher sagt da, was er weiß, und was denn geschicht, das wird allda zum Marck gebracht, von allen Leuten erfinden sich daselbst mancherley Reden, die man erfähret. Sylla (der Edle Römer) were von Athen abgezogen, wohin seine Kundschhaffer, so er in der Stadt hatte, nicht angezeiget hätten, wie sie in einem Barbierhause gehöret hätten, wohl könte man Athen abbrechen an einem Ort, welchen Ort sie Heptachalcum nenneten.* So weit Agricola. Ein Seelen Bad vor die Brüder zu St. Nicolai, ist An.C. 1369. ge-stifftet worden in dieser Badstuben, davon in meinen Annalibus 1369. 4. Das heimliche Gemach an der lincken Seiten der Saal- und Mahlbrücken, im Ausgange des Salthors. Dieses wurde An.C. 1642. den 1. Maji uff Befehl Matthæi de Moncado, Keyserlichen Kriegs-Obersten und Commendanten in Jena, und Hannibal Gonzagæ eingerissen, und ist hernach wieder erbauet worden. Allhier mercke der günstige Leser diese Gedicht und Geschicht.

Clocina, wurde bey den Römern gehalten vor eine Patronin und Beschirmerin der heimlichen Gemächer. Die trübe Lufft im Stifft Trier, wird genennet Cloaca Planetarum, und die Stadt Nar-

bona in Franckreich Cloaca Galliæ, weil sie an einem tieffen sump-
fichen Orthe liegt. Bey der Peters-Kirchen zu Rom liegt Keyser
Otto II. begraben, an dem Orthe ist anietzo die Cloaca der Betler.
Fabricus lib. 2. Orig. Sax. fol. 202. Ernst, Ertzbischoff zu Magdeburg gebohrner Hertzog zu Sachsen, hat einen Jüden den Sontag
über in der Cloaca stecken lassen, den die andern Jüden am
Sonnabend, als an ihrem Sabbath oder Feyertage nicht ˌhatten ⎯131
daraus helffen wollen. Fabric. lib. 7. c. 5. fol. 795.

Bey diesem Latrin, Cloac und heimlichen Gemach sind ersäufft worden 1. ein Hirten-Junge von XI. Jahren, Anno C. 1545.
Mitwoch nach Rogationum, welcher vorher Montags nach Judica
seines Herren Hauß aus lauter Boßheit angestecket. 2. Ein Bau-
ers-Knecht, Erhard Seiffart von Osmeritz, An.C. 1626. im Octobr.
der seinen schlaffenden Vater mit einer Axt oder Beile erschlagen
hatte.

5. Nach ihren Zufällen

1. in Wassers Noth. Diese Vorstadt leidet grossen Schaden
von beyden Saalströhmen, in dero Mitten sie liegt, wenn sie im
Frühlinge vom Schnee, oder sonst von steten Regenwasser an-,
aus- und überlauffen. An.C. 1552. den 28. Aprill fället im Mühlthal
eine Wolckenbrust, welche auch die auff der Landfeste aufgerich-
te Vogelstange und andere Häuser auff dem Steinwege einreisset
und wegführet.

2. In Feuers Noth A.C. 1623. kömmet im Eckhause des
eusersten Steinwegs ein Feuer aus, und äschert ein VII. Wohn-
hauserˌund XII. Scheuren mit dem nunmehr schon eingesamleten ⎯132
Getreyde. Davon hat M. Wolffg. Heider P.P. in Jena diese Verse
gemacht, zufinden Part. II. Poëmat. lib. 4. p. 446. 447.

Ex merito certas nobis tua fervida pœnas
Ira minabatur Deus ô justissime vindex,
Nec spes vana fuit, docuit post exitus omnes.
Corripuit miseræ Salana suburbia Jenæ,
Ingentesǧ, vomens fumos atrasǧ favillas,
Flammarumǧ globos laxis Vulcanus habenis,
In cineresǧ domos & proxima quæque redigit
Horrea: plena Ceres magnum per inane volabat,
Opplebatque nigrâ tristes fuligine campos,
ˌCurta laboriferæ plebis perit usta supellex ⎯133
Omnia fœmineis resonant ululatibo: omnis
Ferte citi clamabat aquas Vicinia: tandem

Portat opem tua, summe Pater, miseratio: ventos
Divertis patulos ad agros discrimine nullo.
Nec mora jam victus tenues abit ignis in auras,
Et positas certo servat sibi limite metas.

3. In Krieges Noth. A.C. 1637. den 5. Febr. ist die gantze Stadt, und also auch diese Sal-vorstadt im Abzuge der Schwedischen, und im Anzuge der Keyserlichen Völcker beleidiget, von jenen gebrandschatzet, von diesen gar geplündert worden.

Das sechzehende Capitel,
Von der Zwetzener Vorstadt oder Pforten.

Die Zwetzener Vorstadt oder Pforte kömmet uns zubetrachten vor nach ihrem Namen, Gassen, Plätzen, Häusern und Zufällen.

1. Nach ihrem Namen: Sie liegt gegen Mitternacht vor dem Schloße, auff der Landstraßen und Fahrwege nach dem Dorff Zwetzen, von welchem auch die Musicanten und Spielleute, unlängst ihren Namen führeten, und die Zwetzianer genennet wurden. Denn ob gleich dem Fußsteige nach das Dorff Löbstet dieser Vorstadt näher liegt, als das Dorff Zwetzen. Jedoch hat sie ihren Nahmen nicht von jenem, sondern von diesem Dorffe bekommen und genossen. Dieweil das Zwetzen berühmter ist als Löbstet, wegen des darinnen liegenden Commendur-Hoffs der Teutschen Herren und Maltheser Ritter. Weiland ist diese Vorstadt Nollendorf, gleich wie die Vorstadt vor dem Löbderthor Zwiefelbach genennet worden. Denn beyde Oerter oder Dörfflein sind A.C. 1346. den Nonnen zu St. Michael in Jena, von Herren Albrechten dem Ritter, und von seinem Bruder Friederichen, Herren zu Helderungen, mit solchen Zunahmen verschrieben und zugeeignet worden.

2. Nach ihren Gassen, derer sind nunmehr drey. 1. Die Zwetzengasse, welche A.C. 1577. gepflastert, aber nunmehr ausgefahren ist. 2. Die Fischergasse an dem lincken Salstrohm. 3. Die Neugasse, wegen der neuen Gebäude, unter welchen An.C. 1670. das Fürstliche Ballhauß ist angebauet worden.

3. Nach den Plätzen und Planen, unter welchen der eine ist verbauet, als der grosse Platz uff dem Fürstenkeller. Der andere ist der weite und breite Raum zwischen der Schloß Pforten und Gasthofe zum schwartzen Beeren. Auff demselben stunde unlängst eine Linde, hoch und breit, darunter die Täntze gehalten,

auch wol ehemals die Abdanckung bey Abführung der Leichen geschehen. Ist aber nunmehr ausgerottet, und sind hingegen A.C. 136 1664. auf Hertzog Bernhards II. zu Sachsen Anordnung junge Lindenbäume uff beyden Seiten der Landstraße und Fahrwegs von der Schloßpforten biß an den keulichten Thurm gesetzet, welche mit der Zeit einen lustigen Spatziergang und Geruch erwecken werden. Der dritte ist der Raum hinter dem Fürstenkeller, genandt die Leimengruben, darauff die Rennebahn zusehen, und hieß weiland der Balgplatz und Plan. Daher noch das Sprichwort unter den Studenten. Er ist in die Leimgrube gefordert, das ist, zum Balgen, auff den Hieb oder auff den Stoß. Beydes ist verboten bey Straff der Relegation. Dieser Platz ist A.C. 1676. zum Schloßgarten meistens genommen worden.

3. Nach denen Häusern. Eigenen und gemeinen.

Die eigenen sind die Wohnhäuser, darunter die vornehmsten. 1. das Vorwerg vor dem Zwetznerthor, erbauet von Christoff Schlichtecrulln, F. S. Amtschreiber, der A.C. 1625. den 22. Aprill gestorben. Aber ausgebauet von D. Wernero Rolfincken, seyn Wapen vor dem Thor anzeiget. 2. das Hauß zum wilden Manne, 137 neben dem Fürstenkeller, das neue Hauß vor der Stadtpforten, welches Carolus Amaton ein Welscher, Hertzog Bernhard des II. zu Sachsen Cammerdiener A.C. 1669. angebauet hat.

Die gemeinen Häuser sind die Geistlichen und Weltlichen.

Die Geistlichen sind die Capellen zu St. Jacob, und der nahe darbey gelegene Siech-Spittel, in welchem weiland Unreine, nunmehr aber Reine, aber alte und sonst gebrechliche unvermögliche Leute gehalten werden.

Die Weltlichen sind 1. der Fürstenkeller, von Churfürst Joh. Fridrichen zu Sachsen A.C. 1534. erbauet, ümgeben mit einem Graß- und Obstgarten, neben dem An.C. 1664. von Hertzog Bernharden II. zu Sachsen angelegten Lust- und Blumengarten. Es ist dieser Garten zu dreyenmahln zusammen erkauft worden. Suche meine Annales 1576. 1604. 1675. Dieser Keller hat so weite Gänge, daß ein Lastwagen hinein, im strecken herüm, und heraus fahren kan. Groitschius saget in Beschreibung des Salstroms, das ein Faß von 1500. Eimern groß darinnen gelegen sey. Es will sich aber anietzo nicht finden, vielleicht ist es zerfallen oder zerbro- 138 chen, und sind seine eiserne Reiffe genommen worden zu der grossen Himmels-Kugel auff dem von Hertzog Wilhelm IV. zu Sachsen, kurtz vor seinem Ende erneuerten Schloß in Jena. Es ist aber dieser Fürst verschieden zu Weimar A.C. 1662. den 17. Maji. 2. Der Gasthoff zum schwartzen Beeren, in dem hat A.C. 1524. den 22. Aug. D. M. Luther ein Gespräch gehalten mit D. Andrea Bedenstein, sonst Carlstad genand. Suche das XXVII. Capitel. 3. Das Fürstliche Ballhauß, dessen Grund und Mauren An.C. 1670. im Herbst geleget, und A.C. 1671. das Gebäude darauff gesetzet worden ist.

5. Nach ihren Zufällen.

1. In Wassers-Noth. Die erfähret nur die Fischer-Gasse, dahin läufft der überlauffende lincke Salstrom oder Mühl Lache durch das Zwetzener Thor, nach der Jacobs-Capell und Siechspittel, daß niemand daselbst aus- und eingehen, reiten, fahren kan.

2. In Feuers-Noth. An.C. 1640. den 21. Decembr. beym Abzuge der Frantzöischen Kriegs-Völcker unter Bernharden Oehm und Reinholden von Rosen, giengen zwo Scheunen im Feuer auff, zuständig D. Antonii Vari Prof. P. Erben. Eben den Tag verwarloseten sie das Feuer in der Stadt Lobeda, und äscherten ein IX. Wohnhäuser, ohne das Rathhauß und Scheunen. An.C. 1642. den 6. Maji bey der Einquartirung des Keyserlichen Obersten zu Roß, Georg von Wolfframsdorff, wurde das Fischerhäußlein, zuständig dem Fischer, Tieffthäler genandt, in die Asche geleget.

3. In Kriegsnoth. A.C. 1637. den 5. Febr. ist die gantze Stadt Jena, und also auch diese Zwetzener Vorstadt beym Abzuge der Schwedischen, und Einzuge der Keyserlichen Völcker, geplündert worden.

Das siebenzehende Capitel,
Von den Gassen in der Ringmauer der Stadt Jena.

Nach den Gassen in der Ringmauer ist die Stadt Jena zu betrachten in gemein und insonderheit.

In gemein. Die Gassen in der Ringmauer sind rein und fein, nicht allein wegen des schiebsgemachten Pflasters, sondern auch wegen des lincken Leuterbachs, der durch das Johannes- und Lobderthor, so wol durch durch die Stadtmauer, hinter der Rinnen genandt, läufft, und von dannen in alle Gassen sich ergeusst.

Demnach übertrifft Jena andere Städte, 1. wegen des Wassers in allen Gassen, auch die Stadt Braunschweig, von welcher das Sprichwort geführet wird: Braunschweig, werestu Wasser reich, wer were deines gleich? Der Tichter dieses Reims siehet auff das Schiffreiche Wasser, aber ich ziele nur auff das fast in allen Gassen lauffende Wasser des Leuterbachs. 2. Wegen der reinen Gassen, auch die Stadt Pariß in Franckreich und Constantinopel in Thracien. Jene hat viel unflätige Gassen, und wird deswegen zu Latein Lutetia, das ist, eine kotige Stadt genennet. Diese hat gar stinckende Gassen. Michael Heberer hat solche besehen, und schreibet davon also lib. 2. Servit. Ægypt. cap. 48. p. 303. *Es hat zu* *Constantinopel solche stinckende unflätige Gassen, daß sich zu verwundern,* 141 *in einer so gewaltigen Hauptstadt. Denn ich selber hin und wieder oftermal* *todte Pferde, Hunde, Katzen uf der freyen Gassen liegen sehen, daß es ein* *Abscheuen, daraus leichtlich solche gifftige Kranckheiten verursachet werden.*

Insonderheit. Die Gassen der Stadt Jena liegen entweder ausser oder inner der Ringmauer. Jene haben wir besehen in den vorhergehenden Capiteln, von den vier Vorstädten. Diese aber sind entweder fürnehme oder geringe Gassen.

Die Fürnehmen Gassen sind diese:

I. Die Jehner-Gasse, liegt in ihrer Länge gantz gegen Mitternacht, in welcher zusehen ist ein tieffer, ausgemauerter und obenher mit Schiefer An.C. 1665. ufs neue bedeckter Brunn mit einem Ziehrade. Darzu ist A.C. 1670. kommen der Röhrborn, welchen etzliche Fürnehme von der Universität und Bürgerschafft gefasset haben aus einer starcken Quell, des Nasenborns, 142 bey der euersten Mühle, welche unlängst war eine Mehlnunmehr aber eine Pappir-Mühle. Darzu hat Hertzog Bernhard II. zu Sachsen die Frondienste aus den Amts-Dörffern gegeben. Diese Gasse achte ich vor die älteste, und wegen der frischen Keller vor die berühmteste. Unter andern sind zu loben und zu preisen 1. der Keller zum gülden Stern, so anietzo D. Joh. Ernst Gerhards P. P. Erben besitzen. 2. Der Keller zum Schluckein, darinnen der Gotteskasten seinen Wein hält und schenckt. Ist weiland genennet worden der Nullbruder Hauß, darinnen zweene Terminarii, Null- oder Bettel Brüder gewohnet. Welche von Jena aus nach Erffurt genullet und gedrullet, hin und wieder gebettelt, und die Allmosen gesamlet haben. Davon suche das 26. Capitel. 3. Der Fomannische Keller, gegen dem Schluckein. Diesen hat Barbara Mylia, D. Georgii Müllers Theologi P.P. Tochter, und D. Ortolphi Fomanni des ersten, P.P. Eheweib, lassen schiebs auspflastern, und im Winckel einen tieffausgehauenen Stein setzen, darein der Wein ohne Verletzung seiner Farbe, Geruchs, und 143 Schmacks sich samlen kan, wenn etwan die Weinfässer auslauffen solten. 4. Der Keller zum grünen Schilde, und den hat Gott der

Herr mir A.C. 1638. bescheret, und habe ihm dafür gedancket mit einem Epigrammate. Suche das XX. Capitel.

In der Gasse wohnete weiland der Kirchner, dessen baufällige Hauß ist abgebrochen, und an die stete ein schön hoch Hauß An.C. 1668. gebauet worden. Welches der Gottes Kasten uff 40. fl. jährlich biß anhero vermietet, und An.C. 1676. dem neuen Schul-Rector M. Kleschen zur Wohnung eingereumet hat. Unweit ist das Kasten Hauß, welches ist ein Theil vom Hintergebäude des Burck- oder Raths-Kellers, darinnen nehmen uff den Freytage und Sontage die Vorsteher des Gottes-Kasten die Gelder ein, und geben sie wieder aus. Von An.C. 1663. sind die armen Leute, welche der Tuchspende jährlich auff den grünen Donnerstag in der Pfarr-Kirchen nach der Predigt geniessen wollen, in Beyseyn des Predigtamts und Raths, darinnen examiniret worden. 144 Werden sonst uff der grossen Stuben des Burck-Kellers des Dienstags üm Vesperzeit examinirt.

II. Die Johanns Gasse liegt in die Länge von Westen gegen Osten, oder von Abend gegen Morgen, gehet an vom Johannsthor, davon sie den Namen hat, biß zum Burck- oder Raths-Keller. Ist nicht ohne Ursache von Euphrosyne, gebohrner Neanderin, D. Virgilii Pingitzers P.P. andern Eheweibe die Nahrgasse genennet worden. Weil die Fahrstrasse von Erffurt und Weimar dardurch gehet, und die Durchgeher mit den ausgelegten Waaren und ausgesteckten Wein- und Bierzeichen, an sich locket und reitzet. In dieser Gasse ist zusehen 1. der Röhrborn mit seinem Wassertroge beym Johannsthore. 2. Die Rose, also wird der Universität Wein- und Bier-Keller genennet, von seinem vorigen Besitzer Rosenhayn. 3. Das Pingitzerische, (auch Heßlerische und Merseburgische, nunmehr Jöcherische) Hauß, welches die schon erwehnte Matron A.C. 1618. erbauet, und mit einer hohen und weiten steinern Wendeltreppen gezieret, daran ieder Trittstein 145 einen Reichsthaler gekostet. 4. Das Weigelische Hauß, welches M. Erhardus Weigelius P.P. A.C. 1668. 1669. 1670. auff eine sonderliche Art auf- und ausgebauet, und damit die Stadt Jena gezieret, und andere zur Nachfolge angereitzet. 5. Der Rathskeller, weil er dem Rath zustehet, oder der Burckkeller, nicht vom borgen, als wenn das Geträncke daraus verborget würde, (baar Geld lacht) auch nicht vom heiligen Burchardo, welcher weiland Bischoff zu Würtzburg gewesen ist, als solte der sein Patron, Segner und Schützer seyn. Sondern von der Burck- oder Schlosse, dahin er weiland gehöret, und das Spondgeld gegeben, und deswegen das grosse Schrotseil gehalten wird.

III. Die Leutergasse liegt zwischen der Johannes- und Brüdergassen, in gleicher Länge, und hat ihren Namen von dem dadurch fliessenden Leuterbach. In dieser Gassen ist zusehen ein Brauhauß, welches A.C. 1670. im Augusto eingerissen, und ergäntzet worden ist. Und darbey ein Röhrborn, welcher sein Wasser giebet theils ins Brauhauß, theils auff die Gassen. Unweit davon hat mir der liebe Gott ein Wohnhauß bescheret (davon vor diesem den halben Keller, und Gebäude darüber, und den ⸺146 gantzen Garten an sich gebracht hat ein vortheilhafftiger Mensch) Dafür habe ich meinem lieben Gott mit einem Epigrammate gedancket. Suche das XX. Capitel.

IV. Die Brüdergasse liegt zwischen der Leuter- und Lobdergassen, fast in gleicher Länge, hat ihren Nahmen von Brüdern und Bettelmünchen, welche im Pauliner-Kloster gewohnet. Wird auch anietzo genennet die Collegen Gasse, vom Collegio Academico, welches oben darinnen liegt. Das Kloster ist weiland in der Ehre S. Mariæ, S. Pauli, S. Dominici erbauet, nunmehr aber von An.C. 1548. den 19. Martii der Universität eingeräumet worden.

V. Die Löbdergasse oder viel besser die Lobdergasse, liegt gegen Sud oder Mittag, hat seinen Namen von dem Thore, und das Thor von der Strasse nach dem Städtlein Lobeda. In dieser Gassen war zusehen 1. ein schöner Brunnen mit einem Ziehrade, darüber ein Gebäude, ist aber A.C. 1670. im Aug. unter dem Regiment Bürgermeister Christoff Neubergers eingerissen und ausgefüllet, und die Pflaster-Rinne vom Lobder-Thore an biß gegen ⸺147 den Marck in einen Pflasterbach oder Fahrweg verwandelt worden. 2. Der Gasthoff zum schwartzen Adler, der ist auffkommen an stat des Gasthoffs zur güldenen Gans auff dem Marckte unter dem Röhrkasten. Das Zeichen des schwartzen Adlers hat zum ersten ausgehenget Josephus Avenarius oder Habermann, ein Sohn Johannis, der H. Schrifft D. und P.P. in Jena, und ein Vater Johannis, beyder Rechten Doctoris, und zum ersten abgethan oder eingezogen Blasius Lobenstein, Buchführer und Stadt Richter allhier. Jener ist gestorben An.C. 1631. den 3. Maji. Dieser aber A.C. 1667. den 18. Julii.

VI. Die Salgasse, gehet an von der Michaels- oder Pfarr-Kirche gegen das Salthor, von welchem sie auch den Namen hat, und grentzet mit der Schloß- und Lauengasse. In derer Wechsel ist der breite Stein, und darbey ein Springborn.

Die Geringen Gassen sind diese:

I. Ober dem Marckte: 1. Das Völcker-Gäßlein. Dessen Eingang ist das Mittel aus der Leutergassen in die Brüder- oder Collegen Gasse. Wird auch genennet das Buchbinder-Gäßlein, von einem Buchbinder, dessen Nachkömling noch anietzo lebet, Tobias Völcker genandt, ein frommer Biedermann. 2. Das Rinnen Gäßlein, oder hinter der Rinnen, dessen Eingang ist oben aus der Leutergasse in die Brüder- oder Collegen Gasse, hat den Nahmen von einer Rinnen, in welcher etwas Wassers aus dem Leuterbach durch die löcherichte Stadmauer in das Rinnen-Gäßlein, und aus demselben in die Brüdergasse hinab, und auch auff den Nonnen-Plan geleitet wird. In dessen Ecken liegt das Flacianer-Collegium, also genandt, von M. Matthia Flacio, Illyrico, weiland P.P. Theologo in Jena, welches A.C. 1563. in einem Tumult oder Auffruhr ist verwüstet, aber uff Befehl Hertzog Joh. Wilhelms I. zu Sachsen, vom Rath und Bürgerschafft wieder ergäntzet worden. 3. Das Jüden oder Mühlgäßlein, dessen Eingang ist aus der Johanns-Gasse in die Leutergasse, und hat seinen ersten Nahmen von den Jüden, so weiland darinnen gewohnet, den andern aber von der Mahlmühlen, so darinnen liegt.

II. Um den Marck. 1. Das Roßmarin-Gäßlein, dessen Eingang ist aus der Leutergasse in die Brüdergasse, hinter dem Rathhause, und hat seinen Nahmen nicht von wolriechenden Roßmarin, die etwan bey den Fenstern zur Zierde und zum Geruch stehen, sondern von den ungefegten Latrinen und Cloacen, die nicht wie Roßmarien wolrichen, sondern wie Koth und Unflat übel stincken. Darwieder dienet bißweilen ein starcker Regen, täglich aber das abgelassene und durchfliessende Wasser des Leuterbachs. 2. Das Kramergäßlein, dessen Eingang ist von dem Creutz bey der Michaels-Kirchen, oder aus der Salgassen auff den Marck, und hat seinen Nahmen von Kramern, die darinnen pflegen zu wohnen. 3. Das Mühlgäßlein, dessen Eingang ist von dem breiten Stein oder Röhrborn auff den Marck, und hat seinen Nahmen von der Mühl, die dabey liegt. 4. Das Steinmansgäßlein, dessen Eingang ist aus der ober Lauengasse auff den Marck, und hat seinen Namen von Tobia Steinmannen, Buchdruckern, welcher daselbst gewohnet, und die Schrifften D. M. Luthers zum andernmahl A.C. 1589. auffgelegt, und sonsten die Schrifften D. Joh.

Gerhards P.P. verlegt hat. Er war ein Gottfürchtiger und frommer Biedermann, und ein ander Tobias Cap. 9. v. 9.

III. Unter dem Marck. 1. die ober Lauengasse, dessen Eingang ist aus der Salgasse, vom breiten Steine und Röhrborn an, biß zum Thorwege des grossen und schönen Hauses D. Georgii Adami Struvens P.P. 2. Die unter Lauengasse, dessen Eingang ist aus der Salgasse beym Salthor biß an den Saumarck. Diese beyde Gassen werden von den gemeinen Leuten genennet bald die Laubengassen, vom Laube der Bäume, die in derselben Gegend in Höfen und Gärten gestanden haben. Bald die Lauchengassen, von Lauge der Seiffensieder, so etwan darinnen gewohnet. Bald die Lawen oder Löwengasse, von Löwen. In einem Pusterischen Lehnbrieffe A.C. 1515. welchen Hertzog Johannes zu Sachsen, (hernach An.C. 1525. Churfürst) Adam von Pustern über seinen in dieser Gassen gelegenen Freyhoff gegeben, wird sie ausdrücklich genennet die Löwengasse, und ist noch zusehen ein abgemahlter Löwe über der Haußthür, darinnen weiland Heinrich Hopfe, 151 nunmehr aber Maria Pascasia, Christian Schüfers Stadschreibers Witbe, und nunmehr Hn. Steins Urthelschreibers Eheweib wohnet. Unweit davon, stund bey Bürgermeister Johann Arnuri A.C. 1637. den 6. Febr. in der Keyserlichen Plünderung abgebrannten Hause, (welches anietzo Nicol Beier ein Fleischer besitzet) ein Röhr- und Springborn, mit einem Wassertroge. Beyde sind weg, und dieser hat sich verkrochen, von dem gemeinen, zum eigenen Nutze. 3. Die Gasse genandt der breite Stein, ist ein Theil der Sal- und ober Lauengasse, hat ihren Namen von einem über den Bach gebreiteten Stein, darbey ein Röhr- und Springborn ist. 4. Die Schloßgasse, dessen Eingang ist aus der Salgasse neben der neuen Probstey, so anietzo das gemeine Maltzhauß, und Kornboden des Gottes Kastens ist, gegen das Fürstliche Schloß nach der Stadt Pforten. Mitten auff dem Platze vor dem Schloßthore war vor diesem zusehen ein tieffer ausgemauerter Brunn mit einem Ziehrade. Im Winckel dieses Platzes gegen Morgen, zwischen dem Fürstlichen Schloße und Salthore hat A.C. 1664. ein Gebäu- 152 de, einem Schlößlein ähnlicher als einem Wonhause, zur Zierde und Nutz der Stadt Jena, Johan. Mauricius Richter, Fürstl. S. Baumeister, der auch die Kalck- und Ziegelhütten bey seiner Schneidemühl, über dem Währ und Eißwehre an-, auff- und ausgebauet. Ist aber A.C. 1667. von dem Landsfürsten zur Cantzeley erkaufft, und wohnet zugleich darinn der iedesmahlige Regierungs-Præsident.

Das XIIX. Capitel,
Von den Plätzen und Planen
in der Ringmauer der Stadt Jena.

Nach den Plätzen und Planen ist die Stadt Jena zu betrachten, und diese liegen entweder in den vier Vorstädten, wie zusehen in vorhergehenden 13. 14. 15. 16. Cap. oder inner der Ringmauer, und sind entweder groß oder klein.

Die grossen Plätze oder Pläne, sind der Marck und das Creutz.

I. Der Marck

Ist zu betrachten unterschiedlich

153 1. Nach seinem Namen, den kan er haben nach den Waaren, die da feil geboten, ver- und auffgekaufft werden. Der Brodtmarck, ist nicht allein in Brodbäncken, und Läden, sondern auch im Eingange der Wage, fürnemlich für die Wetschel- oder Dorffbecker. Der Krautmarck ist oben beym Eingänge des Kramergäßleins, der Fleischmarck ist nicht allein in Fleischbäncken, sondern auch bey der neuen Apotheck, (denn die alte, vor 40. Jahren fast, eingegangene Apotheck lag unter dem Marck), und wohnet anitzo (An.C. 1670.) darinnen mein Herr Collega M. David Lipach Diaconus. Der Fischmarck, ist nicht allein beym Röhrkasten, sondern auch am Ende der Leutergassen beym Röhrborn. Der Kornmarck ist bey der Zeisen oder Rathhause, vor dem Gasthofe zur güldenen Sonnen, dabey stehet ein aus Stein gehauenes und An.C. 1539. dahin gesetzes Kornmaß, und hält einen Jehner, das ist einen Jenischen Scheffel Getreyde, welchen ein Esel tragen kan, dessen dreyviertel wird genennet eine Last, die ein starcker Mann auff und vom Kornböden tragen kan. Es ist nichts neues.

154 Keyser Valerianus hat zu Constantinopel uff den Marck ein Kornmaß von Kupffer setzen lassen. Der Eselmarck war unlängst am Ende der ober Lauengassen, und ist nunmehr verbauet. Der Kolenmarck, ist theils an der Pröbstey, theils unten an der Leutergassen, theils in der Lobdergassen. Der Holtzmarck auf dem Creutz, so wol der Topfmarck. Zu Hall in Schwaben ausserhalb der Stadt, ist ein gewisser Ort, genandt der Ohrenmarck, an welchem vor Zeiten die Ohren den Ubelthätern sind abgeschnitten worden. Daher das Sprichwort kommen von dem, der

keine oder nun ein Ohr mehr hatte. Hic in foro aurium suit. Der ist auff dem Ohrenmarcke zu Halle gewesen. Crusius in Annal. Svev. part. 3. I. 5. c. 13. fol. 296. Zu Jena ist An.C. 1677. den 30. Maji dergleichen geschehen. Vide Annales. Demnach haben die Märckte unterschiedene Namen von ihrem Nutzen und Zufällen.

2. Nach seinen Schriften. (1.) am Hause D. Christiani Chemnitii P.P. Witben, erkaufft von Hn. Fridrich Hordleders Eydam, D. Zacharia Prüeschencken P.P. stehet das Distichon, gemacht von D. Friderico Widebramo P.P.

Transivere patres, simul hinc transibimus omnes,　　　　　155
In cœlopatriam, qui bene transit habet.

Das ist: Wir haben hier keine bleibende Stäte, die zukünfftige suchen wir. Ebr. 13. v. 14.

Aus dieser Welt immer hin fort,
Im Himmel ist der beste Ort.

(2.) Im Eingange des Gasthoffs der güldenen Sonnen uff der rechten Hand stehet das Distichon Ovidii I. 2. de arte amandi eleg. 3.

Non minor est virtus, quam quærere porta tueri,
Casus inest illic, hic erit artis opus.

Das ist: Etwas erlangen ist ein Glückstück, das erlangte behalten aber ist ein Kunststück. (3.) Am Hause Johan Grauen des Materialisten, im Eingange des Marcks vom Creutze her, sind zwey Schrifften zu sehen, und werden gesetzet in nachfolgenden XX. Capitel.　　156

3. Nach seinen Bildnüssen. Am Rathhause sind die VII. Planeten in Menschen Gestalt, und uff Manier der Teutschen abgemahlet, so wol der Edle Römische Jüngling Curtius, der aus Liebe gegen das Vaterland in eine zu Rom auff dem Marck auffgethane feurige Krufft, waffend und reitend gesprenget ist. Zugeschweigen, nicht allein des, an der eusersten Mauer-Seiten bey den Brot- und Fleischbäncken angemahlten Weinstockes mit seinen Trauben. Darvon wir bald Meldung thun wollen. Sondern auch des ehrnen Bildes, welches das Maul auffsperret, so offt die gantzen Stunden mit einem Hammerschlag uf der Glocken angedeutet werden vid. cap. XII.

4. Nach seiner Gestalt. Es ist der Marck nicht Kugel und Buselrund, wie der zu Gouda an der Isel im Niederlande, sondern viereckig und länglich, wie der zu Weimar und Naumburg. Ob er gleich nicht so künstlich gebauet ist, als der zu Villingen im Oesterreich, wenn einer daselbst uff dem Marcke stehet, so kan er in alle vier Stadt-Thor sehen, und ersehen, wer da aus und eingehet,　157

fähret, reitet. Wie es in seinem geschriebenen Reisebuch unter dem Jahr 1615. vermeldet M. Phil. Horstius PP. Jedoch liegt er gantz bequem, uff einer Seiten gegen Süd und Mittag fleusst etwas Wasser vom Leuterbache, und stehet ein grosser viereckiger Röhrkasten, nicht weit vom Gasthofe zur güldenen Sonnen, an diesem stehen vieler Fürsten, Grafen, Herren und Edelen ihre Wapen. Auff d'andern Seiten gegen West und Abend, ist zusehen das Rath Hauß, in dessen dreyen untersten gewelbten Schwiebbogen, die Fleisch- und Brotbäncke und Wage. In dem mittelsten Schwiebbogen ist An.C. 1669. ein Buchladen gebauet, und Matthæo Bircknern Buchführern üm 20. fl. jährlichen zinsbar ausgelassen worden.

Wie das Hertz und der Magen mitten im Leibe eines Menschen liegt, also liegt auch der Marck, und uff dem Marck das Rathauß fast mitten in der Stadt. Dergleichen Reden führet von seinem Giesen in Hessen D. Conradus Dieterich in Oratoria cap. 10. p. 104. 113. Darinnen hat Landgraff Ludwig zu Hessen eine Universität A.C. 1605. angefangen, 1607. eingeführet, 1624. nach Marburg, und von dannen A.C. 1659. wieder nach Giesen versetzet.

5. Nach seinem Gebrauch, und der gehet auff die zweene Wochen Marcke, Dienstags und Sonnabends. Uber das auff die zweene Jahrmärcke, Montags nach Canrate, und Montag nach Simonis Judæ, mit dem Bedinge, uff die Dinstage haben zugleich die Fremden Kramer, aber auff die Sonnabend allein die Inländischen ihre Waaren feil. Zugeschweigen des Viehmarcks uff, Ægidii, von An.C. 1492. und bestetiget 1556. davon mit mehrern in meinen Annalibus Germano – Thuringo – Jenensibus An.C. 1354. 1486. 1492. 1553. 1556. 1648.

6. Nach seinen Zufällen. Theils glücklichen, theils unglücklichen.

Unter die glücklichen Zufälle rechne und zehle ich nicht allein die Processiones uff Rectoraten und Doctoraten. Sondern auch die Ritterspiel und Thurnier, welche Hertzog Johan Wilhelm I. zu Sachsen hat gehalten A.C. 1558. den 3. Febr. einen Tag nach der öffentlichen Einführung der Universität in Jena, in Beyseyn seiner beyden Herrn Gebrüdere, Hertzog Johan Fridrich des Mitlern, und Hertzog Joh. Fridrichen des Jüngern zu Sachsen. Herr Georg Ernsten gefürsteten Grafens zu Henneberg, und andern Grafen und Herren mehr. Als Georgii, Carol, Ludovici zu Gleichen, Bartholomæi Friderici zu Beichlingen, Sigismundi zu Kirchberg, Philippi zu Nassau, und Herr Pauli Martini von Holstein. Davon hat M. Joh. Stigelius P.P. An.C. 1558. diese beyde Epigrammata gemacht.

I. *An Hertzog Joh. Wilhelm zu Sachsen.*

Dum videt hastatæ Mavors certamina pugnæ
auspicio fervent quæ, Gulielme, tuo,
Miranturg homines armis atque igne micantes,
Cumg Viris versos præcipitanter equos,
Cor de trahens gemitum, quam secula prisca fefelli?
His ego sum longe viribus impar, ait.

160

II. *An die* Musas Salanas.

Dum vario fertur tetrum certamina ferrum,
atque ictuchalybis pugna micante sonat.
Quid facitis Musæ, num formidabile ferrum?
num Martis trepidæ triste timetis opus?
Hæc virtus placida pacem tutatur in umbra,
quæ didicit promtâ tela movere manu.
Quando Comes placidis virtus est mascula Musis,
sat Custoditum pacis ubig decus.

Unter die unglücklichen Zufälle rechne und zehle ich nicht allein den Unfall der aufrührischen Bürger in Jena und Bauren üm Jena, welche auff unsern marcke sind geköpffet worden, daß ihr Blut wie ein Bächlein vom Marcke beym Röhrkasten geflossen ist An.C. 1525. nach vollendeten Bauren-Kriege. Sondern auch die Plünderung, geschehen A.C. 1637. am Sontage Septuagesimæ, den 5. Febr. da die Keyserlichen unter Graff Hansen von Götz, nach Aus- und Abzug der Schwedischen, die gantze Stadt plünderten, und die Archiven oder brieflichen Urkunden hin und her, neben dem beygelegten Kupffergelde, zerstreueten. Uber das, das Keyserliche Halsgerichte An.C. 1642. den 14. Martii, daran Matthæus de Moncado Keyserlicher Kriegsoberster zu Fuß und Commendant in Jena, einen Galgen bey dem Röhrkasten auffrichten, und daran den Corporal Primislaum Dumperling hencken lassen wolte, aber auff Vorbitte darbey köpffen ließ. Welchen ich Amptswegen von seinem Päbstlichen Irrthum wolte bekehren, und uff Gottes Gnade in Jesu Christo vertrösten. Aber ich wurde zu langsam zu ihm erfordert, er bat erstlich üm Keyserliche Gnade, und berufft sich auff seine lang geleistete Kriegsdienste, und als er von keiner Gnade hörete, siehe! do sprang er mit Freuden

161

162

zur Gerichtsstete, und wurde ihm als einem Strassenräuber und Weiberschänder der Kopff abgehauen.

Dieser Platz und Plan, oder Raum des Marcks, soll vor der Erbauung der Stadt Jena ein Weinberg gewesen seyn, wie die alte Sage gehet, und sich auff nachfolgende Muthmassungen gründet. (1.) Weil ein grosser Weinstock mit vielen Trauben, an der eusersten Mauer des Rathshauses, über den Fleisch- und Brodtbäncken angemahlet stehe. Aber dieses Gemälde zeiget vielmehr an, die uralte Handthierung und Gewerbe der Einwohner, die den Weinbau fleissig in acht genommen, und sich davon ernähret, ehe sie sich mit den Musis oder freyen Künsten befreundet, und von ihnen bereichert haben. (2.) Weil der Rath weiland auff ihre Hellermünze eine Weintraube gepreget und geführet habe. Aber allhier ist zu wissen, daß die Landgrafen zu Thüringen zwo Weintrauben auff ihre Pfennigmüntze haben schlagen lassen, und Hertzog Wilhelm III. zu Sachsen, hat allererst An.C. 1448. in Pfingst heiligen Tagen, in einem Brieffe, gegeben zu Wartburg bey Eisenach, dem Rath zu Jena die Gnade gethan, daß sie durch ihren eigenen Müntzmeister Lucas Kuchmann, Heller, nur mit einer Weintrauben, haben pregen dürffen. Wie denn der Müntzstempel und das schrifftliche Privilegium noch heute zutage auff dem Rathhause vorhanden ist. (3.) Weil der Raths-Diener oder Thürknecht weiland einen silbern Weinstock hat vor sich getragen, so offt er die Bürgermeister und Räthe aus ihren Wohnhäusern auff das Rathhauß erbeten hat. Wenn dem also were, so könte dieser weiter und langer Platz und Plan und Raum wol ein Weinberg gewesen seyn.

II. Das Creutz.
ist auch zubetrachten unterschiedlich.

1. Nach seinem Namen, welchen es hat bekommen entweder von seinem Quer- und Creutzwege. Diesen machet bald die Johannsgasse, bald die Salgasse, beyde gehen mitten durch, nach dem Marcke. Zu geschweigen des Creutzweges, der vom Marcke durch das Krämergäßlein auff diesen Platz und Plan gehet nach der Pforten, und vorher nach der Stadtschule, durch den Schwiebbogen, darüber unser Altar stehet, und iederman bey Tag und Nacht darunter gehen, reiten und fahren kan. Ein solcher Creutzweg ist auch das Critz- oder Creutz-Gräblein bey dem Hundesbühel in das Lerchenfeld, gegen der Jacobs Capell und

Spittel, genant campus Philosophicus, oder von dem, weiland auff diesem Platz oder Plan, noch im Pabstthum gestandenen, nunmehr aber in einer Capell verwahrten Crucifix. Also wird genennet das vom Holtz gezimmerte, oder aus Stein gehauene, von Farben gemahlte Bildnüß unsers Herrn und Heilandes Jesu Christi, der am Creutz oder Querholtze für unsere Sünde gebüsset, uns vom ewigen Tode erlöset, uns die ewige Himmelsfreude erarnet hat, Gal. 3. 13. 14.

2. Nach seinen Gebäuden, und diese sind die grosse Michaels Kirche, hinter welcher stehet die Stadtschule, vor diesem das Nonnenkloster, unfern darvon der Burck- oder Rathskeller, gleichüber, das grosse Hauß, welches D. Gregorius Heynse oder Heinis, sonst vom Städtlein Bruck bey Wittenberg, als von seinem Vaterlande, Pontanus oder Bruck genennet, An.C. 1548. nach 165 dem Teutschen Kriege ausgebauet, daran die alten Philosophi und Juristen abmahlen, auch einen Gang aus demselben in die Michaels-Kirchen in das Gewelbe bey der Orgel, darinnen die Archiven des F. S. gesamten Hoffgerichts anietzo verwahret seyn, machen lassen, damit er ungesehen in das Gewelbe, und aus demselben in den Fürstenstuel hat gehen können. Unweit davon stehet das Backhauß zum gelben Löwen, und darbey ein Springborn und Steinerner Wassertrog.

3. Nach seinem Nutzen. 1. bey der Universität, welche in einem an die Kirchenmauer angenagelten schwartzen Brete lesset anschlagen ihre Programmata, und Intimationes, betreffende die Actus Rectoratûs und Doctoratûs, die Lectiones, Disputationes, Perorationes, und auch bißweilen Relegationes, nach dem Exempel der Athenienser und Römer, welche die Gesetze Solonis öffentlich anschlugen, jene in Höltzern, diese in ährnen Tafeln. J. Middendorp. part. I. de Acad. lib. 3. p. 545. Wegen dieses Nutzen könte dieser Platz und Plan genennet werden Forum Studiosorum, der Studenten-Marck. Wie ein solcher zufinden ist uff der Universität 166 Conimbria, im Königreich Portugal, dabey König Sebastian Posthumus An.C. 1572. eine Wasserkunst und Lauff gebauet hat. Caspar Ens in Deliciis Hispanicis p. 97. 2. Bey der Bürgerschafft, welche da feil findet Saltz, Holtz, Töpffe, und deswegen der Saltz-, Holtz- und Töpffenmarck kan genennet werden. Weiland A.C. 1618. war auch an der Kirchmauer bey dem schwartzen Brete gegen dem Burck- oder Rathskeller, der Treudel oder Tredelmarck, sonderlich von Büchern und Kleidern der Studenten. Uff

dem Platz und Plan ruffet der Marckknecht aus, sonderlich nach gehaltener Mittagspredigt auff die Sontage, die feilbaren Güter, Häuser, Felder.

Die kleinen Plätze und Pläne in der Ringmauer sind diese wenige.

1. Die Pröbstey, dieser Platz und Plan liegt hinter dem obersten Backhause in der Salgasse, hat seinen Namen von Kunigunda von Uhlstet, Eptissin zu St. Michael, und ihrem Probste Johanne von Roda, welcher ihn von Alberto Keimling An.C. 1404.

üm 18. Schock Groschen gekaufft, und darauff eine Wohnung gebauet, und genennet haben die neue Pröbstey, zum Unterscheid der alten, welche gelegen in dem Winckel unter dem Schulgarten, uff der lincken Hand nach dem Schlosse. Diese alte Pröbstey, habe ich als Diacono von A.C. 1626. den 13. Octobr. bewohnet, und solche haben die Castenvorsteher verkaufft An.C. 1663. den 22. April. M. Severo Christophoro Olpio P.P. nunmehr der Heiligen Schrifft Doctori und Superintendenten zu Römhilt in Francken, und dieser M. Georgio Gœzio P.P. Diese neue Pröbstey ist heute zu Tage das gemeine Maltzhauß und der Kornboden des Gotteskastens. Uff diesem Platz und Plan stunde vor Zeiten ein bedeckter Brunn mit einem Ziehrade, und ein Baum, darunter die Täntze geschehen. Weiland hat der Probst seine Halsgericht daselbst geheget, und nach An.C. 1533. Sonnabend vor Purificationis Mariæ oder Lichtmesse, ist ein Bauer aus dem Klosterdorff Cloßwitz doselbst zum Galgen verurtheilet, und hierauff durch des Raths- und Amtsgerichte zum Klostergalgen geführet worden. Heute zu Tage ist dieser Raum ein offener Platz und Plan.

2. Der Zizenplan, liegt unter dem Marcke im Mittel der ober Lauengassen, uff der rechten Seiten vom abgeschafften und eingegangenen, oder vielmehr verbaueten Eselsmarcke, gegen den breiten Stein in der Salgassen, hat seinen Nahmen bekommen vielleicht von einer wolgebrüsteten Frauen, oder von seiner Figur und Gestalt.

3. Der Sau- und Schweinmarck, liegt im Wechsel der ober und unter Lauengasse, und ist weiland der Kohlplan und Marck genennet worden, der nunmehr liegt beym Brauhauß in der Lobdergasse. Es ist nicht neues, daß ein Ort und Raum von den Thieren seinen Zunahmen bekömmet. Uff dem Saumarcke zu Wien in Oesterreich hat Hertzog Albrecht zu Oesterreich, Contractus genandt, das Gymnasium oder Collegium Universitatis

gebauet A.C. 1366. Middend. de Acad. part. 2. lib. 5. p. 303. Und
der Ort, da anietzo das kleine Fürsten-Collegium zu Leipzig in
der Ritterstraßen stehet, ist genennet worden der Fuchszagel.
Dresserus von Teutschen Städten p. 311. Unlängst wohnete uff
diesem Schwein- und Saumarcke ein Böttiger, Hans Döbel, ein
lustiger und darbey ein ehrlicher Mann, der An.C. 1636. zur Pest- 169
zeit sturbe, und wurde deswegen genennet der Sauböttiger. Uff
diesem Platz und Plan wurde unlängst die Fahne geschwungen,
die Picke geworffen. In diesen 1670. Jahre hat der Fürstl. S. Stadt-
und Amtschultze, hernach Cammer-Secretarius, Adam Drese ein
statliches Gebäude und Wohnhauß angebauet.

   4. Der Kohlenplan liegt beym Brauhause in der Löbdergasse,
und der ist weiland gewesen uff dem Eselsmarcke, und dieser lag
zu meiner Zeit A.C. 1618. unter dem Marcke, am Ende der ober
Lauengassen, in dem rechten Winckel. Ein Theil Raum davon hat
D. Justinus Schuchart von Gotha, F. S. Steuer-Director vom Rath
zu seinem Hause An.C. 1634. bekommen, und darauf gebauet,
und dadurch den Eselsmarck abgebracht. Vor 100. und mehr
Jahren, nemlich An.C. 1564. wurde der Kohlenmarck angeordnet
auff diesen nunmehr gäntzlich verbaueten Eselsmarck, und der
Holtzmarck vor das Löbderthor beym Gasthoffe zum halben
Monden.

   5. Der Nonnenplan oder Nonnensack liegt bey der Collegen- 170
Kirchen, in dem Gäßlein, dadurch der Weg aus der Brüdergassen
gehet in die Löbdergasse, und hat seinen Namen bekommen
vielleicht von denen Weibern, die im Pabstthum denen nechst-
darbey wohnenden Paulinern, Dominicanern, und Bettelmünchen
mögen auffgewartet und gedienet haben. Zu Leipzig nicht weit
vom Schloß Pleissenburg und Petriner Kloster, nunmehr Juristen
Collegio, wird auch ein Raum genennet der Sack, und also könte
auch das Gäßlein in der Jehnergassen hinter D. Joh. Ernst.
Gerhards P.P. Hauß nach dem verkaufften Commendur-Hause,
das anietzo A.C. 1670. Joh. Hoffmanns F. S. Amtmanns zu Jena
Erben besitzen, der Sack genennet werden. Weil derselbe Ort
keinen öffentlichen Ausgang hat, und gleich ist einem Sacke, der
oben offen, unten aber zu ist. Denn wer dahin gehet, der findet
keinen Eingang in eine andere Gasse, und muß nothwendig üm-
kehren, und hinaus gehen, da er eingegangen ist.

Das XIX. Capitel,
Von den eigenen Wohnhäusern der Stadt Jena in gemein.

Nach den Häusern ist die Stadt Jena zubetrachten, und diese sind entweder eigene oder gemeine Häuser, jene sind eigentlich Wohnhäuser. Diese aber fürnemlich öffentliche Gebäude zum gemeinen Nutz und Brauch, entweder weltliche, als da sind das Fürstliche Schloß und Rathhauß, oder geistliche, als da sind Kirch- und Schulhäuser, neben den andern mehr.

Die eigenen Wohnhäuser sind zubetrachten in gemein und insonderheit.

In gemein und zwar unterschiedlich.

Nach ihrer Lage, sie sind gebauet nicht etwan auff hohen Bäumen, wie in America oder neuen, und neulichst erfundenen Welt, da etzliche Leute am Meer ihre Wohnung haben auff hohen Bäumen, darinnen sie sicher seyn wieder unversehenen Auslauff der Meerwellen. Johan Meyr in Epitome Chron. untern Jahr 1510. p. 20. b. sondern auff festen Grund und Boden.

2. Nach ihrer Materia und Bau-zeuge. Sie sind erbauet nicht von Roßmarin Holtz, und mit Blättern von Palm und Ohlbäumen bedeckt, wie zu sehen in der Provintz St. Martha, gelegen in einem Theil der neuen Welt, genandt Castilia del Oro oder Panama und Terra firma. Lucas de Linda in descriptione Americæ, ausgegangen zu Jena A.C. 1670. pag. 205. Nicht aus Schneckenhäusern, wie in der Insul Traprobane. Nicht aus Saltzseulen, wie zu Carra, einer Stadt in Arabien, nach Aussage Plinii lib. 5. histor. c. 5. 24. Nicht aus Kreiten, wie zu Cano und Dangala, den beyden Hauptstädten in Africa. Schröter in Cosmogr. histor. part. I. lib. I. c. 20. p. 1006. Oder wie zu Catalaunien, einer Stadt im Frantzöischen Gebiete, in dessen Feldern König Meerwig mit Attila der Ungern Könige gestritten, und uff beyden Seiten 190000. Menschen ümkommen seyn. Petrus Eisenberg in seinem Reisebuch p. 386. Nicht aus Thon, wie zu Amasiag Strabonis Geographi Vaterlande im Lande Cappadocia. Casp. Ens in delic. Apod. Germ. p. 27. Nicht aus Walfischgraden, wie in Mitternachts-Ländern. Olaus Magnus lib. 9. c. 12. lib. 21. c. 15. 16. Nicht aus Wassersteinen, wie zu Grancavelica in Peruvia, und beym Schlosse Zepusia in Ungern, an beyden Orten quillet ein Wasser, das wird im lauffen allmählich zu Steinen, und diese gebrauchen die Einwohner zu Häusern, und sonderlich rühmen sich die Ungern, daß sie in Häusern, aus Wasser gebauet,

wohneten. Schröter part. 1. Cosmogr. histor. l. 1. c. 20. p. 277, part. 2. l. 4. c. 24. p. 903. Sondern aus Bauholtze, und meistentheils aus natürlichen Mauer- und auch künstlichen Ziegelsteinen. Ehe Wittenberg an der Elbe bekam das Edle Musen-Kleinod, die Universität An.C. 1502. den 18. Octobr. hatte sie Häuser von Holtz und Leimen gemacht, und von stroh bedeckt, nunmehr aber von Steinen gemauert, und mit Ziegeln bedeckt. Eben das können wir auch von unserm Jena sagen.

3. Nach ihrer Gestalt. Sie sind erbauet nicht allzuhoch, wie zu Dort in Holland, und zu Cölln am Rhein. (Keyser Augustus ließ _174_ kein Hauß über 70. und Keyser Trajanus keines über 60. Schuh hoch bauen. Lipsius in Notis ad lib. 15. Annal. Tacit. n. 77. und Sextus Aurelius Victor.) Nicht allzu kostbar, wie zu Leipzig der Auerbacher Hoff, und wie zu Erffurt das Stotterheimische Hauß. Beyde haben ihren Namen von ihren Erbauern und Besitzern. Jenes von Heinrich Stromern, der Artzney Doctorn P.P. gestorben An.C. 1542. den 25. Novembr. Dieses von Jobo von Stotterheim, Erbsassen in Tuntzenhausen, gebohren A.C. 1558. gestorben A.C. 1617. den 10. Martii. Die Lacedæmonier zu Sparta hielten wenig von kostbaren Häusern, und durffte der Auffbauer nur eine Segen und Beil darzu brauchen. Piccartus decur. XII. observ. histor. polit. c. 4. Nicht allzubaufällig, wie zu Ofen in Ungern, da die Türcken die schönsten Gebäude muthwillig lassen eingehen, wenn sie nur trucken darinnen und ihre Pferde stallen können. Schröter part. 1. Cosmogr. histor. l. 1. c. 10. p. 297. Es sind aber die Häuser von aussen mit Kalck beworffen, und mit Weise angestrichen, gleichwie bey den Sinensern mit Firniß von allerley Glantz _175_ und Farben, daß man sich im vorübergehen darinnen besehen kan. Schröter part. 2. l. 3. p. 128. 129.

4. Nach ihren Stücken und Theilen, unter andern I. nach ihren Thüren. Die sind nicht zu niedrig, wie die zu Cairo in Aegypten, da muß der Eingeher sich bücken, daß er sich nit stösset an die oberste Schwelle. Casp. Ens in Delic. Apod. per Germ. p. 39. Manche Thüren haben Klippel oder Schellen, wie zu Athen in Griechenlande. Nach Solonis Gesetze war derjenige vor einen Dieb gehalten, der ohne Anklopffung hinein gienge. Janus, Portunus, Forensis waren die Thür-Götter bey den Heiden, insonderheit war Forculus der Thürgott, Cardea der Thürangelgott, Limentius der Schwellengott. August. lib. 4. C. D. c. 8. Weg mit den Thür-, Angel- und Schwellengötzen oder vielmehr Teuffeln. Die

Thüren gehen einwarts, nicht auswarts. Plutarchus schreibet von M. Valerio Publicola, daß er allein die Ehre und Freyheit zu Rom erlanget habe, seine Haußthür also zuhengen, daß sie nicht inwarts, sondern auswarts auff die Gasse und Strasse gegangen ist in Auffthuung. 2. Nach den Fenstern, die sind nicht von Vorhängen aus reiner und zarter Seiden, wie zu Maltha, dahin hat die allerersten Glaßscheiben lassen bringen Philibertus von Fayssi und Chamesson, Commendator des Johanniter-Ordens zu Romagni, Nancy und zum schönen Creutz A.C. 1587. Mich. Heberer lib. 3. serv. Ægypt. c. 16. pag. 434. sondern von hellen Glaß und Spiegelscheiben. 3. Nach den Feueressen oder Schorstein, die sind meistentheils von Back- oder Ziegelsteinen, und werden des Jahrs zweymahl besichtiget, und die Haußwirthe in Mangelung der Sauberung von Ruße, an Gelde gestraffet. Zu Viena einer Bischofflichen Stadt in Litthauen, haben die Häuser keine Feueressen, und zeucht der Rauch im gantzen Hause herüm, darüm giebt es auch darinnen viel blinde Leute. 4. Nach ihren Dächern, diese sind gemacht nicht von Schneckenhäusern, wie in der Insel Taprobane, und im Winckel des Landes Carmenia, wie zulesen beym Plinio. Nicht von Tohn, wie zu Amasia einer Stadt in Cappadocia. Casp. Ens in del. Apod. per Germ. pag. 27. Nicht von Leimen, wie das Rathhauß zu Athen, genandt Areopagus, dessen Dach oben aus Spreu und Leimen ist erbauet, und zur Zeit Keysers Augusti noch unversehrt gewesen. Ein solch aus Stroh und Leimen gemachtes Dach hat Romulus der erste König der Römer, über seinen Sitz und Rathhauß machen lassen. Vitruvius lib. 2. cap. 2. Nicht von Rasen, wie in vorigen Zeiten bey den alten Teutschen. Fabric. l. 1. orig. Sax. fol. 68. Nicht von Stroh, wie heute zu Tage die Häuser auff den Dörffern, sondern von hohlen oder breiten Ziegeln die meisten, und von Schindeln die wenigsten. Crusius in seinen Annalibus Svevicis, und aus ihm Schmidius in Diario histor. pag. 219. schreibt von der Reichsstadt Augspurg in Schwaben, daß An.C. 1408. den 10. Maji sey geboten, alle Stroh- und Schindeldächer abzuschaffen, und die Häuser mit Ziegel zudecken. Es sind aber solche Dächer nicht gleich eben, wie im gelobten Lande, Deut. 22. v. 8. 2. Sam. II. 2. vielweniger allzubreit und überhängig, wie zu Londen in Engelland, da fast ein Dach auff der Gassen an das andere rühret, und den Weg dunckel machet. Lansius in Consult. Contra Britan. p. 545. Zu wünschen were es, daß die Dächer nur so weit heraus reichten, daß die Vorbeygehenden zur

Regenszeit trucken darunter gehen könten, wie zu Bononia, einer Stadt in Italia. Georg. Graditz von Wertheim, und aus ihm Nic. Bastæus in deliciis Italiæ p. 65.

5. Nach ihren Nutzen und Frommen, nicht allein für die Handwercks- und Handels Leute, sondern auch für die Professores und Studenten. Denn in manchen mehr als zehen Musæa oder Studierstuben zufinden seyn, von derer Vermithung, zu geschweigen der Spond- und Federbetten, der Haußherr einen guten Jahrzinß haben kan, iedoch nicht ohne grosse Sorge und Mühe, wie der Poët sagt:

Omnis commoditas sua fert incommoda secum,
Vix incommoditas commoditate caret.

Das ist: *Kein Nutz ohne Unlust, keine Unlust ohne Nutz.* A.C. 1570. den 9. Aug. sind alle Häuser, und darinnen alle Stuben und Kammern besichtiget, und die Jahrmiete üm einen gewissen Zinß [179] angeschlagen worden.

Das XX. Capitel,
Von den eigenen Wohnhäusern der Stadt Jena
insonderheit.

Insonderheit, und zwar ordentlich und ümständlich.

1. Nach der Zahl. 425. Wohnhäuser sind in der Ringmauer weiland gezehlet worden. Eine solche Anzahl hat Herr Fridrich Hordleder JC. F. S. Hoffrath angeschrieben funden in seinem Wohnhause auf dem Marcke, heute zu Tage ist diese Zahl ziemlich vermehret, nicht nur in der Ringmauer, sondern auch in Vorstädten, wie vor Augen.

Unter diese Zahl sind nicht gerechnet und gezehlet 1. die Pfarrhäuser, derer waren unlängst drey. Die Superintendur unter dem Schulgarten, und die zwey Caplaney- oder Diaconen-Häuser, das eine war die alte Probstey, welche A.C. 1663. den 2. April. M. Severo Christophoro Olpio P.P. verkaufft worden. Das andere war [180] im Kirch- und Kastengäßlein, hinter dem Burck- und Rathskeller, welches D. Christophori Ausfelds, F. S. Leib-Medici zu Altenburg hinterlassene Witbe erblich besitzet. Die es hernach An.C. 1674. an Herrn Grajum, der F. S. Universität Secretarium verkauffet hat. Demnach bekömmet ein ieder Diaconus jährlich 20. fl. Haußzinß, biß andere bequeme Häuser vor sie und ihre Nachfolger im Amte können geschaffet werden. 2. Die Schulhäuser. Der Rector und ConRector wohnten weiland uf d'Schule, d'Cantor und Quartus

Collega uf dem Schluckein oder Kastenkeller, der Quintus bekam seinen Haußzinß. 3. Des Kirchners Hauß neben der einen Caplaney oder Diaconat-Hause in der Jehnergassen, unfern den Terminier-Hause oder Schluckein, welches eines Zimmermanns, oder Baumeisters bedurffte, darüm wurde es An.C. 1667. von Grund aus eingerissen, und ein schöner Hauß von dreyen Stockwercken auffgeführet.

Unter die Zahl der Wohnhäuser gehören auch meine beyde 181 Häuser, das Wohn-Hauß in der Leutergassen, und das Keller-Hauß in der Jehnergassen. Jenes habe ich gekaufft A.C. 1637. den 27. Jul. dieses aber 1639. Für beyde habe ich Gott mit dreyen Epigrammaten gedancket.

I.

In pura Leutræ domus est mihi parva platea,
ære parata meo, quod mihi Jova dedit.
Hanc Vidua incoluit quondam offlictissima, magno
sub paupertatis pondere pressa diu.
Dimidium cellæ, posticas insuper ædes,
contiguumq, hortum vendidit illa suum.
Cui, quæso? cupido vicino vendidit ista,
atque suæ domui plurima damna dedit.
Nil est in terris vicino pejus avarô,
ob quem sæpe domum vendere quisq cupit.
Hanc ego possideo, sed Tu, Deus optume Rector
illius & Tector sis maneasq diu.
Ex hac me cupidum placide dimitte, beatis
Insere Cælicolis, gaudia daq poli.
Quanquam Vicinus conclavia lumine nuper
privavit, stimulô percitus invidiæ,
Non tamen ille tuo potuit me Numine, Jova,
privare, hoc fretus non moror invidiam,
Atque ovscuratô contentus lumine vivo,
expectans summi lumina pura poli.
In quo justitiæ sol me irradiabit, amicæ
lucis me faciet participemq suæ.

II.

In dicta Jehner communi voce platea,
Pergelidis cellis quæ celebrata satis.
De viridis dictam Clypei cognomine, justis
adiculam & cellam possideo ipse modis.

Impleat hanc dulcis jucundo munere vini,
& benedicat ei gratia summa Dei.

III.

Aere meæ domui vicinam comparo promto
multum corruptam Marte furente domum,
Hanc pia Jacobi Stcökeri provida Conjux
venalem, Jova sic moderante, dedit.
Hinc intermedias tecti sustollo ruinas,
Area quo domui sit spatiosameæ.
Auraǥ liberior conclavia cætera perflet,
irradiet clarô lumine solǥ suo,   184
Insuper ædifico studiis penetralia sacra,
doctis Musæi nomine dicta Viris.
In me nil præter tua dona, Jehova, coronas,
persolvo grates proquibus ipse tibi,
Et peto Te supplex, ut contra incommoda partas
ædiculas dextrâ cunctipotente tegas.

IV.

Ille struit cellas, sed structas possidet ille,
Sic rerum in mundi vertitur ordo plagis.
Virgilius cellam Doctor Pingitzer utroque
in jure obtinuit tunc tibi, Bacche, sacram.
Hanc Genero cellam Domini de nomine dicto,   185
liquit Arumæo, Frisius ille fuit,
Et gemini Doctor Juris celeberrimus, os, cor,
lingua Scabinatûs non sine laude sui.
Post ejus cineres, sed serò, & fata suprema
ad me legitimè cella petita venit.
Hanc fere destructam, felici sidere cellam
sollicitè juvit me reparare, bonam,
Et torculari firmô decorare, probatis
& vasis, impleat illa Deus.
In super extruxi Musæum, tempore pestis   186
proficuum. Pestis pelle, Jehova, nietum.

2. Nach den Nahmen. Etzliche Wohnhäuser haben gewisse
Namen bekommen, entweder von ihren Besitzern, oder von ih-
ren über die Thüren gesetzten Bildern. Zum Exempel 1. In der
Jehnergassen ist das Hauß zum gülden Stern, zum Adler, zum
Mond, zum Träncker, zum grünen Schilde, und dieses ist mein

Kellerhauß, darinnen dieses Wapen, ein gründer Schild, noch abgemahlet ist. 2. In der Johannisgassen ist das Hauß zum rothen Hirsch, und zum weissen Einhorn. Und dieses ist A.C. 1670. gäntzlich eingerissen, und das Zeichen abgethan worden. 3. In der Leutergassen war das Hauß zur H. gottl. Dreyeinigkeit, welches anders gebauet, und das Gemälde abgethan worden ist von Christoff Kölern, Rathsverwandten und Handelsmanne. 4. In der Lobdergassen war weiland der Gasthoff zum schwartzen Adler, den Joseph. Avenarius (des D. Joh. Avenarii P.P. allhier, und Superint. zu Zeitz Sohn) an stat des eingezogenen Gasthoffs zur güldenen Gans auff dem Marcke angefangen hat. Stirbt zu Jena A.C. 1631. den 3. Maji. Und ist noch die Schrötersburg, daran ein Schröter zusehen, hat seinem Namen vom Erbauer, D. Joh. Schrötern, ersten Rectore Magnifico An.C. 1558. über das, das Eckhauß im Wechsel der Brüder- und Lobdergasse zum Alter, daran die Menschen abgemahlet nach den zehen Stufen und Unterschied des Alters, nach den bekanten Reimen.

X.	Jahr ein Kind.
XX.	Jahr ein Jüngling.
XXX.	Jahr ein Mann.
XL.	Jahr wohlgethan.
L.	Jahr stillstahn.
LX.	Jahr gehts Alter an.
LXX.	Jahr ein Greiß.
LXXX.	Jahr nimmer weiß.
XC.	Jahr der Kinder Spott.
C.	Jahr gnad dir Gott.

5. In der Salgassen ist das Hauß zum Walfische und zum Tantze. 6. Uf dem Marcke war weiland der Gasthoff zur güldenen Gans, welches Wohnhauß zu meiner Zeit besessen 1. Salomon Bartmann sonst Böttner genandt, 2. D. Johan. Harnisch. 3. D. Erasmus Ungebauer P.P. 4. D. Johan. Strauch P.P. 5. Christian Hilgund F. S. Ambtschösser zu Capellendorff. Suche unten das 27. Capit. und ist noch der Gasthoff zur güldenen Sonnen. 7. Uff dem Creutze ist das Backhaus zu Löwen, und das nechste darbey zum grossen Männern, welche die alten Philosophos und JCtos in ihren Kleidungen abbilden. Diese hat D. Georgius Bruck, dreyer Churfürsten zu Sachsen Cantzler daran mahlen lassen. Stirbet allhier An.C. 1557. den 15. Febr. 8. In der Lauengassen beym Saumarcke ist das Hauß zum Löwen. Zugeschweigen der Häuser

in den Vorstädten. Vor dem Löbderthore sind die Gasthöfe zum halben Mond, zur gülden Kron, zum rothen Hirsch, zum grünen Hecht, und vor der Pforten ist der Gasthoff zum schwartzen Beer, und das Haus zum wilden Manne nechst dem Fürstenkeller.

An.C. 1511. hat gelebet Johan Zimmermann, Vicarius des Altars zum Heil. Creutze im Chor der Michaelis-Kirchen in Jena, 189 der hat diesen Altar begabet jährlich mit 4. fl. von seinem Hause, genandt der grüne Knopff. Wo aber und in welcher Gassen es gelegen, ist mit unbekant.

3. Nach dem Vorzug. Etzliche Wohnhäuser sind Geschoß-, Steuer- und Wachfrey. In einem Schreiben gegeben zu Grimmenstein, nunmehr Friedenstein, über Gotha. A.C. 1564. den 5. Octob. hat Hertzog Joh. Fridrich II. zu Sachsen, vor sich und vor seine beyden Brüder Hertzog Joh. Wilhelm I. und Hertzog Joh. Fridrichen II. ein Hauß und Scheune darbey, gelegen hinter der Michaelis Kirchen oder Nonnen-Kloster an der mitternächtischen Stadtmauer, geschencket seinem Hoffrath D. Heinrico Husano, gewesenen P.P. und dasselbe befreyet, zwar nicht von ordentlicher Steuer, jährlichen Zinß und Henne, auff Michaelis. Sondern vom Geschoß, von der Wache und andern bürgerlichen Beschwerungen, und ihme ferner die Freyheit gegeben, das Wasser aus den Röhren vom Creutze an in seinen Hoff zuführen. Die Scheune als ein Klostergut ist ihm vom Rath zu Jena angesprochen, und endlich An.C. 1573. den 6. Junii üm 60. fl. sein Erb und 190 Eigenthum worden. Die Besitzer dieses Frey-Hauses sind bißhero gewesen diese 1. Ursula von Dölen eine Nonne aus dem Michaels-Kloster An.C. 1540. 2. D. Heinrich Husanus A.C. 1564. 3. D. Victorinus Gruner P.P. An.C. 1583. 4. D. Jacob Stincius von Hamburg Advocat im Hoffgerichte A.C. 1600. 5. D. Eusebius Schenck P.P. An.C. 1622. 6. D. Guernerus Rolfinck P.P. A.C. 1641. der hat dieses Hauß herrlich ausgebauet, und mit einem Plantario und Laboratorio Chymico gezieret.

Es hat D. Gothofredus Mœbius P.P. sein Wohnhauß an der Michaels-Kirchen und Nonnen Kloster, nunmehro Stadtschulen gantz frey bekommen, nicht allein von dem gewöhnlichen Jahrzinß, der traff an 1. fl. und zwo Gänse. Sondern auch von Geschoß, Ordinari und Extraordinari Steuern und Aufflagen, und für die Freyheit 150. Rthlr. in die F. S. Rent-Cammmer nach Weimar geliefert. Dieses Privilegium hat unterschrieben Hertzog Wilhelm IV. zu Sachsen in der Wilhelmsburg An.C. 1659. den 10. Sept. 191

Dieses Hauß gehörig zum Nonnen-Kloster zu St. Michael, hat ümsonst bewohnet 1. An.C. 1559. D. Simon Musæus, P.P. 2. A.C. 1568. D. Joh. Wigandus P.P. und Superintendens. Erblich hernach 1. D. Nicolaus Reußner P.P. A.C. 1600. 2. L. Elias Reußner sein Bruder P.P. 3. D. Dominicus Arumæus P.P. A.C. 1612. 4. D. Gothofredus Mœbius P.P. A.C. 1659. 5. D. Gothofredus Mœbius der Sohn, A.C. 1664. der aber ein Stück davon an Hn. D. Wolffgang Wedelium verkauffet, sein Wonhauß aber schön ausbauen lassen.

4. Nach den Zufällen. Als da seyn Wetter-, Wasser-, Feuer- und Kriegs Noth. A.C. 1551. ist ein Hauß beym Collegio vom Donner und Blitz angezündet worden. Davon schreibet M. Joh. Stigelius, domals P.P. Vol. Poëmat. 1. lib. 6. p. 251. An.C. 1642. vom 9. Martii biß uf den 1. Junii lag Matthæus de Moncado, und Hannibal Gonzaga mit ihren beyden Kriegs-Regimentern in Jena, jener als ein Commendant, ließ viel Häuser und Scheunen vor den Thoren, sonderlich das Carmeliter-Kloster zum H. Creutz einreissen, daraus Palisaten oder Pfähle machen, und damit die Stadtmauer vom Johannsthore an biß zum Thurme gegen die Kritgasse besetzen und befestigen. Von mehr Zu- und Unfällen suche oben im 13. 14. 15. 16. 17. Capiteln.

5. Nach den Bildern und Schrifften. Jener sind gedacht vorher §. 2. nach den Namen, dieser will ich gedencken nach der Lage in Gassen und Plätzen.

In der Jehnergasse.

1. Emigrandum. Dieses einzige Wort hat Burchardus Großmann, F. S. Amtschösser in Jena und Burga, lassen machen über sein von Grund aus neuauffgebaueten Hause, und bedeut so viel. *Es muß geschieden und gestorben seyn.* Und ist auch bald darauff gestorben und geschieden A.C. 1637.

2. *Christi Blut ist unser höchstes Gut.* Dieser Reim ist zulesen über der Thür der grossen Stuben im Hause zum gülden Stern. Und ist gewesen D. Heinrici Schneideweins P.P. und Vice Ordinarii Symbolum oder Leibspruch. Dieses grosse Hauß mit seinen unterschiedenen Kellern hat gebauet Löbel oder Laubel, denn sein Wapen ist gewesen ein Ast mit dreyen Laubblättern, und seines Eheweibes Wapen ein halber Mond. Wie solche über der Thür zusehen, so wohl in den zweyen grossen Wapen und Tafeln, so hinter dem Predigtstuel in der Michaels-Kirchen unlängst, ehe die zwo Bohrkirchen vor die Bürgerschafft gemachet worden, hin-

192

193

gen, und den Weiberstühlen darbey den Namen zu allen Heiligen gaben. Ufgehengt A.C. 1520. weggenommen A.C. 1659. Er ist gestorben A.C. 1542. und den Sonnabend nach Bonifacii begraben worden. Nach ihm haben das Hauß besessen 1. Johan Laubel A.C. 1547. 2. Andreas Laber oder Laubel A.C. 1552. 3. D. Heinrich Schneidewein, dessen Eheweib Anna Reissenbuschin. 4. Justina Schneideweinen, ihre Tochter, gebohren A.C. 1547. den 5. Decembr. gestorben zu Jena A.C. 1610. den 19. Decembr. vorher geehliget erstlich D. Daniel Salfelden, Gräffl. Schwartzburgischen Rath, hernach D. Stephan Weißbachen, Fürstl. Hennebergischen Rath. Jenem hat sie gebohren Jacob Salfelden, Amtmann in <u>194</u> Zwetzen. Diesem Agatham Weißbachin, welche D. Joachim Schönermarck, F. Mecklenburgischer Rath geehliget. 5. Johan Hentschel, F. S. Cammer-Secretarius zu Altenburg. Von dessen Erben hat es D. Joh. Gerhard P.P. bekommen von A.C. 1617. biß 1637. den 17. Aug. darin er seelig verschieden. 6. D. Christophorus Schelhammer P.P. von A.C. 1648. den 30. Martii biß 1651. den 20. Junii, daran er zu Weimar gestorben. 7. D. Joh. Ernestus Gerhard P.P. von A.C. 1653. den 12. Julii, daran er D. Schelhammers Witbe, Catharina Elisabetha Platnerin geehliget, und starb A.C. 1668. den 14. Febr.

> *3. Das Hauß stehet in Gottes Hand*
> *Zum grünen Hirsch ist es genand.*
> An.C. 1604.

Ist zulesen über der Thür am Hause Friderici Kochs, Fürstl. S. gewesenen Landrichters im Amt Jena.

4. <u>195</u>

Jova, juva!
in mundo
nascimur, patimur, morimur,
In cœlo
Vivimus, gaudemus, manmus
vivâ fide
in θεανθρωπον Jesum Christum.
Hoc votum
M. Adriani *Beiers* Archidiaconi,
d. 11. Oct. A.C. M.DC.XXXIX.

Buße, Glaube, Liebe, hoffe.
Halt an im Gebet.

Halt in in Sünden,
Halt aus im Creutz.

Nunc Tunc

sub in

Cœlo

Fide, spe, Charitate.

Diese vorhergehende Worte habe ich in meinem förder Keller Hause machen lassen, die nachfolgenden stehen im hinter Keller Hause.

196

‚*Credere da nobis vere, da vivere sancte,*
tandem da placide, Jova Triune, mori.
An Gott du allzeit glaube rein,
Für Gott recht führ das Leben dein,
In Gott auch stirb fein und allein,
Zu Gott denn fahr in Himmel ein.

Gemacht   renoviret

5.   1548.   1640.

Ich bin der Trencker genand,
Wer nicht Geld hat, der geb ein Pfand.

Diese Schrifft ist zulesen an dem Keller-Hause M. Georgii Taubenecks, nunmehr seines Eidams M. Johan Steins, Pfarrers in Teutsch- oder Groß Schwabhausen, und darbey abgemahlet ein Mann, welcher aus einem Kruge Wein in ein Glaß schencket.

6. Non habemus hîc civitatem permanentem, sed futuram in-
197 quirimus. Das ist, wie zu lesen Ebr. 13. 14. *Wir haben hie keine bleibende Stadt, sondern die zukünfftige suchen wir.* Die Lateinischen Wort sind zulesen an dem Palast D. Werneri Rolfinckens P.P. der anitzo (An.C. 1671.) ist Senior in der Universität.

II.

In der Johannsgasse.

1. In solo cœlo vita est & patria vera.

Dieser hexameter ist zu lesen am Hause, darinnen A.C. 1660. den 28. Martii, starb Maria Mattenbergerin, D. Joh. Gerhards P.P. Witbe, und nunmehr darinnen wohnet ihres Sohns D. Joh. Fridrich Gerhards, Superint. zu Eisenberg Witbe Eva, D. Christiani Chemnitii P.P. und Superintend. zu Jena Tochter. Den Inhalt des Lateinischen Verses hat D. Joh. Ernst Gerhard P.P. in diesen Reim gebracht, und in seinem Erbhause zum güldenen Stern also angeschrieben.

Das Welt-Gebäu vergeht, der Himmel wird allein

Das rechte Vaterland und unser Erbe seyn.

2. Mit Gott und mit Ehren erneuert 1657. Diese Wort und Zahl sind zulesen am Hause zum rothen Hirsch.

3. Cœli enarrant gloriam Dei, & operamanuum ejus annunciat firmamentum. Diese Wort sind zulesen an dem grossen kunstreichen Hause M. Erhardi Weigelii P.P. genommen aus dem 19. Psalm, v. 2. und lauten auff teutsch also. *Die Himmel erzehlen die Ehre Gottes, und die Veste verkündiget seiner Hände Werck.*

III.
In der Leutergasse.

1. *Was du, Herr segnest, das ist gesegnet ewiglich.* 1. Chron. 18/26. *Schlecht und recht behüte mich.* Psalm. 27/21.

Diese beyde Schrifft Sprüche ließ Bürgermeister Andreas Hübner an seine beyde Wohnhäuser von aussen in Lateinischer Sprache anmahlen, jenen A.C. 1623. Als aber unlängst ietziger Besitzer, D.J.M. das Hauß erneuert, sind sie übertünchet und verblichen worden.

2. Im Jahr Christi 1657. den 9. Junii Jova Triune, juva!
> *Gott uf den ich allzeit trau,*
> *Woll behüten diesen Bau.*

M. A. B.

Diese Schrifft ist zulesen an der eusersten Wand des Musæ in meinem Hofe. Aber über dem Thorweg uf der Gassen sind diese Worte zufinden.

Jova Triune, juva!
> *Die Stadthäuser behüte Gott*
> *Für Feuer-, Wasser-, Hunger-,*
> *Kriegs Noth.*
> *Bescher darinn ein sanften Tod*
> *Um Jesu Christi Wunden roth.*

Im Jahr nach der gnadenreichen Geburt Jesu Christi unsers einigen Versöhners und Fürbitters M. DC. LVII. 18. Julii M. A. B.

> *3. Gott behüt uns für Krieg und Brand,*
> *Und nehre uns mit milder Hand.*
> *Gottes Wort und Luthers Lehr,*
> *Vergeht nu und nimmermehr.*

Diese beyde Reime hat der fromme Balthasar Hüttenrauch An.C. 1669. an sein Hauß mahlen lassen.

IV.

Im Völckergäßlein.

1. Von diesem Hause wolle wenden Gott,
Fluch, Brand, Kranckheit und alle Noth.

Hâc sermo non egrediatur foràs, 1668.

Diese Wort sind zulesen an Stephan Hirschens Hauß, so er von Grund aus auffgebauet hat.

2. Durch sein Blut haben wir die Erlösung, nemlich Vergebung der
Sünden, nach dem Reichthum seiner Gnade, Eph. 1. v. 7. Welcher uns gemacht ist von Gott zur Weißheit, und zur Gerechtigkeit, und zur Heiligung, und zur Erlösung. 1. Corinth. 1. v. 30. Diese zweene Schrifftsprüche stehen am Eckhause im Ausgange des Völckergäßleins, in der Brüdergassen, welches anietzo bewohnet M. Joh. Stierens seligen Witbe.

V.

In der Brüdergassen.

1.

Jova juvat, juvit Jova, Idem Jova juvabit.

Ann. Christ. Servat. Dom. M. DC. LXIX. Stehet über der Haußthür Herrn Adolphi Christiani Schelhasen, beyden Rechten Doctoris und Practici.

2.

Uber dem Ercker an D. Joh. Theodori Schenckens P.P. der 1671. den 27. Decembr verstorben.

Commorantibus nobis Natura hospitium, non domicilium concessit.

Uber der Thür: Wol dem, den du Herr züchtigest, und lernest ihn durch deine Gesetze, daß er Gedult habe wenns übel gehet, biß dem Gottlosen die Grube bereitet werde. Psalm. 94. v. 12. 13.

VI.

In der Lauengasse.

Gott gebe euch seinen Segen,
Glück, Heil und langes Leben.

Dieser Reim ist zulesen am Hause Herrn Krumharens, Fürstl. S. Geleitsmanns und Floßschreibers zu Burgau, welches sein Eydam Herr Gottfried Kreußler anietzo (An.C. 1670.) besitzet.

VII.

In der Schloßgassen.

Christi bitter Leiden und Sterben

Macht uns zu seligen Erben.

Dieser Reim stehet über der Thür des nehesten Hauses an
der Pforten, erneuert A.C. 1608.

IIX.

Uff dem Creutze.

1.

Zum gelben Löwen bin ich genand
Das Hauß stehet in Gottes Hand.

2.

Wir haben hie keine bleibende Stete, sondern die zukünftige suchen wir.
Ebr. 13. v. 14. *Recht muß doch recht bleiben, und dem werden alle fromme*
Hertzen zufallen. Psalm. 94. v. 15. Diese beyden Schrifft-Sprüche
hat Jacob Reim, bürtig von Glauchau an der Mulda in Meissen,
an sein neuerbautes Hauß mahlen lassen, A.C. 1662.

3.

Sit nomen Domini benedictum.

(Das ist: *Der Namen des Herren sey gebenedeyet*) ist zulesen an
dem Haus Hn. Hans Heinrich Seiffarts, A.C. 1669.

IX.

Uff dem Marcke.

1.

Die Schrifften an D. Christiani Chemnitii P.P. und Superint. seeligen Hause, so wohl am Gasthofe zur güldenen Sonnen, welche
anietzo (An.C. 1670.) besitzet Herr Bürgermeister Heinrich Gottfried Marquart von Soest aus Westphalen, suche oben im XIIX.
Cap. §. II. der Marck ist zu betrachten.

2.

Am Hause im Eingange des Marcks, auff der rechten Seiten
vom Marcke her, welches Herr Johan Graue A.C. 1660. erneuert,
sind diese Sprüche zulesen. 1. *Die Furcht des Herrn ist der Weißheit*
Anfang, das ist eine feine Klugheit, wer darnach thut, des Lob bleibt ewig-
lich. Psalm. 111. v. 10. 11. 2. *Habe deine Lust an dem Herren, der wird*
dir geben, was dein Hertz wünschet. Psalm. 37. v. 4. 3. *Wirff dein Anlie-*
gen auff den Herren, der wird dich versorgen, und wird den Gerechten nicht
ewiglich in Unruhe lassen. Psalm. 55. v. 23.

X.

Vor dem Johanns Thore.

1.

Struxerunt Alii, nos Posteritati,

Sic prius acceptum reddimus officium.

A.O.R. M. D. XVII.

Dieser Verß mit der Jahrzahl stehet an der Nau- oder Schröters-Mühlen, erbauet von Hn. Joh. Schrötern, Phil. und Medic. D. Prof. P. Comite Pal. und ersten Magnifico Rectore auf der gäntzlich privilegirten und herrlich eingeführten Universität in Jena An.C. 1558. den 2. Febr. Und dieser Lateinischer Verß heisset auff Teutsch so viel. *Ein Mensch bauet dem andern zum Nutz und zur Nachfolge.*

2.

206

Am Garten Hause der Ziegel- oder Gerhardischen Mahlmühlen am Leuterbache, erneuert An.C. 1652. stehen zweene lateinische Sprüche.

gegen Norden.

Maximus ut faveat, venient facto agmine cuncti
Dli minorum gentium.

Das ist: *Gottes Gunst übertrifft alle Gunst.*

gegen Westen.

Fortunam velut tunicam magis
concinnam, quam longam.

Das ist: *Glück ist wie ein Kleid oder Rock, der einem wohl anstehet, nicht zu lang, nicht zu kurtz, eben recht.*

3.

A DEO omnia. 1632

Diese drey Wort mit der Jahrzahl stehen an einem Hause in der Mittelgassen, und bedeuten so viel. *Von Gott alles.* Die Meinung ist genommen aus dem Spruch Sprach II. v. 14. *Es kommet alles von Gott, Glück und Unglück, Leben und Tod, Armuth und Reichthum.* Oder aus dem Spruch Jac. 1. v. 17. *Alle gute Gabe und alle vollkommene Gabe kömmet von oben herab, vom Vater des Lichts, bey welchem ist keine Veränderung noch Wechsel des Liechts und Finsternüß.*

207

4.

Das Hauß stehet in Gottes Hand,
Zum Creutzgang ist es genant.

A.C. 1609. Dieser Reim mit der Jahrzahl stehet mitten über einer Haußthür in der Mittelgassen.

XI.
Vor dem Lobder Thor.

1.

Diß Hauß stehet in Gottes Hand,
Zum heiligen Creutz ist es genant.

Dieser Reim stunde am Hause gegen dem Carmeliter Hofe oder alten Spittal, (nunmehr A.C. 1669. in einem Gasthoff zum gelben Engel genant) welches An.C. 1665. üm Pfingsten Catharina gebohrne Cathara von Hall in Sachsen, anfangs Bürgermeister Philippi Beiers in Jena, hernach Christian Francken, Cammer Secretarii in Weimar Witbe einreissen, und den Raum zum Garten schlagen ließ.

2.

Maledicent ipsi, & Tu, Jehova benedices, insurgent & pudore afficientur.

Quisq sibi moriens, soli fidensq Jehovæ
transit in Elysiam næ bene salvus homo.

Diese Lateinische Wort hat Johannes Teucher von Zwickau, beyder Rechten Doctor, an die euserste Wand seines grossen und hohen Garten Hauses machen lassen, nechst an dem Neuthor gegen dem Saalstrohm, so hernach D. Petrus Dieterich P.P. und anietzo (An.C. 1670.) noch besitzet D. Johan. Theodorus Schencke P.P. Es ist aber dieser D. Teucher ist gebohren An.C. 1547. den 5. April und gestorben An.C. 1610. den 25. Oct. und gehet im ersten Spruch auff die Gedult, *wenn seine Feinde lästern und fluchen, so wolte Gott hingegen segnen.* Im andern aber auff einen seligen Abschied aus dem Jammerthal dieser, in den Freudensaal jener Welt, auff Gottes Gnade in Jesu Christo.

3.

Das Hauß stehet in Gottes Hand,
Zum halben Mond ist es genant.

An.C. 1656. dieser Reim stehet über dem Thorweg des Gasthofs zum halben Mond, gegen dem Löbderthor über.

XII.

Vor dem Saalthor.

1.

An den neuen Siechhause An.C. 1670. auffgebauet auff der Landfeste, in Eingange der Wiesen und Krautländer, genant die Insul.

Hie legt man ein, die Gott mit Pestilentz beleget,
Bey angesteckter Luft, hie werden sie geheget.
Mit Wartung wol versorgt, mit Artzeney versehn,

Gott laß die Stadt noch weit davon entfernt stehn.

An.C. 1670. domals war regierender Bürgermeister Herr Christoff Neuberger, und sein Sohn D. Johan. Christoff Neuberger, Stadt-Physicus.

2.

Am Wohnhause Tobiæ Seiffarts auff dem Steinwege A.C. 1670.

> *Mein Wandersmann liese dieses, gehe fort,*
> *Der Tod dein wart an einem andern Ort.*
> *Lauf, renne, reite, reise, dein End ist nahe,*
> *Der Tod rufft dich und ist schon dahe.*
> *Wer sich bey Zeit schicket in Tod,*
> *Der stirbt hier wol, und ruhet bey Gott.*

211

Gen. 35. 19. 20.

Rahel starb, und ward begraben am Wege, und Jacob richtet ihr einen Stein auff.

XIII.

Vor der Pforten und Zwetzen Thore.

Mansionem perpetuam non habemus, sed futuram inquirimus. Das ist. *Hier zur Herberge, dort daheime.* Ebr. 13. v. 14. Die Lateinische Wort sind zu finden an dem schönen grossen Forwerg, Herrn Werneri Rolfinckts, D. P.P. an ietzo Senioris auff der F. S. Universität in Jena.

Das XXI. Capitel,
Von den weltlichen Häusern in Jena.

212

Die gemeinen und öffentlichen Häuser, erbauet zum gemeinen Nutz und Brauch, sind weltliche und geistliche.

Die weltlichen Häuser dienen zum weltlichen Nutz und Frommen, daran hat die Stadt Jena theils einen, theils keinen Mangel.

Einen Mangel hat Jena an diesen nachfolgenden:

1. An einem Zeughause. Der Anfang ist weiland darzu gemacht worden, in einem Thurm an der Stadtmauer, darinnen die grossen Stück und Geschütz sind verwahret gewesen. Suche oben im IX. Capitel. Heute zu Tage wird die Rüstung von Harnischen gewiesen in der Rüstkammer, darinnen die Advocaten des F. S. allgemeinen Hoffgerichts zuversetzen pflegen.

2. An einem Kornhause. Es hat zwar das F. S. Amt im Schlosse einen Kornboden, so künstlich erbauet, daß daran kein eiserner noch höltzerner Nagel zu spüren ist. So wol d' Gotteskasten auff der neuen Pröbstey, für ihr Zins Getreyde zu schütten. Aber d' Stadt-Rath hat keinen öffentlichen Kornboden, darauff er, wie der königliche Cammerrath ´und Stadthalter Joseph <u>213</u> in Aegypten (Gen. 41. 49.) in wolfeiler Zeit das Getreyde aufschütten, und in theurer Zeit dem lieben Armuth, üm ein leidliches verkauffen solte. Es hat zwar Bürgermeister Leonhart Rademacher einen Anfang darzu gemachet, denn er hat den Zinß der 2000. von ihm her- und vorgeschossenen Gülden, verordnet zur Einkauffung des Getreydes, in wolfeiler Zeit, und zur Verwahrung des Mehls in grossen weiten Kasten. Wie solche noch leer zu sehen seyn auff dem obersten Zimmer des Rathhauses.

3. An einem Kauff-, Woll- und Tuchhause. Sintemahl die Wolle auff öffentlichen Marck, und die Tücher auf dem Rathhause verkaufft werden. Die Stadt Gotha ist wegen eines solchen Kauff-Hauses am Marck berühmt, vollbracht An.C. 1570. und stehen daran diese Wort: Necessitas, Honestas, Commoditas me fieri fecerunt. Das ist. *Noth, Ehr und Nutz sind die Ursache dieses Baues.* Binhart in Thuring. Chronick. lib. 3. p. 186. Dresserus im Buch <u>214</u> von Städten in Teutschland, p. 232. vermeldet, daß an dem Kauffhause daselbst sollen stehen diese Reime.

> *Wo der Bürgermeister schencket Wein,*
> *Und die Mätziger mit im Rath seyn,*
> *Und der Becker wigt das Brodt,*
> *Da muß das Armuth leiden Noth.*

4. An einem Reithause. Darzu könte gebraucht werden der Marstall hinter dem Rathhause, in welchen ohne das die zum Brückenhofe gehörige Pferde gehalten werden. (Marstall ist so viel als ein Pferdstall, und ein Marschalck ist so viel als ein Knecht oder Diener über 12. Mar oder Marach, Gäule, Pferde. Goldast. in Glossario tom. 3. Constit. Imper. und tom. 2. rer. Alemann. cap. 79. §. 4.) Heute zu Tage werden die Reitpferde beritten uff dem Saumarcke, uff der Landfeste, in der Leimgrube hinter der F. S. Kellerey.

5. An einem Wäisenhause. Darinnen ´die Vater- und Mutter- <u>215</u> losen kleinen Kinder, Knäblein und Mägdlein können ernehret, groß und fromm gezogen werden, wie zu Leiden in Holland bey

400. in einem solchen Wäisenhause zu finden seyn. J. Meursius lib. 1. Athen. Batav. cap. 8. p. 10.

6. An einem Zuchthause. Darinnen die ungerathenen, eigensinnigen, boßhafftigen Leute könten bendig gemachet werden, wie zu Bremen, Lübeck, Hamburg, Lüneburg, Leipzig.

7. An einem Spinnhause. Darinnen die verloffenen Dienst-Mägde und verdächtigen Weibesbilder gethan, und zur Arbeit gehalten werden. Wie zu Amsterdam in Holland. Besold. in Thes. Pract. lit. Z. n. 6. p. 870.

8. An einem Allmosenhause. Wie ein solches zu finden zu Leiden in Holland, in welchem XII. Vorsteher offt bey 20000. Menschen Brodt, Torff und Geld austheilen. J. Meursius d. l. Ob wir gleich kein solch Allmosenhauß haben, iedoch werden täglich XII. alte verarmete Männer gespeiset im Niclas- oder Brüder Spittel, und bekömmet ein iedes Glied im Marien Magdalenen und Jacobs Spittel wöchentlich 2. Gr. und jährlich auff den grünen Donnerstag etzliche Elen Tuch zur Kleidung.

9. An einem Tollhause. Darinnen die Unsinnigen und Thörichten, so wol die Albern und Wahnsinnigen könten gehalten werden. Wie ein solches Tollhauß zu Cölln am Rhein, und zu Gent von XI. Gemächern oder Zimmern zufinden ist. Gott Lob, daß wir keines bedürffen. Unlängst vor 50. und mehr Jahren, ist ein solch Tollhäussigen gewesen am Salthor, auff der lincken Seiten, aber An.C. 1637. eingerissen, an dessen stete hat Nicolaus Gumpert, der Seiler ein Wohnhauß gebauet, wie schon oben gedacht worden.

Zur Auffbauung und auch Erhaltung solcher und anderer mehr nöthigen und nützlichen gemeinen weltlichen, wie auch geistlichen Häusern, vor Kirch- und Schulbediente, weren sehr bequem die Intraden, Renten, Einkünfften der unlängst eingezogenen Stifftern, Klöster, Capellen, sonderlich der Commendaturen und Teutschen Häuser in Zwezen, Lehesten, Liebstet, Nehelstet, und anderswo mehr, gehörig in die Baley zu Thüringen.

Keinen Mangel hat Jena an gemeinen weltlichen Gebäuden, weder fürnehmen, als da sind das F. S. Schloß, und das Rathhauß, noch geringen, iedoch nöthigen und nützlichen. Als da sind die Mehl-, Oehl-, Walck-, Schneid- und Papirmühlen. Die Back-, Schlacht-, Maltz- und Brau Häuser. Die Keller, Wein und Bier Schencken. Die Gar- oder Jahrküchen. Die Gasthöfe und Wirths

Häuser. Die Apotheken. Zu geschweigen der Badestuben, derer ich in Vorstädten oben Cap. 13. 15. gedacht habe. So wol der Custodien, Kärcker, und Gefängnüssen vor die Ubelthäter, derer in meinem Magistratu schon soll gedacht. Von jenen aber nunmehr ordentlich gehandelt werden.

Das XXII. Capitel,
Vom Fürstl. Sächs. Schloß zu Jena.

Das Fürstl. S. Schloß in Jena ist zubetrachten.

Nach seiner Lage. Es liegt zwischen dem Salthor und Stadt- 218 pforten, mehr gegen Osten, als Norden. Was das alte Schloß anlanget, welches zum Theils Hertzog Johan Ernst der Jüngere zu Sachsen A.C. 1620. Gäntzlich aber sein Herr Bruder Hertzog Wilhelm IV. eingerissen, und daran gebauet biß an sein seliges Ende. An.C. 1662. den 17. Maji. Und dasselbe bauet nunmehr aus sein Sohn Hertzog Bernhard II. zu Sachsen. Sonst liegt es gegen Mittag, was das neue Amthauß anlanget, gegen Westen aber, was das mitlere Theil des Schlosses betrifft, so Hertzog Johan Wilhelm zu Sachsen An.C. 1570. erbauet hat. Wie nunmehr folgen soll.

2. Nach seinem Ursprung. Ob den Grund des alten eingegangenen und abgebrochenen Schlosses gelegt hat einer aus den alten Marggraffen zu Thüringen und Meissen. Denn Eccardus der I. ist An.C. 1002. im Nonnen-Closter zu St. Michael in Jena, als in seiner Erbstadt begraben worden. Oder einer aus den alten Graffen zu Arnshag bey der Neustadt an der Orla, welche noch An.C. 1300. die Stadt Jena besessen haben, kan ich unfehlbar nicht wissen. Es hat aber in diesem Schlosse sein Beylager gehalten Hert- 219 zog Wilhelm III. zu Sachsen, An.C. 1446. Montag nach St. Viti, mit Frauen Anna, Keyser Allbrechts II. Tochter. Die ihm 30000. Ungerische Gülden oder Ducaten zugebracht. Ihr Leibgeding ist gewesen bedingt gantz Thüringen, wenn er keinen Leibes Erben mit ihr zeugen würde, im Brieff de dato Reinhardsbron, An.C. 1448. am Tage nach Francisci des Bekenners. Oder nur Weissensee, Kindelbrück, Dennenberg, Waltershausen, Eccardsberge, Lauchau, Hardisleben, wenn er einen Sohn von ihr bekeme, im Briefe de dato 1449. am Tage der H. drey Königen.

Uff diesem Beylager in Jena sein gewesen die beyden Brüder und Marggrafen zu Brandenburg Johannes und Albertus. Ein Landgraff zu Hessen, der Ertzbischoff zu Magdeburg, die beyden

Bischoffe Petrus von Schleinitz zu Naumburg und Boso II. zu Merseburg, mit 3000. Pferden. Aber des andern Tages, da sie am frölichsten seyn, wird ihm von seinem Bruder Churfürst Fridrichen II. zu Sachsen der Krieg angekündiget, und sind Victualien und Speisen theils dem lieben Armuth gegeben, theils als verdorbene in den Salstrom geschüttet worden. Fabric. lib. 7. Orig. Saxon. fol. 708. 709.

Nach seiner Zunehmung, Vermehrung und Verbesserung.

An.C. 1471. hat Hertzog Wilhelm III. zu Sachsen das uralte gegen Mitternacht in die Breite gebautes Schloß im Hofe gegen dem Kornhause verbessert mit einem weiten und breiten Ercker über der Silberkammer, daran uf beyden Seiten steinene Stufen gehauen waren, daß man hinauff nicht allein gehen, sondern auch reiten kunte. Und solcher Bau stunde noch An.C. 1618. und ist unlängst gäntzlich eingerissen worden. An einem Mauersteine über gemeldter Silber-Kammer und Keller-Gewölbe waren diese Worte gehauen.

Sub anno Domini M CCCC LXXI, *do war dieses Gebeu angelet von dem irrlüchten Hochgebornen Fürsten und Herrn Wilhelmen, Hertzogen zu Sachsen et cetra.* Es ist aber dieses uralte Schloß mit diesem Ercker oder Altan schon A.C. 1659. gäntzlichen eingerissen und abgetragen worden.

An.C. 1570. hat Hertzog Johan Wilhelm zu Sachsen das Schloßgebäude gegen Abend, darinnen die jungen Printzen und Hertzogen zu Sachsen: Nemlich Hertzog Fridrich Wilhelm I. An.C. 1574. Hertzog Johann Ernst der Jüngere, und Hertzog Fridrich, Gebrüdere, An.C. 1608. Hertzog Fridrich Wilhelm II. und Hertzog Bernhardus I. A.C. 1619. Hertzog Bernhardus II. und Hertzog Fridrich Gebrüdere, A.C. 1654. weiland hoffhielten, wenn sie studirens wegen in Jena verharrten. Die Schrifft über dem Eingange dieses Gebäudes lautet also: *Im Jahr 1570. den 24. Maji ist dieses Hauß im Grunde angefangen.*

A.C. 1620. hat Hertzog Ernst zu Sachsen das alte Wilhelmer Schloß halb abreissen, und ein neues an die Stete setzen, und in dem Tach-Knopff oder Kopff diese von M. Wolffgang Heidern P.P. gemachte Schrifft einlegen lassen.

A. O. R.
1620.

Imperatore Roman. & Germanorum Ferdinandô II.
Austriaco.
Illustrissimis harum terrarum Principibus Dn. Johan. Ernesto Ju-
niore, qui rerum jam potitur, Dn. Friderico, Dn. VVilhelmo, Dn. Alberto, D. Joh. Friderico, D. Ernesto, Dn. Bernhardo, Fratribus Germa-
nis, Ducibus Saxoniæ, Juliæ, Cliviæ & Bergæ, Landgraviis Thuringiæ,
Marchionibus Misniæ.

Rectore Academiæ Jenensis
D. Eusebio Schenckio Medicinæ Doctore.
Pastore hujus Ecclesiæ & Superintendente vicinarum   223
D. Johanne Majore, SS. Theol.
Doctore.
Quæstore nobiscum
Burchardo Grosmanno
Consule oppidano
Dn. Andrea Hübnero.

Quô tempore bellum intestinum fervebat inter Bohemos, quibus
celsissimus Princeps Johannes Ernestus fortiter & feliciter militabat, &
inter Austriacos, nec Germaniam saltem, sed omnem Europam com-
movebat. Et Ambrosius Spinola Genuensis Dux copiarum Hispanica-
rum instructissimum exercitum, sub Imperii signis, adverso Rheno & 224
Mœno Moguntiam, Oppenheimium & Francofurtum usque deduxe-
rat. Et uniti Germaniæ Principes exercitum ad VVormatiam in armis
habebant. Et Serenissimus Elector Sax. Johannes Georgius Budissinam
obsidione menstruâ, deditione ceperat, & consusæ Monetæ, qua
materiâ, qua valore totam premebat Germaniam, d. 7. mensis Octob.
hic globus è cupro factus & inductus auto sublatus fuit in fastigium
harum ædium recens extructarum.

Quæ ut salvis Illustr. Principibus nostris, salvis Ecclesia, Republ.
Academia nostra hac urbe & omni patriâ, ipsas Pyramides, quæ supra 225
ter mille steterunt annos, firmitate & duratione superent, Deum opt.
Max. qui solus ædificat domum & custodit civitatem, toto pectore
precamur.

A.C. 1659. im Brachmonat, hat Hertzog Wilhelm IV. zu
Sachsen, nicht allein das von seinem Bruder Hertzog Joh. Ernes-
ten An.C. 1620. erbautes Hauß, wegen der schwachen Träger und
Balcken, sondern auch die andere Helffte des alten Wilhelmer
Schlosses einreissen, und dafür ein gantz steinernes bauen, und
oben darauff gleich mitten, einen globum cœlestem oder Himmels-Kugel von Eisen 63. Schuh hoch setzen lassen, welche

sphæram und Himmels-Kugel unter dem Namen Astrea, M. Erhardus Weigelius Mathematum Prof. P. An.C. 1661. den 1. Januarii auffführet, und seinen Neujahres-Wunsch damit ableget, auff diese Weise:

226

Horizon.		Territorii.
Meridianus.		Fortunæ.
Zodiacus.		Vitæ.
Æquator.		Justitiæ.
Colurus Æquin.		Conjugii.
Colurus solstit.	Circulus	Liberorum.
Tropicus cancri.		Honoris.
Tropicus capric.		Divitiarum.
Solaris Arcticus.		Amicorum.
Solaris Antarct.		Infortunii.
Circuli longitudi-		Ministrorum &
num & latitudinum		Artificum.

An diesem neuen Wilhelmer-Schlosse bauet noch steiff und feste H. Bernhard II. zu Sachsen, und lässet die Bausteine unter dem zerbrochenen Schlosse Greifberg am Haußberge über dem Saalstrohm, zwischen den Dörffern Ziegenhayn und Cambsdorf brechen. Sein Baumeister war Johan Mauritius Richter, von Weimar, der auch kurtz zuvor das grosse mit rothen Hohlziegeln gedeckte Hauß neben dem F. S. Schlosse gegen dem Nicolai-Brüder- und Studenten-Spittal gebauet hat.

A.C. 1668. im Herbst hat Hertzog Bernhard zu Sachsen auff 227 dem Plan, Platz oder Raum, da vor diesem der Garten gestanden, ein neu Gebäude auffgeführet, darmit er aus dem neuen Wilhelmer Schloß einen freyen Gang habe in das Joh-Wilhelmer Schloß. In dem Jahr ist auch das Schießhauß, und Ziegelhütten hinter dem Fürsten-Keller in der Leimsgrube gebauet worden.

A.C. 1670. im Herbst ist das Balhauß vor der Schloßbrücken angelegt, und 1671. ausgebauet worden.

4. Nach seiner Inhaltung und Begreifung, da finden sich Räume und Gebäude.

Die Räume sind theils die bloßen Plätze, theils die angelegten Gärten. Jene sind die beyden Plätze zwischen dem langen Stall und künstlichen Kornboden, daran keiner aus Eisen oder Holtz gemachter Nagel zusehen ist. Auff beyden sind Röhrkasten, sonderlich auff dem grossen, gesetzet A.C. 1585. aus welchem das

reine Wasser in die Hoffküchen, gleichwie auch innen in die Badstube, fleusst. Diese, sind die beyden Gärtlein, das eine ein Blu-
men-Gärtlein gegen Abend, zwischen den beyden Häusern auffgebauet von Hertzog Johan Wilhelm I. und Hertzog Joh. Ernsten
dem Jüngern zu Sachsen, angelegt An.C. 1620. vom Amtschösser 228
Bernhard Großmann. Das andere ein Krautgärtlein, gegen Morgen, an der Mauer gegen der Saal, darauff weiland noch An.C.
1619. eine Rennebahn und Plan stunde, angelegt An.C. 1630. vom
Amtschreiber Johan Christoff Scherffen. Beyde Gärten sind
nunmehr gäntzlich eingegangen. Auff den ersten ist An.C. 1668.
ein neu Fürstlich Gebäude, auff diesen aber An.C. 1666. die Hoff-
Schmiede und nun das Reithauß gesetzet worden.

Die Gebäude, sind die drey anietzo stehende Fürstlichen Gebäude, unterschieden nach ihrem Lager und Erbauern. Das I.
liegt gegen Abend, erbauet A.C. 1570. von Hertzog Johan Wilhelm zu Sachsen. Das II. liegt gegen Mittag, erbauet A.C. 1620.
von Hertzog Johan Ernsten dem Jüngern zu Sachsen, und ist das
ietzige Amthauß. Das III. liegt gegen Mitternacht und Morgen,
erbauet theils A.C. 1620. von Hertzog Joh. Ernsten, theils A.C.
1659. von seinem Bruder Hertzog Wilhelm IV. zu Sachsen, denn
wie schon gesaget, dieser hat nicht allein seines Herren Bruders
Bau, sondern auch das gantze alte Schloß eingerissen, und beyde 229
von Grund aus auffgebauet.

In diesem gantz eingerissenen Wilhelms-Schlosse, ist gewe-
sen der Altar St. Elisabeth, am Ende des Fürstlichen Saals, darzu
gehöret haben vier Weinberge zu Lobedau, und einer zu Winzerle, wie im Jenischen Amts Erbbuche An.C. 1511. solches erzehlet
Sebastian Wölner Fürstl. S. Amtschösser. Ohn Zweiffel gestifftet
von Hertzog Wilhelm III. zu Sachsen, in der Ehre der vom Pabst
Canonisirten Heiligen Elisabetha, Landgraff Ludwigs des Heiligen,
Landgrafen zu Thüringen und Hessen Gemahlin. Dessen
Hembd, Gürtel, Löffel und Taschen, als ein sonderliches
Heiligthum, er verwahret, und sonderlich den Gürtel vielen Fürst-
lichen Kindesnötherin, als ein Hülffsmittel zur geschwinden
glücklichen Geburt, geliehen hat. Wie ich davon weitleufftig Mel-
dung gethan, im vierdten Buche vom alten und neuen Thüringen,
Cap. II. num. V. §. 4. Wilhelm. Auff diesem alten Schloß-Saal soll
D. Martin Luther An.C. 1524. noch geprediget, und hernach im 230
Gasthofe zum schwartzen Beeren vor der Schloßpforten mit D.
Carlstadio sein Gesprech gehalten haben. Wie zu lesen ist in

Schrifften D. Lutheri tom. II. Jenens. Germ. fol. 447. Ich habe noch An.C. 1619. in den Gemächern dieses Wilhelmer Schlosses hin und her gesehen Mannes- und Weibes-Bilder abgemahlet nach ihren alten Trachten, Sitten und Geberden, aber domals nicht verstanden noch abgeschrieben.

5. Nach seiner Gebrauchung und Bewohnung. Anietzo hält darinnen Fürstlichen Hoff, Hertzog Bernhard II. zu Sachsen, mit seiner Gemahlin, Frauen Maria, Hertzogin zu Tremulien, Thuar und Loduhn, Fürstin zu Tremond, Gräfin von Lavahl, Ambose, Schuvele, Gihre, Bervonge, Monfore und Taliburg, Vitz Gräfin zu Rhene, Frauen von Vitre, Moleon, Berri und Didonne, Marggräfin zu Epina. Die ist ihm ehelich getrauet zu Pariß A.C. 1662. den 7. Julii.

Sonst haben unlängst und vor diesem in diesem Fürstl. Schloß ihre Wohnung bekommen die Fürstlichen Bedienten, als Hauptmänner und Amtleute, Schösser und Amtschreiber, von denen ich so viel vermelden will, als mir bewust.

231

I.

Hauptmänner und Amtleute

Diese sind vor diesem Voigte und Richter genennet worden, bestellet über das Jenische Amt, oberste und unterste.

Das oberste oder das Lobdauische und Burgauische, ist das allerälteste, von An.C. 1301. 1336. her, unter denen XIII. Aemtern, welche in das abgetheilte Fürstenthumb Weimar noch A.C. 1639. vor der Theilung zwischen Hertzog Johansen zu Sachsen Söhnen, gehöreten.

Das unterste oder Wind- und Gleißbergische, begreifft in sich die Vogtey und Pflege Isserstet, Gleißberg und Windberg. Suche meinen Geographum Jenensem cap. 21. p. 296. 297.

Ludolff von Pölnitz, Erbsaß in Langenberg und Meilwitz, ist schon An.C. 1308. Voigt oder Hauptmann zu Jena gewesen, ohne allen Zweiffel der allererste im Namen der Landgraffen zu Thüringen und Marggraffen zu Meissen, denn seiner wird gedacht im

232 Kauffbrieffe, Fridrichs von Würtzburg, über das Forwerg Reinbotinroda, nunmehr Rhemderoda, gegen den Maidesteig über, unweit Großschwabhausen, gegeben A.C. 1308. fer. 6. post Epiph. Dieses Forwerg Remderoda hat Fridrich von Würtzburg vom Graffen zu Gleichen zur Lehn getragen, und der Aptey im Thal Bürgel verkaufft.

Sigfrid Seisenitz und Johannes Sachse werden Voigte und Hauptmänner des Amts Jena, nach diesem Ludolff von Pölnitz genennet.

Albertus von Schlöwitz ist A.C. 1383. Amtmann in Jena gewesen.

Johannes von Wetgenstein oder Wetigstein, ist Richter und Amtmann in Jena gewesen A.C. 1389. In dem Jahr ist auch zu Burgau Richter und Amtmann gewesen Conradus Schicke. Daraus ist abzunehmen, daß in diesem Jahr das Amt Jena noch nicht in das ober und in das unter Amt, in das Windbergische, und in das Burgauische Amt ab- und eingetheilet gewesen.

Heinrich Holler, Voigt und Amtmann zu Jena A.C. 1400. domals ist die Vogtey oder Amt Gleißberg, Windberg, Isserstet͵dem _233_ Jenischen einverleibet, und eine Voigtey oder Amt gewesen.

Herman Tzernast, Hauptmann zu Jena A.C. 1434. ist einer aus den Decemviris und Zehnmännern, welche sind gewesen Schiedsleute der Brüderlichen Erbtheilung zwischen Churfürst Fridrichen II. zu Sachsen, und seinen Bruder Hertzog Wilhelm dem III. A.C. 1448.

Johannes Wolffer, Hauptmann zu Jena A.C. 1451. zur Zeit Hertzog Wilhelms III. zu Sachsen.

Bertholdus Schleiff, Hauptmann zu Jena A.C. 1468.

Wilhelm von Geilsdorff, ist gewesen Hauptmann zugleich in Jena, Gleißberg, Windberg und Burgau A.C. 1478.

Johannes Münch, Amtmann in Jena, Burgau, Gleißberg, und Isenberg. Ein Edler Thüringer uff Würchhausen an der Sale. Anfangs unter Hertzog Wilhelm III. und als dieser A.C. 1482. am Montage für Matthæi verstorben, unter Churf. Ernsten zu Sachsen A.C. 1485. denn er hat schon An.C. 1481. das neue Geschoß- und Steuerbuch des Amts und der Stadt Jena gemacht.͵Er hat die _234_ Brücke zu Burgau über Jena gefunden, erbauet von bloßem Holtze, und hinterlassen von Werckstücken oder Bausteinen, genommen von den zerbrochenen und eingegangenen Schlössern, Ober- und Mittel-Lobdeburg A.C. 1491. Seiner Ehefrauen Catharinen, und ihrer beyden Töchter, Ursula einer Nonnen zu Jena im H. Michaels Kloster, und Felicitae, mit Wolffen von Selmnitz, Hauptmanne zu Alstet vermählet, wird noch A.C. 1510. gedacht im Kloster-Briefe fol. 1180. 1197.

Alexander von Eicht, Hauptmann zu Jena von A.C. 1560. biß 1570. in welchem Jahr den 26. Julii, die Professores Medici die

Jenische Apotheca in seiner und der Bürgermeister Gegenwart besichtiget haben, und zwar uff Befehl Hertzog Joh. Wilhelm II. zu Sachsen. Suche meine Annales A.C. 1570. den 26. Julii. Vorher ist er gewesen Hauptmann bey Herrn Anarco oder Ohnarg Herren von Wildenfels, und bey Herrn Wolffgang von Schönburg, Herrn zu Glauchau und Waldenburg, Erbherrn zu Greßla. Seine Tochter hat geehliget Joseph von Kospoth An.C. 1566. die ist gestorben 1610. den 25. Oct. Er hat das Zeugnüß, daß er zur Zeit der Verfolgung der ernstlichen Lutheraner, geschehen von Strigelischen und Stösselischen Philippisten und Adiaphoristen, darneben heimlichen Sacramentirern und Calvinisten, gewesen ist ein ander Obadias, dessen gedacht wird 1. Reg. 18. v. 3. 13.

235

Fridrerich von Etzdorff in Silbitz und Etzdorff, ist Anfangs A.C. 1568. unter Hertzog Johan Wilhelm I. zu Sachsen im Zuge nach Franckreich Feldzeugmeister, hernach Haupt- und Amtmann zu Jena, Bürgel, und Eisenberg gewesen. Sein Eheweib wird genennet bald Martha, bald Margareta von Udern (vielleicht hat sie zweene Tauffnamen überkommen) und seine Kinder (1.) Jacob von Etzdorff, welcher nach seiner Wiederkunfft aus Franckreich und Engelland gestorben ist zu Jena An.C. 1607. den 22. Maji, und begraben zu Etzdorff. (2.) Magdalena von Etzdorff, gebohren An.C. 1579. den 13. Febr. vermählet Danieli Cachedonio, einem Edlen aus Franckreich, Herren zu Nicei, gestorben zu Jena 1624. den 22. Augusti.

236

Fridrich von Kospoth in Seibtendorff, gebohren zu Silbach An.C. 1569. den 22. Martii, seine Eltern sind gewesen Joseph von Kospoth und Catharina von Eicht. Seine Brüder aber Carolus in Wolfis, und Justus in Langenwolffersdorff, mit denen er zum Hof im Voigtlande und zu Jena studiret. Sein Lehr und Zuchtmeister ist gewesen Stephanus Schelhase, hernach beyder Rechten Doctor und F. S. Rath zu Coburg, mit welchem er in die fünff Jahr in fremden Landen sich ümgesehen hat. An.C. 1600. ist er der Fürstl. Jungen Herrschafft zu Weimar Hoffmeister. A.C. 1603. Beysitzer im Hoffgericht, A.C. 1618. Cammerrath zu Weimar, 1621. Hoffrichter zu Jena, 1627. Hauptmann doselbst, und Legatus ad Actûs Academicos perpetuus verordnet worden. Stirbt A.C. 1632. den 9. Junii, und ist begraben in der Pfarr Kirchen zu S. Michael, da ist sein Epitaphium und Bildnüß unter dem Fürstenstuel, dem Predigstuel gleichüber zusehen, welches über 300. fl. kostet, auffgerichtet von seiner hinterlassenen Witbin, Catharina von Zerschen, geehliget An.C. 1628. den 19. Febr. und mit ihr gezeuget 1. Wilhelm, 1628. den 7. Decembr. 2. Fridrich 1630. den <u>237</u> 24. Jun. 3. Friderica Catharina posthuma, 1632. den 9. Decembr. gestorben 1648. den 23. Nov. Nach seinem Tode ist kein Hauptmann mehr, sondern nur ein Amtmann gesetzet worden.

Johannes Hoffmann von Leißling bey Weissenfels, ist gebohren A.C. 1693. den 2. Octobr. Seine Eltern sind gewesen Simon Hoffmann, der Vater und der Großvater gleiches Namens, die Mutter Walpurgis, Wentzel Schlacks Tochter. Eheliget A.C. 1626. den 17. April. Annam, Nicolai Breunigs, beyder Rechten Doctoris Tochter, die ist gebohren An.C. 1604. den 1. Novembr. und gestorben zu Jena 1664. den 6. Jan. Ist Anfangs von A.C. 1638. Amtschösser, hernach Amtmann genennet worden. Wird A.C. 1666. seines Diensts erlassen, und mit einem Gnaden Geld versehen, stirbt 1668. den 8. Febr. und begraben in der Kirchen zu S. Michaelis.

Nach diesen allen sind keine Hauptleute und Amtmänner gesetzet worden. Weil Hertzog Bernhard der II. zu Sachsen allhier hoffgehalten, sondern nur Cantzler, Hoff-Räthe und Ober Amt- <u>238</u> leute, Cammerverwalter und Amtschultzen.

Der erste Hoffrath und Ober-Amtmann ist gewesen Bernhardus Pflug, uff Posterstein, aus Meissen.

Der erste Cammerverwalter Johan Fridrich Crausold von Roßla, An.C. 1662. nach ihm Georg Rumpel von Rauvenstein aus Francken An.C. 1666. und von An.C. 1669. Immanuel Gallus, von Mülhausen, von 1671. Nach ihm Peter Horn.

Der erste Amts Schultze Adam Drese, der auch zugleich Stadt-Schultze gewesen, Stadt-Schultze von An.C. 1668. Amts-Schultze von An.C. 1669.

II.

Amtschösser.

Dieser Amtsname will manchem unangenehme seyn, und lieber ein Amtmann, als ein Amtschösser heissen. Churfürst Friderich zu Sachsen, der III. und Weise genant, hat pflegen zu sagen: *So lange ich lebe, will ich in meinem Lande selber Schösser und Voigt oder Amtsverweser seyn und bleiben.* Joh. Manlius in Collect. tom. 3. p. 611. <u>239</u> Ihm hat hierinnen gar weißlich und glücklich nachgefolget aus seiner Linea Hertzog Ernst zu Sachsen, der noch An.C. 1670. zu Gotha hoff hält, und wol Hauß hält. Zu Adam Riesen kam ein Schösser und sagte: *Ich habe jährlich 80. fl. Bestallung, davon halte ich zwey Pferde, einen Diener, einen Jungen, lieber mache mir die Rechnung, wie ich damit am besten zukommen möchte.* Riese antwortet ihm kurtz: *Wenn ihrs multiplicirt mit dem Stadtknechte, und dividirts mit dem Hencker, so kommet euer facit an Galgen.* Gemelter Schösser soll auch bald darnach gehencket worden seyn. Jul. Wilh. Zingreff. part. 1. Apoph. Germ. pag. 321. Gewissenhafftigen und auffrichtigen Schössern, Rentmeistern, Steuer- Geschoß-Schatzung- und Zoll-Einnehmern gehet dieses Exempl nicht an. Man wirfft damit unter die Hunde, wer getroffen wird, der bellet. Wir wollen sie alle loben und keinen schelten.

₂₄₀ Unter den Amtschössern zu Jena sind mir diese in Briefen vorkommen, wiewol die ietzigen von Burchard Großmannen an, der An.C. 1637. gestorben, nicht mehr uff Geldrechnung, sondern allein mit Justitien- oder Gerichts Sachen zuthun haben.

Nicolaus Ludwigs ist unter Hertzog Wilhelm III. zu Sachsen, der An.C. 1482. den 17. Sept. zu Weimar gestorben, Amtschösser zu Jena gewesen, und nach seinem Tode in dem Kloster zu St. Marien, St. Pauli, St. Dominici oder Collegen Kirchen begraben worden. Es ist sich zu verwundern, daß man in dieser Kloster-Kirchen keinen Leichstein und kein Epitaphium siehet, von Anfang derselben biß A.C. 1594. da sie auffs neue zu einem Gottes-Hause ist bereitet, und zu Grabsteten ist gebraucht worden.

Sebastian Wölner ist schon A.C. 1497. unter Churfürst Fridrichen III. zu Sachsen Amtschösser gewesen, und hat An.C. 1526. die Kleinodien in der Michaels-Kirchen zu Jena durch Johan Flachen einen geschwornen Goldschmid doselbst lassen schätzen, und die geschätzen dem Rathe als Patrono überantwortet. ₂₄₁ Stirbt An.C. 1546. und wird Freytags vor Ostern begraben. Seiner Schwester Sohn ist gewesen Doctor Gregorius Pontanus, sonst Heinse genant, dreyer Churf. zu Sachsen Cantzler, sein Sohn aber Georg Wölner, und Eydam Bürgermeister Burchardi Andreæ, Stadtschreiber.

Dieser Amtschösser hat seine zwey Häuser nechst der Sal-brücken zu Cambsdorff, so anietzo ein Furtweg, zuständig D. Georgio Adamo Struven, weiland P.P. zu Jena, und nachmals Cammerrath zu Weimar, und ietzo geheimen Rath und Ordinario der Juristen Facultät, von aller Frohne An.C. 1507. unter Churf. Fridrichen III. und seinem Bruder Hertzog Johansen zu Sachsen befreyen lassen. Jedoch mit der Bedingung, daß er dafür andere zwey Wohnhäuser bauen solte, daraus wie auch aus andern, die

Frohne im Schlosse zu Jena könte und solte verrichtet werden. Suche meinen Geographum Jenens. cap. XXII. §. Kamsdorf.

Petrus von Watzdorff Amtschösser zu Jena, A.C. 1535. daraus erscheinet, daß der vorige abgedancket, und seinen Abschied in Gnaden bekommen hat. Wie er denn nachmals zu Arnstad ein geruhiges Leben geführet. Frid. Hordleder tom. II. de B. G. lib. 2. c. 15. fol. 270. schreibet von ihm, er sey ein guter Historicus gewesen, und ein Autor der Schrifft, in welcher er A.C. 1546. die Teutschen Fürsten abmahnet von der Kriegs-Hülffe für den Römischen Pabst. _242_

Wolffgang Töpffer ist A.C. 1540. Amtschösser zu Jena, seine Vorfahren sind in Jena wolhabende Leute mit den Cyrolden und Herden gewesen, von welchen in diesem 1670. Jahr kein männlicher Erbe mehr da ist. Was sagt König Salomon? Eccl. I. 4. *Ein Geschlecht vergehet, das andere kömmet auff.*

Johannes Liemann ist A.C. 1545. in einer Streitsache von den sechs unterschiedlichen Adelichen Richtern zum Dorff-Richter in Welnitz erwehlet worden. Suche Welnitzer Acta im dritten Theil fol. 134. in Archivis des F. S. Amts Jena.

Johannes Gruner ist A.C. 1549. Amtschösser zu Jena worden, und hat gutwillig zu Erkauffung des Studenten Spittels bey dem Hospital Nicolai und Badestuben vor dem Salthor 1. fl. 15. gr. gegeben. Vielleicht einen Ducaten, der domals 1½ Reichsthaler, _243_ heute zu Tage (1670.) 2. Groschen mehr gilt. Er hat das neue Rent- Geschoß- und Steuer-Buch im Amt Jena zu machen angefangen An.C. 1568. und in Jahres Frist vollbracht.

Georgius Thurschala, ist An.C. 1571. Amtschösser in Jena gewesen, vielleicht ist seiner Freundschafft oder sein Enckel gewesen Nicolaus Turschala, Not. Publ. Cæsar. welcher An.C. 1618. über dem Gerstenbergischen Freytisch im Convictorio zu Jena saß, und ein guter Practicus war.

Nicolaus Schober der ältere, anfangs Amtschreiber, hernach Amtschösser zu Jena bey 30. Jahren. Stirbt An.C. 1591. und begraben den 21. Jan. Sein Eheweib war Christina, Johannis Brembachs, Pfarrers zu Sundhausen, zwischen Gotha und Mülhausen Tochter, gebohren 1544. gestorben 1608. 5. Jul. Eine Mutter Christinen und Catharinen. Jene hat D. Ortolphus Fomannus der ältere P.P. diese aber Christophorus Grospitz geehliget, so wol Caspari und Nicolai Schobers. Jener ist zu Dreßden, dieser aber zu Jena Syndicus gewesen, und gestorben 1626. den 29. Martii.

111

Martinus Zetzsching, Wolff Zetzschings F. S. Amtschössers zu Camburg Sohn, gebohren A.C. 1548. den 14. Nov. erst Amtschreiber zu Roßla an der Ilm bey 13. Jahren, und auch so viel Jahr lang Amtschösser zu Jena, erlanget einen gnädigen Abschied A.C. 1604. und stirbet allhier A.C. 1628. den 10. Decembr. im 81. Jahr seines Alters. Sein Eheweib war Sabina, Martini Mulners, Amtschössers zu Roßla und Bürgermeister zu Jena Tochter, geboren A.C. 1561. verehliget 1579. gestorben 1602. den 27. Junii.

Sebastianus von Brun, gebohren zu Jena An.C. 1568. seine Eltern sind gewesen Sebastian von Brun, und Sara, D. Heinrich Schneideweins JCti Tochter, hat zu Wittenberg, Leipzig und Marpurg studiret, und wird Amtschösser zu Jena, aber nicht lange. Denn er stirbt An.C. 1604. den 28. Nov. sein Eheweib ist gewesen Catharina, Jacobi Spiesens Bürgemeisters zu Pegau Tochter.

Romanus Hillart von Pegau aus Meissen, folget seinem Schweher in der Amtschösserey zu Jena nach, und wird An.C. 1616. zum Amtmann des Teutschen Hauses in Zwetzen beruffen. Stirbt zu Jena An.C. 1621. den 4. Sept. aus Schrecken, wegen seines in voriger Nacht in seinem Abwesen von etzlichen Kipperund Wipper-Feinden gestürmeten und geplünderten Hauses auff dem Marcke. Sein Weib war Sara von Brun, Johan Backmeisters Bürgemeisters in Jena An.C. 1592. geehlichte, und nach 2. Monaten als den 9. Oct. hinterlassene Witbe, die stirbt A.C. 1653. im Hornung mit Hinterlassung zweyer Söhnen, Bernhardi und Samuel Romani Hillarten.

Burchardus Großman der ältere, von Römhild aus Francken, ein guter Musicus und versuchter Aulicus, gebohrn A.C. 1575. den 11. Maji. Seine Eltern waren Matthæus Großman, und Regina, Urbani Thomæ Tochter, ist anfangs zu Weimar Cantzelist, und endlich Cammerschreiber worden, und bey seiner Abdanckung in die XVI. Tonnen Goldes redlich berechnet. Dannenhero er zu Gottes Ehren den CXVI. Psalmen von XVI. Musicis im Churund Fürstlichen Hause zu Sachsen hat componiren, und denselben mit allen seinen Musicalischen Büchern der Kirchen und Stadtschulen in Jena vermachet. Nimmt den Nahmen, Amt und Würde eines Amtschössers zu Jena auff und an An.C. 1616. mit der Bedingung, daß er nichts mit der Einnahme und Ausgabe der Renten, sondern nur mit den Justitien und Gerichts-Sachen zu schicken und zu schaffen haben will. Stirbt An.C. 1637. den 27. Junii. Seine Eheweiber waren 1. Regina, Pauli Heintzens Bürgemeisters zu Weimar Tochter, Timothæi Kirchners Cantzelistens doselbst Witbe, D. Timothæi Kirchners, weiland zu Jena, Helmstet, Heidelberg, Erffurt P.P. und endlich Superintendentens zu Weimar Schnure. 2. Anna, Adami Listemans, der Juristischen Facultät und Schöppenstuels in Jena Actuarii Tochter, Johan Schröters U.J.C. Witbe. Und endlich David Bambergers Bürgemeisters Eheweib. Dieser Amtschösser war ein Literatus, hatte zu Torgau und Leipzig studiret, und deswegen ein Fautor und Patronus der Gelehrten, welches ich als ein Expertus Rupertus zu seinem ewigen Ruhm mit grossem Danck allhier nachsage und schreibe.

Johannes Hoffmann, Anfangs A.C. 1638. Amtschösser, end- _247_ lich Amtmann. In Böhmischen- Teutschen- und Schwedischen Kriege ein erfahrner Weltmann, darneben ein frommer Biedermann. Stirbt A.C. 1668. den 8. Febr. Nach ihm sind keine Amtschösser, sondern nur Cammerverwalter und Amtschultzen worden. Suche in diesem Capitel den §. Haupt- und Amtleute.

III.
Amtschreiber.

Cœlius secundus Curio ein Italiämnischer Philosophus hat eine Oration von Schreibern ausgehen lassen. Warüm wolte ich nicht in seine Fußstapffen treten, und der Jenischen Amtschreiber, darunter ich einen guten Freund J.C.S. hatte, im besten gedencken. Jedoch so viel ich derselben gedencken kan, und ihre Namen in Archivis oder Amts Urkunden gefunden habe.

Caspar Feilich oder Feilitscher, ist A.C. 1538. Amtschreiber zu Jena gewesen. Vielleicht sind die Feilschen zu Golmsdorff und Beutnitz an der Gleisse beym zerbrochenen Schlosse Gleißberg _248_ über Cunitz, seines Geschlechts gewesen.

Johannes Gruner, An.C. 1543. ist hernach Amtschösser in Jena worden. Suche oben §. Amtschösser.

Christophorus Wexius, Arte & Marte præstans. Ein in freyen Künsten und Kriegswesen erfahrner Mann, A.C. 1549. danckt abe, und wird Bürgemeister in Jena. Von ihme und seinen Nachkommen will ich mehr vorbringen in meinem Magistratu Jenensi.

Nicolaus Schober, An.C. 1563. ist hernach Amtschösser worden.

Georgius Strehebock, An.C. 1577.

Wolff Müller, sonst Gering, ein Bruder D. Georgii Mylii zu Jena und Wittenberg Superintendentis.

Johannes Linck, ist gebohren zu Blanckenberg A.C. 1572. den 22. April. Seine Eltern sind gewesen Hans Linck, und Margareta Raubers. Wird Amtschreiber A.C. 1604. Kriegs-Steuer Einnehmer An.C. 1629. stirbt 1632. den 2. Sept. Seine Eheweiber sind gewesen 1. Catharina, Bürgermeister Jacob Spiesens zu Pegau Tochter, Sebastian von Bruns Amtschösser Witbe An.C. 1606. den 2. Nov. 2. Dorothea M. Eliæ Vogels, Churf. S. Lehn Secretarii und Bürgermeisters zu Dreßden Tochter A.C. 1618. den 18. Maji.

Christophorus Schlichtegrull, ist gebohren An.C. 1588. den 9. Aug. im Schloß zu Schrapelau. Seine Eltern waren D. Heinrich Schlichtegrull, Graff Christoffs von Mansfeld Cantzler, und Anna, Sebastiani von Brun Tochter, und D. Heinrich Schneideweins Neffin, wird Amtschreiber allhier, und eheliget An.C. 1610. Martham, Melchior Walbers, eines in Ungern wolversuchten Kriegsheldens, und Anna Biedermannin Tochter. Die ist gebohren An.C. 1585. den 2. Oct. gestorben 1632. den 20. Junii. Er aber vorher 1625. den 22. April. mit Hinterlassung seiner Kinder Heinrici, Christophori und Friderici, Annæ und Dorotheæ Mariæ.

Johan-Christophorus Scherff, ist gebohren A.C. 1595. den 5. Nov. wird Amtschreiber 1625. und endlich Cammerschreiber 1636. stirbt zu Weimar 1651. den 28. Oct. Seine Eheweiber waren 1. Sabina, Joh. Wigands F. S. Hoffbereiters zu Weimar und Mariæ Fickerin Tochter, geehliget A.C. 1625. den 7. Febr. gestorben 1635. den 27. Nov. 2. Anna Catharina, M. Philippi Kirchners in Buttelstet, und Annæ Bauerin Tochter, meines ersten Eheweibes Annæ Kirchnerin leibliche Schwester, gebohren 1615. den 6. Octob. verehliget zum erstenmal 1639. den 8. Julii, zum andernmal mit M. Philippo Müllern, Pfarrern zu Ramslau, 1656. den 5. Maji. verstorben An.C. 1670. den 16. Maji.

Johan Hartmann, ist gebohren zu Tautenburg An.C. 1605. den 24. April. Seine Eltern sind gewesen Johan Hartmann, Pfarrer daselbst, und Maria, Jacob Hüttenrauchs eines Gastwirths zu Camburg Tochter, die An.C. 1640. den 5. Augusti verschieden. Wird Amtschreiber An.C. 1636. den 18. Octob. und darauff ehelich mit Anna Elisabetha Kochin von Weimar. Ihren Sohn Johan Christophorum Hartmann habe ich neben andern aus der H. Tauffe gehoben An.C. 1645. den 6. Aug. Er ist gestorben An.C. 1666.

den 25. Febr. und ich habe ihm die Leichpredigt gethan aus 2. Tom. 4. v. 6, 8.

Immanuel Gatlus von Mülhausen folgt Joh. Hartmann nach 251 im Dienste von 1666. und wird Cammerverwalter an Georg Rumpels statt A.C. 1669.

Rudolff Filbaum An.C. 1670.

Joh. Georg Hillard A.C. 1672.

IV.

Landrichter.

Weiland sind jährlich dreymal Gericht im Jenischen Schlosse geheget und gehalten worden. Das 1. Dienstag nach Erhardi, 2. Donnerstag nach Georgi, Das 3. Donnerstag nach Bartholomæi. In welchem das Dorff Löberschütz seine Klagen angebracht, und iedesmal 5. gr. 8. d. Ruggebür entrichtet. Wie es berichtet der Amtschösser Joh. Gruner im neuen Erbbuche des Amts Jena An.C. 1569. und solche sind genennet worden die Voigt-Ruge oder Landgerichte. Solche Landrichter sind mir bekant theils von Namen, theils auch von Gesicht von A.C. 1618. da ich nach Jena studierens wegen mich begeben, biß An.C. 1670. den 12. Dec. daran ich dieses schreibe.

Johan Schicker, im Unter- und Ober-Amte, unter Churf. Joh. 252 zu Sachsen An.C. 1529. von dem er Freytags nach Exaudi fragt. Ob er noch die Heiligen von Brißnitz uff den Schindanger zu Burgau soll tragen und darbey den Eyd ablegen lassen, nach alten Herkommen aus dem Pabstthum? Ist abgeschaffet worden. Suche meinen Geographum Jenensem cap. XIX.

Johannes Schurcht, muß nach, und auch wol vor Johan Schickern gewesen seyn. Denn A.C. 1603. den 16. Sept. ist gebohren, nicht sein Sohn, nicht sein Enckel, sondern seines Enckels Sohn, und haben alle vier den Namen Johannes geführet (Es kömmet noch aus dem Pabstthum der gemeine Name Johannes, aus dem falschen Wahn und Aberglauben, das Wetter schlage nicht leicht in das Hauß, darinnen ein Johannes sey. Die einfältigen Leute haben hören läuten und deuten, aber nicht hören zusammen schlagen, nach dem alten Sprichwort. Freylich wird das liebe Wetter den nicht erschlagen, der ein Johannes ist nicht nach dem blossen Nahmen, sondern in der That. Denn der Ebræische Name Johannes heisset uff teutsch so viel als Gnad- und Huldreich 253

in Jesu Christo dem ewigen Gnadenbron und Thron, Johan. I. 16.
17. Rom. 3. 25. Ebr. 4. 16.)

Johannes Fahner A.C. 1559.

Heinricus Hesse A.C. 1562.

Johan Stockheim An.C. 1571.

Bernhardus Hübner.

Nicolaus Salomon, der ist schon A.C. 1618. ein eißgrauer
Mann gewesen.

Sigismundus Döbel A.C. 1620. sein Vater ist gewesen D. Johan. Döbelius Theologus P.P. in Jena.

Hieronymus Thursius Heinrich Thursens, Cammer Secretarii zu
Weimar ältester Sohn, nimmet den Abschied hinter der Thür, und
zeucht in Krieg.

Justus Johannes Bratfisch von der Naumburg An.C. 1631.

Abraham Hönniger, ist geborhen An.C. 1601. den 2. Decembr.
wird Landrichter 1633. stirbt 1654. 2. Decembr. daran er vor 53.
Jahren zu Rotenstein gebohren. Seine Witbe ist Dorothea, Daniel
Frobergers F. S. Hoff-Organisten zu Weimar Tochter. Die er
An.C. 1633. im Mertzen geehliget.

̦Werner Franck von Rudelstad, wird Landrichter A.C. 1655.
danckt abe. Bleibet Stadt-Organist, und wird Anwald im F. S.
Hoffgericht zu Jena. Stirbt 1666. den 15. Decembr.

Fridrich Koch von Weimar, wird Landrichter A.C. 1659 zugleich Geleitsmann zu Burga, und danckt abe.

Johan Georg Hillart, Romani Hillarts, F. S. Amtschössers
Enckel, folget A.C. 1666. seinem Schwager Fridrich Kochen im
Dienste nach.

Das XXIII. Capitel,
Vom Rathhause zu Jena.

Das Rathhauß zu Jena ist zubetrachten unterschiedlich.

1. Nach der Lage. Es liegt am Ende des Marcks uff der rechten Seiten, aus der Johannis und Leutergassen, oder uff der
lincken Seiten aus der Brüder- und Lobdergassen. Ist viereckig
und aus Werckstücken, mit vier unterschiedenen, aber nur dreyen
durchausgehenden Schwibbogen. Der erste vor ̦die Fleischbäncke. Der andere vor die Brodtb. (und einen Buchladen.) Der
dritte ist die Zeise vor die kleine Wage. Der vierdte vor die grosse
Wage. Hat forne am Marcke vier Eingänge, hinten in das Gäßlein

nur drey. Ist An.C. 1580. uffs neue mit Kalck berappet und geweisset.

Johan Stigelius P.P. allhier, in einem Lateinischen Brieffe an
Johan Marium Scævolam An.C. 1558. den 7. Martii in welchem er
die herrliche Einführung d' Universität und Gastung auff diesem
Rathhause beschreibet, nennet das Gebäude ein Kennzeichen
und Merckmahl der alten Würde und Herrligkeit dieser Stadt.
Irret aber in der Zahl der Schwiebbogen, denn er nicht drey, sondern nur zweene nennet. Ist aber zu entschuldigen. Denn der
dritte, darinnen die fürnehmste Wage ist, stehet nicht Tag und
Nacht offen, wie der erste, darinnen die Fleischbäncke, noch
allein des Tags, wie der andere, dorinnen die Brodtbäncke, sondern nicht ehe offen, als wenn grosse Lasten zuwegen sind. Das
geschicht fürneml. uff die Jenischen Jahrmärcke, und bey instehenden Messen zu Naumburg, Leipzig, Franckfurt.

2. Nach seinen Fällen, glücklichen und unglücklichen.   256

Glücklichen: An.C. 1558. den 2. Febr. ist das Fürstliche Mahl
bey der Einführung der Universität in Jena gehalten, und unter
andern darzu geladen der erste Magnificus Rector D. Joh. Schröter
mit den Professoribus und dem Rathe. A.C. 1567. den 8. Junii ist
zwar im Schlosse zu Jena zum erstenmal das F. S. Hoffgerichte in
Linea Ernestina gehalten, aber alsbald A.C. 1568. den 16. Augusti
uff dieses Rathhauß geleget worden. Wie ich weitläuffig davon
gehandelt in Syllabo Judicum Provinc. adjuncto syllabo Rectorum &
P.P. p. 655.

Unglückliche: Ob gleich das Rathhauß zu Jena keinen Schaden bißanhero genommen von Feuers-Noth, wie das zu Merseburg an der Sale, da A.C. 1444. am Tage Creutzerhöhung das
Rathhauß mit allen seinen Archivis und Briefflichen Urkunden
eingeäschert worden ist. Wie Brottuff vermeldet in der Merßbur-
ger Chronick lib 2. cap. 51. Jedoch hat es nicht können befreyet
bleiben von Kriegs Noth. Denn als An.C. 1637. den 5. Febr. am
Sontage Septuagesimæ das Schwedische Kriegs-Volck unter dem 257
Major Stahlhansen die Stadt Jena verlassen, und sich über die
Sale, vermittels ihrer Lauffbrücken, bey Camsdorf gelägert, und
von daraus sich dapffer wehrete, sonderlich Graff Hoditz. Siehe
da fiel das Keyserliche Kriegs-Volck unter Graff Hansen von
Götzen in die gantz offenstehende Stadt Jena, plünderte und
verschonete auch nicht des Rathhauses, daraus waren die Briefflichen Urkunden genommen, theils in Stükken zerrissen, theils

zutreten, theils mit dem in deposito liegenden Kupffergelde auff öffentlichen Marck geworffen. Und war doch der Landsfürst domals in Keyserlicher devotion und Friedensbunde.

3. Nach seinen Gemälden und Bildnüssen von innen und aussen.

Von innen sind in etzlichen Zimmern und Gemächern theils die Bildnüsse Keyser Caroli V. und Matthiæ. Theils die Bildnüsse etzlicher Hertzogen zu Sachsen, welche die Universität in Jena entweder gestifftet haben An.C. 1548. den 19. Martii, Churfürst Johan-Fridrichs I. oder eingeführet haben A.C. 1558. den 2. Febr. seiner dreyen Söhnen, Hertzog Johan Fridrichs des Mitleren, Hertzog Johan Wilhelms I. Hertzog Joh. Fridrichs des Jüngern. Oder getrennet haben An.C. 1597. den 5. Decembr. Hertzog Johan Friderich des Mitlern seiner zweyen Söhnen, Hertzog Johan Casimirs zu Coburg, und Hertzog Johan Ernsten des ältern zu Eisenach. Oder erhalten haben An.C. 1597. im Decembr. Hertzog Johan Wilhelms I. seiner zweyen Söhne, Hertzog Friderich Wilhelms I. und Hertzog Johansen. Von jenen kamen die Fürsten zu Altenburg, Hertzog Fridrich Wilhelm II. und dessen Sohn Hertzog Fridrich Wilhelm III. Von diesen aber die Fürsten zu Weimar, als Hertzog Wilhelm IV. zu Weimar, und Hertzog Ernst der fromme zu Gotha.

Von aussen sind zu sehen 1. Die Chur- und Fürstlichen Wapen des Hauses Sachsen, unweit der Seiger oder Weiser-glocken. 2. Der mit viel Trauben gezierter Weinstock, davon zulesen im vorhergehenden XIIX. Cap. §. Dieser Plan. 3. Die Sieben Planeten oder Lauffsternen in Männer Gestalt, auff Manier der alten Römer und Teutschen, als Sol, Luna, Jupiter, Mercurius, Mars, Venus, Saturnus. 4. Der Edle Römer Curtius, wie er gerüst auff einem Rosse in die tieffe mit Feuer und gifftigen Stanck rauchende Klufft sprenget, aus Liebe gegen Rom seinem Vaterlande, welches nicht ehe dieser Klufft konte loßwerden, es sprenge und springe denn auff Rath des gefragten Oraculi und Abgotts, darein ein Edler Römer. Davon schreibet Valerius Maximus lib. 5. dictorum & fact. memorabilium cap. 6. 5. Der aus Holtz geschnittene Mann, welcher mit einem Hammer auff die Seiger- und Zeigerglocke schlägt, und unten ein ehern Haupt das Maul auffsperret, so offt der gantze Seiger schlägt.

4. Nach seinen Gebäuden, und derselben sind drey.

258

259

118

Im obersten Gebäude des Rathhauses sind zusehen 1. Ein grosser langer tieffer Mehlkasten, den hat Leonhard Rademacher von Zweybrück im Jülicher Lande, angeordnet, und darzu den Zins von 2000. fl. Capital oder Haupt Summa gestifftet, darein solte das Mehl in wolfeiler Zeit geschüttet, und in theurer Zeit dem lieben Armuth üm geringen Werth verkaufft werden. Stirbt 260 zu Jena in seinem Bürgermeister-Amte Anno C. 1599. den 25. Maji. (Zu Straßburg wird noch verwahret das Getreyde, welches im Bauren Kriege An.C. 1525. aus Mangelung der Schnitter, Anfangs im Felde ist stehend blieben, und hernach eingesamlet worden, Petrus Eisenberg in Itinerario Gall. & Angl. p. 3.) 2. Der Seiger oder Zeiger, der gehet in grossen Gewichte und eisern Rädern, und zeiget dem Marcke alle viertel und gantze Stunden, vermittels des ietzt erwehnten Maul auffsperrenden Haupts, und auff die Glocke schlagenden Mannes. 3. Die Rüstkammer, welche ich A.C. 1641 besichtiget, und darinnen gesehen etliche Helm, eiserne Pantzer, Spiese und Streitäxte, Armbrüste, Wurffeisen und Sprützen.

Im mittelsten Gebäude des Rathhauses sind zusehen:

1. Ein breiter Boden, uf welchem die öffentlichen Täntze in Friedens-Zeiten geschehen, die Tücher und Rauchwerck feil sind, und sonderlich der neue Rath auffgeführet, und die Statuten jährlich am Sontag nach Ægidii verlesen werden. An der Ecken gegen dem Marcke ist eine Bühne auffgerichtet, auff welcher der Hoff- 261 richter jährlich viermal mit seinen Beysitzern sich begiebet, und die gefaßte Urtheil ablesen lässet. Oben an der Decke der Bühnen ist abgemahlet der Welt-Richter Jesus Christus, sitzend auff einem Regenbogen, zu seiner Rechten die Jungfrau Maria, und zur Lincken Johannes der Evangelist, über seinem Häupte die heiligen Engel mit Posaunen. Zu seinen Füssen die Aufferstehung der Verstorbenen. An den vier Ecken die Bilder eines Menschen, eines Löwens, eines Ochsens, eines Adlers, und bey einem ieden ein Zeddel, und darinnen der Name eines ieden Evangelisten, den das Bild bedeut, als St. Matthæus, St. Marcus, St. Lucas, St. Johannes. Zur rechten Seiten des Welt-Richters stehen diese Wort: *Komter ir erwelten in das rych mines Vaters.* Zu seiner lincken aber diese: *Gant bin ir Verfluckte in diß hellische Vyr.* Diese Wort sind alt Teutsch, genommen aus dem 25. Cap Matthæi v. 34. 41.

Nicht ohne Ursache sitzet der Hoffrichter mit seinen Schöppen uff dieser Bühnen, und unter diesem Gemälde von dem 262

Jüngsten-Gerichte, wenn die Urtheil verlesen werden, wie in der Rathstuben zu Leiden in Holland, da ist das Jüngste Gericht von Lucas dem Mahler genandt zu Leiden, so künstlich abgemahlet, daß Keyser Rudolff der II. so viel Ungerische Gülden oder Ducaten durch seinen Gesandten dafür zugeben sich erboten, als zur Bedeckung desselben von nöthen seyn würden. Joh. Meursius lib. 1. Athen. Batav. cap. 9. p. 13. Und wie in der Gerichtsstuben zu Freyberg in Meissen, da sind unter andern Schrifften auch diese bey dem Gemälde vom Jüngsten Tage zu lesen:

Wer wil in die Gerichtstub gehn,
Wird alda sehen für sich stehn,
Das Jüngst Gericht, drüm er betracht,
Was er thut und darinnen macht.

D. Andr. Mollerus in Theatro Chron. Freiberg. part. 1. c. 15. p. 139.

2. Die Zimmer theils gegen Morgen nach dem Marcke ist die Steuerstube, welche uff Fürstl. Befehl Christian Volrad, Steuer Einnehmer An.C. 1632. erbauet. Theils gegen Abend nach der Brüder- und Rosmarin-Gassen sind drey grosse Zimmer, Gemächer, oder Stuben.

1.

Die Kämmerey oder Geschoß Stube, in welcher die Bürgermeister in Beyseyn der Cämmerer, erwehlet aus dem Rath und Zunfften, das Geschoß einnehmen, und die Jahr Rente der Fürstl. Herrschaft davon abtragen, die Bedienten besolden, und zu andern nöthigen und nützlichen Ausgaben anwenden. Oben über diesem Zimmer ist das Grammatophylacium und Archivum des Raths, aber An.C. 1637. den 5. Febr. in der allgemeinen Plünderung von Keyserlichen Soldaten auffgebrochen, und die Schrifftlichen Urkunden meistentheils entfremdet oder verderbet worden.

2.

Die Herren- oder Hoffgerichtsstube also genandt, weil vor diesem die drey Räthe der Stadt darinnen sind zusammen kommen, wenn etwas wichtiges hat sollen vorgetragen, erwogen und beschlossen werden. Hernach aber von An.C. 1568. den 16. Aug. dem F. S. allgemeinen Hoffgerichte, in Ernestiner Linea, ist eingeräumet worden. In diesem Zimmer sind denckwürdig 1. die Fenster, in welchen der Ertz-Engel Michael, als der noch im Pabstthum geehrte Patron und Beschirmer der Stadt Jena abgemahlet, mit langen von Weintrauben gezierten Flügeln, über seinem Haupt ist ein Gebäude, wie eine Kirche oder Schloß, die rechte Hand hebet er gen Himmel, mit der lincken Hand hält er ein Creutz, darbey stehet ein in weiß und roth gemahlter Löwe. 2. Die Bilder Keysers Matthiæ, Churfürst Joh. Fridrichs I. zu Sachsen, gemahlet An.C. 1533. seiner III. Söhnen und Nachkommen, wie schon gedacht im §. nach seinen Gemälden und Bildnüssen. Nach dem Exempel der Stadt Weimar, uff dessen kleinen Rathhause abgemahlet seyn nicht allein die Landesfürsten, sondern auch ihre Superintendenten oder obersten Pfarrer, und sind von A.C. 1523. diese: M. Joh. Cæsius, M. Bartholomæus Rosinus, D. Georgius Luder, M. Bartholomæus Jageteuffel, D. Timotheus Kirchner, meines ersten Eheweibes väterlicher Großvater, D. Antonius Pro- <u>265</u> bus, D. Abrahamus Lange, D. Albertus Grawer, M. Joh. Kromayer, D. Nicolaus Zapfius, der noch in diesem 1671. Jahr lebet, L. Conrad von der Lage. 3. Die Thür, über welcher stehet die Jahrzahl der ausgebaueten Stuben 1579. und der Ertz-Engel Michael, auf beiden Seiten die Namen der Bürgermeister und Richter, zur rechten Philippus von Herden, und Jacob Rudolff, zur lincken Christophorus Wex, und Andreas Steckenberg.

3.

Die Versetzstube, zwischen der Cämmerey oder Geschoß, und Herren- oder Hoffgerichtsstuben, weiland die Capelle genant, weil im wehrenden Pabstthum Bürgermeister und Räthe, ehe sie zu Rath giengen, darinnen eine Messe hielten, nunmehr aber von An.C. 1568. den 16. Augusti die Advocaten zur Zeit des Hoffgerichts darinnen pflegen zuversetzen, und aus dem Munde in die Feder ihren Amanuensibus die Beweise und Gegenbeweise der Streitsachen ihrer Clienten zu dictiren. In diesem Zimmer sind denckwürdig:

(1.) Die Fenster, in welchen zwey Wapen, das eine ist ein <u>266</u> Rauten Crantz, ein gelber Adler, ein bunder und ein schwartzer Löwe. Das andere aber der Ertz-Engel Michael, welcher das Jesu Christ-Kindlein uf den Armen hat, und das Creutz einem unter seinen Füssen liegenden Drachen oder Lindwurm in seinen Rachen stösst. Uber ihm ist abgemahlet ein Bischoff, der eine Weintraube in der Hand hat. Und dieses ist der Stadt Jena uraltes Wapen, das auff ihren gemüntzten Hellern zusehen ist, welche sie durch ihren Müntzmeister Lucas Kucheman haben lassen schlagen, nachdem Hertzog Wilhelm III. zu Sachsen ihr das Privilegium gegeben hatte zu Wartburg A.C. 1448. in Pfingsten.

(2.) Die Bilder 1. das Bild des Keysers Caroli V. und dabey stehen diese Wort: Quod in astris sol, hoc in terra Cæsar est, 1559. Das ist: *Was die Sonne ist am Himmel, das ist dieser Keyser auff Erden.* Zu Worms im Rathhause ist die Meinung in dieses distichon bracht, und mit silbern Buchstaben zu finden.

    Astra Deo nil majus habent, nil Cæsare terra,
    Sic Cæsar terras, ut Deus astra regit.

Wie zulesen beym Johan. Manlio in Collect. tom. 3. p. 590. 2. Das Bild des Churf. Joh. Fridrichs zu Sachsen, uf seiner rechten Seiten das Churwapen, die zwey übereinander geschrenckte rothe Schwerte, uff seiner lincken aber das Fürstliche Wapen zu Sachsen, der Rauten Crantz, darbey diese Schrifft: *Der Durchlauchtigste Hochgeborne Fürst und Herr, Herr Johan Fridrich der älter, Hertzog zu Sachsen, geborner Churfürst, ist am 3. Tage des Mertzens im Jahr 1554. in Gott entschlaffen.* 3. Das Bild D. Mart. Luthers, über seinem Haupte dieser Hexameter:

    Pestis eram vivus, moriens ero mortua, Papa.

Das ist: *Im Leben war ich dir, O Pabst, eine Peste oder gifftige Drüse, nach meinem Tode werde ich dir der Tod gar seyn.* Zu seiner rechten Hand das Lamm Gottes mit einer Siegsfahnen und Jahrzahl 1549. Zur lincken aber sein Wapen, eine Rose im Zirckel, darbey diese Schrifft: *Nach Christi Geburt M.D. XLVI am 18. Tage des Hornungs ist der seelige Doctor Martin Luther, ein Prophet des Teutschen Landes, als er LXIII. Jahr alt gewesen, zu Eißleben in Gott verschieden.* 4. Das Bild M. Philippi Melanchthonis, sonst Schwartz Erd genant, von Bretta aus der Pfaltz, auff seiner Lincken sein Wapen, nemlich, die uff Gottes Befehl von dem Propheten Mose zum Fürbild des gecreutzigten Welt-Heilandes aufgerichtete Schlange, darunter diese Schrifft: Anno salutis nostræ humanæ M D LX. die XIX. Aprilis obiit D.

Vir P.M. ætatis suæ LXIII. Das ist: *Im Jahr unsers menschlichen Heils 1560. am 19. April ist gestorben der gelehrte Mann Philippus Melanchthon, seines Alters 63.*

(3.) Die grosse Tafel, von allerley Farben, mit vielen Schrifft-Sprüchen, unter andern genommen aus dem Exod. XX. 5. 17. cap. XXII. 22. 25. c. XXIII. I. 3. Lev. XIX. 35. Deur. XVII. 18. 19. 20. cap. XXV. 13. 14. II. Chron. XIX. 6. 7. Mich. VI. 8. Sir. XI. 9. In diesen Sprüchen werden die Oberkeiten, sonderlich die Richter und Schöppen ihres Amts erinnert. Am Ende dieser Tafel sind diese Wort zu lesen: *geschrieben durch mich Christian Beiern von Berckaw, die Zeit Teutscher Schulhalter zu Weimar im Jahr 1570.* Und dieser ist mein lieber Vater gewesen, gebohren zu Bercka an dem Ilmstrohm, 1539. den 21. Oct. Gestorben zu Glauchaw an der Mulda 1610. den 16. Martii, da er viel Jahr lang unter den Frey-Herren von Schönburg Korn- und Gerichts Schreiber gewesen ist. Dergleichen Tafeln <u>270</u> hat er zu müssiger Zeit viel geschrieben, hin und wieder in Thüringen, in Meissen, Marck Brandeburg und Voigtland an die Oberkeiten verschicket, und auch hiermit seine ehrliche Nahrung gesuchet.

In dieser Versetz-Stuben, welche wegen ihrer länglichten und gemahlten Fenstern und Lage einer Capellen gleich scheinet, ist ein unbenanter, vielleicht allen Heiligen gewidmeter Altar gewesen, gestifftet von Herman von Wormsteten, und Hansen von Huß, Rathsmeistern zu Jena, mit Willen der dreyen Räthen und Bürgerschafft An.C. 1378. Freytag nach Trinitatis, mit Gunst Dieterichs von Plawen, Probsts, Jutten von Atzmanstet Eptissen, Catharinen von Welnitz, Priorin im Kloster zu St. Michael in Jena. Das Diploma und schrifflicher Consens ist zu lesen in meinen Annalibus Germ. Thur. Jenensibus p. 378.

Denn ehe die Rathsmeister, (Bürgermeister nunmehr) und Räthe, Richter und Schöppen sind zu Rath gangen, haben sie zuvor in dieser Capell und uff solchem Altar lassen eine Messe lesen, Gott und die verstorbenen Heiligen üm Schutz und Segen <u>271</u> angeruffen. Also sind sie von dem verfluchten Pabstthum von Gott ihrem Schöpffer und Erhalter, und von Jesu Christo ihrem einigen Versöhner und Fürbitter bey Gott dem Vater im Himmel ab- und verführet worden, wie auch anderswo domals und hernach geschehen ist. Zu Cöln am Rhein ist im Chor eine Capell, und in der Capell ein sonderlicher Altar, darbey die Stadt-Räthe eine Messe hören, ehe sie zu Rathe gehen. Middendorpius de Academ. part. 2. lib. 5. p. 158. Desgleichen zu Lübeck gehen Bürgermeister und Räthe zuvor in die Kirchen, hören Gottes Wort, ruffen ihn an üm einen guten Rathschluß, und aus derselben paarweise in einer langen Reihe uff das Rathhauß. Zu Freyberg in Meissen stehet bey dem Rathhause die St. Lorentz-Capelle, in der haben Bürgermeister, Richter und Räthe zuvor eine Messe gehöret, und ihr Gebet gethan, ehe sie sind zu Rath gangen. D. Andr. Mollerus part. 1. Theatr. Chron. Freiberg. cap. 12. p. 118. Die Endursache im Pabstthum ist gut, das mittel aber ist böse gewesen, nach dem Exempel der Athenienser, die in ihrem Areopago und

Gerichtshause der Minervæ Areæ einen Altar baueten, und darbey zweene Steine: υβϱε Ⓖ ναι αγσιδειας, contumeliæ & impudentiæ, der Schmach und Unverschämtheit. Auff jenem muste stehen der Reus oder Beklagte, auff diesen der Actor oder Ankläger, wie es vermeldet Pausanias in Attic. lib. 1. Ja sie hielten drey Priester, welche in ihrem Areopago den dreyen Furiis musten Gottesdienst leisten, als denen Göttinnen der Gerichtsstellen.

In untersten Gebäuden des Rathhauses sind vier lange breite Schwiebbogen oder Gewelbe, unter welchen der erste bey Tag und Nacht einen Durchgang leidet. Der andere nur bey Tage. Der dritte aber kan keinen leiden, weil die Inschlet Kammer und Stuben darfür gebauet ist. Der vierdte aber mit seinen beyden vor- und hinter Thoren verschlossen bleibt, es sey denn, daß darinnen grosse Lasten gewogen werden.

Der erste Schwiebbogen mit seinen bey Tag und Nacht vorn und hinten offenstehenden Thorwegen, hat seinen Namen von den verschlossenen Fleischbäncken, unter welchen ihrer Neune in das Fürstl. Amt zinsen, und giebt iede jährlich einen Stein Inschlich, unter solchen Zinsleuten ist A.C. 1569. gewesen Petrus Rabe, die andern zinsen dem Rath, und sind erblich, und wird wol ehemals eine solche Fleischbanck üm 50. fl. auch höher in Erbtheilung geschlagen, nach ihrer bequemen Lage. (Zu Leiden in Holland, und zu Gouda an der Isel, sind die Fleischbäncke auch unten im Rathhause, wie auch zu Weimar und anderswo mehr.)

Der andere Schwiebbogen mit seinen gedoppelten vorn und hinten bey Tag offenen, bey Nacht aber zugemachten Thorwegen, hat seinen Namen von den Brodtbäncken, weil die Becker ihre Semlen feil haben nicht allein an den Laden ihrer Bewohn- und Backhäuser, und uff die Wochenmärcke im Eingange des Marcks, sondern auch auf der rechten Seiten dieses Schwiebbogens, und geben jährlich dem Rath oder Cämmerey 7. fl. Zins, Meisner Wehrung. Gleichwie zu Weimar im grossen und neuen Rathhause.

D. Andreas Sennertus lib. 1. Athen. Witteb. c. 10. p. 119. schreibet von D. Andrea Bodenstein, sonst Carlstad genandt, daß er An.C. 1521. aus der Knaben Schulen zu Wittenberg gemacht habe den Brodtmarck oder Brodtbanck.

124

Denn uff der lincken Seiten liegen viel Leitern und Feuerha-
cken, welche die Schwedischen Kriegs Völcker unter ihrem Major
Stahlhansen An.C. 1637. den 3. Febr. zu einer Lauffbrücken über
den domals vollgehenden Salstrom wieder den Keyserlichen
Feldobersten und Graffen Johan von Gözen gebrauchten, und
derselben viel verderbten. Es sind aber gantz neue an ihre stete
geschafft und verwahret, nicht allein diesen Schwiebbogen, sondern auch in dem mittelsten Gebäude, dahin die weite steinerne
Treppen allein aus diesem andern Gewelbe gehet. An.C. 1669. ist
der gantze lange Raum zu einem Buchladen gebraucht, und
Matthæo Bircknern Buchführern üm einen jährlichen Zins eingeräumet worden.

Der dritte Schwiebbogen hat den Namen von der kleinen
Wage, darein gehet eine Thür, und wird auch die Zeyse genant,
und wohnet darinnen der Raths Diener, genant der Zeysen-
Knecht, der die drey Räthe zusammen fodert, und weiland seine
sonderliche Liberey und Kleidung truge, in der Hand habend ein __275__
sonderliches Zeichen, nemlich eine von Silber gemachte Weintrauben. Aus dessen Wohnstuben ist Anno C. 1673. ein Kramla-
den gemacht. In diesem Schwiebbogen ist zusehen nicht allein die
Inschlich-Kammer, sondern auch darunter das tieffe Gefängnüß.
Den Ercker an diesem Schwiebbogen gegen den Marck, hat lassen machen Philippus von Herden, und An.C. 1626. erneuern,
sein Enckel und Tochter Sohn Philippus Beyer, beyde Bürgemeister. Denn es wolte jenem alten Herren gar beschwerlich vorfallen,
die hohe steinerne Treppen aus dem andern Schwibbogen in das
mittlere Gebäude und Zimmer zu steigen.

Etzliche bekümmern sich allhier üm den Namen Zeise oder
Zeyse, denn also ist er weiland geschrieben worden, vom Lateinischen Wort Accisa, das bedeut eine sonderliche Steuer Art, wenn
der Verkäuffer den 30. Pfennig von seinem verkaufften Gut der
Oberkeit geben muste. Zu Rom gab nicht der Verkäuffer, sondern der Abkäuffer solche Accisa oder Ungelt, und zwar den 50.
Theil bey Einkauffung eines leibeigenen Gesindes, den 100. auch __276__
wol nur den 200. Theil von andern kauffbaren Gütern. Cujacius
24. observ. 8. Weil nun die gemeinen Leute unter den Jenensern
das lateinische Wort Accisa nicht verstanden, so haben sie es auch
nicht wol aussprechen und schreiben können, sondern nur
schlechte hin Zeise oder Zeuyse genennet. Solche Accisa hat vor
300. und mehr Jahren, nemlich A.C. 1310. 1311. uffgeleget Land-

graff Fridrich zu Thüringen, und Marggraff zu Meissen, genandt Admorsus. Welcher An.C. 1301. den vierdten Theil der Stadt Jena, als eine Mitgift mit seiner Gemahlin, Fräulein Eilsabethen der Jüngerin, Gräfin zu Arnshag, Frauen zu Elsterburg, Leuchtenburg, und Lobdeburg besessen hat. Nach ihm hat Churfürst Fridrich II. zu Sachsen, placidus genandt, A.C. 1458. Freytag nach Urbani zu Grimma, seinem Lande aufgelegt den 30. Pfennig oder Theil von allen verkaufften Gütern. Suche hiervon in Chronico Zizensi Pauli Langens fol. 826. Ob nun bey jenes, oder bey dieses Landes-Fürstens Regierung der dritte Schwiebbogen, und darinnen diese oder jene Einnahm Stube den Namen Zeyse vom Accisis bekommen habe, kan ich unfehlbahr nicht berichten.

Der vierdte Schwiebbogen hat den Namen von der grossen Wage, und zwey Thore, das eine vorne auff dem Marck zur Einfart, und das andere hinten zum Rosemariengäßlein zur Ausfahrt nötig und bequem. Uber das, eine schöne, grosse, weite, viereckige Küchen, und darbey einen tieffen Keller, darinnen weiland die Rathskämmerey ihren erwachsenen Wein geschencket oder verkauffet haben.

Das XXIV. Capitel,
Von den Mühlen der Stadt Jena.

Nach den Mühlen ist die Stadt Jena zu betrachten. Sie hat gnug Wasser-Mühlen, und bedarff deswegen

1. Keine Schiffmühlen, wie solche zusehen seyn auff dem Elbstrom von Dreßden nach Torga.

2. Keine Roßmühlen, wie zu Schorndorff im Würtenberger Lande, die hat 8. Gänge oder Räder, und oben das Fürsten Wapen, und diese Schrifft mit güldenen Buchstaben: *Gott allein die Ehre.* Simon Voigt, Würtenbergischer Werckmeister, 1545. Crusius part. 3. Annal. Suev. lib. XI. cap. 19. fol. 655. 656.

3. Keine Windmühlen, wie zu Budstadt und anderswo in Thüringen. Unter des bedarff die Stadt Jena Schleiff- und Kupfermühlen, und solche sollen weiland im Mühlthal gestanden, und von einer Wolckenbrust weggerissen worden seyn. Die Schleiffmühle soll gestanden seyn zwischen der ietzigen Papyr- und Oehlmühlen, davon giebt noch Zins der Besitzer des Raums. Die Kupffermühle aber bey der Abtheilung des Röhrwassers auff dem Acker zwischen der Parasken oder Schlagmühlen und der

Weidigsmühlen, die An.C. 1613. im grossen Wasser und Weimarische Sindfluth sind weggerissen worden.

Die Mühlen heute zu Tage bey uns können unterschieden werden:

1. Nach dem Privilegio und Freyheit. Etzliche sind frey, etzliche Bann- und Zwangmühlen. Als die Tonnenmühle beym _279 Schlachthause und Weiber-Spittal, darinnen die Becker mahlen müssen.

2. Nach den Wassern. Etzliche treibt allein ein Bronwasser, als die Nasenmühle, weiland eine Mehl- nunmehr aber eine Papyrmühle. Etzliche treibt ein Bachwasser, nemlich die Leutra, die Oehl- und Mehlmühlen im Mühlthal, und in der Stadt die Jüden- und die Marckmühle. Etzliche treibt ein Stromwasser, die Sale, als die Mehl-, Oehl-, Walck- und Schneidemühlen, jenseit und disseit des Salstroms. Ein ieder Packtmüller darinnen macht war das Sprüchwort: _Es hat kein Müller Wasser gnug._

Nach dem Zweck und Ziel. Etzliche mahlen Korn und Maltz. Etzliche stossen Lein und Würtze. Etzliche walcken Leder und Tuch. Etzliche schneiden Breter und Bohlen. Etzliche stämpffen die Haderlumpen, und machen daraus Papyr.

4. Nach den Rädern. Etzliche haben nur ein Rad, etzliche zwey, etzliche drey, als die Tonnenmühle, und die Brückenmühle. Die liegen gegen einander über am lincken Arm des Salstroms, _280 und ihre Räder lauffen alle sichtbar von aussen üm. (In meiner Geburts-Stadt Glaucha ist eine Mehlmühle von XII. Gängen uff einer Seiten, uff der andern Seiten sind Papyr-, Oehl- und Schleiffmühlen, an der Muldenstrom also erbauet, daß kein Rad von ihnen gesehen wird, denn das Wasser fleusst uff Dielen und Bohlen obenhin, und fället durch gemachte Löcher uff die verdeckten Räder.)

Der Mühlräder in unsern Jenischen Mühlen sind anietzo XXIII. weiland waren ihrer XXIV. denn die Rasenmühle hat einen von ihren fünf Gängen eingebüsset, und solchen will ietziger Besitzer, Gotfried Mœbius Doctor in der Artzney ersetzen mit einer Papyr-Mühlen.

5. Nach der Lage. Etzliche liegen in der Stadt. Etzliche in den Vorstädten. Etzliche liegen ausser beyden, und also wollen wir forthin die Jenischen Mühlen betrachten.

In der Stadt und derselben Mauren und Zwingern lieget die Jüdenmühle, und die Marckmühle.

Die Jüdenmühle ist eine Mehlmühle, liegt unweit vom Johannes Thor, mitten im Jüdengäßlein, hat 2. Räder oder Gänge,
und ist zubetrachten.

1. Nach ihrem Namen. Sie wird genennet 1. die Jüdenmühle
von Jüden, welche weiland in selber Gegend sollen gewohnet
haben. 2. Die Joedenmühle, vom Wendischen Wort Jeden oder
Joeden. Welches die Wenden zwar gantz ausschreiben, aber nicht
gantz aussprechen, denn im reden sie den mitlern Buchstaben
draussenlassen, wie zulesen in meinem Geographo Jenensi cap. 1.
3. Die Franckenmühle, von einem uralten, schon vor 370. Jahren
her zu Jena berühmten Geschlechte, welches vor 50. Jahren in
dreyen Linien bestunde, davon noch zweene Brüder am Leben
seyn, Johan-Petrus ein Glaser, und Christoff ein Schneider, beyde
Bürger in Jena. 4. Die Mitzenmühle, vielleicht Metzmühle. Weil
die Nonnen im Kloster zu St. Michael in Jena darinnen metzfrey
gewesen seyn.

2. Nach ihren Fällen, die sich mit- und bey ihr begeben haben, und sind nach der Jahrzahl mir diese in Archivis und alten
Urkunden vorkommen.

An.C. 1331. hat Graff Günther der ältere zu Schwartzburg,
Herr zu Blanckenhayn, so wohl Graff Heinrich und Graff Günther Herr in Arnstadt, die halbe Franckenmühle mit dreyen
Aeckern in den Jenischen Feldern, den Nonnen zu St. Michael in
Jena zugeeignet, welche vorher Dieterich Francke entweder als
ein Lehn oder Erbgut besessen, und dieser Mühlen von seinen
Geschlechts-Namen einen Zunahmen verursachet hat. Wie zulesen in Archivis des Klosters fol. 31. Domals sind als Zeugen benahmet worden Bruder Fridrich von Salza des Mindern und Bekenners Ordens, Heinrich genandt von Schwartzburg, Plebanus in
Gerun. (vielleicht Geeren) und die Strengen Hasso von Culewitz,
und Ditterich von Rudelesloibin.

A.C. 1369. hat Landgraff Friederich der Strenge zu Thüringen,
und Marggraf zu Meissen diese Jüden- und Mützkemühle verliehen seinem Thürhüter Götzen genand, und seyn im Lehnbrieffe
zu Zeugen gesetzet Heinrich Burggraf in Starckenberg, Fridrich
von Schönburg, Herr zu Glauchau, Christian von Witzleben,
Theodorus von Haußberg, Conradus von Würtzberg, Heinrich von
Luchem Ritter, Hold (oder Reinhold) von Ottendorff und Heinrich von Langenmühl.

A.C. 1383. hat Landgraff Fridrich der Streitbare zu Thüringen, und Marggraff zu Meissen, endlich Churfürst zu Sachsen, in seinem und seiner Brüder Wilhelms II. und Georgen die Jüden- und Franckenmühle zugeeignet dem Nonnen Kloster zu St. Michael in Jena, und seyn die Zeugen unter andern gewesen Heinrich Reuß zu Gera, Johannes Dechant zu Naumburg, und Osse von Schlieben.

An.C. 1444. hat Hartman von Ulstet Probst, Penza Sommerlattin Aeptissin, Dorothea von Stein Priorin, diese Mühle erblich überlassen Hans Langen, und seinen Söhnen Nicoln, Ammon, und Heinrichen üm einen jährlichen Zinß, als 30. gr. an Gelde, 12. Jenische Scheffel Korn uf ihrer aller Leben. Nach ihrem Tode aber üm gedoppelten Zinß, als 60. Gr. und 24. Jenische Scheffel Korn. Jedoch mit dieser Bedingung, daß die Kloster-Pferde in der Probstey, sollen den zuvor vom Müller aus dem Leuterbach ge- <u>284</u> worffenen Schlamm und Unflat ümsonst wegführen. Hingegen der Besitzer das Getreyde zur Kost, zum Brauen, zur Mastung ümsonst und ohne Metzung mahlen solte. Wie zulesen in Archivis des Klosters fol. 13. und des F. S. Amts part. 2. fol. 906.

Die Marck- oder Butenitzer Mühle, hat ihren ersten Namen von der Lage, denn sie liegt an der Ecken des Marcks gegen Morgen. Den andern aber von ihrem uralten Besitzer. Denn An.C. 1336. und 1346. hat Heinrich von Budenitz den halben Theil dieser Mühlen zugeeignet den Nonnen zu St. Michael in Jena, hat 2. Räder oder Gänge, stehet heute zu Tage zu, dem Stadt-Rathe, zinset demselben jährlich 48. Jenische Scheffel Korn.

In den Vorstädten liegen diese vier Mühlen.

1. Die Ziegelmühle oder Gerhardsmühle, am Ende der Mittelgassen vor dem Johannesthor, jenen Namen hat sie von dem Ziegelthore, entweder von den Ziegeln, damit sie vor andern Mühlen gedecket, oder von der Ziegelhütten, weil sie liegt in der Gegend und an dem Leuterbache, daran auch die Ziegelhütte <u>285</u> liegen thut. Diesen Namen aber hat sie von Johan Gerhardo, der Heil. Schrifft Doctore und P.P. welcher sie von D. Matthiæ Coleri JCti und P.P. Witben erkaufft, und auff seine drey Söhne vererbet, und diese seyn 1. Johan Ernst Gerhard, der H. Schrifft Doctor und Professor in Jena. 2. Johan Friderich Gerhard, der H. Schrift Doctor und Superintendens zu Eisenberg. 3. Johan Andreas Gerhard, beyder Rechten Doctor, keyserlicher Pfaltzgraff und Fürstl. Anhaltischer Rath zu Zerbst.

Es ist aber D. Matthias Colerus Ordinarius allhier, gestorben A.C. 1587. den 22. April. Vorher aber solche Mühle 1583. erneuert. Diese Mühle hat 3. Räder oder Gänge, einen schönen Obst- und Graßgarten, neben einem absonderlichen Lusthause. Die Schrifft daran suche in vorhergehenden 20. Capitel.

2. Die Walckmühle liegt vor dem Salthor über der Brückmühlen, hat ein Rad und vier Stämpel, zweene vor die Tuchmacher, und zweene vor die Weißgerber. Diese geben jenen jährlich Zinß 20. fl. Jene aber dem Rath 12. fl. Dann die Tuchmacher sind die Erbbesitzer dieser Mühlen.

3. Die Tonnenmühle liegt vor dem Salthor bey dem Weiber-Spittel, hat 3. Räder oder Gänge, gibt 40. Scheffel Weitzen jährlich Zinß ins Amt Jena, ist neben der Brückmühlen gegen über, zweymal erneuert, wie diese an den Lehnen gehauene Wort anzeugen. *Martin Welner Regierender Bürgermeister, Martin Wolff Beyer, und Wolff Francke beyde Brücken-Herren, 1593. und hernach 1657. do sind Bürgermeister gewesen Johan Görgel, und Martin Koppe, aber Baumeister Johan Adam Maser.* Sie hat ihren Namen vielleicht vom Wort Donner, oder vom Wort Ton, und heisst so viel als Laut, Hall, Schall, den sie von sich giebt. A.C. 1316. am Tage Elisabeth hat Landgraff Fridrich zu Thüringen, und Marggraff im Osterlande und Meissen mit dieser Tonnenmühlen belehnet Albrecht Herren, und von ihm jährlichen Zinß gefodert 12. Jenische Scheffel Korn, und 7. Lot Silbers. An.C. 1368. belehnet Landgraff Fridrich zu Thüringen, Dittrich Hauenburgern in Jena, und selben Stieff-Sohn Hansen Herolden, mit dieser Tonnenmühle, erkaufft von Nicol Müllern, Cunzen Greiffen, und Nicol Lindencreutz. Zeugen werden angezogen Kyrsten (Christian) von Witzleben, Nicol von Köckritz, Fridrich von Köthawitz, und Heinrich von Lauchau. Aus diesen beyden Historien erscheinet so viel, daß der Landsfürst Lehnherr dieser Mühle ist, und der jährliche Zinß bald gestiegen, bald gefallen ist, und daß diese Mühle endlich Kauff- und Erbweise an den Rath zu Jena kommen sey.

4. Die Brückenmühle liegt der Tonnenmühlen gleichüber, hat auch 3. Räder oder Gänge, und hat ihren Nahmen von der Lage, denn sie liegt über der kleinen Salbrücke, wird auch genennet die Salmühle jenseit der Sale, verstehe den lincken Arm des Salstroms. Die Mühle hat der Rath dem Brüder-Spittel zu St. Nicolai vor dem Salthor zu Unterhaltung XII. alter Männer, die in der Stadt, und in den zweyen Brücken- oder Raths Dörffern Jehne

Löbnitz und Osmeritz, verarmet, und sich darinnen doch ehrlich verhalten, erkaufft, auch von denen Landsfürsten in die Lehn bekommen, mit der Bedingung, daß sie jährlich 12. Jenische Scheffel Korns, und 30. Gr. an Gelde zahlen, darneben die Brucke und die Wege darbey halten soll, wie zusehen in den Lehnbrieffen A.C. 1355. 1377.

An.C. 1641. den 3. Julii hat Matthæus Sparnagel diese beyde, Tonn- und Bruckmühle gepachtet, David Schurtzen Baumeister, und Conrad Wagner Töpffern zu Bürgen gesetzet, und sich erboten jährlich zugeben, wie folget:

40. Scheffel Weitzen, 41. Gr. 3. d. 1. ħ. ein Stein Urschlit, eine Gans üm Martini ins Amt Jena.

141. Scheffel Getreyde oder Korn, mit eingeschlossen die 52. Scheffel vor die XII. Brüder im Hospital zu St. Nicolai neben dem Studenten Spittel gelegen, 60. fl. genandt das Rädergeld, dem Rath oder den Brücken-Herren.

Den Lohn vor Knechte, Mägde, und Arbeiter zur Erhaltung des baulichen Wesens, ausgenommen, wenn ein neuer Bau geschehen muß. 289

Einen Scheffel Korn dem Jenischen Fischer, der ihm zu Winterszeit hilfft eisen auff dem Mühlbau.

Neue Mühlräder im Nothfall aus seinem Beutel zumachen, darzu ihm die Einwohner aus den erwehnten zweyen Raths-Dörffern auff seine Kost frohnen, ausgenommen einen Thaler, welchen der Rath oder die Brücken-Herren geben.

Hingegen bekömmet der Packtmüller zu Unterhaltung (1.) der zwölff Brüder im Hospital 2. Ochsen, 9. Kühe, eine Kalbin, 5. Kälber, 10. Hüner, und 1. Hahn, und alle das ausgetroschene leere Stroh, dafür gibt er den daraus gemachten Mist auff die Artäcker und Weinberge. (2.) Der Esel, 180. Garben oder Schütten Stroh. (3.) Des Rindviehs, alles Graß, Heu und Krummet, ausgenommen XI. Acker Wiesewachs, davon gehöret das Heu vor die Pferde im Marstall, das Krummet aber wird ihm um 4. fl. wenn er es begehret, zugeschlagen. Vor solche Nutzung des Viehes und der Wiesen giebt der Müller ferner zu Unterhaltung der 290 XII. schon erwähnten Männern 5. fl. vor eine Tonne Käse und Faß Butter. 20. fl. oder 2. Rinder dem Rath oder den Brücken-Herren. Den Brüdern aber wöchentlich 2. Kannen Butter insgesamt, und iedem 1. Käse. Uff Ostern einen Fladen in gemein, und iedem einen Kuchen insonderheit. Von Ostern biß auf Michaelis wöchentlich iedem 4. Eyer, über das tägliche Zugemüß, Ruben, Möhren, Kraut, Mehl zum Brey, wöchentlich aber 2. gl. 11. d. zu Cofent oder geringen Nachbier.

Von Ordnungen und Gesetzen dieser XII. Spittel Brüder wollen wir Meldung thun im nachfolgenden 32. Capitel.

Ausser der Stadt und Vorstädten liegen die Mühlen an dem Salstrom, und an dem Leuterbach.

An dem Salstrom, halben oder gantzen.

An dem halben Salstrom, und zwar jenseit des rechten Arms desselben, im Eingange der Oberaw am Wasserwehr gegen der Eißwehr über, liegt eine vor diesem fast eingegangene, nunmehr von Johan Mauririo Richtern, F. S. Baumeister von Weimar, aus-
gebauete Schneidemühle, aus und mit welcher er die Städte Naumburg, Weissenfels, Merseburg, Hall und so fort, an der Saal liegende Oerter versiehet, und hat darbey gebauet eine Kalck- und Ziegel-Hütten. Wie die Wetterhahnen und daran seines Namens Buchstaben und die Jahrzahl ausweiset.

An dem gantzen Salstrom, ausser dem Nauthor an der Landstrassen nach Lobda, Kahla, Salfeld, liegt eine Mehlmühle, weiland von 5. nunmehr von 4. Rädern oder Gängen, und darbey uff der Seiten eine Schlag- oder Ohelmühle, unter beyden eine Insul oder eine lange Wiesen, gerings ümgeben mit den beyden Armen des Salstroms, und wird deswegen genennet die Rasenmühle. Was sich bey, und mit ihr zugetragen, ist aus nachfolgenden Jahr-Geschichten zusehen.

An.C. 1466. am Montag nach Creutzerhöhung, sind dieser Rasenmühlen zusammen kommen Churf. Ernstens und seines Bruders Hertzog Albrechts zu Sachsen Cantzler Haubold von Schleinitz und Hertzog Wilhelms zu Sachsen Rath, und Gevollmächti-
ger Heinrich Reuß zu Plawen und Schlaitz, beyzulegen die Streitigkeit wegen der Grentzen der Aemter Burgau und Leuchtenburg. Wie zulesen in Archivis des Amts Jena, part. 4. fol. 46.

An.C. 1537. am Tage Elisabeth, hat diese Rasenmühle dem Amt Burgau wollen einverleibet werden, aber es ist vom Rath zu Jena bewiesen worden, aus denen An.C. 1466. 1468. zu Jena, Merseburg und Welnitz geschehenen Verträgen, daß sie ins Amt Jena, und unter ihr Gericht gehöre. 1. weil diese Mühle dem Rath zu Jena schoßbar, laut des Schoßbuches A.C. 1406. 1480. 2. Weil der Rasenmüller bey Mannes-Gedencken vor einen Jenischen Bürger auffgenommen und gehalten worden. 3. Weil das Burgauische oder Ober-Amt uff der rechten Seiten der Sal, das Lichten-hainische auff der lincken Seiten, das Jenische oder Unter-Amt über der Rasenmühle, der Rath aber rückwarts nach der Stadt das Gerichte hätte. 4. Weil die Unterthanen im Burgauischen Amte den Kornzoll geben, aber der Rasenmüller nicht. Wie bekant aus dem schon angezogenen Geschoßbuche A.C. 1406. 1480. 5. Weil Churfürst Friderich II. zu Sachsen viel Güter, so dem Unter- oder _293_ Jenischen Amte gehöreten, in das Ober- oder Burgauische Amt von A.C. 1445. 1453. hat ziehen wollen, iedoch niemals diese Rasenmühle, als unstreitbar, mit eingemenget hätte. 6. Weil Hertzog Wilhelm III. zu Sachsen in wehrendem Bruder-Streit und Kriege von An.C. 1447. 1448. 1450. 1451. 1454. die in das Amt Burgau gehörige Güter verwüstet, niemals aber die Rasenmühle, welche doch am allernähesten der Stadt Jena ist. 7. Weil alle, über- in und unter dieser Mühlen, im Fischwasser der Häser, bey der ein-gegangenen und nunmehr wieder angerichteten Oehlmühle und Alterstein Ersoffene, Erschlagene, Gefangene zur Zeit Wilhelms II. und III. biß A.C. 1468. sind nach Jena geführet, begraben oder gestraffet worden.

A.C. 1554. kömmet Johan Schröter, bürtig von Weimar, der Artzeney Doctor und P.P. von Wien nach Jena, und bringet mit sich bar 2000. Ducaten und kaufft unter andern diese Rasenmüh-len, und erlanget A.C. 1557. Sonnabend nach Matthiæ den 24. Febr. das Fürstl. S. Privilgium, daß die Einwohner zu Ammerbach, _294_ welche sonst nach Burgau gezwungen seyn, in der Rasenmühle frey sicher mahlen mögen.

An dem Leuterbache (nicht in der Stadt und vor dem Johan-nesthor, denn dort liegt daran die Juden- und die Marck-Mühle, hier aber die Ziegel- oder Gerhards Mühle, sondern) in dem Mühlthale stehen noch heute zu Tage die fünff gangbare Mühlen.

1. Die Nasenmühle, ist die allereuserste und weiteste von der Stadt im Mühlthale gelegen, war unlängst eine Mehlmühle, mit 2. Rädern oder Gängen, und gab Zins 12. Jenische Scheffel Korn dem Rath zu Jena, welche An.C. 1618. besaß Johan Zeidler, und verkauffte sie 1640. Nunmehro aber eine Papyrmühle. Erbauet A.C. 1658. von Heinrich Joachim Schmieden, domals Papyrma-chern zu Oberweimar. Sie hat ihren Namen von dem Nasenborn, der ein Ursprung des Leuterbachs ist, und die Mühlräder treibet. Dessen Eheweib Justina Elisabetha, eine Tochter Johan Bieder-mans, Pfarrers zu Weißbach in der Graffschafft Schwartzburg, so

gebohren An.C. 1642. geehliget A.C. 1666. gestorben A.C. 1678. den 26. Merzen.

2. Die Paraßckenmühle, liegt an einem Hügel zwischen der ietzterwehnten Nasen- und Weidichs-Mühlen, hat ein Rad, und ihren Namen von einem, ich weiß nicht was vor einem Weibesbilde, Parascke genandt. Uber dieser Mühlen hat gelegen weiland eine Schleiffmühlen, dessen Raum, Zins, Geschoß und Steuer ist kommen zur Parasckenmühle. Unter ihr aber uff dem Acker bey dem Wasserfang oder Abtheilung, die Kupffermühle, welche beyde An.C. 1613. den 29. Maji, Sonnabend vor Trinitatis zur Zeit der Thüring-Weimarischen Sünd- und Wasserflut eingegangen, wie oben vermeldet ist.

3. Die Weidichs Mühle, ist eine Mehlmühle, mit 2. Rädern oder Gängen, liegt zwischen der Parasken- und der Nau-Mühlen, ist mit Mauren und Wenden wol verwahret, und hat ihren Namen von denen darbey stehenden Weiden. Gab weiland Volckmar Pietschens Witben jährlich zum Erbzinß 6. Kapphähne uff Fastnacht, 3. Scheffel Korn uff Reminiscere, 3. Scheffel uff Ostern, 3. Scheffel Korn Trinitatis, 3. Scheffel Korn uff Crucis, 3. Scheffel

Korn uff Luciæ, und ein gemäst Schwein üm Weihenachten. Es hat aber diese Mühle mit solchen beschwerlichen Jahrzins Kauffweise an sich bracht Justinus Schelhase, beyder Rechten Doctor und Advocatus im F. S. Hoffgericht zu Jena, und zwar von Johan Zeidlern, Samuels Sohne, der ohne Lebes-Erben gestorben A.C. 1640. den 11. Octob.

4. Die Nau- oder Schröters Mühl, weiland die Rhaniß-Mühle, mit 2. Rädern oder Gängen, liegt zwischen der Weidichs und Plumb Mühlen, hat den ersten Namen von seinem darbey A.C. 1597. aufgeführten neuen Bau oder absonderlichen neuen Wohnhause, den andern Namen von seinem Bau-Herren und Besitzern, D. Johan Schröten, ersten Rectore der Universität Jena, und seinen beyden Söhnen D. Philippo Jacobo, und D. Johanne Friderico Schrötern, allen dreyen P.P. Die Schrifft daran suche oben im XX. Capitel. Den dritten Namen von den Wasser Rinnen.

5. Die Plumb-Mühle ist uff der rechten Seiten des Leuter-
bachs, eine ein- und abgegangene Walckmühle. Uff der lincken aber eine gangbare Schlag-, Oehl-, Grütz- und Würtzmühle, mit zweyen Rädern oder Gängen, liegt zwischen der Nau- und Zie-

gelmühle, hat ihren Namen vom plumpen oder Klang des Wasserfalls von dem Rade.

Das XXV. Capitel,
Von den Back-, Schlacht-, Maltz- und Brauhäusern in der Stadt Jena.

Nach den Backhäusern ist die Stadt Jena zu betrachten, und derer sind an der Zahl 25. In der Ringmauer XV. als 4. in der Johannesgassen, 1. in der Leutergassen, 2. in der Löbergassen, 4. in der Salgassen, 2. bey dem breiten Steine, oder Oberlaubengassen, 2. uff dem Creutze und Krämergäßlein. In Vorstädten aber X. als 2. vor dem Johannesthore, 3. vor dem Löbderthore, 4. vor dem Salthore, 1. vor der Pforten, im Eingange der Zwetzengassen, so aber anderswohin versetzt worden ist. _298_

Es dürffen zwar keine öffentliche Backofen mehr gebauet werden, iedoch kan ein ieder sein Backofen-Recht von seinem eigenen Backhause verkauffen auff ein anders, das kein Backhauß vorher gewesen ist. Wiewol man Exempel hat, daß solchem Vornehmen von denen Nachbaren ist wiedersprochen, und es bey dem alten Herkommen gelassen worden.

Die Becker haben zwar ihre Brodt uff ihrem Laden feil, aber auch in den öffentlichen Brodtbäncken, nemlich im andern Schwiebbogen des Rathhauses, und geben davon 7. fl. jährlich Zinß dem Rathe. Oben in der Salgassen liegt ein Backhauß, welches An.C. 1391. die Eptissen zu St. Michael in Jena, genand Catharina von Welnitz, zur Lehn gegeben hat dem Becker Berthold Holtzwecken, mit der Bedingung, daß er von einen ieden Scheffel Getreyde, welchen er den Nonnen zu ewigen Zeiten backen werde, nicht mehr Teig, als eines Pfennigs werth davon _299_ nehmen soll. Suche meine Annales 1391.

Die Becker-Ordnung ist A.C. 1590. uffs neue bestetiget, und An.C. 1613. den 25. Jan. erweitert, den Bauren das Hauß gebackene Brodt auff die 2. Marcktage feil zu haben verboten, aber den Wetschel Beckern, so das Handwerck gelernet, vergönnet worden, iedoch mit der Bedinung, daß sie auff 2. gl. ein Pfund Brod mehr, als die hiesigen Becker geben sollen. Alle 14. Tage bekommen die Becker den Taxt, oder Schatzung des Brodts, und zwar darnach das Getreyde im Kauff steigt oder fält. Aber davon mit mehrern in meinem Magistratu Jenensi. (Von gangbaren Backhäusern hat ein Kriegsrath dem Proto, des Sultans Sohne, als er Galatien überwunden, und die Einwohner zum Mahometischen Glauben zwingen wollen, diese Lehre gegeben: Es ist ein gemeines Sprichwort, unwerth ist eine Mühle, die nicht ümgehet, und ein Backofen, der nicht heiß ist. Also unwerth ist auch ein Land, das nicht erbauet ist, und nicht Volck hat, darüm lasset einen 300 ieglichen glauben, was er will. Joh. Agricola in Teutschen Sprichwörtern, 217. Oben aus, nirgend an, p. 104.)

Nach den Schlacht-Häusern ist die Stadt Jena zubetrachten, und derer sind an der Zahl zwey, neben einander, bey der Tonnenmühlen, und Marien Magdalenen Capelle oder Weiber-Spittal, auff Fürstl. Befehl An.C. 1554. erbauet von dem Rath zu Jena, der jährlich 20. fl. Zinß davon hebet. Weiland und vor der Stifftung der Universität, that ein ieder Fleischer in oder vor seinem Wohnhause geschlachtet, und die Kutteln gereiniget, und dadurch manchen Gestanck, Unflat und Oeckel verursachet. Aber seithero hat er dieses alles in solchen zweyen Schlachthäusern verrichten müssen. Das geschlachtete Vieh wird auffgehenget, und zuvor besichtiget, ehe es auff öffenltichen Marck und in die Fleischbäncke getragen, zertheilet und verkaufft wird, und zwar nach dem Taxt und Schatzung der IV. Marck-Herren.

A.C. 1570. kurtz vor Pfingsten, hat die Universität und der Rath zu Jena sich verglichen, daß die Fleischer forthin solten 301 verkauffen ein Pfund Ochsen-Fleisch üm 9. d. Stierfleisch 8. Pfennig, alt Kuhfleisch 7. d. Schöpsenfleisch 7½. d. Schafffleisch 7. d. Schweinefleisch ohne Speck 8. Pfennige, mit Speck 9. d. Kalbfleisch 6. d. Wie zu lesen in Libro Actorum Acad. fol. 146.

A.C. 1613. den 4. Jan. ist zwischen beyden dieser Vergleich geschehen: Daß ein Pfund Schöpsenfleisch üm 9. d. und ein Pfund Kalbfleisch üm 7. d. solte geboten und verkauffet werden. Eben in diesem 1613. Jahr, hat Churfürst Johan Georgius I. zu Sachsen, in Vormundschafft, die Fleischer-Ordnung in den dreyen Städten Weimar, Jena, Butstadt, bestehend in XXXIIX. Artickeln, bestetiget.

Nach den Maltz- und Brauhäusern ist die Stadt Jena zubetrachten, unter der Universität und unter der Bürgerschafft.

Unter der Universität, liegt das Maltz- und Brauhauß beysammen im Collegio, und zwar im Hoffe des Oeconomi Academici, uff der andern Seiten des Krautgartens der P.P. Medicorum, welchen D. Guernerus Rolfinck gepflantzet, und mit einer Oration eingeweihet A.C. 1631. den 11. Julii.

Weiland wurde in diesem Hofe allein vor die IX. Tisch in der 302 Communität gemältzet und gebrauet, aber nunmehr nach der Keyserlichen Götzischen Plünderung, nemlich von An.C. 1637. den 5. Febr. auch für andere Tischbursche der Herren Prof.P. und Universitäts Verwandten. Das Bier wird genennet Collegien-Bier, und ist bessers Geschmacks und Kraffts, als das Stadtbier.

Unter der Bürgerschafft ist das Maltzhauß in der neuen Pröbstey in der Schloßgasse, aber die Brauhäuser sind zubetrachten unterschiedlich:

1. Nach ihrer Zahl und Lage. Das eine hat gelegen am Brückenhofe vor dem Salthore, hinter dem nochstehenden Backhause, und ist zu meiner Zeit schon 1618. eingegangen gewesen, auff dessen leeren Platz und Raum hat Daniel Stegreiff, sonst Trebnitz genand, eine Werckstatt vor einen Seiffensieder gebauet 1663. Das andere liegt in der Leutergassen, und das dritte in der Löbdergassen, und darinnen wird gar selten gebrauet, weil das Dorffbier zum Abbruch des Stadtbiers auff der Rosen- und Burck- oder Rathskeller, auch nunmehr von A.C. 1668. auff der F. S. Kellerey vor der Pforten verzäpffet wird.

An.C. 1548. den Frühling über, sind 360. und von Ægidii an 303 biß auff Walpurgis des 1549. Jahrs sind 960. Eimer Bier in dem ersten und andern Brauhause gebrauet worden. Daraus schliesse ich, daß domals das dritte Brauhauß in der Löbdergasse entweder noch nicht erbauet, oder darinnen nicht gebrauet worden ist.

2. Nach ihrem Bier. Das wird aus dem hellen Leuterbache vermittelst des Maltzes und des Hopffens gebrauet, und Klattsche genennet. Vielleicht von dem tragen. Denn die zweene Männer, welche das Bier in grossen Zobern uff einer langen Stangen aus dem Brauhause in die Keller tragen, machen mit ihren starcken Stecken, daran sie gehen, und darauff sie ruhen, ein Klatschen.

(In wehrendem Pabstthum ist der heilige Ludwig der Bierbrauer und Schencken-Patron, Schutzherr und Segner verehret worden. Dieser ist gewesen König in Franckreich, Keyser Caroli des ersten und des grossen Sohn, und Nachfolger im Reich.)

Es ist nichts neues, daß manches Bier einen sonderlichen Zunamen bekömmet. Es wird das Bier genennet Mumme zu 304 Braunschweig, Cacabilla zu Ecklenferd, Schluntz zu Erffurt, Gose zu Goßlar, Rastrum zu Leipzig. Daher kömmet der Knittel-Verß von den dreyerleyen Leipziger Bierzeichen:

Ein Topf scherpentum, zwey rastrum spang, Coventum.
Filtz zu Magdeburg, Keut zu Münster in Westphalen, Buse zu
Oßnabrück, Gucguck zu Wittenberg. Weil das Wittenbergische
Bier alsdenn gesund zutrincken, wenn der Gucguck im Frühling
schreyet. Wie Michael Heberer meinet lib. 4. servit. Ægypt. c. 29. p.
664. Ein Calvinischer Lästerer und Feind des Lutherischen
Buchs, genand Formula Christianæ Concordiæ, ausgegangen An.C.
1580. hat von dem Namen des Leipziger und Braunschweiger
Biers die Ursach zu schmähen genommen, und diesen Hexamet-
rum gemachet:

  Corn, Maus, Topf, Rastrum, Schmid, Mum genuêre libellum.

In diesen ersten sechs Worten sind begriffen die Namen der
sechs Lutherischen Theologen, die das liebe Concordien-Buch aus
Gottes Wort gemacht haben, und sind diese: 1. Christophorus
Cornerus, 2. Andreas Musculus, 3. David Chytræus, 4. Nicolaus Sel-
neccerus P.P. zu Leipzig, 5. Jacobus Andreæ, 6. Martinus Chemnicius, Superintendens zu Braunschweig. Demnach muß diesem Sud-
ler und Hudler seyn, D. Selneccer der Leipzische Rastrum, und
Doct. Chemnitius die Braunschweigische Mumme.

Es hat immer ein Bier vor dem andern einen Vorzug, als in
Engelland das zu Darbia, in Preussen das zu Dantzig, in Schlesien
das zu Breßlau, in Wenden das zu Rostock, in Sachsen das zu
Braunschweig, Eimbeck, Zerbst, in Meissen das zu Torgau, Eu-
lenburg, Belgern, in Thüringen das zu Naumburg und an der
Gleisse bey Jena. Ich hette schier vergessen das Weitzenbier bey
Gotha.

Es übertrifft auch ein Bier das andere in der Krafft. Torgisch
Bier ist der Armen Malvasier. Belgerana est omnibus sana. Es küt-
zelt einen in der Nasen das Freybergische Bier. Schneebergisch
Bier ist Sommerszeiten am besten zutrincken, also schreibet Albi-
nus in seiner Meisner Land-Chronick tit. 23. fol. 318. Das Naumburgische Bier dienet wieder den Stein und das Zipperle. D.
Nicolaus Reusner schreibet an D. Daniel Eulenbecken hiervon
also: in Poëm. part. 3. lib. Sirenum 3. p. 286. 287.

  Scire Novembergi, Daniel, vis munera Zythi?
  Paucula si legis hæc carmina, certus eris
  Calculus hinc cedit, cedit nodolsa Podagra,
  Ægrisici ventris cedit & omne malum.
  Lumina caligare facit, rorareq nares
  Sang vine, cum manibus mox titubrae pedes.

Crescit & inde Venus, vires sum tura bibendo,
Crescit & hinc alvi mox cita proluvies.
Pocula quem zythi faciunt cito currere sani,
Forsan & hinc læto corpore sanus abit.

Das Jenische Bier wird nicht allein durch alle Gassen ausgeruffen, sondern auch mit einem über der Haußthür ausgehängten
Siebe (der Most mit einem Krautstruncke, und der Wein mit einem Krantze von Tannenreise) feil geboten. Solche Bierzeichen
sind zu Weimar eine Fahne. Zu Glauchau in meinem Vaterlande
ein Kegel. Zu Annæberg eine Laterne. Zu Hohnstein ein Tan-
nengipffel. Zu Leipzig ein Topff wenn Scherpe, zweene Töpffe
wenn Rastrum, ein Span wenn Covent offen oder feil ist. Solche
Zeichen seyn oculiseria und geistliche Irrwische, und verführen
manchen von seinem Stand und Beruff, von Weib und Kind.
Fliolnus König der alten Schweden hat gern mit seinen Unterthanen gezecht, und ist von ihnen endlich in ein Bierfaß geworffen,
und ersäufft worden, wie Olaus Magnus vermeldet. Keyser
Wenceslaus hätte billiger in ein Weinfaß sollen gesteckt und er-
säuffet seyn, denn er nam von den Nürnbergern 30000. Gülden,
und 4. Faß Fürstenberger Weins, und zehlet sie ihres Eydes Loß.
Limnæus tom. 1. Jur. Publ. lib. 2. c. 11. p. 151. n. 33.

3. Nach ihrem Recht, Nutz und Last. Es hat ein ieder Bürger
zu Jena, welcher 30. gl. dem Rath schosset, Recht und Macht zu
brauen, iedoch nicht ehe, als wenn ihn das Loß trifft, und seine
versessene Steuer, Schoß, Zinß allenthalben gezahlet, und die
Zahlung bewiesen hat. Er mag mit dem Bier seinen Nutz schaffen, wenn, wo, wie er kan, und ist ihm dieser ziemlich beschnitten
durch den auffgebrachten Zehnden.

A.C. 1496. hat Churf. Ernst zu Sachsen und seyn Bruder
Hertzog Albrecht, einen Landtag zu Zeitz gehalten, und den Bier-
Zehnden, von einem ieden Faß 6. gl. erhalten. Tob. Heidenreich
in Leipziger Chronick p. 67.

A.C. 1518. Sonnabend nach Empfengnüß Marien, hat Churf.
Friderich III. zu Sachsen, und Hertzog Johannes sein Bruder, den
Bierzehnden zum Türckenzuge auch in Jena angeordnet, und 5.
gl. auff ein iedes Faß geschlagen. Wie in Archivis und Urkunden
des Amts zulesen ist. Suche D. D. D. Arumæum de Comitus cap. 5.
n. 90. 92. p. 314.

An.C. 1533 hat Churf. Johan Fridrich zu Sachsen uff 5. Jahr
den Zehnden von dem alten Geträncke gefodert uff dem Landta-

ge zu Jena, und sind domals in Pauliner Kloster, nunmehr Collegio Academico 176. Tische gespeiset worden, aus Noth des Türcken Kriegs.

Das XXVI. Capitel,
Von Kellern der Stadt Jena.

Nach den Kellern ist die Stadt Jena zubetrachten, nicht nach den gemeinen bürgerlichen, sondern nach den Fürsten-, Rosen-, Raths- und Kasten-Kellern.

I.

Der Fürsten-Keller ist zubetrachten:

1. Nach seinem Namen, welchen er hat von Churf. Johan Fridrichen zu Sachsen, der ihn nicht allein erbauet von A.C. 1534. biß 1537. sondern der auch nach seiner 5. jährigen Custodien und Wiederkunfft, darauff ist empfangen worden A.C. 1552. den 24. Septembris. Von wem? Von der Universität und vom Rath. Wie denn? Mit Läutung aller Glocken, Mit Anzündung der Bechfässer uff dem Hatzig-, Welnitz-, Ziegenhayn-, Gänzig- Landgraffen und andern üm Jena liegenden Bergen, und mit Absingung des Kirchengesangs: Herr Gott dich loben wir. Damals haben die Schuel-Knaben und Mägdlein uff ihren Häuptern getragen Kräntze nicht von Lorber, damit weiland die Römer ihre triumphirende Sieger empfingen, sondern von Rautenzweigen, nicht ohne Glückwünschung und Beschenckung. Denn der Rath zu Jena hat seinen Landsfürsten verehrt mit einem Fuder Haber, mit drey Fuder Wein, mit einem Fuder Bier, und mit einem güldenen Becher von 80. Reichsthalern.

2. Nach der Lage. Er liegt vor der Schloßpforte, oben in der Zwetzener Vorstadt gegen Mitternacht, was das alte Gebäude anlanget, an dem Hause, genandt der Wildemann, gegen Abend, was das neue Gebäude betrifft, und den daran liegenden Garten, dessen Wände An.C. 1673. auswendig geweisset, und oben mit Ziegel gedecket worden.

Es ist aber dieser Garten darzu erkaufft worden zu zweyen mahlen. (1.) A.C. 1576. Fryetag nach Himmelfart, von Johanne Flessing üm 200. fl. welche im Namen Hertzog Fridrich Wilhelms I. und Hertzog Johansen zu Sachsen, der Jenische Amtschösser ausgezahlet und gantz frey gemacht hat. (2.) An.C. 1608. von D. Andrea Ellingern, dem Jüngern, den obersten Theil dieses Gartens, gegen dem Heinrichs Berge und Johannes Thor hat An.C.

1640. von Hertzog Wilhelm III. zu Sachsen erlanget, die Medicinische Facultät, und darein gepflanzet ihre Kräuter und Blumen
nicht ohne grosse Mühe und Kosten. Der Ausbitter und erste
Præfectus dieses Medicinischen Gartens ist gewesen D. Paulus
Schlegel, nach ihme D. Christophorus Schelhammer, beyde von
Hamburg, und der letzte D. Johan Theodorus Schenck. Unter
dem ist dieser Medicinische Garten An.C. 1663. abgelöset, und zu 312
einem Fürstl. Lustgarten verordnet worden.

Unter beyden Gebäuden, den alten und den neuen, sind solche weite Keller, daß ein Fuhrmann mit 4. Pferden hinnein, unten
herüm und wieder heraus fahren kan.

3. Nach dem Gebrauch. In diesem Keller werden nicht allein
die Weintrauben, so in Fürstl. Weinbergen gelesen, und dahin
gebracht werden, gekeltert, sondern auch der Most und Wein
verwahret, in grossen mit eisern Reiffen gebunden Fässern. Unter
welchen eins unlängst An.C. 1618. war von 382. Eimern. Gregorius Groitschius in Beschreibung des Salstroms, sagt gar von 1500.
Eimern.

Anderwo sind auch grosse Weinfässer zusehen, als zu Erbach
im Kloster von 84. Fudern, daraus die auffrührischen Bauern
A.C. 1525. in die 54 Fuder gesoffen, und vielleicht gantz und gar
ausgesoffen hetten, wenn sie Frobenus von Hutten, der Feld
Oberster des Schwäbischen Kreises nicht davon gejaget hätte, wie
Johan Cochlæus darvon schreibet im Buch von Luthero p. 138.
139.

Gröningen bey Halberstad von 2093. Eimern, oder 161. Fu- 313
der. (Ein Fuder hält 13. Eimer) hat am Gewichte 625. Centner,
und 98. Pfund. Das Eissen zum Reiffen und Schrauben hat 123.
Centner, 99. Pfund. Hat in der Runde 93. Tauben, die Länge ist
30. Schue, die Höhe 18. Schue, der Boden 10. Schue und 2. Zoll
breit.

Heidelberg von 132. Fudern, 3. Eimern und 12. Kannen, uff
Befehl Hertzog Johan Casimir der Churpfaltz Administratoris,
erbauet von Wernern von Landau, darinnen ein Mann mit einem
Langen Spiese aufgericht stehen kan, und ist voll Lindenfelser
Wein, erwachsen A.C. 1343. Daraus wird Fremden ein Eh-
rentrunck geboten. Paulus Henzener in Itinerario p. 184.

Leipzig im Schloß oder Festung Pleissenburg von 805. Eimern. Tob. Heidenreich in Chronico Lips. p. 12.

Salmenweiler im Cistertimser Kloster von 41. Fudern, darein der Cellarius, unwissend der andern München gefallen, und ersoffen, und biß auff die Beine verweset ist. Crusius part. 2. Annal. Suev. lib. 9. c. 19. fol. 397.

314 ‗Tübingen von 47. Würtenbergischen Fudern, und 4 Eimern. Crusius part. 3. lib. 11. c. 22. fol. 672.

Würtzburg von 120. 140. 150. Culeis Romanis. Casp. Ens in Deliciis Apod. per Germaniam part. 2. p. 505. Ein Culeus Romanus bedeut 6. Eimer. Demnach weren die drey Weinfässer das erste von 720. Eimern, das ander von 840. Eimern, das dritte von 900. Eimern.

Wolfenbüttel von 161. Fudern, oder 1932. Eimern, und 16. Kannen, das Fuder zu 12. Eimern, der Wein kostet 22000. fl. das Faß ist 31. Ellen dick, 9. Ellen am Bodem, 15. Ellen lang, kostet 600. fl. zumachen, hat 24. Reiffe, und ist ein ieder ein Viertel einer Ellen breit. Jonas Gleiner in MS. Chron. Thuring.

Vor dem Böhmischen Kriege, der von An.C. 1618. biß 1650. gewehret, war der Brauch im F. S. Keller zu Jena, daß derjenige, welcher ihn begehrte zusehen, von dem Haußkelner bewillkommet wurde mit einem Becher Weins aus dem grossen Fasse, welche Ehre mir auch allhier, wie auch An.C. 1624. im Augusto zu 315 Franckenhausen im ‗Gräfflichen Schwartzburgischen Keller von 1599. erwachsenen Weine wiederfahren ist. Es ist ein uralter Gebrauch, welchen auch Heinricus Ranzovius zu Bredenberg in Hollstein gehalten hat, wie das in Cœnaculo daselbst angeschriebene Epigramma andeutet, auffgezeichnet von Nathan Chytræo in Delic. Itin. Europ. p. 468.

Qui novus hîc nostris succedis sedibus, Hospes,
esto bonus, mensam consultoq boni.
Craterem de more lubens Philothesion hauri,
at litem moveas ebrietate, cave.
Pocula amicitiam faciunt & pocula solvunt,
si bibis, ut valeant mensq pedesq, sapis.

Unlängst, und zwar A.C. 1668. nach Ostern ist auff diesem Keller auffkommen die Freyheit Bier und Wein zuschencken und zuverzäpffen iederman, auch Ehrentäntze zuhalten.

316

‗II.

Der Rosenkeller ist zubetrachten

1. Nach dem Namen, welchen er hat nicht von M. Johanne Rosa P.P. der A.C. 1571. den 21. Nov. in seinem andern Rectoratu

Academico, und zwar der allererste unter den Rectoren der Universität allhier, verschieden ist in seinem eigenen Wohnhause, nicht in der Johannes- sondern in der Schloßgassen, und zwar an dem Ort, do An.C. 1664. Johan Mauritius Richter, F. S. Baumeister seinen Pallast hingesetzet. Auch nicht von einer daran gemahlten Rosen, oder ausgesteckten Rosen Zeichen und Schenckmal, sondern von den vorigen Besitzern, genandt die Rosenhayner. Denn An.C. 1641. berichtet mich Petrus Rosenhayn, ein 99 jähriger Bürger und Flur Schütze, domals ein Bruder im Spittel zu St. Nicolai allhier, daß sein Vater Wolff Rosenhayn ein Becker, und sein Groß-Vater Just der Brückenmüller, das Backhauß besessen, und der Universität verkaufft hätten, vielleicht den halben Theil neben dem Hause nach dem Johannes Thore, darinnen zu meiner Zeit von An.C. 1618 bißhero gewohnet haben etzliche Professores: 317 M. Michael Wolff, D. Saloman Glassius, D. Gotofredus Cundisius, und anietzo A.C. 1673. D. Sebastianus Nieman Superintendens.

Den Herren Studiosis, so uff diesen Keller von der Rosen genandt, kommen möchten, führe ich diese von der Rosen gemachte Sprüchwörter zu Gemüthe:

Hæc sub rosa dicta sunt.

Rosam papaveri comparas.

Sus super rosas.

Rosas loqui.

Verba tua mihi rosa sunt.

Aut tu me in viola putas, aut in rosa dicere.

In rosa vivere.

Rosam primam carpere.

Urticæ sæpe propinqua rosa est.

Rosa non nascitur è squilla.

2. Nach der Lage. Er liegt im Eingange der Johannes Gassen, 318 uff der lincken Seiten, und ist An.C. 1561. den 9. Aug. von Hertzog Johan Wilhelm I. zu Sachsen, der Universität übergeben, und A.C. 1570. am Sontag Trinitatis also privilegiret und befreyet worden, daß darinnen allerley Wein und Bier, iedoch daß der Wein in etwas wolfeiler, und das Bier einen Heller oder Pfennig weniger solte verzäpffet werden, weil er Zehnd- und Zollfrey sey. Dieses Privilegium hat unterschrieben gemelder Fürst mit seinem Cantzler Wolffen von Köderitz, und ohn allen Zweiffel von ihm erlanget der domalige Rector Magnificus, Doct. Petrus Brem, erster Ordinarius, unlängst gewesener Hoffrath zu Weimar. Suche Librum

Actor. Acad. Jen. fol. 118. 139. Gleichwie vor diesem D. Theodoricus von Bocksdorf, Ordinarius zu Leipzig, und Canonicus zu Merseburg, hernach Bischoff zu Naumburg und Zeitz An.C. 1445. erlanget hat das Privilegium-Bier, genand das Lateinische Bier zu schencken im Fürsten- und Marien-Collegio zu Lepzig. Wie solches vermeldet M. Johan. Friderich in Panegyrico seculari Lips. 1609. 4. Decembr. pag. 21.

319 ‚3. Nach den Gebäuden. An.C. 1573. hat D. Johan Schröter, domals Rector zur Erneurung des Rosen Kellers von den dreyen Churf. Pfaltz, Sachsen, Brandenburg erhalten 300. fl. und 250. Kühnbäume. Lib. Actor. fol. 177. In diesen Gebäuden ist eines vor den Rosenwirth, und zwar unten welches auff die Johannes Gassen gehet, und ist es A.C. 1635. unterm Rectore M. Johan Michaele Dilherren P.P. hernach Oberpredigern in Nürnberg geweisset, und dieser Spruch an die Wand gemahlet worden: Animus hilaris est juge Convivium. M.I.M.D. 1635. Das ist: *Ein guter Muth ist ein täglich Wolleben.* Genommen aus den Sprüchen Salomons des weisen Königs in Israel, Cap. 15. v. 15. Das andere drüber ist die Archiven Stube. Das dritte hinten, nach dem Zwinger, ist die grosse und lange Stuben, darinnen die Examina der Stipendiaten, und weiland die Convivia, sonderlich Philosophica gehalten worden. Wie zu Wittenberg das Palatium Pallados darzu gewidmet ist.

320 ‚In diesem hintersten Zimmer stehen abgemahlet unserer Universität *I.* Stiffter Churfürst Johan Fridrich zu Sachsen. *II.* Einführer Hertzog Johan Fridrich II. und Hertzog Johan-Wilhelm I. des vorhergehenden Söhne. *III.* Erhalter, Hertzog Fridrich Wilhelm I. und Hertzog Johannes Gebrüdere, so wol Hertzog Johan Casimirus, und Hertzog Johan-Ernestus Gebrüdere. Jene sind Hertzog Johan Wilhelms, diese aber Hertzog Joh. Friderichs II. Söhne. *IV.* Vormund, Hertzog Christianus II. Churf. zu Sachsen. Nach dem Exempel der Universität Wittenberg, in dessen Palatio pallados stehen fünff Churfürsten. Die ersten drey aus der Ernestinischen, und zwey aus der Albertinischen Linea. Und unter ihm seine Wolthat gegen derselben. Unter dem ersten Churfürsten Friderico III. Sapiente, Inchoavit. Unter dem andern Johanne I. Constante, Conservavit. Unter dem dritten Johanne Friderico I. fundavit. Unter dem vierdten Mauritio, bellô dissipatam instauravit. Unter dem fünfften Augusto, exornavit, ampliavit, confirmavit. Nathan Chytræus in Deliciis Itin. Europæ p. 369. 370.

4. Nach dem Gebrauch. In diesem Rosen-Keller werden alle 321
fremde Bier und Weine verzäpffet. (Von Weinkostern sind diese
Reime gemacht:

Hochberg am Mayn.

Clingenberg am Rhein.

Bacharach am Stein.

Da wachsen die besten Wein.)

Nicht allein Francken- und Rhein Wein. Sondern auch mehr
andere ausländische Wein, welche Plinius Arvisium, Velaterranus
Marvisium, der gemeine Mann Malvasier und Peter Simon nennet.
Es wird aber das Geträncke in diesem Keller nicht ausgeruffen
durch den Weinruffer, oder mit einem Siebe das Bier, und mit
einem Krautstrunck der Most, und mit einem Krantz von Tan-
nenreiß der Wein angedeutet, wie das Geträncke des Raths und
der Bürgerschafft, sondern in einer Tafel die Art und das Werth
desselben auffgezeichnet. Wiewol auch der Schenck im Raths-
und Burckkeller nunmehr auch eine solche Schencktafel aus- und
aufhänget.

5. Nach der Vorsorge, die ist auffgetragen worden bald etzli- 322
chen Professoren, als An.C. 1593. den 14. Augusti D. Georgio My-
lio Theologo, und M. Georgio Limnæo Mathematico. Bald einem
vertrauten Verwalter, als A.C. 1599. den 26. Sept. Georgio Kör-
nern Depositori Academico, der stirbt An.C. 1626. Vor und nach
ihm, bald selbst versorget bald verpachtet, und üm einen gewissen Jahrszinß ausgethan worden.

Allhier heisset mich die liebe Danckbarkeit erzehlen die Gut-
thätigkeit unserer wollöblichen Universität, unter andern gegen
das H. Predigtamt, und in demselben gegen die beyden Diaconen,
welche nicht allein einem ieden jährlich zum neuen Jahr schicket
2. Reichsthaler, sondern auch auff die 4. hohe Festtage, uffs neue
Jahr, Ostern, Pfingsten, Weihenachten einen Gülden zu 21. gl.
(weiland nur 4. Kannen Naumburger Bier, und 2. Kannen
Francken Wein.) Solcher Gut- und Wolthat habe ich genossen
von An.C. 1626. den 13. Octobr. biß 1673. Dieser löblicher Gebrauch ist schon über 111. Jahr alt. Denn An.C. 1564. am Sontage 323
Misericordias Domini ist dieser Rosen-Keller von der Universität
dem Rath allhier zum ersten vermiedet worden uff 6. Jahr, und
der Jahrzinß gewesen 80. fl. und einem iedern Professori 4. Kannen Bier, und 4. Wein, und zwar Jenischer Wein, uf Himmelfahrt,
Pfingsten, Weihenachten und Ostern. Lib. Actor. Acad. fol. 92. 93.

6. Nach den Zufällen. An.C. 1594. den 3. April wirfft und scheusst Johan Heinrich Schenck, ein Fränckischer Edelmann, Hansen Eisenathens Rosenwirths sechsjähriges Söhnlein in Schimpff und Ernst, aus Muthwillen und Frevel mit kleinen aus Leimen gemachten Käulichen ins Gesicht, und trifft ihm das rechte Auge, daran es blind wird. Dafür hat er ihm zahlen müssen 27. fl. Liber Actor. fol. 368.

III.
Der Raths Keller ist zu betrachten

1. Nach dem Namen. Welchen er hat vom Rathe. Dem er erblich und eigentlich zustehet, von ihm entweder selbst versorget oder verpachtet wird. Sonsten wird dieser Keller gemeiniglich genennet der Borgk- oder Burck Keller. Entweder vom borgen und burgern, weil darinnen das Geträncke im Nothfall den Bürgern eine Zeitlang geborget wird. Oder von der Burg oder F. S. Schlosse, dahin das Spondgeld, und zwar von einem Faß ein gl. gegeben wird, wegen des vom Amte vorgehaltenen Schrotseils, oder von einem Burchardo, dem Erbauer und ersten Besitzer dieses Kellers.

324

2. Nach der Lage. Er liegt am Ende der Johannes Gassen, nahe bey der Michaels Kirchen, lege bequemer am Marcke oder anderswo. Sintemal er ein Irrwisch ist, und manchen zu sich ruffet, der sonst in die Kirchen gienge, Gottes Wort hörete und betet. Beym Johan Agricola im Buche von teutschen Sprüchwörtern lautet das 23. Sprüchwort also: *Wo unser Herr Gott eine Kirchen hinbauet, da bauet der Teuffel auch ein Wirthshauß darneben p. 19.*

3. Nach dem Gebrauche. In diesem Keller wird heute zu Tage verzäpffet, nicht nur aus der Stadt Naumburg, Orlamünd, Grimmitschau, sondern auch aus Braunschweig und Zerbst, nicht nur Land-Wein, sondern auch Francken-, Rhein- Spanischen-Wein, die weiland allein zusuchen waren auff dem Rosen- und Universität Keller. Der Anfang zu solchen ausländischen Weine war ufs neue gemacht An.C. 1656. wegen Auffnehmung des Zehnden vom Geträncke.

325

Weiland wurden auff diesem Rathskeller die Hochzeit-Täntze gehalten, sonderlich wenn zwey Hochzeiten und mehr auff einmahl gehalten worden. Unlängst wurden die armen Leute uff den Diensttag in der Marterwochen, aus ihrem Catechismo in der grossen obern Rathsstuben gefraget, und die Tuchtheilung unter sie von dem Predigtamt, Rath und Kastenvorstehern gemacht.

146

Nunmehr sind beyde Gebräuche abkommen. Jener, weil das Obergebäude neben dem Kastenhause eingefallen, und der Tantzboden abgetragen. Dieser, weil das Examen der armen Leute in die Castenstuben An.C. 1663. verlegt worden ist.

4. Nach den Zufällen.

I. An.C. 1547. Freytag nach Johan Baptistæ ist Keyser Carol 326 V. in Jena gezogen mit 19000. Spaniern, mit 400. Maul Eseln, darbey gewesen der gefangene Churfürst Johan Fridrich zu Sachsen, Landgraff Philippus zu Hessen. Jener hatte sein Quartier auff dem Raths- oder Burckkeller, dahin auch kommen sind seine Gemahlin Fräulein Sibilla, Hertzogin zu Jülich, Clev, und Berg, und seine drey Söhne Hertzog Johan Fridrich II., Hertzog Johan Wilhelm, und Hertzog Johan Fridrich III. Mit welchen er sich geletzet hat. Suche mehr in Annal. Jenens. 1547. 24. Junii.

II. A.C. 1643. den 3. Dec. am ersten Sontag des Advents, kömt Abraham Ned, ein Studiosus und Beckers Sohn von Wittenberg nach Jena, und nimmt seine Wohnung bey dem domaligen Burckkeller Wirth Erhard Keilen, weil er mit dessen Sohn Fridrich einen Tischwechsel getroffen hatte. Was geschicht? In der Mitternacht deucht ihm im Schlaffe, als ruffe ihn der Bote, stehet schlaffend auff, hüllet das Küssen üm sein Haupt, gehet zum Fenster, meinet es sey die Thür, fället bey 21. Ellen herunter 327 aufs Pflaster, wird halb tod auffgehoben, ohne Verletzung seiner Glieder. Ist aber nach 5. Wochen wieder gesund worden. Bey diesem Unfall sind die bösen Geister und Teuffel geschäfftig und mächtig gewesen, aber die guten Engel und himmlischen Frongeister viel geschäfftiger und mächtiger, nach der An-, Aus- und Zusage des lieben Gottes Ps. 34. 8. Ps. 91. 11. 12.

IV.

Der Casten Keller ist zu betrachten

1. Nach seinem Namen, welchen er hat von dem allgemeinen Gottes- und Kirchen Kasten, darbey von Rathswegen vier Vorsteher und Gottesväter, welche wir Kasten-Herren nennen, bestellet sind. Er wird gemeiniglich genennet der Schluckein, entweder von seinem ersten Besitzer, oder von seinem Bilde. Denn daran ist gemahlet ein Mannsbild, daß ein Glaß voll Wein an den Mund setzt, den Wein in sich geusst, und schlucket, wie Wasser Job. 15. v. 16.

2. Nach seinen Besitzern, und diese seyn unterschiedlich. 1. 328 Die Margen (Marien) Knechte, Franciscaner Ordens, sonst Null-

brüder und Bettelmünche genand, haben dieses Kellerhauß besessen, und A.C. 1403. hat ihr Quardian, Theodoricus von Gutins-
hausen im Namen der Minoriten im Kloster St. Johannis Baptist.
zu Erffurt, dasselbe verkaufft dem Rath zu Jena, und sind domals
sechs Rathsmeister (Bürgermeister) aus iedem Rath zweene gewesen, mit Namen Ditrich Schezil, Albert Schlewitz, Siffrid Brise-
nitz, Heise Owerstete, Heinrich Schiditz, und Hans Voyts. Wie es
aber hernach wiederüm auff die Bettel-Münche kommen, kan ich
nicht gewiß vermelden. Denn A.C. 1505. Dienstag nach Lætare hat
dieses Terminier- und Kellerhauß Johan Oerter, Prior in Pauliner-
oder Brüder-Kloster in Jena verkaufft Heinrich Heiligensteten,
Ertzpriestern und Pfarrern im Städlein Magdala über Weimar,
und der Versamlung St. Annen daselbst, üm XVI½ alte Schock,
iedes zu 60. gl. Meisner Wehrung. Vielleicht haben die Nonnen
zu St. Michael in Jena dasselbe hernach an sich gebracht, und von
ihnen auff den Rath ist es endlich A.C. 1520. kommen.

329 ⟨3. Nach den Gebäuden und Gebrauch. Uber dem Keller stehet eine grosse Ziehkelter, und sind in obern Zimmern zwo Stuben übereinander mit ihren Schlaffkammern. In der untersten
wohnete weiland der Schul Cantor, in der obersten der vierdte
Schuel Collega. Jener wohnet nunmehr in dem Kellerhause, welches Matthæus Hahn, ein frommer Raths- und Casten Herr für
die Schuldiener vermacht hat, ist gestorben A.C. 1639. im 77. Jahr
seines Alters.

Das XXVII. Capitel,
Von den Jahrküchen, Gasthöfen, Wirthshäusern
oder Herbergen in der Stadt Jena.
I.
Nach der Jahrküche ist die Stadt Jena zubetrachten
1. Nach ihrem Namen, den hat sie unterschiedlich, entweder
vom Wörtlein Jahr, weil sie jährlich gebraucht wird, nicht nur auf
330 die Wochen- sondern auch auff die Jahrmärcke und Messen.
Oder vom Wörtlein Gar, weil die Speisen darinnen gantz und gar
vollkömmlich sollen gekocht, gesotten, gebraten und zugerichtet
werden, nach dem gemeinen Sprichwort: *Iß was gar ist, trinck was*
klar ist, rede, was war ist.
2. Nach ihrer Lage. Die ist veränderlich. Unlängst lag diese
Jahr- und Gar-Küche nicht weit von dem Nonnenplan und Collegen-Kirchen, gegen der Löbdergassen zu, nunmehr aber ist sie

von Grund aus- und auffgebauet unter dem Marcke, in der Ober-
lauen-Gassen, drey Stockwerck hoch, mit etzlichen Stuben und
Kammern, darinnen weiland Balthasar Börner ein Rathsverwand-
ter gewohnet hat.

3. Nach ihrem Nutze. Jeder Jahr-Koch hat weiland vor die
Wohnung und Freyheit auff alle Wochen- und Jahrmärcke Speise
an Fleisch und Zugemüse zu verkauffen, gegeben 20. fl.

II.

Nach den Gasthöfen ist die Stadt Jena zubetrachten. Etzliche <u>331</u>
sind abkommen, etzliche sind blieben, etzliche auffkommen.

Die abgekommene Gasthöfe sind diese:

1. Der Gasthoff zur güldenen Gans, in welchen An.C. 1558.
den 2. Febr. (daran die Universität ist herrlich eingeführet worden) Hertzog Johan Wilhelm zu Sachsen seinen Abtritt genommen, gleichwie sein älterer Bruder Hertzog Johan Fridrich II. in
der Schrötersburg, bey D. Joh. Schrötern ersten Rectore, und sein
Jüngerer Bruder Hertzog Johan Fridrich III. im Geleits-Hofe bey
Andrea Steckenbergern auff dem Marcke. Den Gebrauch dieses
Gasthoffs hat abgebracht oder ab- und eingehen lassen Johan
Harnisch, beyder Rechten Doctor und Advocatus im F. S. Hoffgerichte. Er hat gelegen am Marcke gegen dem Röhrkasten, über
der alten Apotheke, und ist unlängst bewohnet gewesen von D.
Erasmo Ungebauren, D. Joh. Strauchen, anietzo F. S. Cantzlern
zu Jena, Christian Hillgunden F. S. Steuer Einnehmern, und her-
nach Amtschösser zu Cappellendorff.

2. Der Gasthoff zum schwartzen Adler in der Löbdergassen,
dieser hat seinen Anfang von Joseph Avenario, D. Johannis Avenarii <u>332</u>
Theol. P.P. Sohne, und sein Ende bekommen von Blasio Lobenstein, A.C. 1631. den 3. Maji. Dann dieser hat das Zeichen des
schwartzen Adlers abgethan, und einen Buchladen darinnen angerichtet.

3. Der Gasthoff zur güldenen Kronen, vor dem Löbderthore,
hinter dem Gasthofe zum halben Monden, ist weiland ein berühmter Gasthoff gewesen, und haben ihn die Fleischer, die Beier
genandt, lange besessen, aber ihre Nachkommen haben solchen
in dem 32. jährigen Böhmischen-Teutschen Kriege lassen eingehen, und endlich A.C. 1668. verkaufft D. Johan Christophoro
Falcknern Prof.P.

Die bliebenen Gasthöfe sind diese:

1. Der Gasthoff zur güldenen Sonnen, liegt am Marcke unweit vom Rathhause, hat den Namen von seinem Zeichen, und das ist eine abgemahlete güldene Sonne, zugeschweigen der Wapen vieler Fürsten, Grafen, Herren und Edlen von aussen und von innen. Dieser Gasthoff allein hat das Privilegium Wein und Bier einzulegen für die frembde Gäste, aber nicht für die Einheimischen, und solche Freyheit hat erlangt sein Besitzer Philippus von Herden, Bürgermeister, der verstorben ist An.C. 1598. den 15. Novembr. und genossen sein Eydam Martin Wolff Beier, und dessen Sohn Philippus Beier, beyde Bürgemeister, und dieses Eheweib und Witbe Catharina Cathara von Hall aus Sachsen hat diesen Gasthoff verkaufft Heinrich Gottfried Marquarden, von Soost aus Westphalen, anietzo Bürgermeistern, und ihr vorbehalten das Nebenhauß mit dem Hofe und Thorwege.

Vor diesem Gasthofe über dem Wasserlauff ist zusehen der steinerne Scheffel oder Kornmaß.

2. Der Gasthoff zum schwartzen Beeren, liegt vor der Schloßbrücke, beym neuen Ball-Hause, in der Zwetzener Vorstadt oder Nollendorff, hat den Namen von seinem Wirths- oder Gast-Zeichen, denn ein Beer ist in der Ein- und Ausfahrt daran abgemahlet. In diesem Gasthoff hat An.C. 1524. den 22. Augusti D. M. Luther ein Gespräch gehalten mit dem aus Wittenberg entwichenen D. Andrea Bodenstein, sonst Carlstad von seinem Vaterland also genand, und ihm ein Glaß Wein zugetruncken, mit Darreichung eines Rheinischen Güldens, daß er wieder ihn schreiben solte. In Beyseyn D. Gerhard Westerburgs von Cöln, Martin Rheinharts Pfarrers zu Jena, Wolffgang Steins, Hoffpredigers zu Weimar, des Prioris zu Wittenberg, und Andreæ Brennings Bürgermeisters in Jena. Tom. 1. Lutheri Germ. Jenens. fol. 447. Es hat domals uff Churf. Fridrichs III. zu Sachsen, und seines Bruders Hertzog Johansen Befehl D. M. Luther zweymal in Jena geprediget, einmal in der Michaels Kirchen, darnach auff dem alten Schloß Saal, darinnen St. Elisabethen Altar gestanden, und nunmehr abgetragen ist. Der ietzige Gastwirth ist Johan Weize.

Vor diesem Gasthofe stunde vor wenig Jahren eine uralte Linde, darunter die Vorstädter wol ehemals ihre Hochzeit- und Jahrs-Täntze hielten, und zu meiner Zeit die Abdanckungen bey Abführung vornehmer Leichen geschahen. Als An.C. 1620. den 16. Octobr. wurde tod weggeführet Balthaser Fridrich Catte auff Vieritz, Zolchau, neuen und alten Klitsche, Melchior Cattens und

Ursula von Thumen Sohn, Studiosus allhier, welcher starb den 1. 335
Oct. seines Alters im 22. Jahr.

3. Der Gasthoff zum halben Mond liegt dem Löbderthor gleichüber, und hat seinen Namen von dem daran abgemahleten und ausgesteckten Gastzeichen, und das ist der güldene halbe Mond.

Der auffgekommene Gasthoff zum gelben Engel hat seinen Namen vom Wirths-Zeichen, liegt auf dem Platz oder Raum, darauff weiland das Carmeliter Kloster und der alte Spittal gestanden vor dem Löbderthor bey der grossen Linden. Als das alte Gebäude noch gestanden, sind darinnen An.C. 1554. die Schrifften D. Mart. Lutheri gedruckt, und in 8. teutsche und 4. lateinische Tomos, von L. Nicolao Amsdorfio, vertriebenen Bischoffe zu Naumburg und Zeitz, und von M. Georgio Rorario ein- und abgetheilet worden, daher kömmet noch die Rede, hinter oder bey der Druckerey. Als aber Matthæus de Moncado, Keyserl. Kriegs-Oberster und Commandant in Jena A.C. 1642. im April viel Häuser, Scheunen, und auch das baufällige Carmeliter-Kloster und Spittal eingerissen, hat endlich der Rath zu Jena uff erlangten F. S. 336 Willen auff diesen Platz gebauet einen neuen Gasthoff, und denselben A.C. 1669. den 7. Sept. verpachtet Hansen Debnern, uff drey Jahr, uffs erste 60. uffs andere 80. uffs dritte 100. fl. und ihm die Macht gegeben Bier und Wein einzulegen, aber nur für fremde Gäste.

III.

Nach den Wirths Häusern und Herbergen ist die Stadt Jena zubetrachten, unter welchen etzliche gantz und gar ins Abnehmen kommen sind, davon nur der Zuname, aber nicht der Ort und die Lage mir bewust ist, und hat derselben eins geheissen zum halben Butterwecken, das andere aber zur kalten Herberge. Ihr Zunamen giebt es, daß darinnen nicht viel zum besten, und Schmal-Hans Hauß-Knecht gewesen ist. Hingegen sind etzliche noch im Gebrauch, als da ist der rothe Hirsch, und der grüne Hecht. Beyde liegen vor dem Löbderthor, jener an der Ecken gegen der Ziegelhütte, dieser aber neben der Huffschmied im Eingange der Naugassen. Ist zwar An.C. 1630. den 27. Febr. abgebrandt, aber nunmehr gantz auff- und ausgebauet. Nechst diesen 337 zweyen hat Chilian Lerchners Witbe ein Hauß am Teiche, und darinnen Raum gnug zu herbergen. Herberget iederman, Fußgänger und Fuhrleute, aber ohne Wirths- und Gastzeichen, mit ihren grossen Nutz und Frommen.

Das XXVII. Capitel,

Von den Apotheken der Stadt Jena.

Nach den Apotheken ist die Stadt Jena zubetrachten, und derer waren zu meiner Zeit von A.C. 1618. wol zwo, die alte und die neue. Jene lag unter dem Marcke, und hatte einen grossen Raum, forne an unterschiedene Gewölbe, unten etzliche Keller, hinten einen weiten Hoff und Kräuter-Garten. Ist aber im Kriegswesen ein- und abgangen. Das Hauß besitzet und erneuet in diesem 1665. Jahr M. David Lipach Diaconus allhier. Diese liegt noch am Marcke, uff der Seiten gegen Morgen, und kömmet uns zubetrachten vor:

1. Nach der Anhebung, und dieselbe fället in das 1562. Jahr, in welchem die Hertzogen zu Sachsen diese Apotheke befreyet haben.

2. Nach der Besichtigung. Die kömmet zu der Medicinischen Facultät. Denn als An.C. 1566. ein Geschrey auskam, als habe Hertzog Joh. Fridrich II. zu Sachsen, D. Paulo Luthern seinem Leib-Medico, D. Martini Luthers Sohne Befehl ertheilet, die Apotheken in seinem und seines Bruders Hertzog Johan Wilhelms Fürstenthum, Landen und Städten zu visitiren und zubesichtigen, hat die Medicinische Facultät zu Jena an diesen ein Schreiben abgehen lassen, und davon abgemahnet.

3. Nach der Anordnung. Die kömmet auch der Medicinischen Facultät zu, als die sich auff die Artzeney und derselben Ingredientien am besten verstehet. Dannenhero stehet auch in ihrer Macht, die Apotheker zu examiniren und zu beeydigen. Wie aus nachfolgendem Exempel zuersehen.

A.C. 1570. den 26. Julii, ist uff Hertzog Joh. Wilhelms zu Sachsen Befehl die Apotheke von der Medicinischen Facultät drey Tage über besichtiget, und angeordnet worden, daß forthin keine Artzeney mehr in Kupfer, Messing, Ehrnen, sondern irrdinen Gefäßen solte zubereitet werden. Bey dieser Besichtigung sind gewesen Alexander von Eicht, Hauptmann zu Jena, etzliche Professores aus andern Facultäten, beyde Bürgermeister Herman Nebeling, und M. Burchardus Andreæ.

A.C. 1574. den 28. Martii ist die von der Medicinischen Facultät wieder den Eigensinnigen Apotheker Goorg Fichten begehrte

Besichtigung angegangen, und sind darzu vom Hof aus geschicket worden, Fridrich von Pönickau Hoffmarschalck, und Lucas Tangel, beyder Rechten Doctor und Hoffrath. Darbey auch gewesen seyn deputati und Beysitzer von der Universität und von dem Rath.

A.C. 1639. den 31. Jan. entstund ein grosser Streit allhier, ob zwey Apotheken wieder zugleich, oder nur eine einzige seyn und bleiben solten, und etzliche den Mantel nach dem Winde hiengen, und der Medicinischen Facultät einen Eingriff thun wolten, behielte doch dieselbige die Oberhand, und uf Befehl Hertzog Wilhelms IV. zu Sachsen, finge sich die Besichtigung in beyden, der 340 Bowitzischen und der Rüdigerischen an. Jene war die neue, diese die alte Apotheke, und wärete etzliche Wochen. Dergleichen ist niemals vorher geschehen. Der Director war D. Wernerus Rolfinck, seiner Facultät Senior und D. Paulus Marquardus Schlegel, P.P. beyde von Hamburg, neben allen andern Medicinæ Dd. Licentiatis, Candidatis, Studiosis, im Namen der Universität drey P.P. D. Erasmus Ungebauer JCtus, M. Philippus Horst, M. Johan Michael Dilherr. Uff des Raths Seiten die beyden Bürgermeister David Bamberger, und Johan Reiffenberger, mit ihrem Syndico Christian Volraden von Dreßden.

Nach der Besitzung. Der erste privilegirte Apotheker in der neuen Apotheken ist gewesen Georgius Fichte, beruffen aus Nürmberg, A.C. 1562. Gleichwie der erste zu Greiffenberg in Schlesien 1589. Johan Laurentius Leorinus, und zu Meissen in Meissen 1505. Carolus Leuschner. Ihme seyn in der neuen Apotheken nachgefolget 1. Enoch Haneman von Weide, stirbt nach 21. Jahren an der Wassersucht 1605. den 30. Aug. 2. M. Valerianus 341 Clemens von Dreßden, stirbt 1618. den 17. Jan. 3. Valerianus Theodorus Clemens, ein trefflicher Chymicus, stirbt 1637. den 1. Martii. 4. Johan Bowitz von Hall, ist allein Apotheker blieben biß 1636. Darnach kömmet von Salfeld nach Jena Georgius Rüdinger, und stellet eine gantz neue Apotheke zum dreyen schwartzen Morenköpffen an, und dieselbe fällt auch wieder nach seinem Tode. 5. Johan Hoffmann, ist noch am Leben in diesem 1678. Jahre.

In der alten Apotheke sind zu meiner Zeit An.C. 1618. gewesen Michael Heckelbach, und ihm hat in der Ehe und in der Ehre nachgefolget Justus Jugler von Hecherdorff, und diesem, nachdem er An.C. 1620 den 8. April starb, sein Stieff-Sohn Lampertus

Heckelbach, mit welchen die alte Apotheke auch gestorben und verdorben ist.

Das XXIX. Capitel,
Von Terminier-Häusern und Spittalen
in Jena in gemein.

„Bißanhero haben wir betrachtet die eigenen und die gemeinen weltlichen Häuser. Nunmehr kommen wir auf die Geistlichen, und die sind allhier das Terminier-Hauß, Spittale, Capellen, Klöster, Tempel, oder Kirch- und Schul Häuser.

Das Terminier-Hauß ist eben der Casten-Keller und Schluckein, in welchem die Nullbrüder, Bettelmünche, und Margen (Marien) Knechte weiland gewohnet haben. Derer ist gedacht im vorhergehenden 26. Capitel §. der Kasten Keller.

Dieser Orden ist auffkommen A.C. 1233. zu Florentz in Hetruria, einer Landschafft in Italia oder Welschland, und hat im betteln diese Wort gebrauchet: Die Brüder und Knechte der heiligen Marien kommen, gebt Allmosen. Besoldus in Thes. pract. lit. B. num. 42. p. 117. Ihrer gedencket M. Barthol. Scheræus lib. 4. miscell. hierarch. p. 231. also:

Ein Null Bruder kömmet vom lateinischen Nullus, Nulla, das ist, nichts. Denn solche Bettel-Brüder sind auch hin und wieder gangen, und haben nichts gegeben für Essen noch für Kleider.
Daher spricht man von einem Tellerlecker, er gehet nullen, er nullet. Von welchem auch herkommen die Knollfincken und kahle Fincken, Hudler ꝛc. die da herüm handeln und hudeln.

Die Spittäle haben ihren Namen aus der lateinischen Sprache, darinnen werden sie genennet Hospitalia, das ist Herbergen, daher kömmet das Sprüchwort: Die Spittel sind der armen Leute Gasthöfe. An etzlichen Orten heissen sie Lazareth, vom armen Lazaro, das ist: Gott helff! Gott berath! Luc. 16. 20. Weil darinnen den armen Leuten nach Gottes Willen und zu Gottes Ehren geholffen und gerathen wird.

Weiland sind die Commendatur-Häuser solche Hospitalia und Lazarethe gewesen, und haben gehöret zum Ritter Orden. Die Ritter sind genennet worden bald Hospitaler, weil sie fremde Leute geherberget, bald Hierosolymitaner, weil etzliche unter ihnen das heilige Grab Christi zu Jerusalem bewacht und bewahrt haben. Bald Johanniter, weil sie Johannem den Apostel zu ihrem

Patron erwehlet haben, bald Rhodiser und Matheser, weil sie beyde Inseln bewohnet, und wider den Türcken beschützet. Und
nachdem sie aus der Insul Rhodis vertrieben, haben sie Maltha 344
vom Keyser Carolo V. An.C. 1530. den 4. Oct. erblich bekommen, mit der Bedingung, daß sie ihme und seinen Nachkommen
im Königreich Hispanien und Sicilien, einen Falcken zu Anzei-
gung der unterthänigen Treu überlieffern solten. Mich. Heberer
lib. 3. Ægypt servit. c. 14. p. 419. Allhier setze ich die Wort Johan.
Agricolæ Isleb. in seinem Buch von Sprüchwörtern, Prov. 634. p.
364. Regenspurg soll soviel Spittel, Capellen, Klöster, Tempel,
und Kirchen haben, als Tage in einem Jahre seyn, nemlich 365.

Solche Spittäle sind in Jena theils eingangen, theils verblieben.
Der abgegangene, ist der alte Spittel zum heiligen Creutz und
allen Heiligen, vor dem Löbderthore, genand der Carmeliter Hof
oder Kloster, der ist A.C. 1214. erbauet, und 1319. eingethan den
Carmeliter-München und ihren Prioren. Es sind keine Aepte,
sondern nur Priores über sie gesetzet gewesen, welche 1525. im
Bauern-Kriege daraus vertrieben. In diesem alten Spittel und
Carmeliter-Kloster sind die Schrifften D. M. Luthers, ab- und
eingetheilet in 8. teutsche und in 4. lateinische Tomos An.C. 1554. 345
zum erstenmal durch Christian Rödinger gedruckt, deswegen der
Ort noch immerdar die alte Druckerey genennet wird.

Es hat dieser alter Spittal und Carmeliter Hoff noch A.C.
1642. in Dach und Fach gestanden, ist aber an Osterfeyertagen
neben andern Caduc-Häusern und Scheunen, uff Befehl Matthæi
von Moncado, Keyserl. Kriegs-Obersten und Commandanten in
Jena, eingerissen, und dessen Balcken und Träger davon zu Palisaten und Brustwehren der Stadtmauren gegen Mittag gebraucht
worden.

Der verbliebene ist der Studenten- und der Bürger-Spittel,
und dieser wird genennet der Siech-, Brüder- und Weiber-Spittel.

Das XXX. Capitel,
Vom Studenten Spittel.

Der Studenten Spittel ist die Nicols-Capell vor dem Salthore
neben dem Brüder-Spittel gegen der Badestuben, welchen die 346
Universität vom Rath zu Jena vor arme und krancke Studenten
und ihrem Gesinde An.C. 1564. erkaufft, und 1572. ausgebauet,
1575. geweiset, 1592. ausgethan hat theils einem Tischler, theils
einem Bothen. Anietzo in diesem 1673. Jahr ist dieser Spittel

noch wol gebauet, und bewohnet von einem auff die Krancken bestalten Biedermann.

Ob gleich dieser Studenten-Spittel nicht zuvergleichen ist dem zu Cöln am Rhein, genand Rubra porta in der Gereonsstrassen, welchen die Facultas Philosophica doselbst erhelt. Middendorpius part. 2. de Acad. lib. 5. p. 145. Dem zu Salmantica in Castilia, der 3000. Ducaten Einkommen hat. Idem ibid. I. 7. p. 429. Dem zu Wien in Oesterreich, der An.C. 1512. in der Vorstadt erbauet, 1529. in der Belägerung der Türcken eingerissen, und hernach von Keyser Ferdinando I. und seinem Sohne Maximiliano II. wieder auffgebauet, und mit vielen Einkunfften begabet ist. Ibid. lib. 5. p. 301. Dem zu Wittenberg in Sachsen, welchen Churfürst Augustus zu Sachsen ˌmit 1000. fl. zur Artzeney, wie auch das Convictorium Academicum mit 2000. Scheffel Korn zur Kost versehen. D. Polycarp. Lyserus in desselben Leichpredigt. Jedoch hat unser Studenten-Spittel drey seine Zugänge, wenn nur noch etzliche darzu kämen und sich vermehrten.

1. Von erkaufften Zinsen. An.C. 1565. kaufft der domalige Rector M. Johan. Rosa P.P. von Heinrich Neubergern dem Jüngern 101. fl. von M. Johanne Böttnern, sonsten Ursinus genand, Advocaten im F. S. Hoffgerichte, und endlichen Schwartzburgischen Cantzler 66. fl. von M. Heinrich Weisen 5. Viertel Weitzen, und so viel Gersten, Jenisch Gemäß. Von Blasio Hildebranden zu Buttelstet 4. Hüner, 6. gl.

An.C. 1568. kaufft der domalige Rector D. Johan Schröter P.P. von M. Friderico Wiedebrano PP. 6. Jehner Korn 2. gl. 8. d. vor oder üm 66. fl. wie zulesen im Libro Actor. Acad. fol. 96. 102. 103. 115. das sind löbliche Fußtapffen der lieben Vorfahren, darein die Nachkommen treten können und sollen.

2. Von gesamleten Almosen. Als A.C. ˌ1564. dieser Studenten-Spittel solte erkaufft und ausgebauet werden, haben darzu mildiglich gesteuert Johannes von Germar ein Edler Thüringer und Commendator zu Zwetzen, Lehsten, Nehelstet und Liebstet 100. fl. D. Johan Schröter (erster Rector 1558. 2. Febr.) 20. fl. und nachfolgende F. S. Städte in Thüringen, Francken, Meissen, als Altenburg 15. fl., Coburg 11. fl. 9. gl., Kündburck (Königsberg) in Francken 11. fl. 9. gl., Weimar 10. fl., Cala 10. fl., Bürgel 3. fl., Orlamünda 5. fl., Salfeld 8., Römhild 5. fl. 9. gl., Cunitz 4. fl., Schmöllen 8. fl., Triptiz 3. fl. 9. gl., Ziegenrück 4. fl. 12. gl., Butstet 10. fl., Weida 12. fl., Eisenach 10. fl., Beßneck 10, Aume

4. fl. Rhoda 8. fl., Neustadt an der Orla 5. fl. 15. gl. Johan Grauer F. S. Amtschösser zu Jena 1. fl. 15. gl. Leopoldus Bratfisch wegen begangenen Todschlags 20. fl. Straffgelder. Summa dieser Collect 480. fl. Wie solches D. Johan Schröter mit eigner Hand verzeichnet d. l. fol. 95.

    3. Von Testamenten, Legaten oder Vermächtnüssen.

    An.C. 1593. den 20. Jan. stirbt zu Jena Catharina D. David Voigts P.P. Tochter, Georgi Stengels von Kitzingen aus Francken, und Pauli Rüdingers beyder Rechten Doctoris Witbe, welche vorher in diesen Spittel vermacht 80. fl. zur Artzeney vor krancke Studenten, ein gemacht Federbette, mit seinen Unter- und Oberbette, 2. Pfühlen, 1. Küssen, 4. Bettücher, 2. Pfühl- und 2. Küssenzichen. ibid. fol. 385. 389. Diese gutthätige Frau hat noch zur Zeit keine Nachfolgerin in solcher Gutsthuung.

Das XXXI. Capitel,
Von dem Siech- oder Jacobs Spittel.

    Der Bürgerspittel, so noch wehret, ist der Siech- oder Jacobs-Spittel, der Brüder- oder Nicols-Spittel, der Weiber oder Marien Magdalenen Spittel. Von einem ieden soll insonderheit gehandelt werden.

    Der Siech-Spittel ist zubetrachten 1. nach seinem Namen, er wird genennet (1.) der Siech Spittel, weil weiland nur die Siechleute, mit ansteckenden Kranckheiten behafftet, darein sind genommen und unterhalten worden. Anietzo hausen und wohnen darinnen reine und feine Personen. Vor die Siech- und andere Leute, sonderlich zur Pestzeit, sind drey neue Häuser auff der Landfeste, unter dem Rabenstein, im Eingange der Insel An.C. 1612. erbauet, aber 1637. in Keyserlichen und Schwedischen Einquartirung und Durchzügen verderbet, und hernach mit dem vierdten alten Pestilentz Hause gäntzlich eingerissen worden, daß man fast nicht sehen kan, wo sie gestanden seyn. An ihrer statt ist An.C. 1670. ein neu Siech- und Pestilentz Hauß, unweit davon erbauet worden. Dessen oben gedacht im 15. Capitel. §. Die geistlichen Häuser ꝛc. und im 20. Capitel, §. XII. vor dem Salthor (2.) Der Jacobs-Spittel, weil die Capell darbey, in der Ehre des Apostels Jacobi, genand der Grössere, erbauet, und sein Bild abgemahlet ist. Dieser Apostel Jacobus ist vom Könige Herode Agrippa enthauptet Act. 12. 2. und soll sein Leichnam nach

Compostel in Hispanien gebracht worden seyn, dahin wollen die Jacobs-Brüder. (3.) Der Weidichs-Spittel, weil er im Eingange der Wiesen, genand, das Weidicht, liegt.

2. Nach seiner Lage, er liegt vor dem Zwetzener-Thore, unter D. Werneri Rolfincks P.P. Forwerge, unweit vom Campo Philosophico, im Eingange des Lerchenfeldes und des Weidichs, ümgeben mit einem weiten Garten, welchen An.C. 1508. Johannes von Görmar uf Gehesen, Commendator zu Zwetzen, uff Vorbitte Doct. Johann Schröters P.P. den armen Spittel-Leuten zur Lust und Nutz vor 100. Thaler erkaufft, und noch 28. gl. jährlichen Zinß, fällig uff Michaelis, bey der Kämmerey auff dem Rathhause zu Jena, vermacht hat.

3. Nach dem Gebrauch. Im Pabstthum sind darinnen die Siechleute unterhalten worden, aber anietzo sind darinnen nur reine Leute, welche sich darein kauffen mit 20. fl. drüber und drunter. Jacob Beier, bürtig von Lichtenhayn, ein Zwarg, hat sich mit 50. fl. darein gekaufft, weil er noch jung, und kein Stadt-Kind, noch aus des Raths- oder Brücken- Hoffs-Dörffern, Oßmeritz und Jehnelöbnitz gewesen ist. Ein ieder Mensch darinnen bekömt wöchentlich auff die Freytage 1. oder 2. gl. (nach dem sie viel oder wenig Geld bey ihrem An- und Einzuge geben) und auff den Sontag Brodt aus dem Gottes Kasten, jährlich uff den grünen Donnerstag Tuch aus der Tuchspende, alle Mitwoche und Sontage gehet ihre Korb-Magd in der Stadt und vor den 4. Vorstädten herüm, und samlet die Almosen von Brodt und Geld in einem offenen Korbe und verschlossenen Büchsen. Sie setzen auch ihre Almosen-Näpffe auff vor der Kirchthür alle Sontage nach der Früepredigt, und sonsten bey Rectoraten, Doctoraten, Magisterien, Hochzeiten und Leichbegängnüssen, wenn sie in der Stadt- und Collegen Kirchen gehalten werden. Zugeschweigen, daß sie von allen Vorüberreisenden, sonderlich von den Kauffleuten, die auff die Naumburgische und Leipzische Messe ziehen, ein almosen, (das sind die gewöhnliche Enkünfft, Zinsen, Steuren) mit einem an dem Fahrweg und Fußsteig uff einem Pfahl gesetzten und angenagelten Bettel-Napff und Klingelsack bitten.

Das XXXII. Capitel,
Von Brüder- und Nicols-Spittel.
Der Brüder-Spittel ist zubetrachten 1. Nach seinem Namen. Er wird genennet der Brüder-Spittel, weil die XII. alten Leute,

welche darinnen nottürfftig erhalten werden, einander brüderlich meinen und lieben sollen. 2. Der Männer-Spittel, zum Unterscheid des Weiber-Spittels, zwischen der Badestuben und Schlacht-Hause. Wiewol vor Zeiten im Pabstthum zugleich Mannes- und Weibes-Personen darinnen sind unterhalten worden. Wie zusehen aus ihrer Ordnung An.C. 1506. heute zu Tage ist nur eine Weibes-Person, an statt einer Köchin darinnen. 3. Der neue Spittel, zum Unterscheid des alten, welcher vor dem Löbderthor An.C. 1214. erbauet, 1319. den Carmelitern eingethan, 1525. im Bauren-Krieg verwüstet, und wüste gestanden biß An.C. 1642. daran er von den Moncadischen Völckern gäntzlich biß auff die unterste Maure und grosse steinerne Küchen eingerissen worden _354_ ist. Wie im vorhergehenden 29. Capitel vermeldet ist. 4. Der Niclaß-Spittel, weil daran gestanden die Niclaß-Capelle, in welcher das Bild Nicolai auff dem Altar mit vielen Allmosen, wegen etzlicher Wunderwercken, die sonderlich An.C. 1354. sich sollen begeben haben, ist verehret worden.

2. Nach seiner Lage. Er liegt vor dem Salthore an der Mühl Lache, die unter der Wohnstube hinfleusst, neben der Niclaß-Capell, die nunmehr der Studenten-Spittel genennet wird.

3. Nach seinem Ursprung, davon gibt Bericht der Stifftungs-Brieff, gegeben A.C. 1319. am Pfingsten, in welchem der Rath mit Vorbewust der Eptissin zu St. Michael, und ihres Probstens den neuen Spittel in der Ehre des H. Geistes und aller Heiligen, und sonderlich des H. Nicolai gestifftet, mit der Bedingung, daß die Opffer auff dem Altar dem Kloster, und die Opffer in dem Stock dem Rath für die armen Leute sollen bleiben. Den Brieff haben als Stiffter und Zeugen unterschrieben Walther Franck, Conrad _355_ Reinfrid, Heinrich Voil, Diterich Francke, Walther Gigas, Conrad Schetin, Heinrich Sagittarius, Ditrich Notzke, Conrad von Roda, Johan von Nürnberg, Milanus Then, Gerhard Heinrich Tropinhauer, Johan Dithmari, als Rathsverwanten in diesem 1319. Jahre, Rathsmeister aber Heinrich Voil, und Ditrich Francke.

Der Brieff lautet in lateinischer Sprache also:

In nomine Domini, Amen. Nos Heinricus Voil, Theodoricus Franck Magistri Consulum, nec non universi consules civitatis Jehn, tenore præsentium publicè profitemur, & ad publicam tàm modernorum, quàm futurorum deferimus notitiam, quod cum honorabili viro, Domino Reinboten Præposito, nec non Reverenda Domina Catharina _356_ Abbatissa, & Domina Adelheida Priorissa, totoque cum Collegio Sanctimonialium in Jena unanimes facti existimus, ut Hospitale Novum extra muros civitatis ejusdem constructum, processum debeat habere, & à Reverendo Domino Episcopo in honorem Sancti Spiritus, & omnium Sanctorum consecrari. Ita tamen, quod sacræ oblationes super altare oblatas vel sacrificatas, ipsi Domino Præposito & conventui antedicto præsentari debeant, reliquæ oblationes ad truncum positas vel datas vel appropriatas, seu quocunque alio modo ad hospitale propter Dei munus porrectas ad utilitatem miserabilium personarum, infirmorum ibid. jacentium debent integraliter pervenire. Hoc etiam adjecto, si ad idem hospitale, Magistrum vel provisorem statuere, vel sacerdoti conferre necesse fuit & consultum, Dominus præpositus & conventus sæpe dictus, plenam potestatem & autoritatem hujus conferendi, statuendi & deponendi habebunt & habere debent. Sed hoc semper fieri debet cum consensu & voluntate consulum civitatis. Si verò aliquem Sacerdotem, vel Magistrum, vel provisorem statuerint ibidem, qui hospitale non regeret, nec sibi, ut teneretur, provideret, ita quod ipsi Domino Præposito & Conventui seu Consulibus Civitatis sua provisio displiceret, nec coveniret, ex tunc ipse Præpositus & conventus ante dictus illius amovendi, & alteri regimen Provisionis conferendi habere debet potestatem. Et hoc iterum cum consensu & voluntate Consulum civitatis. In cujus rei testimonium sigillo Domini præpositi & conventus & Civitatis vigoravimus præsens scriptum. Testes sunt VValterus Franck, Conradus Reinfridi, Heinricus Voil, Theodoricus Franck, VValterus Gigas, Conradus Schetin, Heinricus Sagittarius, Theodoricus Notzke, Conradus de Rhoda, Joannes de Nürnberg, Milanus Then, Gerhardus Heinricus Trepinhovver, Johannes Tithmari, Consules Civitatis hujus anni. Datum Anno Domini M.CCC.XIX. in festo pentecostes.

4. Nach seinem Gebrauch im Pabstthum, und im Lutherischen Christenthum.

Im Pabstthum. Dieser Brüder-, Männer-, Neuer-, Niclaß-Spittel ist An.C. 1319. am Pfingsten gestifftet in der Ehre des H. Geistes, aller Heiligen, und insonderheit des H. Nicolai. Im Eingange desselben henget ein getheileter Schild, in dessen goldfärbiger rechten Seiten ist zusehen ein halber schwartzer Adler, in der silberfärbiger lincken Seiten aber vier Triangel, und unter denselben solche Worte: Alberchtus Tümpling, Alyke seine Haußfrau, den Gott gnädig sey, Herr Endersd Sekcholmeister. Daraus erscheinet so viel, das Albertus von Timpling ein Thüringischer von Adel, dessen Nachkommen noch im F. S. Amt Camburg an der Sal und Ilmstrom ihren Adelichen Sitz haben, diesen Spittel wo nit gestifftet, iedoch bereichert haben. Und daß dieser Andreas genand Seckelmeister ist gewesen Rector, Vicarius, Sacellanus der Niclas-Capelle, nicht zwar im Anfang des Spittels A.C. 1319. sondern A.C. 1446. da er den Niclaß-Altar mit 30. fl. Meißner Wehrung begabet, sonsten genand Andreas Schirmeister, und zu seiner Zeit den Schild der Timplingen erneuret. Denn An.C. 1415. bekennet Nicolaus von Hasele Probst, Helene von Uhlstet, Eptissin, Anna Munterin Priorin im Kloster zu St. Michael in Jena, das Alcke Tümplings eine ewig tägliche Messe zu St. Nicolai vor dem Salthor gestifftet, und den Rath zu Jena zum Lehnträger verordnet habe. Suche Annales Jenenses 1415.

In diesen Niclaß-Spittel sind etzliche Bücher aus dem An.C. 1525. im Bauren-Krieg zerstörten Carmeliter-Kloster oder alten Spittel kommen, davon noch übrig gewesen ist der Bonaventura, der mir von den Brüdern A.C. 1637. ist verehret worden.

Im Lutherischen Christenthum. Dieser Spittel ist An.C. 1558. ₃₆₁ besichtiget, und 1594. geweiset worden, wie die Reimen aussen an der Wand anzeigen:

Dieses Hauß stehet in Gottes Hand,
Das Hospital St. Nicolai ist es genand.
Darinnen zwölff Brüder rein,
Wie solches vor alters ist gestifftet sein.
Gott wolle das Hauß und die gantze Stadt
Behüten vor Feuersnoth und allem Schad.
Renovatum Anno 1594.

Damals sind Brücken Herren gewesen Martin Wolff Beier, und Wolff Francke, welche auch sind Bürgemeister worden.

Ob gleich Anfangs alte verlebte Mannes- und Weibes-Bilder zugleich in diesem Nicolai-Spittel gelebet haben, auch noch An.C. ₃₆₂ 1506. Jedoch werden anietzo nur XI. Brüder und eine Schwester, die ihre Köchin und Wärterin ist, darinnen gehalten. Dessen gedencket Sebastian Wölner, F. S. Amtschösser, im Jenischen Erbbuche A.C. 1506. also. In diesem Spittel zu St. Nicolaus werden jährlich XII. Haußarme Leute, die in der Stadt von Bürgern oder Bürgerinnen verarmen, und sich in ihrem Stande bey der Stadt recht und redlich gehalten, aus dem Brückenhofe mit Fleisch, Brodt, trincken und Gehöltze, dem Herkommen nach, versorget.

(Zu Wonsiedel am Fluß Roßla, unten an der Wurtzel des Fichtelberges, ist auch ein solches Spittel oder Brüder Hauß von

XII. Personen, von Sigmund Wonna, der eine reiche Venetische Frau geehliget, reichlich gestifftet. D. Christ. Schleupner in der Vorrede über seine Evangelium und Epistel-Predigten A.C. 1613.)

4. Nach seiner Ordnung und Satzung. Nicht nach der ersten, gemacht An.C. 1319. die hat sich verstecket und verkrochen, sondern nach der andern A.C. 1506. und nach der dritten A.C. 1594.

363 *Von Gesetzen im Hospital St. Nicolai im Pabstthum.*

Nach Jesu Christi unsers lieben Herren Geburt tausend, fünffhundert sechs Jahr ist diese Ordnung unter den Brüdern und Schwestern im St. Nicolaus Spittel festiglich zuhalten, darzu was man ihnen wöchentlich reichen und geben muß, eigentlich aufgezeichnet.

1. Soll unter den Brüdern und Schwestern ein Oberster durch den Brückenmeister gesetzet werden. Ohne desselben Laue und Willen soll kein Bruder noch Schwester aus dem Hospital gehen, üm deswillen, daß man Gewissen trage, was ein ieglicher Bruder und Schwester ausserhalb des Hospitals zuthun und zuschaffen habe.

2. So man zu St. Nicolaus Messe hält, alsdann soll kein Bruder noch Schwester davon gehen, er habe denn ehehafftige Sachen, und thue das mit Laue des Obersten. Item nach dem sie einen Obersten bey ihnen haben, wann sie denn zu Tische gehen,

364 so bald .derselbige Priester, oder hernach ihr Oberster, so der Priester nunmehr bey ihnen seyn würde, öffentlich überlaut das Benedicite zubeten anheben, und das vollenden, unterdes und solange soll ein ieglicher Bruder und Schwester beten, desgleichen nach Essens das Gratias lesen, dann mit dem Psalm de Profundis zubeschlüssen, üm der Stiffter Sehelen Seligkeit willen. Welch Bruder und Schwester das verachten, unter dem Benedicite, Gratias und de Profundis, wenn sichs gebürt, nicht solange, als der Priester oder Oberster beten würde, dem sol sein præbende vom Obersten genommen werden, desgleichen sein Wochen Brod.

3. Auch soll niemand über dem Tisch, wenn man isset, unnütze reden, wer das thun wird, er sey Bruder oder Schwester, dem soll man die præbende vier Tage nehmen.

4. Wenn ein Brückenmeister was zu thun oder zu arbeiten hat, welcher Bruder oder Schwester dasselbige auszurichten geheissen wird, und der es gethun kan, und nicht thut, dem oder der

soll die nechste folgende præbende, darzu das Wochen Brod 365 genommen werden.

5. Es soll kein Bruder auf dem Zippel noch auff die Wache gehen, es geschehe dann mit Gunst des Obersten.

6. Sol kein Bruder noch Schwester aus dem Hospital an fremde Oerter nach Almosen gehen, üm Vermeidung Nachrede, die dem Brückenmeister davon entstehet.

7. Sollen sie unter einander mit Worten und Wercken friedlich leben, sich nicht schelten, treten noch schlagen, bey Pœn und Abbruch der nechsten Mahlzeit und des Wochenbrots.

8. Es soll kein Bruder noch Schwester des Abends kein Liecht mit zu Bette nehmen, es geschehe dann mit Gunst und Laue des Obersten. Und so man des Morgens das heilige Ave Maria zu S. Nicolaus leutet, so sollen von Stund alle Brüder und Schwestern auffstehen, und in die Kirche gehen, ihr Gebeth zu sprechen.

9. Soll man üm sieben das Spittel zuschliessen, und die Schlüssel dem Obersten überantworten. Auch sollen sie in dem 366 Winter üm achte, und in dem Sommer üm neune schlaffen gehen, welcher Bruder und Schwester das verachten wird, dem soll man die Pfründe nehmen.

10. Welch Bruder oder Schwester obgedachte Gebot und Gehorsam nicht halten will, der mack sein Wesen und Wohnung aus dem Hospital wenden, ohne Hindernüß.

Pfrone-Register der Leute zu St. Nicolaus.

Zum ersten iiij. Brodt iedem Bruder und Schwester, ie ein Brodt, ij. alte Pfennige werth, alle Sonnabende frü ihr Wochenbrodt.

Item, Sontag, Dienstag, und Donnerstag allen sämtlich XI. Pfund Fleisch, uf ieglichen Tag, wo es aber die Fasttage abtragen würden, sol es mit grünen, gesaltzen oder dörren Fischen vergleicht werden.

Item, alle Montag so man Fleisch speiset, VI. Pfund Fleisch, und ieglichen ein Kese.

Item an der Mitwochen itzlichen einen Kese das gantze Jahr 367 über.

Item alle Freytage itzlichen ein Butterwecken eines Pfennigs wirdig.

Item alle Sonnabende itzlichen ein Keß, dazu wöchentlich ein Stübigen Butter.

Item von Ostern biß uf Michaelis alle Mitwochen und alle Sonabend, iedes Tages, allen Brüdern und Schwestern itzlichen ein bar Eyer.

Item alle Sontage von Ostern biß auff Pfingsten einstöbigen Millich in die Samlung.

Item Schnitz Fleisch nach Nothdurft zu Kalbfleisch das Jahr über.

Item Saltz zu ihrer Kost durchs Jahr so viel die Notturfft erheischet.

Item alle Tage XVIII. Kandel Koffend.

Item Gemüß, Kraut, Rüben zu ihrer Notturfft, als viel sie bedürffen.

Item am Ostertag einen Braten, und denselbigen Tag itzlichen ein par Eier, zweene Kuchen, und ij. Fladen, 11. Scholden und XIII. Bratwürst.

Item demselbigen Tag itzlicher Person ein Nösel Weins, oder ein Viertel Biers.

Item alle Fest das gantze Jahr über, und welche Person zu Gottes Tische gehet, dem giebt man Gebratenes, ein Nösel Weins, oder ein Viertel Biers.

Item in der Fasten alle Tage itzlicher Person ein Heringk.

In der Fasten alle Wochen iiij. Pfund Oehls.

Von der Ordnung im Hospital zu St. Nicolai zu ietziger Zeit.

Ordnung und Satzung, welche ein ieder, der sich in das Hospital St. Nicolai begeben will, oder begeben hat, mit Ernst halten soll, aus der alten Ordnung, die etwan im 1506. Jahre gemachet, gezogen und corrigiret, auch in vielen vermehret, durch die Brücken-Herren, Martin Wolff Beier, und Wolffen Francken, Anno 1594.

1. Ein ieder der ein Bruder im Hospital St. Nicolai ist, der
soll, wann man zur Kirchen läutet, in die Kirchen gehen, Gottes Wort mit Andacht und Fleiß hören, und daraus sein sündhafftiges Leben bessern.

2. Soll ein ieder Bruder zum wenigsten alle viertel Jahr einmahl das hochwürdige Sacrament mit aller Reverentz, auch gläubigen und bußfertigen Hertzen empfahen.

3. Nach dem sie einen Bruder bey ihnen haben, welcher in der H. Schrifft lesen kan, derselbige sol den andern Brüdern alle Tage vor Mittage im alten, und Nachmittage im neuen Testament ein Capitel, desgleichen ein Stück mit der Auslegung aus dem

heiligen Catechismo, auch aus D. Habermanns Betbüchlein vorlesen und sagen, vomselbigen Lesen sol ein ieder Bruder mit Fleiß und Andacht zuhören, und welcher Bruder dasselbige Lesen verseumen oder verachten wird, demselben soll man das Brodt samt der Speise auff acht Tage lang nehmen, und ihn darüm straffen.

4. Soll ein ieder Bruder, wenn ihn die Reihe betreffen wird, vor Essens das Benedicite, und nach Essens das Gratias samt den 370 fünff Hauptstücken des Heil. Catechismi ohne Auslegung überlaut beten, und sollen die andern Brüder ihme heimlich mit allem Ernst und Andacht nachbeten.

5. So ist von den Brücken-Herrn ein Hauß-Vater oder Oberster unter den Brüdern geordnet, welchem die Haußhaltung und Spittal befohlen ist, ohne desselbigen Erlaubniß soll kein Bruder aus dem Spittal gehen, er soll es dem Obersten vor anzeigen.

6. Sollen die Brüder über dem Essen züchtig und sein mäßig essen, nicht unnütze Reden führen, oder andere leichtfertige Dinge über dem Essen vornehmen, welcher das übertreten wird, dem soll man die præbende auff vier Tage lang nehmen.

7. Wann ein Brücken-Herr einem Bruder etwas zu thun und zu arbeiten befehlen wird, und der Bruder seines Leibes Vermögens halber auch thun kan, und der Bruder solches nicht thun wird, demselben soll das Brodt samt der Speise auf acht Tage lang genommen werden.

8. Soll kein Bruder nach dem Tagelohn oder andern Arbeit, 371 noch vielweniger nach den Allmosen gehen, üm Vermeidung Nachrede, die dem Brücken-Herrn daraus entstehen möchte.

9. Sollen sich die Brüder untereinander friedlich und brüderlich verhalten und leben, sich nicht miteinander schelten noch schlagen, welcher Bruder aber dieses Gebot übertreten wird, der soll nach der Brücken Herrn Erkäntniß gestraffet werden.

10. Es soll auch kein Bruder kein Licht mit sich zu Bette nehmen, auch soll der Hauß-Vater das Spittal üm sieben zuschliessen, und die Schüssel bey sich behalten, und sollen alle Brüder im Sommer üm 9. Uhr, im Winter aber üm 8. Uhr zu Bette gehen. Welcher Bruder das nicht thun wird, dem soll man auf 8. Tage die Pfründe nehmen.

11. Weil auch ein ieder Bruder seine eigene Kammer hat, soll sich keiner in ihrer Essestuben aus- oder anziehen, vielweniger seine Kleider oder Schuhe über Nacht darinnen stehen oder lie-

gen lassen, damit nicht ein Gestanck und Unluft in der Stuben werden möchte.

12. Und zum Beschluß, welcher obgesetzte Ordnung und Gebot nicht will oder gedencket zu halten, derselbige mag aus dem Hospital wol bleiben, oder da er allbereit darinnen wäre, herausser wieder ziehen. Dann ein Erbar Rath über solcher Ordnung und Satzung mit Ernst zu halten befohlen hat.

Pfründe Register und Verzeichniß, was die Brüder wöchentlich bekommen.

1. Halten sie alle Tage frühe üm 9. Uhr ihre Mahlzeit, da werden ihnen ihre Suppen, Fleisch und Zugemüße gekocht und gegeben, auff den Abend man ein ieder essen, was er will, und was er hat.

2. Bekommen sie alle Donnerstage einen Scheffel Korn aus der Brücken-Mühle, den muß der Müller ohne metzen mahlen, aber die Kleyen behält der Müller, davon muß er ihnen ein Schwein mästen.

3. Haben sie einen Becken, der muß solchen Scheffel Korn, wenn er gemahlen, backen, davon muß der Brückenhoff 3. gl. zu backen geben, und daraus muß er backen LX. Brodt, ieder Brodt muß haben viertehalb Pfund, davon bekömt ieder Bruder fünff Brodt.

4. Der Brücken-Herr giebt ihnen wöchentlich einen fl. zu Fleisch, davon gibt man Sontag, Montag, Mitwochen und Donnerstag ieden Bruder seine Anzahl Fleisch.

5. Der Brücken-Herr gibt ihnen sämtlichen alle Wochen einen gl. Butter-Geld, denselben theilen sie untereinander.

6. Der Brücken Herr gibt ihnen sämtlichen alle Wochen 9. d. zu Saltz, welches die Köchin den Brüdern zum besten zur Speise brauchet.

7. Der Brücken Herr gibt ihnen sämtlichen, Weinachten, Lichtmeß, Ostern, Himmelfarth, Pfingsten, Mariæ Heimsuchung und Allerheiligen 6. gl. zu einem Braten, oder mögen die Brüder solches unter sich theilen.

8. Der Brücken Herr gibt ihnen jährlichen 3. gl. zu Milch auf Pfingsten ingesamt.

9. Welcher Bruder zum Hochwürdigen Sacrament gehet, dem giebt der Brücken Herr 6. d. zum Nösel Wein.

10. Der Brücken Müller muß den Brüdern Zugemüße, so viel sie dero bedürffen, reichen und geben, laut seines Bescheides.

11. Der Brücken Müller muß den Brüdern wöchentlich geben 2. gl. und 11. d. zu Kofent, welches die Brüder unter sich theilen.

12. Der Brücken Müller muß den Brüdern, wöchentlich iedem Bruder insonderheit vier Kese geben durch das gantze Jahr über.

13. Der Brücken Müller muß den Brüdern iedem insonderheit von Ostern biß auff Michaelis wöchentlich 4. Eyer geben.

14. Der Brücken Müller muß den Brüdern auff Ostern geben 12. Butterkuchen, einen Fladen, und einen Eyerkuchen.

15. Der Brücken Müller muß ihnen auch wöchentlich ein halbstübichen Butter geben.

16. Es muß auch der Müller jährlichen den Brüdern zum besten ein Schwein mästen, welches die Brücken-Herren käuffen. Wenn nun solch Schwein geschlachtet, geben die Brüder dem ⟨375⟩ Brücken Herrn 2. Schincken, 2. weise Braten, und 2. schwartze Braten, 2. Bratwürste, und 2. Gerichte andere Würste. Dem Müller den halben Kopff, und ein Gericht Würste. Dem Marstaller den andern halben Kopff, und ein Gericht Würste. Ein ieder Bruder aber kriegt eine Bratwurst, und ein Gericht andere Würste. Den Speck oder Bauchstücke und Schmeer behalten die Brüder zu machung ihres Zugemüßes.

17. Der Brücken-Herr gibt auch jährlichen dem Bader in der Salstuben 20. gl. dafür muß er die Brüder im Hospital mit baden und balbiren versorgen, so offt es ein ieder begehrt und haben will.

18. Es ist auch eine Köchin den Brüdern geordnet, diese muß die Brüder mit kochen und waschen versorgen, dafür hat sie das Brodt und die Kost an eines Brudern statt, und müssen ihr die Brücken Herrn jährlich einen fl. zu Lohn geben, dargegen muß sie Töpffe kauffen und verschaffen, so viel sie derselben bedarff.

19. Wann ein Bruder stirbt, so gibt der Brücken Herr zum Begräbniß 12. gl. das andere mögen des Verstorbenen Freunde ⟨376⟩ verschaffen.

Das XXXIII. Capitel,
Vom Weiber oder Marien Magdalenen Spittal.

Der Weiber- oder Marien Magdalenen Spittal ist zubetrachten ordentlich

1. Nach dem Namen. Er wird genennet (1.) der Weiber-Spittel, weil darinnen die Weiber wohnen, welche zur Pest- und

andern Zeiten bey den Krancken zu Jena müssen auffwarten, und die Verstorbenen saubern und anziehen. Ihr Uffseher ist der Spittel-Vater, und bekömmet eine iede unter ihnen ihr Wartgeld wöchentlich auf die Freytage 2. gl. aus dem Gottes-Kasten, so wol die Allmosen, welche der Bettelvogt in und vor der Stadt an Gelde und an Brodte die Woche über zweymahl von Hause zu Hause samlet, und unter ihnen austheilet. (2.) Der Marien Magdalenen Spittel, weil er neben der Capellen liegt, die in der Ehre dieser bußfertigen Sünderin, zwischen der Badestuben und Schlacht-Hause an der Mühl Lache oder lincken Salstrom erbauet ist. (3.) Das Armen-Hauß. Weil darinnen die Armen Leute oder vielmehr die Landbettler herbergen. Und könte deswegen auch wol die elende Herberge heissen, wie der Spittel zu Basel im Schweitzerlande, erbauet von einem Bürger daselbst, genand Conradus zum Heupt, ohngefehr An.C. 1400. doselbst verstorben.

2. Nach dem Gebrauch. In diesen Spittel werden die verarmeten alten Weiber auffgenommen, und leben von Allmosen. Die vorüberreisenden Landbettler aber herbergen nur darinnen. Wie lange? Nicht drey gantzer Tage, wie im Catharinen Elisabeth Spittel zu Leiden in Holland. Sondern nur einen Tag, nach Aussage des Stifftbriefes. Wie weiland im Kloster Salmenswiler in Schwaben, erbauet von Guntram Freyherren zu Adelsreut An.C. 1137. und bereichert von Keyser Conrado dem III. A.C. 1142. so wol von dem Graffen von Montfort, und diese haben geordnet, daß ein ieder Vorüberreisender zu Roß oder zu Fuß darinnen möchte herbergen, sein Futter und Mahl haben. Solche Stifftung wolte den geitzigen München Cistertienser Ordens nicht gefallen, und machten des Nachts ein Lerm und Poltern, als wenn es von Gespensten geschehe, zum Abschrecken der Vorüberreisenden. Was geschicht? Als ein Montfortischer Graff des Nachts über seiner Schlaffkammer einen solchen Lerm und Poltern höret, sticht er mit seinem Degen über sich und ersticht ein solch vermeintes Gespenste, nemlich einen Münch. Crusius in Annal. Suevicis part. 3. lib. 9. c. 19. fol. 368.

3. Nach den Einkünfften. Conradus Stein, beyder Rechten Doctor und Dom-Herr zu Erffurt, bürtig von Jena, hat A.C. 1504. 380. fl. darzu vermacht, für die Pilgram und arme Wandersleute, von jährlichen Zinsen sie damit zu erquicken. Suche allhier das 34. Capitel von Capellen, tit. 4. §. D. Stein. (Wie vor ihm gethan hat Heinricus Schmiedeberg, der beyden Rechten Doctor, der hat

in Georgen-Spittal zu Leipzig einen jährlichen Zinß, nemlich 50. Reinische Gülden vermacht, für dem Doctore Medico, der aus der 379 Pistorum Geschlechte, und in Mangelung dessen, einen zu Leipzig gebohrnen, und daselbst promovirten Stad-Kinde. Das Jus collaturæ oder Patronatûs hat die Medicinische Facultät neben denen Spittal Herren. Sein Vater Doctor Valentinus Schmiedeberg der Medicinischen Facultät Senior und Decanus perpetuus, und in der Ordnung der fünffte daselbst, ist gestorben An.C. 1490. wie es vermeldet D. C. Bruno in Intimatione A.C. 1617. 5. Cal. Maji.)

4. Nach der Verbesserung. Als dieses Spittels-Gebäude in Dach und Fach baufällig worden, hat An.C. 1669. im Frühling der Rath dasselbe von Grund abbrechen, und von neuen auffbauen lassen, die Baukosten hat der Gemeine Gotteskasten getragen.

Das XXXIV. Capitel,
Von den Capellen zu Jena.

Uf die Spittäle folgen die Capellen zu Jena, und seyn an der 380 Zahl und mit Namen diese: 1. zum heiligen Creutze. 2. zu St. Jacob. 3. zu St. Nicolaß. 4. zu St. Marien Magdalenen.

I.

Die Capelle zum heiligen Creutz und zu allen Heiligen ist zubetrachten

1. Nach dem Namen. Sie wird also genennet, weil sie ist gestifftet worden in der Ehre des heiligen Creutzes und aller Heiligen, und zwar An.C. 1382. am Freytage nach St. Veit, von dem Rath und Bürgerschaft allhier, mit Einwilligung des Probsts Ditrich von Plawen, und der Eptissin Catharinen von Welnitz. Damals sind Rathsmeister in Jena gewesen Heintz Salbir, und Heintze Nennigistorff. Rathsleute aber Hans Welnitz, Heinrich von Lobda, Ditrich Engerglide, Albrecht Schlöbitz, Hans Pfuelborn, hans Nürnberg, Peter Melding, Hand Rodewitz, Hans Löwer Meerbutte. Zeugen aber der von Heuneleben, Probst zu Hußdorff (Heußdorff) Heinricus Stotz, Conrad von Würtzburg Ritter, Ditrich Lawe. Wie sie also genenet werden in dem Original und Stifftungs-Brieffe, daran das grosse Insiegel der Stadt Jena 381 henget. Die Copia ist zulesen in meinen Annalibus Jenens. An.C. 1382.

2. Nach der Lage. Sie liegt heute zu Tage vor dem Löbderthore, neben dem eingerissenen alten Spittal oder Carmeliter

Kloster und Hoffe, zum heiligen Creutze, und zu allen Heiligen. Welches unlängst eingerissen, und dahin der neue Gasthoff zum gelben Engel erbauet worden ist. Suche oben das 27. Capitel von Gasthöfen. Wiewol in ietzt genandten Stifftungs Brieffe der Rath und die Bürgerschafft, als Fundator und Collator, bekennet, daß sie lege vor dem Johannes Thore. Denn zur selben Zeit ist die gantze Gegend nicht dem Löbder-sondern dem Johannes Thore in allen Urkunden zugeeignet worden. Die rechte Ursache kan ich nicht errathen.

3. Nach dem Gebrauch. Im Pabstthum ist in dieser Capelle ein abgöttischer Gottesdienst mit Haltung der Seelmessen, und mit Anruffung der Heiligen getrieben, und nunmehr vor 150. Jahren abgeschaffet, und dasselbe Gebäude dem Rath übergeben worden. Unlängst hatte Tobias Steinmann ,der ältere, und nach ihm Johan Reiffenberger, beyde Buchführer, ihre Bücher darinnen in Verwahrung. Jener ist A.C. 1631. dieser An.C. 1641. gestorben. Nach diesen haben die Seiffensieder Paul Storchs drey verehlichte Söhne eine Zeitlang ihre Werckstätt darinnen auffgeschlagen. Nunmehr sind unterschiedene Wohnung darüber erbauet, und werden vermietet üm Zinß.

II.

Die Capelle zu St. Jacob ist zubetrachten

1. Nach der Lage und Namen. Sie liegt unter dem Jacob- und Siech-Spittel, im Eingange des Weidichs, neben zweyen hohen und dichten Lindenbäumen, und hat ihren Namen von dem Apostel Jacobo, genandt dem Grössern. Weil er vielleicht länger am Leibe, älter an Jahren, eher im Apostel-Amte gewesen ist, als der andere Apostel Jacob genand der Kleiner. Matth. 10. 31. c. 15. 40. Er ist uf Befehl des Königs Herodis Agrippæ zu Jerusalem An.C. 45. mit dem Schwerd gerichtet worden. Actor. 12. v. 2. Sein Leichnam soll nach Compostel in Galicien, einer Hispanischen Landschaft, gebracht seyn. In dessen Ehre ist die Capelle gestifftet, und daran von aussen sein Bild abgemahlet.

2. Nach dem Stiffter, und der ist gewesen Nicolaus Theuerkauff, ein Bürger zu Jena, und auch darinnen An.C. 1482. der erste begraben, und mit diesem Grabstein und Schrifft verehret worden. Nickel Deuerkauff ist verschieden, do man schreibt von Christi Geburt M.CCCC. und in dem 2. und achzigsten, dem Gott Gnade. Nach 23. Jahren, nemlich A.C. 1505. am Tage Erasmi, hat Hans Soseck, Einwohner im Dorff Kösenitz, unweit

Dornburg, den Götter- oder Götzen- und Messendienst vermehret, über die von Nickel Theuerkauffen zwo wöchentliche gestiffte Messen, die dritte, genand die Commend-Messe, auff alle Sontage, und darzu die Verkündigung des heiligen Evangelii gestifftet, das Jus patronatus der Eptissin Catharina von Köllen, der
Priorin Catharina von Langefeld, und ihrem Probste Nicolao
Siffrid. Das jus præsentandi aber der Brüderschafft St. Jacob, und
ihren Vorstehern Hansen von Riesen, und Cuntzen Breitenhayn
übergeben, und Johan Brunig zum ersten Priester über diese drey 384
Messen verordnet, mit der Bedingung, daß die vorerwehnte Brüderschafft jährlich uff Michaelis dem Michaels-Kloster fünff
Schilling oder 3. gl. 9. d. zu restaur (oder testaur und Zeugnüß der
Unterthänigkeit) reichen soll. Wie die Wort in dem Stifftungs
Brieffe lauten. Zu finden in meinen Annalibus Jenensibus An.C.
1505. 3. Junii.

3. Nach den Bildern. Unter welchen etzliche verblichen, etzliche aber noch zusehen, unter andern diese abgöttische. Es ist
gemahlet (1.) die H. Jungfrau Maria, welche unter ihrem blauen
Mantel die armen Sünder verhüllet und beschützet wieder die
zum Abdruck und Schuß auffgelegten Pfeile Gottes, und stehen
darbey ihre Wort, dieses Lauts: *Sohn, sieh an meine Brust, keinen
Sünder laß verlohren seyn.* (2.) Der Herr Jesus ihr Sohn, welcher ge-
genüber kniend mit der Hand auff seine gespaltene Seite weiset,
und gen Himmel zu Gott dem Vater siehet, bey ihm stehet seine
Bitte: *Vater, sieh an die Wunden, die ich trage üm der Sünden.* (3.) Der
himmlische Vater, welcher vom Himmel herab mit seinem ge- 385
spanten Armbrust uff die Sünder unter dem Mantel der Heil.
Marien zielet, und stehet darbey seine Antwort an den Sohn: *Dein
will ich schonen im Himmel, wie auff Erden.*

Fast dergleichen abgöttisch und Gottslästerich Gemälde war
zusehen zu Gröningen in Sachsen, von aussen an der Mauer der
Pfarr-Kirchen, und zu Heilsbron in Schwaben. Denn An.C. 1370.
am Tage Agnes stirbet Magister Mengart, und stehen bey seinem
Grabe diese vier hexametri und lateinische Verse. Der erste hält in
sich des Verstorbenen Bitte:

Te rogo, virgo pia, nunc me defende Maria.

Das ist: *Dich, O fromme Jungfer Maria, bitte ich, beschütze mich.* Der
ander hält in sich der angeruffenen Maria Fürbitte an ihren Sohn
Jesum Christum:

Hæc quia suxisti, Fili, veniam precor isti.

Das ist: *Sohn, wegen meiner Brüste, die du hast gesogen, bitte ich deine Gnade diesem aus.* Der dritte hält in sich des Sohns Fürbitte bey dem Vater.

Vulnera cerne, Pater, fac quod rogitat mea Mater.

Das ist: *Vater, siehe an meine Wunden, und thue was meine Mutter bittet.* Der vierdte hält in sich des Vaters Antwort an den Sohn:

Quæq petita dabo, Fili, tibi nulla negabo.

Das ist: *Alles begehrte, Sohn, will ich geben, und dir keines versagen.* Crusius in Annal. Suev. part. 3. lib. 5. c. 9. fol. 280.

Die Papisten mögen Ursach und Anlaß dieses Gemäldes gefunden haben in Schrifften des Plutarchi, welcher von Diophanto des Themistoclis Sohn schreibet, daß derselbe von sich diese stoltze und trotzige Worte geführet habe: Was ich will, das will auch gantz Griechenland. Denn was ich will, das will auch meine Mutter. Was meine Mutter will, das will auch mein Vater, was mein Vater will, das will auch Athen. Was Athen will, das will auch gantz Griechenland.

Zugeschweigen des hinter dem Altar in der Capell zu S. Jacob abgemahlten Grossen Christoffels, welcher eine grosse Taschen üm sich gegürtet, einen grossen langen Baum in der rechten Hand führet, das Heil. Christkindlein auff der Achsel träget, und durchs wilde Meer wadet und gehet, das ihme nicht über die Knie gehet. Dieser heilige Christoffel muß ein grosser Riese gewesen seyn, und zu Straßburg im Münster ist sein geschnitzetes Bild 36. Bauer Schuh lang oder hoch gewesen, und hat nicht ehe können abgethan und weggeschaffet werden, biß ihm die Hände und Füsse sind abgeseget, und der Leib zum Gedächtnüß in Spittel getragen worden. Wie es vermeldet M. Schadæus im Buch von Straßburger Münster, cap. 10. p. 37.

Der Morgensegen im Pabstthum ist gewesen das Bild St. Christoffels, daß sie in der Kirchen angesehen, der Abendsegen aber ist gewesen ihr Ave Maria. Wie Jacob Weber Superintendens zu Ordruff in Thüringen schreibet im Buche von der Thüringer Bekehrung, in der 5. Predigt, p. 60.

4. Nach den Vermächtnüssen. Was Nicolaus Theuerkauff von Jena, und Hans Sosick von Kösenitz darzu gewidmet und gestifftet, davon habe ich keine Gewißheit. Es ist ein Kelch auff dem Altar, daran stehen diese Worte: *Helena Langerin,* M. Johannis Langers hinterlassene Witbe 1591. Es ist aber ihr Ehemann gewesen von Coburg aus Francken, welcher in Jena die Griegische

Sprache profitiret, und An.C. 1560. den 10. Junii gestorben ist. Nach seinem Tode ist sie eine keusche Witbe, wie *Susanna und Hanna*, verblieben, und verschieden An.C. 1600. den 7. Februarii. Der Altar ist ümhenget mit einem weissen Tuche, darein sind diese Wort geneet zulesen: *Allein Gott mein Helffer.* Ursula Meißnerin, H. M. Nicolai Cunonis seligen hinterlassene Witbe, Jena 1627. Es ist aber ihr Vater gewesen Andreas Meisner, und ihr Ehemann M. Johannes Cuno, von Schönhausen aus Francken, beyde Notarii Cæsar. Publ. sie ist gestorben An.C. 1633. den 31. Julii.

5. Nach dem Gebrauch. Im Pabstthum sind wöchentlich drey Seelmessen gehalten, und auff die Sontage das Evangelium den armen Leuten fürgelesen worden. Anietzo wird jährlich viermal darinnen Beichte gesessen, und das H. Abendmahl gehalten, vorher wird geläutet mit einem hellklingenden Glöcklein, so oben in Thürmlein hanget, und nach geschehener Beichte von einem Diacono Wechselweise die Predigt verrichtet, nicht mehr vor dem Altar, wie sonsten, sondern uff der Cantzel, oder Predigtstuel, welchen eines Töpffers Witbe, Anna Staudin genand, zu meiner Zeit hat bauen und mahlen lassen.

III.

Die Capell zu St. Nicolai ist zubetrachten

1. Nach der Lage und Namen. Sie liegt vor dem Salthor neben dem Brüder- und Studenten-Spittel, und wird genennet (1.) die Niclaß-Capelle, vom Nicolao, nicht von dem Proselyto zu Antiochien, einem aus den sieben Diaconen, dessen gedacht wird Actor. 6. v. 5. Apoc. 2. 6. sondern von dem Bischoffe zu Patara im Lande Lycia, welcher A.C. 325. auff dem Concilio Niceno gewesen, und zu Myra in der Insul Rhodis begraben liegt, und vor einen Patron der Schiffleute und der unverehlichten Weibesbilder im Pabstthum verehret wird. (2.) Die heiligen Geistes und aller Heiligen Capelle, weil sie nicht allein in der Ehre des H. Nicolai, sondern auch des heiligen Geistes und aller Heiligen im Himmel gestifftet worden. (3.) Des neuen Spittels Capelle, zum Unterscheid der Capelle zum heiligen Creutz, in dem alten Spittel oder Carmeliter Kloster vor dem Löbderthore.

2. Nach dem Ursprung und Stifftung. Die ist geschehen A.C. 1319. am Pfingsten, vom Rath und Bürgerschafft in Jena, und werden im Stifftungs-Brieffe genennet die regierenden Raths Meister Heinrich Voil, und Ditrich Franck. Die andern Räthe

aber sind gewesen Walther Franck, Conrad Reinfried, Walther Gigas, Conrad Schetin, Heinrich Sagittarius, Ditrich Notzke, Concinus von Rhoda, Hans von Nürnberg, Hand Dithmar. Das Jus Patronatus und Recht einen Priester, Rectorem oder Provisorem dieser Niclaß Capellen zu bestellen, hat die Eptissin zu St. Michael und der Rath in gemein besessen, und denselben Wechselweise erwehlet. Die gesamleten Allmosen uff den zweyen Altaren sind in das Michaels Kloster gebracht, die Allmosen aber, so im verschlossenen Stock sind gesteckt, sind zum Unterhalt der armen Brüder und Schwestern im neuen darbey gelegenen Niclaß-Spittel gebraucht worden, wie die Verträge auffgericht A.C. 1319. 1354. 1391. 1446. anzeigen.

Diese Stifftung der Niclaß Capelle hat Pabst Sixtus der VI. ufs neue bestetiget, und das Diploma gegeben zu Rom An.C. 1481. den 13. April. Domals ist Vicarius und Meßpriester gewesen Nicolaus Geier. Suche den ersten Stifftungs-Brieff in meinen Annalibus Jenens. A.C. 1319. im Pfingstfest.

3. Nach dem Einkommen und Vermächtnüssen. Uff den zweyen Altären sind täglich allerley Opffer und Gaben, nicht nur von Flachs und Wachs, von Gold und Silber, sondern auch von lebendigen Thieren gebracht. Aber in dem darbey gesetzten Stocke allerley Allmosen von Müntze und Gelde gesteckt, und solche hernach in zwey gleiche Theil, halb dem Kloster St. Michael, und halb dem Rath überreichet worden, nach dem Vertrage An.C. 1354. Ferner A.C. 1358. am Tage Sylvestri des Pabsts, hat Herman von Lobdeburg genand, Herr zu Elsterburg, sein Recht und Gericht im Dorffe und Felde Osmeritz übergeben Heinrichen von Rudelstet, genand von Prage, und Conraden dem Pfarrer zu Cunitz, und durch sie, dem neuen Spittel zu St. Niclaß, nach dem die vorigen Lehnträger Poppo, und Cunz von Würtzburg ihr Lehnrecht auffgegeben hatten. Wie ich solches beschrieben in meinem Geographo Jenens. cap. 21. p. 332. 233. Uber das A.C. 1377. den 25. Julii am nechsten Sontage nach Jacobi, haben Hans und Albrecht Gebrüdere von Burgau, Herren zu Lobdeburg, ihr Holtz zu Leutra übergeben dem Rath zu Jena, zu Unterhaltung des Niclaß-Spittels und der Salbrücken daselbst.

A.C. 1446. ist Vicarius, Sacellanus oder Meßpriester der zweyen Altären zu St. Niclaß gewesen Andreas Schirmeister, und hat wegen 4. Messen, die er wöchentlich gehalten, bekommen 21. fl. als 9. fl. vom Probste, 9. fl. vom Rathe, durch die Brücken-

Herren, die andern 3. fl. vom Weinberg der Schwertfegerin, Barthel Meiders Witben. Diese jährliche Besoldung hat er in dem 1446. Jahre selber mit 30. fl. vermehret, als 24. fl. uff des Raths Cämmerey, und 6. fl. bey Hans Münchs Erben. Jedoch mit der Bedingung, daß sein Successor oder Nachfolger in der Vicarei soll haben 20. fl. die andern 10. fl. sollen jährlich angewendet werden, theils zum Jahr-Gedächtnüß des Heil. Alexii in der Michaels-Kirchen, theils zur Kauffung des weissen Tuchs für vier arme Brüder im Niclaß Spittel.

4. Nach dem Miß- und Wolbrauch. In dieser Niclaß Capell sind von A.C. 1319. wöchentlich auf zwey Altaren nur viere, aber von An.C. 1446. sechs Seelmessen gehalten, und das Bildniß des Heil. Niclaß des Bischoffs, von einem gewissen Wächter Tag und Nacht behütet, und mit allerley Allmosen uff dem Altar und im Stocke verehret, auch vorher An.C. 1354. wegen seiner vermeinten Wunderzeichen berühmt worden. Diese Niclaß Capell und sein steinern Neben-Gebäude gegen der Badstuben, hat An.C. 1564. die Universität vom Rath erkaufft, und daraus den Studenten- Spittel gemacht, darzu sie aus den Städen im Weimarischen und Altenburgischen, so wol Coburgischen und Eisenachischen Fürstenthumen und Landen bey 480. fl. gesamlet haben. Wie dessen gedacht worden oben im 30. Capitel von Studenten Spittal. 394

IV.

Die Capelle zu St. Marien-Magdalenen ist zubetrachten

1. Nach der Lage und Namen. Sie lieget zwischen dem Weiber-Spittal und Schlachthäusern an der Mühl Lache, und hat ihren Namen von der bußfertigen Sünderin Marien Magdalenen, wiewol sie nicht allein zu ihrem, sondern auch zu der Heil. Jungfrau Marien, der beyden Aposteln Petri und Pauli, und der Heil. Elisabeth, ja zu Gottes Ehren Gedächtnüß A.C. 1504. den 19. Decembr. gestifftet ist.

2. Nach dem Stiffter und Ordner, und dieser ist gewesen Conradus Stein von Jena, beyder Rechten Doctor, und zu Erffurt im Stifft St. Mariæ und St. Severi Canonicus, auch der Universität daselbst A.C. 1467. und 1498. Rector Magnificus, und mit D. 395 Wernero Erdmann Canonico, ein Contestamentarius und fundator des Casselischen Stipendii. Wie M. Barth. Löneisen, P.P. und Rector zu Erffurt, An.C. 1613. und 1614. vermeldet in Serie Rectorum Erffurt. Ist bey dem Chur- und Fürstl. Hause Sachsen in grossen

Ansehen gewesen, wie sein erlangter Schutzbrieff ausweiset, und ist dieser:

Von Gottes Gnaden Fridrich und Johannes Gebrüdere &c. bekennen, wiewol der Ehrwürdige, Hochgelahrte und Achtbare unser lieber Andächtiger, Er Conrad Stein, beyder Rechten Doctor, unter uns zu Jhene von seinen Eltern herkommen, hochbeerbet, aber zu Erffurt wonhafftig ist. Demnach üm seiner gereit uns gethanen und nachfolgenden getreuen Dienstwillen, und aus sondern Gnaden, damit wir ihm geneigt seyn, so haben wir ihn mit seinen Knechten, Pferden, und Haabe hinfürder in unsern sonderlichen Schirm und Vertheidigung auffgenommen. Geben zu Weimar, Dienstag nach Briccii, Anno 1490.

396

Der hat aus Liebe gegen Gott und gegen die armen Pilgram, mit Gunst der Eptissin zu St. Michael, und des Raths zu Jena, dem er auch das jus patronatûs und præsentandi Capellanum übergeben, diese Capelle gestifftet, daß wöchentlich drey Messen, die erste eine Seelmesse uff den Montag vor die Verstorbenen, die andere uf den Donnerstag von Fronleichnam Christi, die dritte uff den Sonnabend von der H. Jungfrau Maria, und zwar eine iede frühe Morgens, des Sommers üm 5. Uhr, und des Winters über üm 6. Uhr solten gehalten werden, zu dem Ende, daß die Pilgram, wenn sie eine Nacht, und nicht drüber, hetten in diesem Spittel geherberget, zuvor eine Messe höreten, und alsdenn ihres Weges giengen. Was er darzu gewidmet und vermacht, nemlich 400. fl. wegen dreyer Messen, 9. Acker Weinwachs im Eulengeschrey, und 380. fl. auszuleihen, uf jährlichen Zinß, zur Erquickung der armen Pilgram, erscheinet aus denen Worten, die über der Thür dieser Capellen in Stein gehauen sind also:

397

Doctor Conradus Stein, Anno Domini 1504. constructa est hæc Capella & CCCC. Flor. dorata pro tribus Missis singulis hebdomadis ppò (perpetuò) celebradis, ex commissione quondam egregii Artium & U.J.D. Steyn Jhenensis. Qui etiam vineam IX. agrorum, dictam das Eulengeschrey, ac CCC LXXX. flor. huic Hospitali peregrinorum dedit pro Censibus emendis ad hospitalitatem peregrinorum & eorundem refectionem.

398

Er hat aber diese Stifftung nicht selber bei seinem Leben vollzogen, sondern seine drey darzu verordnete Commissarii und Vollzieher seines letzen Willens, nemlich (1.) Henningus Gode Phil. und beyder Rechten Doctor, Scholasticus des Stiffts St. Mariæ. (2.) Simon Voltzke Decretalium Doctor, Cantor im Stifft St. Severi. (3.) Johannes Schoner, Rector der Pfarr zu S. Georgii in Erffurt, und zwar A.C. 1504. den 19. Decembr. in Beyseyn zweyer Zeugen, Matthiæ Meiers, beyder Rechten Licentiati, Canonici im Stifft St. Mariæ, und Matthiæ Waners, Clerici im Stifft zu Meissen, so wol zweyer Notarien, Caspari Armbrechts Clerici, und Herman Tuddens.

Es hat aber D. Conradi Steins, und seiner dreyen Testamentarien und Commissarien Stiftung bestetiget Johannes Sommerigk, beyder Rechten Doctor, Canonicus im Stifft Severi, des Ertzbischoffs Jacobi zu Maintz Sigillifer und Commissarius in geistlichen Sachen A.C. 1505. den 21. Febr. Wie solches der lange Stifftungs- Brieff in lateinischer Sprache beweiset, und darneben vermeldet, daß der Sacellanus dieser Capell und Altars, wegen seiner wöchentlichen Messen sol haben jährlich XV. fl. Jenischen Geldes, und 6. Schock Schneeberger Groschen Zinß von den 250. fl. und 100. Schocken, erkaufft von dem Rath und Bürgerschafft in Thomasbrücken, als XII. fl. von Tholde Tziglern zu Bischoffleben, und 3. Reinische Gülden und 6. Schock Schreckenberger Müntze von Andrea Thimen in Jena.

4. Nach dem Miß- und Wolbrauch. Jener erscheinet aus denen darinnen gehaltenen Seelmessen und Götzendienst, die vorlängst (An.C. 1524.) abgeschaffet sind. Dieser aber aus der Erhaltung der dürfftigen Leute in dem darbey gelegenen Spittel und Herberge der Armen.

Das XXXV. Capitel,
Von Klöstern zu Jena in gemein.

Von den Spitteln und Capellen zu Jena kommen wir auff die Klöster, und die seyn zubetrachten ordentlich.

1. Nach ihrem Namen. Sie werden genennet (1.) Klöster, vom lateinischen Wort Claustrum, das heisst ein verschlossener Ort. Weil die Münche und die Münchin (oder Nonnen und Klosterfrauen) sich darein gleichsam verschliessen, üm darinnen ihre drey Gelübde der Keuschheit, der Armuth, des Gehorsams zuhalten. Wie? Wem? und wenn sie solche halten? Das weiß Gott, ihr Gewissen, und die Erbare Welt. (2.) Münster, vom griegischen Wort Monasterion, das heisst ein einsamer Ort. Weil die Münche darinnen wollen und sollen ein einsam Leben führen! Deswegen sie auch Cœnobia, das ist, Das Gemeine-Leben sind genennet worden. Denn weiland lebeten die Münche beysammen Studierenswegen, wie ihre Amtsnamen ausweisen. Als Decanus, Præpo-

situs, Scholasticus, Cantor, Lector, Bibliothecarius & c. (Zu Schwol im Niederlande liegt noch ein Kloster, genandt Fratrum de communi vita seu bonæ voluntatis, *das Kloster der Brüder vom gemeinen Leben und guten Willen.* Middendorpius part. 2. de Acad. lib. 5. p. 324.)

2. Nach ihrer Zahl, Orten und Lage. Es sind drey Klöster zu Jena. (1.) Das A.C. 1642. vom Keyserlichen Kriegs-Obersten, Matthæo von Moncado, Commendanten zu Jena verwüstetes, und hernach An.C. 1669. gäntzlich eingerissenes Carmeliter Kloster zum H. Creutz und aller Heiligen, vor dem ietzigen Löbderthore. (2.) Das Dominicaner Kloster zur H. Marien, Pauli des Apostels, und Dominici des Stiffters des Prediger-Ordens in der Brüder- und Collegen-Gassen. (3.) Das Cistercienser-Kloster zu St. Michael hinter der Michaels-Kirchen. (Als auff eine Zeit bey einem Gastmale andere Reichsfürsten sich rühmeten ihres Reichthums und Güter, Landen und Leuten. Sagte endlich nach langen Stillschweigen Hertzog Albertus zu Sachsen, der Teutsche Rolandus genad, also: Ich habe eine Stadt, (meinete Leipzig) und darinnen drey Wunderwercke, nemlich drey Klöster: 1. ein Dominicaner oder Prediger-Kloster zu St. Pauli, das hätte viel Früchte, und doch keine Aecker. 2. Ein Franciscaner oder Baarfüsser-Kloster, der Minder-Brüder oder Bettel-Mönche, das hätte viel baar Geld, und doch keine Renten. 3. Ein Thomas-Kloster, der Regulirten Domherren, das hätte viel Kinder, und doch keine Weiber. D. Julius Wilhelm Zingreff im 1. Theil der Apophthegmatum der Sinnreichen Reden Teutscher Nation, p. 148. In wehrendem Pabstthum hette diesen Spruch unser Jena führen können von ihren dreyen ietzt genandten Klöstern.)

3. Nach ihrem Unterscheid. Nicht wegen des Ordens, der schon gemeldet ist worden, sondern wegen des Geschlechts. In unsern Klöstern zu Jena haben genistelt theils Münche, und solche im Carmeliter und im Pauliner-Kloster. Theils Münchin oder Nonnen, in dem Michaels Kloster, aber nicht in solcher Anzahl und Menge der Münche, als zu Meissen in der Domkirchen, in welcher Churfürst Ernst zu Sachen A.C. 1480. einen Tag und Nacht stetswerenden Gottesdienst mit singen gestifftet, und darzu verordnet XIV. Canonicos, eben so viel Sacellanos, und LX. mehr als weniger Vicarios. Aus dieser Zahl wurden genennet etzliche Scoti, und waren ihrer VII. welche in einem Hause beysammen wohneten, und ihren Diener Jesus nenneten, der auch die geringsten und untersten Dienste verrichten muste. Denn was sonst

keiner thun wollte, das muste dieser Diener Jesus thun, (ô Mißbrauch des heiligen und uns heiligmachenden Namens Jesus!)
Etzliche Chorales, nemlich XII. Etzliche Gravati und zwar XV. welche bey der Fürsten Grabstete waren. Etzliche Octaviani, also
genand von der achten Nachtstunde. Etzliche Oculi, und zwar
zweene, des Dechands Auge und des Probst Auge. Welche Achtung auff den Sing-Chor gaben, und die Gesänge anfiengen. Wie
weitläufftig davon schreibt Fabricius in Annal. Misniæ lib. 2. fol. 66.

Sein Bruder Hertzog Albrecht zu Sachsen, und seine beyden
Söhne, Georgius der Bärtige, und Heinrich der Fromme, müssen
auch viel von den München Dienst gehalten haben. Denn als des
Ersten Leichnam durch Hn. Hansen Schencken zu Tautenburg,
von Emden aus Frießland, do er An.C. 1500. den 2. Sept. gestorben, nach Meissen gebracht war, haben 600. Meßpfaffen vier _404
Tage nacheinander Seelmessen ihm gehalten, und hat die Leichpredigt gethan Johannes Henningius von Hayn, der domals bered-
samste Domher, in Beyseyn seiner ietzgedachten Söhne, und
zweyer Bischaffen, Johannis VI. zu Meissen, und Johannis III. zu
Naumburg. Fabric lib. 7. Orig. Sax. fol. 839. lib. 3. Annal. Urbis Misniæ fol. 74. conser. Colloq. Mens. D. Lutheri tit. de Morte.

4. Nach ihren Einkommen. Das Nonnen Kloster zu St. Michael in Jena allein hat 6. Dörffer besessen, Löbgeschütz, Koßweda, Kloßwitz, Haynichen, Lützeroda, Nerckwitz. Welche alle
sind Amtsdörffer worden. Wie ich solche erzehlet und beschrieben in meinem Geographo Jenensi cap. 21. p. 331. 332.

Ehe ich die drey Klöster zu Jena absonderlich beschreibe,
will ich zuvor dem günstigen Leser etliche von den Mönchen
gemachte Reden und Sprüchwörter zu Gemüthe führen, und zu
fernern Nachdencken und Sinnen Anlaß geben.

1. *O nur in ein Kloster mit dir, denn du bist weder Gott noch der Welt* _405
nütze. Diese Wort hat Laurentius von Bibra, Bischoff zu Würtzburg pflegen zu sagen, wenn er einen unartigen bösen Buben
gesehen. Stirbt A.C. 1510. den 6. Febr. Cruger. in Catalogo Milleviro-
rum p. 177. und allhier gehören her die zwene Hexametri:

ô Monachi, vestri stomachi sunt amphora Bacchi,
Vos estis, Deus est testis, turpissima pestis.

2. *Der Münche Pantoffelholtz* sagt D M. Luther beym Zingreff d.
l. p. 251. *sind aus dem Feigenbaum gemacht, zu welchen der Herr Jesus
Christus gesagt habe*: Matth. 21. 19. Marc. 11. 14. *Von nun an und ins
künfftige, soltu nimmer keine Frucht tragen.*

3. *Die Fische sind nirgend beſſer als im Wasser, die Diebe als am Galgen, und die Mönche, als im Kloster, derhalben befehle ich euch diesen Mönch.* Also commendirte M. Philip. Melanchthon einen ungelehrten Mönch, der aus fremden Land, und doch keiner Sprach kundig war, in ein Kloster. Zingreff d. l. p. 262.

4. *Was der Teuffel nicht selber verrichten will und kan, das verrichtet er durch eine alte Vettel und Mönch.* Davon hat Andreas Sylvius, welcher An.C. 1464. den 15. Augusti gestorben, dieses Distichon gemachet:

Non audet Stygius Pluto tentare, quod audet
effrenis Monachus, plenaq, fraudis Anus.

5. *Ein Mönch ist ein ümgekerter Teuffel:* Wie es vermeldet Johan. Campanus lib. 4. Epistol. 12. hiervon ist dieses tetrastichon:

Hoc solum Monachus nimirum a dœmone distat
quod, quicquid vafer hic suggerit, ille facit.
At si juncta dolis Anus adjuvet, & colat astu,
audebunt Erebi depopulare domum.

Wie zulesen beym Crusio in Annal. Suev. lib. 4. c. 3. fol. 204.

Das XXXVI. Capitel,
Vom Carmeliter Kloster.

Das Carmeliter Kloster zu Jena ist zubetrachten

1. Nach der Lage und Namen. Es liegt heute zu Tage vor dem Löbderthore, und wird genandt 1. das Carmeliter-Kloster. Die Mönche dieses Ordens haben ihren Namen vom Berge und

Städlein Carmel, gelegen 8. Meilen von Samaria, und vier Meilen von Jerusalem, auff welchem Berge der Prophet Elias, und nach ihm der Prophet Elisa gewohnet, 1. Reg. 18. v. 19. 2. Reg. 2. 25. c. 4. 25. und heisset der Name so viel als ein fruchtbar Feld, eine blühende ähre, Grünberg, Grünau. Crellius in prompt. Biblico fol. 125. Uff diesen Berg Carmel, welchen Polydorus Virgil. l. 7. de Inventione rerum p. 455. nicht in Canaan, sondern in Syrien, aber unrecht, setzet, hat dieser Mönchs- und Bettel-Orden eine Marien-Kirche erbauet, unterm Pabst Alexander dem III. ohngefehr An.C. 1170. und die Bestetigung erlanget von Innocentio dem III. und Honorio II. 2. Der alte Spittel, zum Unterschied des neuen zu St. Niclaß vor dem Salthor, der A.C. 1319. auffkommen. 3. Das Kloster zum heiligen Creutz (und zu aller Heiligen) weil darinnen das H. Creutz ist verehret worden. Zu dem Ende ist im abgöttischen und Abergläubischen Pabstthum auch das grosse hohe lange steinern Creutz, am Liechtenhaynischen Fußstege und Fahrwege, nicht weit vom Dorffe auffgerichtet worden. Der Patron dieses Klosters, wie auch der Capell zu allen Heiligen und zum H. Creutz, ist der Rath zu Jena, wie oben im 34. Capittel 409 vermeldet worden. Suche meine Annales Jenenses A.C. 1382.

2. Nach dem Ursprung und Alter. Es ist dieser alter Spittel, Carmeliter-Hoff und Kloster zum Heil. Creutz vor 450. und mehr Jahren erbauet worden, denn an einem Stein der Mittagsmauer sind diese Worte zulesen: *Anno Domini MCCXIIII. (oder MCCXVII.) hoc opus est completum.* Das ist: *Im Jahr der Herren 1214. (oder 1217.) ist dieses Bau vollendet.* Nicht weit davon an der Ecken diese drey Buchstaben F.B.S. vielleicht bedeuten sie den Namen des Bau-Herren oder Meisters.

In dem Kloster haben Layen, und unser lieben Frauen Brüder also zureden, miteinander gelebet, nicht unter einem Apt, sondern unter einem Prior oder Vorsteher, und ist mir zur Zeit nur ein einiger mit seinem Tauff- und Geschlechtsnamen vorkommen, nemlich Burchardus Schöpperitz. Denn also fähet sich 410 ein alter Brieff an, gegeben An.C. 1502. den 4. Sept. Bruder Herman Provincial in Sachsen, Doctor, Bruder Burchard Schöpperitz Prior und gantze Sammung des Klosters vor Jena gelegen, zum heiligen Creutz, des Ordens unser lieben Frauen Brüder von dem Berge Carmeli.

3. Nach dem Zu- und Unfall. 1. Von Auffrühren. Zur Zeit der auffrührischen Bauren und Bürger, nemlich An.C. 1525. den 3. Maji am Tage Creutzerfindung, ist dieses Carmeliter-Kloster auch überfallen und verwüstet worden. Davon hat in einem Buche, welches im Niclaß-Spittel noch A.C. 1637. vor der Keyserlichen Plünderung vorhanden war, diese Klagschrifft gestanden, und von mir abgeschrieben worden. Anno Domini M.VC.XXV. in die Crucis inventionis *ist geplündert, beraubt, jämmerlich zustört, wieder Gott und Rechte das arme Kloster zu dem H. Creutze, Carmeliter Orden.* Dahero kömmets, daß darauff An.C. 1526. in der allgemeinen Visitation 411 oder Besichtigung der Jenischen Spittalen, Capellen, Klöster und Kirchen, so wol Auffzeichnung ihrer Verlassenschafft an Meßgewanden, Kelchen, baaren Gelde und andern Vorrathe, geschehen von Churf. Johansen zu Sachsen, vom Amtschösser und Rathe zu Jena, von diesem Carmeliter-Kloster gantz und gar nichts gefunden und auffgezeichnet ist.

Im andern Theil der Archiven oder Urkunden im Amt Jena fol. 1232. stehet eine solche Nachrichtung. *Es habe der Rath die aus dem Carmeliter-Kloster entwendete Sachen zusammen gestoppelt, und zu Gelde gemacht, und das gelösete Geld ihren Bürgern ins Lager vor der Stadt Mülhausen in Thüringen wieder die auffrührischen Bauren geschicket.*

2. Von Kriegsleuten. An.C. 1642. den 9. Martii Mitwoch nach Reminiscere ziehen zwey Keyserliche Regimenter zu Fuß in Jena, ihre Obersten waren Matthæus von Moncado, Commendant, und Hertzog Hannibal zu Mantua, und ziehen wieder aus Jena, und zwar dieser oder vielmehr in seinem Abwesen der Leutenant Valentinus Hauser den 5. Maji, und zeucht darauff des Nachts ein, Oberster Georg Rudolff von Wolfframsdorff und Oberster Wachmeister, Christian im Hoff mit 12. Standarten Kürisirern. Jener aber zeucht allererst aus den 1. Junii, mit den auch vorher eingelassenen Tragonern Reutern des Obersten Martini von Bachonhai, und hat vorher den 29. Martii, gleich in der Marterwochen, nicht allein viel Bürger Häuser und Scheunen in der Vorstadt, sondern auch das Carmeliter-Kloster von obernher biß an das Mauerwerck eingerissen, und aus den Balcken und Trägern Palisaten (spitzige Pfále) gemacht, und damit die Stadtmauer gegen Mittag befestiget.

Wenn er die Reimen gewust, und daran gedacht, welche Heinrich Ranzow, Königlicher Vicarius in Holstein, an einen Pyramide zu Nordop unweit Itzehoe A.C. 1577. hat mahlen lassen, so würde er diesen Einriß nicht angeordnet haben.

Hüt dich mit Fleiß und nicht zerbrich
Was zum Gedächtnüß ist aufgericht,
Dann wo solches von dir geschicht,
Verbleibt die Straff gewißlich nicht.
Hiermit befehl ich, Leser, dich
in Gottes Schirm stets ewiglich.

Nathan Chytræus in Deliciis Itinerum Europæ p. 530. Wir setzen hierzu diese zween Hexametros.

Quas sacras ædes Pietas construxit Avorum,
has nunc hæredes invadunt more Luporum.

3. Von Bauleuten. An.C. 1655. im Weinmonat, ist der letzte von dem Schwedischen Major Stahlhansen An.C. 1637. den 3. Febr. eingerissener Schwibbogen an der grossen steinern Saalbrücken bey Camsdorff, von grundauff wieder auffgebauet, und die

grossen Werckstücke und Grundsteine von dem Carmeliter-Kloster darzu genommen und gebraucht worden.

Vor diesem mitlern Zu- und Unfall, habe ich die Capell und das Kloster-Gebäude gar fleißig besichtiget, und es also befunden. Uber der Capell-Thür stehet in Leibesgröße abgemahlet die H. Jungfrau Maria, und der Märterer Laurentius. Aber über der Thür des innersten Cœnaculi oder Speisestuben sind viel Bilder zusehen. Unter andern auff der rechten Seiten im Eingange die Geburt des Herrn Jesu Christi, Joseph und Maria in gantzer Leibesgröße, hinter dero Rücken betet einer kniend, und sind darbey zulesen diese lateinische Wort: Tanquam Sponsus Dominus prodeat de thalamo suo. Das ist: Wie ein Bräutigam gehet der Herr herfür aus seiner Kammer. Diese Wort sind genommen aus dem XIX. Psalm vers. 6. Auff der lincken Seiten aber eine Matrona oder Weibesbild in einem Lustgarten, mit einem verschlossenen Thurme, in dessen Schoß ein Einhorn das Haupt legt. Ausser 415 dem Lustgarten stehet ein Clericus oder Bischoff mit seinem Hirtenstabe, und unter ihm betet ein Mannsbild kniend, bey derer von Bünau Wapen, und diese zehn nachfolgende Bilder und Gemählde. 1. ein gelber Löwe im schwartzen Felde und Schilde. 2. ein roch Creutz im weissen Felde. 3. ein weiß Rad im schwartzen Felde. 4. Ein gedoppelter Adler im gelben Felde, und darbey die Jahrzahl 1520. 5. ein weiß Creutz im schwartzen Felde. 6. ein weiser Löwe in rothen Felde. 7. Ein Rautenzweig oder Krantz üm gelbe Balcken. 8. Ein leerer Schild weiß und roth. 9. Ein rother Adler im weissen Felde. 10. ein roth Creutz im gelben Felde. Diese Wapen zeigen an die Beschirmer und Wolthäter des Carmeliter Klosters oder Hoffs. Denn der Rauten Krantz ist das Sächsische, und das Rad ist das Mäintzische Wapen. Die andern Wapen aber bedeuten die Stiffter und Vermehrer, Wol- und Gutthäter, darunter die Edlen von Bünau den Preiß und Vorzug haben.

In dem mittelsten Zimmer war zusehen des Prioris Musæum, Studierstube und Schlaffkammer, und darbey etzliche zufallene 416 Mönchzellen, darinnen die Gesellen des ersten Buchdruckers, Christian Rödingers, der A.C. 1553. von Magdeburg nach Jena zur Druckung der Schrifften des Herren D. M. Luthers beruffen war, gearbeitet und geruhet, auch ihre Tauf- und Geschlechts-Namen angeschrieben haben. Vorne an: Alles mit Gott, Matthæus Fleischhauer 1557, Elias Weise, W.S.V.M.D. 1566.

Balthasar Orthel, H.R. H. 1566. Adamus Ebernitz 1566. Wolff Hecke. Uber einer Zellthür war zulesen der Name Jesus, wie ihne die Jesuiter abkürtzen, und also schreiben, JHS. in runden Sonnenstrahlen zusehen. Uff beyden Seiten zweene Clerici, der zur Rechten hielt einen Scepter, aber der zur Lincken einen Kelch.

4. Nach dem alten und neuen Miß- und Wolbrauch, der erscheinet aus nachfolgenden Jahrs-Geschäfften.

An.C. 1214. oder 1217. dieser alter Spittel schon auffgebauet gewesen. Die Carmelitter haben ihn einbekommen A.C. 1319. do ist der neue Spittal zu St. Nicolai angegangen.

417 .An.C. 1502. haben die Carmeliter, Bettel- und unser lieben Frauen Mönche (also zureden) noch unter ihrem Priore Burchardo Schöpperitz ein geruhig Leben geführet.

An.C. 1525. den 3. Maji am Tage Creutzerfindung, sind sie von auffrührischen Bauren überfallen, geplündert und verjaget worden.

An.C. 1553. hat Churf. Johan Fridrich zu Sachsen von diesem Kloster eingethan das vorder Gebäude bey der Capelle, einem Salpetergräber und Pulvermacher, und ihm Macht gegeben einzuschlagen, wo er wisse, daß Salpeter-Erden zufinden sey, der hat auch einen Versuch gethan in Fleischbäncken, in der Zeysen, und in etzlichen Bürgerhäusern.

An.C. 1553. Montag nach Bartholomæi haben Churf. Johan. Fridrichs I. zu Sachsen drey Söhne, Hertzog Joh. Fridrich der Mitlere, Hertzog Johan Wilhelm, Hertzog Johan Fridrich der Jüngere, Hertzogen zu Sachsen, das Hintergebäude des Carmeliter-Hoffs oder Klosters und Garten eingeräumet L. Nicolao von

418 Amsdorff, dem vertriebenen Bischoff zu Naumburg und Zeitz, so wol dem vorgenanten Buchdrucker Christian Rödingern. Jener hat mit M. Georgio Rorario, weiland D. M. Luthers Amanuensi und Diacono zu Wittenberg, die rechten Schrifften D. Lutheri revidiret, die Teutschen in IIX. und die Lateinischen in IV. Tomos oder Theile ein- und abgetheilet. Dieser hat sie zum allerersten uff diese Weise getrucket, und nach ihm, zu meiner Zeit, Tobias Steinmann der ältere.

An.C. 1641. hat David Scheits, bürtig aus Jena, aus der Creutz Capell des Carmeliter Hoffs auffs neue gemacht eine Salpeter-Hütte, aber nicht lange solche darzu gebrauchet.

An.C. 1642. hat Keyser Ferdinandi des III. Kriegsoberster zu Fuß und Commendant allhier, den Carmeliter Hoff eingerissen, und aus den Balcken und Trägern Palisaten gemacht, wie schon gemeldet. Davon blieben die untersten Mauren, und die grosse steinerne Küchen und Esse, darinnen die Glockengiesser ihre officin und Werckstat auffschlugen.

Anno C. 1669. üm Ostern hat der Rath zu Jena die Rudera und Mauerwerck lassen einreissen, und ein neu Gebäude auffge- <u>419</u> richtet, und zum Gasthofe, genand zum gelben Engel, gemacht, und ihn zum erstenmahl Hansen Döbnern uff drey Jahr vermietet und ausgethan üm 248. fl.

Das XXXVII. Capitel,
Von Pauliner Kloster.

Das Pauliner Kloster ist zubetrachten I. Nach der Lage und Namen. Es liegt in der Brüder- und Collegen-Gassen, an der Stadtmauer gegen Mittag, und hat ein lustiges Aussehen in die gegenüberliegende Graß-, Kraut-, Obst- und Weingärten. Johan Agricola hat nicht ohne Ursach diese Wort einverleibet seinem 344 Sprüchworte (p. 195.) zu dem so haben die Kloster und Stiffte genistet an die besten Oerter, daß es war seyn würde, wie Hiob Cap. 40. v. 10. 19. saget von Behemoth. Cibus ejus delectus: Die besten Ingenia und scharffsinnigen Köpffe sind eitel Pfaffen und Münche worden.

Es wird genennet 1. das Pauliner-Kloster. Weil es A.C. 1286. <u>420</u> von den Herren zu Leuchtenburg, mit Einwilligung Landgraff Albrechts zu Thüringen, und seines Sohns, Fridrichs, mit dem gebissenen Backen, erbauet worden ist in der Ehre der Jungfrau Maria, des Apostels Pauli und Dominici, des Stiffters des Prediger-Ordens, wie Dresserus schreibet von Teutschen Städten p. 237. 2. Das Brüder Kloster, weil die Münche darinnen als geistliche Brüder, unter einem Priore mit einander gelebet, und einander das Brodt für gebettelt haben. 3. Das Prediger Kloster, weil die Münche darinnen dem Dominicaner und Prediger-Orden sind zugethan gewesen, und sich auff das Predigen geleget haben.

II. Nach den München und ihrem Amte. In diesem Kloster sind An.C. 1524. gewesen 30. Münche, und genennet worden theils Presbyteri, Münch-Priester oder Meß-Pfaffen. Theils Laici oder Leyen-Brüder. A.C. 1525. zur Zeit des Bauren-Kriegs sind ihrer viel aus dem Kloster entwichen, und etzliche darinnen verblieben. Als Caspar Busch, welcher An.C. 1540. zum Pfarr nach <u>421</u> Isserstet verordnet. Doctor Petrus N. welcher A.C. 1545. den 4.

Martii gestorben ist. A.C. 1548. sind ihrer noch drey am Leben gewesen, welche ihr Jahr- und Kostgeld genommen, und das Kloster übergeben haben dem Landsfürsten, Churf. Joh. Fridrichen I. zu Sachsen, und seinen drey Söhnen, welche A.C. 1548. daraus ein Pædagogium und Landschule gemacht, und am 19. Martii öffentlich eingeführet haben, und seyn die ersten P.P. worden M. Johan. Stigelius P.P. von Wittenberg, und M. Victorinus Strigelius P.P. von Erffurt. Beyde haben domals peroriret in Beyseyn der dreyen Gebrüdere und Hertzogen zu Sachsen, Johan Fridrichs des Mitleren, Johan Wilhelms I. und Johan Fridrichs des Jüngern, und ihrer Räthe. Jener hat seine von Nutz des Studierens. Dieser aber von Ursachen der Schulen gehandelt.

Ihrer, der Pauliner oder Dominicaner-Mönchen Amt und Ordens Regel ist gewesen, daß sie einander geliebet, der Demuth sich beflissen, gutwillig arm gelebet, und mit keinem Weibesbilde, wegen gelobter Keuschheit ümgegangen. Denn also stehet im

Epitaphio ihres Stiffters, welcher zu Bononien in Italia A.C. 1221. den 5. Augusti gestorben ist. Ich hette schier vergessen ihrer Seelmessen und Gesangs, Fastens und Wachens, damit sie die Verstorbenen in ihrem erdichteten Fegefeuer und den Hinterbliebenen im Leben haben beyspringen wollen. Mercket das Exempel. Dem Schmiede-Handwerck in Jena, namentlich Meister Andres Wernern, Hansen Steinen, Hansen Rothen dem Jüngern, Heinrich und Dietrich Keßlern, Brüderm, und Hansen von Salfeld, so wol ihrer Weibern, Kindern und Gesinde, haben sie verheischen die Geniessung aller ihrer Messen, Gebeten, Predigten, Fastens, Wachens, Enthaltens, Arbeitens, und aller ihrer guten Wercke, welche die Münche und Nonnen ihres Ordens in diesem Sachsen Lande thun würden. Das Diploma ist gegeben zu Erffurt A.C. 1475. den 8. Aug. Und hat dasselbe gegeben Bruder Andreas Comitis, Prediger Ordens, der H. Schrifft P.P. und Prior Provincialis durch Sachsen.

III. Nach den Prioren und ihren Namen. Es haben die Prediger-Münche gelebet, nicht unter einem Apte, sondern nur unter einem Priore, und sind mir diese nachfolgende vorkommen.

Bruder Heinrich, Prior An.C. 1321. denn also wird seiner im Bürgelischen Kloster-Brieffe gedacht. Zeugen sind an statt Herren Heinrichs Prioris zu Jena, Prediger Ordens, Bruder Heinrich von Weida, desselben Ordens, unser lieben Schwester Sohn. Es haben aber diesen Brieff lassen machen die beyden Brüder und

Herren Herman und Albrecht von Lobdeburg, genand von Leuchtenburg.

Bruder Johannes Oerter von Frickenhausen, Prior An.C. 1495. der ist A.C. 1508. Vicarius der Meisnischen Nation worden. Und hat vorher A.C. 1505. Dienstag nach Lætare das Terminier Hauß zu Jena, darinnen die zweene Nullen-Brüder und Bettel Münche gewohnet, üm 16½. Schock Groschen verkaufft, Bruder Heinrichen Heiligenstet, Ertzpriestern und Pfarrern, und der St. Annen Brüderschaft im Städlein Madela, und im nachfolgenden 1506. Jahr, das Röhrwasser aus der Leuter in das Kloster leiten lassen, nach dem Exempel Johan Deutschendorff, welcher unter _424_ Bischoff Dieterichen den IV. zu Meissen, ein Vicarius gewesen, und in seinem Testament An.C. 1473. verordnet hat, daß aus einem weit entlegenen Thale sollte das Wasser geführet werden in das Kloster St. Afræ Fabricius lib. 2. Annal. Misnaiæ fol. 68.

Bruder Andreas Bauch von Gemunde, wird Prior erwehlet A.C. 1508. von M. Johanne Antonio der Heil. Schrifft Doctore, Hæreticæ pravitatis Inquisitore und Priore durch Sachsenland. Giebt sein Priorat selber auff A.C. 1513.

Bruder Heinrich Viri (Mann) von Schweinfurt, Prior A.C. 1513. den 9. April. Helt ein Capitel An.C. 1514. und erlanget darauff viel Allmosen und Gaben von anwesenden Fürsten und Herren, wie ich bald gedencken will. Lässet A.C. 1518. die Orgel in der Kloster-Kirchen erneuern durch Bruder Johannem, aus dem Orden der Minoritarum oder Minder Brüdern, einem Münche von Weida.

Bruder Johannes von Eckenfeld, der H. Schrifft Professor, wird Prior A.C. 1519. den 7. Maji, und entwieche im Bauren-Kriege An.C. 1525. mit den fürnehmsten München aus dem Klos- _425_ ter nach Leipzig, nicht ohne Kleinodien.

IV. Nach den Renten und Gaben. Diese haben sie erbettelt und ausgebettelt, unter andern diese:

(1.) An jährlichen Zinsen, in Effurt und in Gleichen. Welche Churfürst Joh. Fridrich zu Sachsen den ausgetretenen München uff etzliche Jahr hat folgen und einnehmen lassen, und ihnen darüber ein Diploma oder Schein ertheilet A.C. 1536.

(2.) An Weinbergen. Derer achte sie haben besessen, und werden alle in einem Schreiben, gegeben An.C. 1535. an ietzt ge-meldeten Churfürsten, mit Namen erzehlet.

(3.) An Fischwassern. Ennz Sommerlatte, ein Edler Thüringer, hat diesen Bettel-München sein Fischwasser in dem Salstrom erblich vermachet, und sein Vermächtnüß hat A.C. 1508. bestetiget Churf. Fridrich der III. und sein Bruder Hertzog Johannes zu Sachsen.

(4.) An andern Spenden, Almosen und freyen Gaben. An.C. 1514. ist unter dem Priore Heinrich Viri genandt, ein Capitel gehalten, und darauff erschienen Fürsten und Herren, aber nicht leer. Denn es hat diesen Bettel-München verehret Churfürst Fridrich der III. und sein Bruder Hertzog Johannes zu Sachsen 6. Eimer Wein, 7. Jenische Scheffel liechten Weitzen, so viel Scheffel Haber, und 20. Kannen Salfische. Hertzog Georg zu Sachsen, der Bärtige genand, 3. fl. in Golde. (Das ist:) Drey Reinische Goldgülden, und 6. Eimer Wein. Der Commendator des Teutschen Ordens und Hauses zu Zwetzen 3. Reinische Goldgülden.

V. An Kleinodien und Vorrathe. Diese sind, wie auch in den Michaels- und in der Johannes Kirchen zweymal besichtiget und angeschlagen worden.

Zum erstenmahl.

A.C. 1525. den 8. Jan. am Tage Erhardi unter Churfürst Fridrichen dem III. zu Sachsen, von dem Amtschösser Sebastian Wölnern, dem Rath und Hansen Flachen, Bürgern und Goldschmieden in Jena, in dieser Ordnung.

1127. fl. an Silber, Monstrantzen und Sacrament Häußlein, an welchem 16. übergüldete Bilder, haben gewogen 18. Marck.

46. fl. an 4. Kelchen und 3. Schüßlichen übergült in der Johannes Kirchen, haben gewogen 7. Marck und 7. Unzen. Suche unten das 46. Capitel.

In der Michaels Kirchen.

40. fl. an 3. Kelchen und 2. Schüßlichen zum täglichen Gebrauch, haben gewogen ohngefehr 5. Marck.

198. fl. an 7. Kelchen und so viel Schüßlichen übergült, haben gewogen 24. Marck und 12. Unzen.

11. fl. an 7. Schüßlichen, darunter eines mit dem Creutz übergültet, mit ihren Heiligthumen und Seidenen Bändern, haben gewogen 25. Unzen.

51. fl. das silberne übergülte Viaticum und Gefäß, darinnen das Sacrament Häußlein zu den Krancken und Sterbenden ist getragen, hat gewogen 6. Marck und 5. Unzen.

100. fl. das silberne Creutz, welches die Nonnen in dem Michaels-Kloster gebrauchet.

Summa 63. Marck, 1. Unze, nemlich 44. Marck 10. Unzen 428 übergült Silber, und 18. Marck 7. Unzen rein Silber, oder 586. fl. wenn eine Marck rein Silber üm 7. fl. angeschlagen wird. Eine Marck aber hat 16. Unzen.

Ferner.

56. fl. das erste Pallium oder Chorrock.

32. fl. der andere.

46. fl. an 3. silbern Schüßlichen, Heiligthümer und Bändern, haben 6. Marck und 8. Unzen.

15. fl. vier silberne Meßkannen, darunter 2. übergültet, haben 2. Marck weniger 2. Unzen.

63. fl. ein silbern Creutz, hat 9. Marck.

400. fl. theils an Golde, theils an Gelde haben die Pauliner-Münche dem Rath zu Jena gelieffert auff 4. Jahr, von iedem 100. jährlich zu geben 4. fl. Zinß.

180. fl. haben die auffrührischen Bürger An.C. 1525. den Pauliner-München genommen, und dem Rath zu Jena überantwortet, der hat damit die Bürger im Lager vor Mülhausen unterhalten.

Summa der silbern und übergüldeten Sachen, mit eingeschlossen das Geld der Pauliner Münche trifft an 1367. fl.

Im Pauliner Kloster. 429

70. fl. der erste Chorrock oder seidene Creutz mit Perlen und edlen Steinen. 33. fl. der andere. 19. fl. der dritte. 11. fl. der vierde. Summa 148. fl. sind aber unter 300. fl. nicht geschaffet worden.

331. fl. an 20. Kelchen und so viel Schüßlichen übergüld, haben gewogen 41. Marck, und 6. Unzen.

13. fl. eine übergülte Monstrantz mit dem Agno Dei oder Gottes Lamb, hat gewogen 1. Marck und 9. Unzen.

176. fl. eine Monstrantz mit einem Crystallen Glase, und 9. vergüldeten Bildern, hat gewogen 25. Marck.

23. fl. ein Marien-Bild mit einer Kronen und Stralen, hat gewogen 3. Marck und 3. Unzen.

37. fl. eine übergüldene Monstrantz von 4. Marcken und 1. Unze.

16. fl. eine Monstrantz von 2. Marcken und 1. Unze.

14½ fl. ein Catharinen Bild, dessen Krantz und Haar übergült, von 2. Marcken und 1. Unze.

Ferner.

14. fl. ein Marien-Magdalenen Bild, dessen Haar und Kästlein übergüldet, von 2. Marcken und 1. Unze.

5. fl. eine kleine übergüldte Monstrantz von 1. Marck und 3. Unzen.

17. fl. eine Monstrantz mit der Sacrament Scheiden, von 2. Marck und 7. Unzen.

17. fl. das silberne Rauchfaß von 2. Marcken und 7. Unzen.

24. fl. das Altartuch von 7. Marcken.

55. fl. an 5. Chorröcken mit Perlen gestücket.

Summa 2316.

Welche Sachen alle dem Rathe überliefert, ohne das silberne Creutz von 100. fl. so die Nonnen in ihrer Verwahrung behalten.

Zum andernmahl.

A.C. 1526. den 5. Febr. am Tage Agathæ unter Churf. Johansen zu Sachsen von den vorigen Personen, sind allein die domals in Pauliner Kloster befundene kostbahre Sachen taxiret und uffgezeichnet funden.

331. fl. an 20. Kelchen und so viel Schüßlichen.

13. fl. an einer übergülteden Monstrantz.

177. fl. an einer Monstrantz mit einem Crystallen Glaße.

23. fl. an einem Marien-Bilde.

33. fl. an einer Monstrantz.

16. fl. an einer Monstrantz.

14½. fl. an einem Catharinen Bilde.

14. fl. an einem Marien Magdalenen Bilde.

9½. fl. an 4. kleinen Monstrantzen.

17. fl. an einem Rauchfaße.

46. fl. an 13. silbernen Schüsseln.

15. fl. an 4. Kannen zur Messe.

63. fl. an einen silbern Creutze.

400. fl. an Golde und baren Gelde, welche die Münche kurtz vor dem Auffruhr der Bauren, dem Rath zu Jena uff Zinß geliehen.

180. fl. welche die Bürger den München abgenommen, und dem Rathe übergeben, der damit ihre Bürger im Läger vor Mülhausen unterhalten hat.

Summa 1367. fl.

Uber das 4. mit Perlen gestückte Meßgewand, das 1. von 70. fl. das 2. von 33. fl. das dritte von 19. fl. das 4. von 15. fl. das Altartuch vor 24. fl. und XIX. funeralia (Leichtücher) vor 55. fl. 432

Summa 216. fl.

Summa Summarum 1583. fl. welche dem Rathe in Verwahrung sind überantwortet worden. Wie zulesen in Amts-Archiven und Urkunden zu Jena, part. 2. fol. 1225.

In der Johannis des Täuffers und der Gottes Acker Kirchen.

Darinnen sind gewesen etliche silberne Monstrantzen, und vier Kelche, und drey Schüßlichen. Jene haben gewogen 18. Marck, vor 127. fl. diese aber 7. Marck und 7. Unzen vor 40. fl.

VI. Nach der Veränderung und Zufall. Nachdem die meisten Mönche im Bauer-Kriege An.C. 1525. sind ausgetreten, ist die Verwaltung der Klostergüter verrichtet von gewissen Personen, darunter mir diese mit Namen vorkommen seyn.

Thomas Zschirpe A.C. 1537. Welcher zu Roßla Amtschösser worden, und doselbst gestorben ist, liegt in der Kirchen begraben, und hat dieses Epitaphium oder Grabschrift:

Anno Domini 1558. den 22. Tag Novembris starb der Erbar und 433 *wolerfahrne Thomas Zschirp, die Zeit Schösser zu Roßla, dem Gott gnädig und barmhertzig sey.*

Beym Hauß von Sachsen hab ich verbracht
mein Zeit mit Dienst, dorin bedacht,
beydes Herren und Unterthanen Nutz
ohn scheu in Treu, mein Trost und Schutz
Gott allzeit ist, dem ich mein Seel
durch Christum in seine Händ befehl.

Georgius Hoffmann An.C. 1540. stirbt nach 5. Jahren An.C. 1545.

Wolffgang Schuemann An.C. 1545 unter ihm sind die drey letzten Münche aus dem Kloster An.C. 1548. Dienstag nach Oculi 434 gewiesen, und mit ihren Jahr- und Kostgeld versehen, hingegen ist das Pædagogium oder Landschule den 19. Merzen darinnen eingeführet worden.

Das XXXIIX. Capitel,
Vom Michaels- oder Nonnen Kloster.

Das Michaels- oder Nonnen-Kloster ist zubetrachten ordentlich

I.
Nach der Lage und Namen.

Es liegt am Ende der Johannis, und im Eingange der Salgassen, hinter der Michaels-Kirchen, gegen der Jehnergassen, bey einem Garten, der allererst An.C. 1513. unter der Eptissin Catharina von Kolbe ümmauret worden ist, und wird genennet 1. das Michaels Kloster, weil es von undencklichen Jahren, in der Ehre nicht allein der Jungfrau Mariæ, sondern auch des Heil. Ertz-Engels Michael, welcher der Stadt Jena Patron und Beschirmer, im finstern Pabstthum gewesen, erbauet worden ist. 2. Das Nonnen-Kloster, weil darinnen nicht Mannes-Personen und Mönche, wie im Carmeliter-Hofe vor dem Löbderthore, und im Pauliner-Kloster in der Brüder-Gassen. Sondern Weibesbilder und Nonnen, sind unterhalten worden. Meistentheils Gräffliches, Herrliches, und Adeliches Geschlechts. 3. Die Aptey. Weil die Nonnen unter der Regierung einer Eptissin gelebet, und von einem Probst sind versorget worden.

II.
Nach dem Ursprung und Alter.

Landgraff Fridrich zu Thüringen, und Marckgraff zu Meissen, genand Admorsus & Animosus, der Gebissene und Freudige, bekennet zwar in einem Briefe An.C. 1316. in der Pfingstwochen in Weissenfels gegeben der Eptissen Mechtildin von Lobdeburg, genand von Luchtenburg, daß mit Willen seines Vaters, Landgraf Albrechts zu Thüringen, durch ihre beyde Brüder, Herman und Albrechten von Lobdeburg, genand von Luchtenburg, zu Beförderung ihrer und der Ihrigen Seligkeit, in der Ehre Gottes, der H. Jungfrau Marien und des H. Ertz Engels Michael, das Nonnen-Kloster zu St. Michael fundiret und gestifftet sey. Wie denn Magister Walther, Probst zu Meissen, Heinrich von Arnstat, Hartung von Bulewitz, und Herman genand Goltacker, seine Ritter und Räthe, als Zeugen darinnen benahmet sind. Worauff solchen Begnadungs-Brieff sein Sohn Landgraff Fridrich zu Thüringen, genand der Ernste und Hagere, auch bestetiget zu Gotha A.C. 1329. am Sonnabend vor dem Sontage Circumciderunt, und zu Zeugen gesetzet hat Heinrich den Jüngern, Vogten zu Plawen, Ditrich Ritzen, Ludwig von Schenckenberg seinen Protonotarium (Oberschreibern oder Cantzlern) Otten von Cotwitz Ritter und Hoffmarschalcken, Conraden Pfarren zu Lobdau, Nicolaum Pfarrn zu Gyten seinen Notarien oder Schreiber. Beyde Begnadigungs-Brieffe hat hernach An.C. 1372. den 16. April. uf Befehl der Eptissin Mechtilden der IV. dieses Namens, geborner von Luchtenburg, der Probst Heinrich von Ulstet durch einen Notarium publicum vidimiren oder abschreiben, und zu Zeugen nennen 437 lassen die Erbaren Männer N. Sommerlatten, Pfarrn in Eckelstet, Conrad Hoffmann Vicarien in Jehna, Herman Gegeling von Büugela Capellan des genenten Probsts, und Johan Ludwigen.

Jedoch sind diese drey Brieffe in lateinischer Sprache zuverstehen nicht von der ersten, sondern von der andern fundation und Stifftung. Denn es ist das Michaels-Kloster zu Jena schon An.C. 1002 berühmt gewesen. Denn in dem 1002. Jahre, wie Lambertus schreibet, ist Eccardus der Erste dieses Namens, und in Ordnung der dritte Marggraff zu Thüringen und Meissen, im 80. Jahr seines Alters gestorben, und in der Michaels- oder Nonnen-Kirchen doselbst begraben worden, und hat sich selben Sohn und Nachfolger Eccardus der II. gegen dem Bischoffe zu Merseburg erbothen, selben Stifft das Michaels- oder Nonnen-Kloster in Jena einzuverleiben, wenn er ihm seines Vaters Feind und Mörder, Heico genand, von Amesleben, der sich bey ihm zu Merseburg uffhielte, würde überlieffern. Wie Fabricius lib. 3. Orig. Sax. fol. 390. 403 vermeldet.

ˌEs ist aber dieses Michaels- und Nonnen-Kloster durch in- 438 nerliche Kriege, welche sonderlich Landgraf Albrecht zu Thüringen, genand Degener, oder d'Unartige, wieder seine leibliche Söhne, Fridrich und Dizmannen, und diese beyde wieder die beyden Keyser Adolphen von Nassau, und Albrechten von Oesterreich, welche das Thüringer Land Kauffweise an sich ziehen wolten, geführet haben, verwüstet worden, und öde gestanden, biß daß es die beyden Brüder Herman und Albrecht von Lobdeburg, genandt von Luchtenburg, uffs neue, üms Jahr Christi 1295. fundiret und gestifftet, ihre Schwester Mechtild, dieses Namens die Erste, zur Eptissin verordnet, und die ersten Nonnen aus ihrem Kloster zu Rhoda gehohlet, und darüber ihres Schwagers Landgraff Albrechts, und seines Sohns Fridrichs zu Thüringen, Marggraffs zu Meissen, und Osterlande, Herren an der Pleisse Einwilligung, allererst An.C. 1316. wie oben gemeldet, erlanget haben. Denn beyde Landgraffen, Vater und Sohn, haben in der Graffen und Herren zu Arnshag, Herren zu Lobdeburg, genand, von Luchtenburg Geschlecht geheyrathet. Jenes Landgraff Albrechts 439 dritte Ehegemahlin ist gewesen Elisabetha die ältere (welche

Reusnerus in Genealogia Witikind. fol. 278. nennet Adelheide, aber unrecht) eine geborne Gräffin zu Castel, und Graff Ottens zu Arnshag Witbe. Dieses, Landgraff Fridrichs andere Gemahlin ist gewesen Elisabetha, genand die Jüngere, zum Unterscheid ihrer ietzt erwehnten Frau Mutter.

III.
Nach den Nonnen und Kloster Frauen,
Diese seyn zubetrachten.

1. Nach ihren Namen. Davon schreibt M. Barthol. Scheræus part. 1. Miscell. hierarch. p. 101. also: Wo eine Nonne oder Nunna herkomme, mag ein Mönch antworten. Ich zwar kann es nicht erfahren, weder in Büchern, noch sonsten. Nur daß etzliche wollen, eine Nunne soll herkommen von dem andern Römischen Könige Numa, welcher die H. Feuer-Jungfrauen (Virgines Vestales a Vesta Dea dictas) gestifftet hat, den Nonnen fast gleich. Oder vielleicht kommet die Nonne her vom lateinischen Wort Nona, das ist die Neunde. Daß die Nonnen anfänglich etwa in der 9. Stunde ihre horas Canonicas und Bet-Andacht gehalten, oder etwan in den neunden Hauffen der Päbstlichen Orden gesetzet seyn. Auch wol vom lateinischen Wort Non, das ist nein oder nicht. Denn den Nonnen ist in allen weltlichen Händeln, Puncten und Posten ein Non oder nicht fürgeleget, denn sie können nicht freyen, nicht haußhalten, nicht Gott, noch den Menschen dienen, nicht seyn sie mehr in der Welt ꝛc.

Diesem Scheræo antwortet also Sixtinus Amama lib. 2. Antibarbari Biblici, super cap. 41. Genes. v. 45. p. 438. Die Aegyptier haben ihre Mönche genennet Nunnos, das ist, Söhne, vom Ebræischen Wörtlein Nin, das ist, Sohn, und derselben Vorsteher Abbates, das ist, Väter. Daher kömmet das Wort Nonna, das ist, eine Tochter, und ihre Vorsteherin ist Abbatissa, das ist, Mutter.

Es ist das Pabstthum auch in der Stifftung der Nonnen ein ümgekehrtes Heidenthum, denn in diesem wurde keine Vestalis, oder Feuer-Jungfrau auffgenommen unter 6. und über 10. Jahr ihres Alters, und wurde ihr 30. Jahr der Heiligung aufgeleget, als die ersten 10. Jahr lernete sie, die andern 10. Jahr übete sie, die dritten 10. Jahr lehrete sie Religion und Götzendienst. Wenn sie das Feuer ließ verleschen, so wurde sie vom obersten Priester gestäupet, ließ sie sich beschlaffen, so wurde sie lebendig verbrant. Diese Virgines Vestales oder Feuer-Jungfern und Nonnen, waren in solchen Ansehen, daß auch der andere Römische Keyser Octavius, mit dem Zunamen Augustus, ihrer sechsen sein Testament und letzten Willen An.C. 13. den 2. April. anvertrauete. Wie aus dem Svetonio, einem Römischen Geschichtschreiber dieses erzehlet Dan. Paræus in Medulla histor. p. 42.

2. Nach ihrem Sprengel. Die Nonnen zu St. Michael gehöreten unter den Ertzbischoff zu Maintz, und sind genommen und gekommen de præmio Rhodensi, das ist, sie haben ihren Ursprung aus dem Jungfrauen Kloster im Städlein Rhoda. Denn beyde Städte Jena und Rhoda haben gelegen unter dem Graffen und Herren zu Arnshag bey der Neustadt an der Orla, und sind von den Herren von Lobdeburg, genand von der Luchtenburg gestifftet worden.

3. Nach ihren Orden. Sie werden in Diplomaten und Stiff- <u>442</u> tungs-Brieffen genennet unterschiedlich. Bald Benedictiner-Ordens, von St. Benedicto Nursino der in der Stadt Cassino diesen seinen Münchs-Orden gestifftet, und gestorben ist A.C. 542. den 21. Martii. Polyd. Virgil. l. 7. de Invent. rerum c. 2. p. 444. Bald Cistercienser-Ordens, von einem Orte in Burgundia, in welchem An.C. 1098. der Apt Robertus ein Kloster gebauet, und sein Nachfolger Stephanus Hardinus den München gewisse Gesetz, genand Chartam Charitatis, das ist, die Schrifft, das schrifftliche Gesetz der Liebe, vorgeschrieben hat. Bald Robertiner-Ordens, von ietzt gemeldten Apt Roberto. Bald Bernhardiner-Ordens, vom Apt Bernhardo, welcher A.C. 1113. ein Münch im Kloster Cistertio, und hernach der erste Apt in St. Clarenthal worden ist. Vid M. Just. Bertuchium in Chron. Portensi lib. 1. c. 4. pag. 242. 247.

4. Nach ihrer Zahl. Ihrer seynd gewesen bald viel, bald wenig, bald mehr, und zwar von Adelichen Geschlechte. A.C. 1506. sind ihrer 16. an der Zahl, und auch noch so viel A.C. 1514. nemlich

Catharina von Kolbe Eptissin.   <u>443</u>

Anna Monners oberste Priorin.

Dorothea von Lichtenhayn.

Elisabeth von Hohlbach. Beyde Schafferin.

Anna von Baldestet.

Elisabtha ⎫
Catharina ⎬ von Dolin
⎭

Dorothea von Obirnwymar.

Elisabeth Obirnbrons, alle Eltistin.

Elisabetha Sommerlattin, unterste Priorin.

Margaretha von Denstet.

Ursula Mönchs.

Kunigunda Grobs.

Dorothea Kolbes.

Lina von Denstet.

Ursula von Doelen.

Ob sie allezeit keusche Nonnen gewesen, das weiß Gott, und eine iede in ihrem Gewissen. Crusius in Annal. Suev. part. 3. lib. 3. c. 2. fol. 138. gedencket einer Nonnen zu Rotweil in Schwaben, welche An.C. 1276. uff einen Tag drey Knäblein, und das vierte den Tag hernach geboren hat. Wer will Sprüchwörter von Non-

nen wissen, der suche sie beym Joh. Agricola in seinem Buche, genand der Teutschen Sprüchwörter p. 78. Item p. 201.

5. Nach ihrer Haußhaltung, diese haben sie durch ihre Pröbste verrichtet, und sind oft darüber in grosse Schulden gerathen. A.C. 1492. sind sie deswegen in Bann gethan, und haben nicht mehr lesen und singen dürffen, weil sie Johan Hacken von Wiehe, viel Güter verpfändet hatten. Dannenhero haben sie mit Einwilligung des Raths zu Jena ausgehöhlete Steine innerhalb der 4. Kirchthüren gesetzet, und darein das Almosen zulegen gebeten, die noch in der Michaels-Kirchen zusehen seyn. Es hat aber Churfürst Fridrich der III. zu Sachsen die verthulichen Nonnen ab- und aus, und andere von Erffurt aus dem Martins-Kloster herbey geschafft A.C. 1499. mit Vergünstigung des Apts auff dem Petersberge.

6. Nach ihren Aemtern. Ob gleich die Nonnen alle einander gleich seyn wegen des Ordens. Jedoch seyn sie unterschieden wegen der Aemter. Unter ihnen sind gewesen etzliche Cantrices, Singerin, als Hese, A.C. 1429. Etzliche Custodes, Hüterin, als

Anna Briesenitz, A.C. 1427. Etzliche Cellariæ, Kelnerin, als Elisabetha Jungen, A.C. 1427. Etzliche Procuratrices, Promæ-Condæ, Schliesserin, Schafferin, als Elisabetha von Hohlbach, und Dorothea von Lichtenhayn, An.C. 1514. Etzliche Seniores Eltesten, als Anna von Baldestet, Elisabetha und Catharina von Dölin, Dorothea von Obirnwymar, und Elisabetha Obirnbrons, A.C. 1514. Etzliche Unter-Priorin, als Elisabetha Sommerlattin, A.C. 1514. Etzliche Ober-Priorin, als Elisabetha von der Naumburg, An.C. 1362. Catharina von Welnitz, A.C. 1378. Kunne Patsken oder Patzeken, A.C. 1378. Margareta von Rhoda, A.C. 1391. Helena von Ulstet, An.C. 1404. Anna Müntzerin, An.C. 1410. Penza

Sommerlattin, A.C. 1417. Dorothea von Stein, A.C. 1431. Catharina Metschin, A.C. 1451. Elisabetha von Molaw, A.C. 1465. Elisabetha von Baldestet, A.C. 1479. Catharina von Kolbe, A.C. 1495. Catharina von Lengefeld, An.C. 1500. Anna Mauers oder Monners, An.C. 1513. Etzliche Abbatissæ, Eptissin. Davon itzt soll geschrieben werden.

IV. 446

Nach den Privilegien und Herrligkeit. 1. In der Geistigkeit. Die gesamten Nonnen haben verliehen die Vicarei des Altars zum Heil. Creutz, und mit des Raths Gunst das Schul-Regiment mit dem Geläute. Vorher An.C. 1301. hat das jus Patronatûs Landgraff Fridrich zu Thüringen, der Gebissene und Freudige genand, in gemein besessen mit Burchart dem ältern, und Herman Gebrüdern, Herren zu Lobdeburg, genand von Elsterberg, so wol mit Herman und Albrechten Gebrüdern, von Lobdeburg, genand von Luchtenburg. Und diese alle habens hernach übergeben ihren auffs neue auffgerichteten Nonnen-Kloster zu St. Michael in Jena, und ihrer Schwester und Muhmen Mechtildin, als Eptissin, diese hat nicht allein besessen das jus patronatus in der Michaels-St., Johannis-St., Crucis-St., Nicolai-St., Jacobi-St., Marien-Magdalenen-Kirchen und Capellen. Sondern auch in etzlichen Dörffern, als zu Löbegistitz oder Löbstet mit seinen Filial Zwetzen, zu Koßboda oder Koßweda mit seinem Filialen Cloßwitz und Lützeroda, zum Hainichen ,mit seinem Filial Stiberitz, zu _447_ Isserstet mit seinem (weiland) Filial Kötschau. Diese Jura patronatûs hat An.C. 1525. Mitwoch nach St. Barbaren, Churfürst Johannes zu Torga, und hernach sein Sohn Churfürst Johan Fridrich der I. zum theil ihme vorbehalten, zu theil dem Rath zu Jena eingeräumet, also und dergestalt, daß der Rath das jus nominandi und vocandi bekäme, der Landsfürst aber das jus recipiendi & confirmandi behielte. Wie zusehen in Amts-Urkunden fol. 1248. Endlich hat Hertzog Johan Wilhelm zu Sachsen den 16. Jan. A.C. 1568. allen seinen Land-Ständen das eine Zeitlang, aus gewissen Ursachen in suspenso behaltene exercitium juris Patronatûs wiederrüm geöffnet und frey gelassen.

2. In der Weltligkeit, die gesamten Nonnen hatten die Niedern und Hohen Gerichte in Gloßwitz, in Zißkow, (nunmehr wüste) in Cropz oder Gröbitz, in Göttern, in Hayn oder Hainichen, in Geschwitz, in Kösenitz, in Kospode oder Coßweda, in Lasen, in Niedern Leutra, in Löbschütz, in Urde oder Verde,

(nunmehr wüste) in Welnitz, in Lützeroda, und Rhemderoda, in Schöndorff, (nunmehr wüste.)

448 ˌDiese Dörffer und Gerichte sind zubetrachten 1. nach der Zeit. 1. Löbischitz hat die Eptissen Catharina von Lobdeburg An.C. 1323. erkaufft von Ottone, Alberto, und Hartmanno Gebrüdern, Burggraff zu Kirchberg mit der Pfarrlehn darinnen. Die ist An.C. 1343. mit der Pfarrlehn zu Rotenstein verwechselt, aber 1354. wieder gegeben worden. 2. Kospotho oder Kosweda hat die Eptissin Mechtild die III. von Lobdeburg A.C. 1348. erkaufft von Vitzthum in Apolloda, mit der Pfarr und jure patronatûs, denn keine Gottesgabe kan verkaufft werden, und folget die Pfarr ihrem Dorff und Einwohnern darinnen. 3. Cloßwitz hat die Eptissin Mechtild die III. An.C. 1351. erkaufft von Heinrich, genand von Molewitz, mit Einwilligung der Herren von Helderung. 4. Hayn oder Hainichen hat die schon ietzterwehnte Eptissin theils erkaufft von dem Molewitz An.C. 1354. theils geschenckt bekommen von dem Burggraffen zu Kirchberg mit der Pfarr. Es hat aber das Kloster zu St. Michael dieses Dorff Hertzog Johansen zu Sachsen, für die Erlassung der Frondiensten A.C. 1520.

449 eingeräumet. 5. Uhrda oder Vehrda, gelegen an dem Döbritschen Holtze gegen Ammerbach, ist von den Edlen Brandsteinen kommen an die Nonnen An.C. 1383. und hat noch gestanden 1448. Ist aber im Bruderkriege zwischen Churf. Fridrichen II. und Hertzog Wilhelm III. zu Sachsen verwüstet worden.

2. Nach dem Dienste, davon stehet also im Copial-Buche des Michael-Klosters in Jena, fol. 84. Wenn wir von wegin unser gnädigsten und gnädigen Herren Heerfart uffgeboten wird, so hildet mans, wie es hernach folget. Zum erstin Harnisch, die von Coßboda iiij. Armerst, V. Krebse, V. Eisen Hüte, ij. Büchsen, V. Profeysen. Das halten die von Lützeroda j. Krebs, j. Eisen-Hut. Die von Löbgeschitz auch so viel Harnisch und Armerste. Die von Cloßwitz sollen haben iiij. Krebse, iiij. Eyserne Hüte, I. Büchsen, iij. Profeysen, iiij. Armerste. Die von Hainichen auch so viel. Uber das alle müssen die vier Dörffer einen Wagen mit aller Nothdurfft zur Wagenburg gehöret, halten, und nachreisen, uff denselben Wagen geben die Jungfrauen die Speise.

450 ˌHeute zu Tage halten diese 7. Dörffer einen Heerwagen, Isserstet, Kötschau, Brißnitz, Rodigast, Camsdorff, Lasan, Wenigen-Jena, darzu gehören nicht allein Wehren und Waffen, als eine Hackenbüchse, zwey Schauffeln, 2. Spaithen, 2. Rodehauen, 2.

Aexte, 2. Ketten, 1. Sense, 2. Sicheln. Sondern auch Speise, als 3. Brodte, 1. Hösigen Butter, 1. Tonne Kese, 1. Seiten Speck, 2. Seiten Eß- oder geräuchert Fleisch, einen Scheffel Erbeiß. Wie gedacht in meinem Geographo Jenensi, cap. 22. p. 375. in der andern edition oder Ausfertigung.

Nach den Renten und Einkommen. Diese haben die Nonnen bekommen und genommen, nicht allein aus der Stadt Jena, und aus ihren Kloster-Dörffern, Löbstet, Kosweda, Kloswitz, Hayn oder Haynichen, Lützeroda, und Nerckwitz, davon zulesen in meinem Geogr. Jenensi c. 21. p. 331. Sondern auch in nachfolgenden, als in Ammerbach, Burgau, klein Cunditz oder Cunitz, Ginna, Göttern, Hermeritz, Oberkeßler, groß Kösenitz, Löbschitz, Mülde Nollendorf, Rödichen und klein Romstet. (Schöndorff, Schlotwein, Uhrda oder Vehrda, welche drey Dörffer an $\underline{451}$ ietzo wüste liegen) Welnitz, Weingen Jena, Wintzerle, Wolsdorff, Zimmern, Zwetzen.

Wo die Kleinodien der Nonnen An.C. 1525. 1526. hinkommen sind, davon redet das vorhergehende XXXVII. Capitel. Was vor Güter die Nonnen erkaufft, und sonst zum Geschenck bekommen haben, ist in diesem Capitel und nachfolgenden Register der Eptissin zu finden.

VI.
Nach den Eptissin.

Nicht zwar von Anfang der ersten Stifftung, sondern von der andern, so geschehen An.C. 1295. Eine iegliche will ich beschreiben nach den Namen, wie sie geheissen, und nach den Gütern, die sie bey Lebszeiten an das Kloster zu St. Michael gebracht haben. Wie wol Keyser Otto der IV. geborner Hertzog zu Braunschweig und Lüneburg, am Tage seiner Keyserlichen Krönung, geschehen An.C. 1199. die Erkauffung der liegenden Güter geunbiliget, und Meibomius in Apologia pro Ottone, und seyn diese Verse im Namen des Keysers auffgesetzet.

Ecclesiæ Decimas oblataq munera tantum $\underline{452}$
Possideant, villas nobis & prædia liquant.
Vivat ut hinc populus, habeatq Stipendia Milles.

Ich folge aber hierinnen in solcher Ordnung dem Chronico Portensi, darinnen M. Justinus Bertuchius R. die XXIV. Aepte von An.C. 1137. biß 1539. auch also beschrieben hat.

1. Mechtildis die Erste Eptissin dieses Namens von A.C. 1295. Eine Schwester Herrmann und Albrechts, Herren von

Lobdeburg, genand von Luchtenburg, welche das Kloster zu St. Michael in Jena auffs neue gestifftet haben, unter ihr sind diese Güter ans Kloster kommen.

An.C. 1306. 9. Acker im Lerchen-Felde über Löbegeschütz, bekömmet sie verehret von ihren obgenandten beyden Brüdern, die vorhin als ein Lehngut besessen hat Dithmar, genand von Dornburg, ein Jenischer Bürger. Um dieselbe Zeit hat sie auch von ihnen erkaufft vier unterschiedene Höfe in Jena.

453 ˌA.C. 1307. haben Conrad Schenck von Varila, Herr zu Döbnitschen (Dobritschen) und Rudolff Schenck Canonicus zu Naumburg, ihren Weinberg am Steyger, von ihnen genand der Schenckenberg, dem Kloster verkaufft, und darein haben gewilliget ihre vorher genandte Brüder Herman und Albrecht von Lobdeburg, genand von Luchtenburg.

An.C. 1308. kaufft ein Priester, Heinrich von Saltze genandt, ein Hufe Landes im Fluhr Coßweda, und eignet sie zu dem Kloster. In dem Jahr bekömmet sie auch das jus patronatûs der Lehn über die Stadt-Schule, und über das Geläute. (Regimen Scholarium cum officio campanicie, also stehet im Diplomate.)

An.C. 1311. hat Landgraff Fridrich zu Thüringen, Admorsus der Gebissene genand, den Nonnen zu St. Michael den Kornzinß zu Coswieda zugewendet, welchen vorhin die Burggraffen zu Kirchberg von ihm zur Lehn hatten.

An.C. 1316. wendten ihre beyden Brüder Herman und Albrecht von Lobdeburg, dem Kloster zu dreyssig Jener Korn, und
454 15. Jener Gersten, welche ihrer Mutter Leibgeding gewesen.

II. Mechtilids die andere Eptissin dieses Namens, genand die Jüngere, von A.C. 1317. verkaufft auch in dem Jahre aus Noth die alte Pröbstey ihrem Probst Johanni N. Pfarrn zu Wenigen Jena uf sein Leben, darein hat gewilliget Herr Albrecht zu Lobdeburg, und der Rath zu Jena. Hingegen kaufft sie in diesem 1317. Jahr ein Forwerck zu Löbeschütz vom Probst Hermanno und von Jutta Priorin im Kloster Lusenitz bey Eisenberg. Es ist aber die alte Pröbstey hernach ein Diaconat-Hauß worden, darinnen ich von A.C. 1627. gewohnet, biß dasselbe endlich A.C. 1663. den 2. April üm 425. fl. D. Severo Christophoro Olpio P.P. und endlich Superintendenten zu Römhild in Francken, ist verkaufft worden. Suche oben im XX. Capitel § nach der Zahl.

III. Catharina N. die dritte Eptissin, in der Ordnung von An.C. 1319. wie mich düncket, ist sie gewesen Hn. Rudolff

Schenckens von Dornburg Witbe, Herrn Burchard des Eltern, und Hermans von Lobdeburg, genand von Elsterberg, so wol Hermans und Albrechts von Lobdeburg genand von Luchtenburg, Schwester und Muhme. 455

An.C. 1319. ist der neue Hospital nahe vor dem Salthor in der Ehre des H. Geistes, des Heil. Niolasn und Allerheiligen gestifftet, und alle Opffer oder Gaben zu Nutz der Armen und krancken Personen gewidmet worden.

An.C. 1321. verkaufft Heinrich von Jena genand Wolffram, den Nonnen seinen Hoff in Jena, und Heinrich von Closwitz, so wol Herman von Lammeshopt, ein Cistercienser Münch, verehren ihnen ihre Weinberge, von ihnen genand der Closwitzer und des Lammesheupt. In diesen Kauff und Schenckung haben gewilliget die Lehn-Herren Herman der ältere, und Albrecht der Jüngere von Lobdeburg genand von Luchtenburg.

An.C. 1331. Eignet Graff Günther der ältere zu Schwartzburg, Herr zu Blanckenhayn, den Nonnen zu Jena zu die Franckenmühle, also genand von Ihrem vorigen Besitzer, Theodorico Francken, neben Graff Heinrichen und Güthern zu Schwartzburg, Herren zu Arnstadt, darein hat gewilliget Landgraff Fridrich zu Thüringen, der Hagere und Ernste genand.

IV. Mechtilidis dieses Namens die dritte, und in der Ordnung die vierdte Eptissin An.C. 1333. 456

A.C. 1334. ist unter ihr und der Priorin zu Lusenitz bey Eisenberg, und ihrem Probst Johannem Purtzt ein Streit wegen etlicher Güter entstanden, und sind vom Päbstlichen Stuel zu Richtern ernennet worden diese Aepte, Otto von Gosick, Albertus in Pegau, und Bertoldus in Reinsdorff, und ist der Probst zu S. Otten in Pegau, seines Apts Subdelegatus und Gevollmächtigter darbey gewesen, und weil er sich an den andern vergriffen, so haben die obigen lassen die Liechter ausleschen, die Glocken läuten, und ihn durch ihre Sprengel und Stiffte excommuniciret und in Bann gethan.

A.C. 1336. wendet Landgraff Fridrich zu Thüringen der Ernste genand, dem Michaels Kloster zu, den Hof Heinrichs von Budenitz zu Jena, und dessen Weinberg, Brunsberg genand bey Jena.

An.C. 1337. verkauffen ihr das Fischwasser unter Welnitz nach der Rasenmühle und Neuthor Hans Leyse, Hartman und Conrad die Sommerlatten, üm 50. Schock Groschen, und An.C. 457

1338. einen Hoff in Stiberitz, und 2. Hüner Hans Melre üm 8. Reinische Gülden.

An.C. 1346. hat Cuno von Dornburg, und Heinrich Schaff, ein Malter Gersten, und ein Malter Hafer, und 6. junge Hüner wegen einer Hufen, und etzliche Aecker im Flur Wilsdorff den Nonnen in Jena zugeeignet. Diese Zinsen haben sie von Heinrich und Gerharden den Marschalcken in Gosserstet, und diese von Graff Fridrichen und Hermannen zu Orlamünda und Herren zu Wymar genommen und getragen.

Anno C. 1346. hat Graff Günther zu Schwartzburg den Weinberg, Katzenstein bey Winzerle den Nonnen vermacht, und dessen Einkommen gehöret halb zum Altar St. Matthæi, halb zum Altar St. Bartholomæi in der Michaels Kirchen zu Jena.

An.C. 1347. hat Herr Heinrich Reuß, Herr zu Plawen, etzliche Zinsen in Wenigen-Jena dem Nonnen Kloster zu St. Michael in Jena vermacht, mit Vorbehalt des Gerichts und Vogtey Rechts auff dem Schlosse Gleißberg. Amt Urkunden part. 1. fol. 277.

458   A.C. 1349. hat Conrad von Roda Probst den Nonnen zu St. Michael in Jena, ein Jahr-Gedächtnüß gestifftet für ihm und seine Bluts-Freunde, zu begehen in ihrer Pfarr Kirchen.

An.C. 1355. williget Landgraff Fridrich zu Thüringen, Marggraff zu Meissen, im Osterlande und Landsberg, Graff zu Orlamünde und Herr im Pleißner Lande, daß der Priester Heinrich von Burgau seinen Hoff, welchen vor ihm Rappo von Würtzburg besessen, den Nonnen verehret hat. Suche mehr Exempel der Vermehrung der Kloster Güter unter dieser Eptissin in nachfolgendem Register der Pröbsten.

V. Mechtildis dieses Namens die vierde, und in der Ordnung die fünffte Eptissin von An.C. 1362. Im nachfolgenden 1366. Jahr hat Heinrich von Rudelstet, auch von Prag genand, weiland Probst zu St. Michael in Jena, und Conradus Pfarr zu Conditz oder Cunitz die andere Messe uff den Margareten Altar gestifftet. Unter ihr sind die Kloster Brieffe vidimiret worden, An.C. 1372. den 16. April. Wie hernach An.C. 1511. auch geschehen unter der letzten Eptissin Catharina von Kolbe, Suche im Register der Pröbste.

459   VI. Jutta oder Inditha von Atzmanstet, ist ein Dorff dieses Namens an dem Ilmstrom unter Weimar, genand Osmanstet, weiland Erasmenstet, gehöret den Edlen von Harras, unter ihr hat der Rath zu Jena einen Altar auf dem Rathhause in dem

Zimmer, das nunmehr wegen des F. S. Hoffgerichts genennet wird die Versetzstube, A.C. 1378. auffrichten lassen, wie gemeld oben im XXIII. Capitel § in dieser Versetzstube ꝛc.

VII. Osanna oder Susanna von Thüna oder Thünau, dieses Nahmens die Erste. Ihr Probst ist An.C. 1381. gewesen Dieterich von Plawen, und ihre Priorin Kunna oder Kunegunda Patsken oder Patzeken.

VIII. Catharina von Welnitz Eptissin von A.C. 1382.

A.C. 1382. am Feyertag nach Veitstag ist mit ihrer Bewilligung die Capelle zu Allenheiligen oder zum heiligen Creutze vor dem Löbderthore vom Rath zu Jena gestifftet worden. Suche im XXXIV. Capitel.

An.C. 1383. ist die Mitzke- oder Metz-, auch Jöde- oder Francken Mühle aufs neue an diese Eptissin, mit Bewilligung Landraf Fridrichs zu Thüringen, Bellicosus oder Streitbare ge- _460_ nand, kommen. Wie vorhin an die Eptissin Catharina. Suche das XXIV. Cap. §. die Jüdenmühle.

An.C. 1384. bestetiget Catharina, Landgraff Fridrichs des Gestrengen zu Thüringen Gemahlin, und Churfürst Fridrichs Bellicosi zu Sachsen Mutter, den Weinzehnden aus dem Berge *Hundesbühel*, hinter der Johannis-Kirchen, beym Critz- (Creutz) Gräbigen. Diese Landgräfin ist gewesen Heinrichs, des Gefürsteten Grafens zu Henneberg Tochter, und gestorben A.C. 1393.

An.C. 1388. verkaufft Janus von der Naumburg, ein Jenischer Bürger, seinen Siedelhoff in Jena den Nonnen doselbst, üm 25. Pfund Pfennige.

An.C. 1391. vergleicht sich diese Eptissin mit dem Rath zu Jena, daß sie beyderseits das jus patronatûs oder Pfarrlehn über die Capelle zu Allenheiligen, und zu St. Niclaß vor dem Salthor besitzen, und wechselweise einen Sacellanum oder Meßpriester bestellen wollen.

IX. Osanna oder Susanna von Thünna, dieses Namens die andere Eptissin.

An.C. 1400. eignet Andrewes (Andreas Weise) seinen Wein- _461_ berg den Schellenberg, den Nonnen zu.

A.C. 1401. hat diese Eptissin den Weinberg am Jäntzig, genand der Krieg, in die Lehn gegeben Burchard Mörnichen.

An.C. 1402. eignet Nicol Sachse den Niederweingarten im Mühlthal, dem Michaels Kloster zu, darfür ein ewiges Licht uff dem Nonnen Chor brennen soll.

X. Kune oder Kunegunda von Uhlstet Eptissin, kaufft A.C. 1404. einen Platz bey dem Fürstlichen Schlosse von Albrecht Kemeling üm 18. Schock Groschen, ein iedes Schock zu 60. gl. Auff diesen Platz ist theils die neue Pröbstey, nunmehr Maltzhauß, erbauet, theils ist noch ein weiter breiter lediger Raum vorhanden. Suche das XIIX. Capitel, §. Pröbstey.

XI. Helena von Uhlstet, Eptissin, ihre Priorin in gewesen Penze Sommerlattin.

An.C. 1425. erlangt sie von Churfürst Fridrichen I. zu Sachsen dem Kloster 23. Acker auff der hohenstat gegen Ammerbach und 13. Acker unter den Wiesen genandt die Suhnau, und 7. fl. Jährlichen Zins. Ihrer Magd Catharinen Göldeners, vermacht sie 16. Schilling auff Leibe, und nach ihrem Tode A.C. 1436. wendten solche ihre Brüder Nicol und Götze von Uhlstet zur Seelmesse für ihr Geschlecht. O du blinde Welt!

462

XII. Penza oder Pentesilea Sommerlattin, Eptissin, übergiebet A.C. 1444. die Jüdenmühle Hans Langen und seinen 3. Söhnen, Nicoln, Simon und Heinzen, daß sie jährlich die Zeit ihres Lebens sollen geben XII. Jehner Korn, und 30. gl. auff Michaelis. Aber wenn sie alle viere würden gestorben seyn, sollten ihre Nachkommen, Erben oder Käuffer gedoppelt geben, nemlich jährlich XXIV. Scheffel und 60. gl. Suche oben das 24. Cap. §. die Jüdenmühle.

XIII. Dorothea von Stein Eptissin verkaufft mit ihrem Probste Nicoln von der Linde und ihrer Priorin Catharina Metschin den Weinberg zu Ammerbach üm 60. Schock Groschen An.C. 1451. und im nachfolgenden Jahre 1452. Jahr, wird der erste Pfarrer zu Cosweda geordnet von Heinrich Lehnman Probste zu Utenbach und Creutzherren. Vorhin hat diese Eptissin die Seelsorge doselbst, durch ihren Vicarien von Jena aus bestellet, wie auch nach Liechtenhayn.

463

XIV. Elisabetha Mauers oder Monners ist Eptissin gewesen üms Jahr Christi 1475. 1483. und ihre Priorin Elisabetha von Baldenstet, und nach ihr Catharina von Kolbe, unter ihr hat Eitel Tangel Ritter, das Vicariat in der Michaels Kirchen A.C. 1477. gestifftet, und An.C. 1479. mit mehrern Einkommen versehen. Wie er denn mit seinem Weibe Elisabeth darinnen begraben liegt, welche gestorben ist A.C. 1487. an St. Martins Tag. Suche meine Annales Jenenses A.C. 1487.

XV. Elisabetha von Baldestet oder Balgestet und Balstet, aus einem uralten Adelichen Geschlecht in Thüringen, Eptissin. Denn Anno C. 1208. ist Ulricus von Baldestet ein Official und Hoffrath gewesen bey Landgraff Ludwigen zu Thüringen und Hessen, dieses Namens dem Fünften. Sie ist mit ihrer Schwester Anna von Baldestet ins Michaels Kloster kommen An.C. 1459. und als sie Eptissin worden, hat sie An.C. 1492. die ausgehohlten hohen Steine in die Kirchen gesetzet, und Allmosen darein gebettelt, wegen Mißwachs des Weins, vielmehr wegen der Ver- 464 thuligkeit ihrer Vorfahrinne. Hernach An.C. 1495. hat sie etzliche Aecker Wiesenwachs, genand die Sünau über der Rasenmühle gekaufft üm 150. Reinische Gülden von Fridrichen von Würtz- burg, Erbsassen uff Wochau. Das Kauffgelt haben vielleicht die gesetzten Steine zuwegen bracht.

XVI. Catharina von Kolbe ist An.C. 1499. biß zur Auffhebung des Michaels-Klosters Eptissin gewesen. In diesem Jahre hat Conradus Hertel zu Jena 15. Reinische Gülden verkaufft dem Vicario des Altars zum heiligen Creutze in der Michaels-Kirchen, davon der Vicarius jährlichen einen Gülden haben soll.

An.C. 1505. unter ihr und ihrem Probste Nicolao Siegfrieden, und Priorin Catharina von Langefeld, hat Hand Soschk oder So- sick, Einwohner zu Kösenitz verordnet, daß auff seine Gestiffte und Unkosten ein Meßpriester alle Sontage das Evangelium pre- digen, und eine Commendmesse zu Seiner und der Seinigen Se- ligkeit halten soll, über die vorigen zwo Seelmessen, welche Nicolaus Theuerkauff, ein Jenischer Bürger kurtz vor seine Ende 465 (er ist aber gestorben A.C. 1482.) gestifftet hatte. Suche oben das XXXIV. Capitel, §. die Capelle zu S. Jacob.

A.C. 1505. wird Elisabetha Sommerlattin, von ihrem Vater Conraden Sommerlatten in Dornburg, ins Kloster gethan, und ihr mitgegeben der halbe Weinberg im Lerchenfeld, genand Keffing, neben 5. Schock Groschen jährliche Zins.

An.C. 1511. am Tage der Eilfftausent Jungfern, hat diese Ep- tissin alle brieffliche Urkunden in lateinischer und teutscher Spra- che lassen abschreiben durch ihren Diaconum Conrad Gölteln, und überlesen von Conrad Steigerwalten, Pfarrn in Jena. Wie vorher An.C. 1372. den 16. April. auch geschehen ist unter der fünfften Eptissin, Mechtildin der IV.

An.C. 1513. lässet diese Eptissin den Klostergarten ümmau- ren, und begehrt A.C. 1515. ihren Abschied, bekömmet ihn aber allererst 1525. Mitwochs nach St. Barbara, zu welcher Zeit sie auch auff Fürstl. Sächs. Befehl das jus patronatûs über das Kloster und Pfarr dem Rath zu Jena übergiebet.

VII.

Nach den Pröbsten. Nicht zwar von der allerersten, sondern von der andern Stifftung an, welche der Eptissin und ihren Nonnen in weltlichen Sachen vor- und beygestanden haben, und sind mir diese nachfolge vorkommen.

I. Poppo von Wurtzburg Probst, wird mit seinen Bruder Fridrich von Würtzburg Rittern, Heinrich von Liechtenhayn, Diterich von Closwitz und Albrechten von Madela, als ein Zeuge angeführet in einem Diplomate oder Brieffe, gegeben zu Luchtenburg, An.C. 1308. den 26. April. in welchen die beyden Brüder Herman und Albrecht, Herren von Lobdeburg, genand von Luchtenburg, ihre Schwester Mechtild, Eptissin zu St. Michael in Jena, übergeben das jus patronatûs und Lehn über die Schule und das Geläute, welches vorher der Pfarr Rüdiger doselbst und seine Vorfahren besessen hatten.

Eben in diesem 1308. Jahre, hat obgedachter Fridrich von Würtzburg, sein von Graff Günthern zu Gleichen gehabtes Lehngut, genand Reinbotinroda, nunmehr Remderoda, uff dem Berge beym Eingang des Mühlthals, und Mädesteig über, verkaufft dem Apt zu Bürgel. Davon mit mehrern in Annalibus Jenens. A.C. 1308.

II. Johannes N. Probst und zugleich Plebanus, oder Pfarr und Meßpriester in Wenigen Jena A.C. 1316.

III. Reinboth, Probst der Nonnen zu St. Michael in Jena An.C. 1319. 1322.

IV. Walter Francke Probst zu St. Michael üm das Jahr Christi 1331.

V. Quondam. Also wird ein Probst zu St. Michael in Jena geschrieben gefunden, A.C. 1327. 1333. 1347. und weil er zugleich Plebanus oder Pfarr in Wenigen Jena gewesen ist, so nehme ich Ursach muthzumassen, daß es müsse der Probst Johannes gewesen seyn, welcher bald nach dem Reinboth, bald nach dem Francken im Probst-Amte nachgefolget, und Schertzweise genennet worden ist der Quondam. Oder der weiland, das ist, der unlängst auch Probst gewesen sey.

VI. Conradus, sonst Cuno von Rhoda, ist A.C. 1349. Probst gewesen, und hat ein Jahr-Gedächtnüß für sich und seine Bluts-Freunde gestifftet in der Michaels oder Nonnen Kirchen. _468_

VII. Franciscus Will, sonst Ern Frenzel genand, von Kemnitz, vermacht den Nonnen zu St. Michael in Jena zur Kleider-Schickung und Flickung 4. Marck Einkommens, welche die Schencken von Varila im Dorff Hainichen jährlich geben, hat gelebet A.C. 1352. 1355. Suche von ihm in Annal. Jenens.

VIII. Heinrich, bald von Rudelstet, bald von Prage genand, hat dem Kloster und der Kirchen zu St. Michael viel guts gethan, in dem er gestifftet An.C. 1353. eine ewige Vicarey des neuen Altars St. Bartholomæi und Agnetis, und des neuen Altars St. Martini, Laurentii, Margaretæ. In dem er mit mehrern Renten und Zinsen hat versehen A.C. 1357. den Altar St. Martini, Dorotheæ und Elisabethæ, so wol A.C. 1366. die andere Messe St. Matthiæ, Laurentii, und Margaretæ. Seine Mit Stiffter dieser zweyen Messen sind gewesen Conradus Etzwan Pfarr in Cunitz An.C. 1338. ist begraben in der Michaels-Kirchen, und Thymo von Nedelschitz in Dornburg. Vorher hat er auch dem Kloster erlangt das Dorf _469_ Hayn oder Haynichen An.C. 1354. theils Kauffweise von den Edelen Molewizen in Kloßwitz, theils Geschenckweise von Ottone dem Jüngern, und Albrechten Gebrüdern, Burggraffen zu Kirchberg, und eine Hufe landes daselbst von den Vitzthumen An.C. 1358.

IX. Johannes von Kochberg, Probst zu St. Michael üms Jahr Christi 1360. 1366.

X. Volradus von Ulstet Probst, hat A.C. 1372. den 16. April. die lateinischen Stifftungs-Brieffe betreffende das An.C. 1295. wieder auffgerichtete Nonnen Kloster zu S. Michael in Jena, gegeben theils zu Weissenfels A.C. 1316. von Landgraff Fridrichen zu Thüringen, der Gebissene, theils zu Gotha, An.C. 1329. von seinem Sohne Landgraff Fridrichen dem Ernsten und Jüngern, durch einen Notarium lassen vidimiren und abschreiben, in Beyseyn N. Sommerlattens, Pfarrers in Eckolstete, Conrad Hoffmans, Vicarii in Jena, Herman Gogelings von Bürgeln, des Probsts Capellans, und Johan Ludwigens. Das Transsumtum ist im Buch der _470_ Diplomatum des Klosters, uf dem 44. Blat zufinden.

XI. Dieterich von Plawen Probst, unter ihm ist der Altar uff dem Rathhause (in der Versetzstube) A.C. 1378. vom Rath zu Jena gestifftet, und darauff eine Messe zulesen und zuhören, ehe die Herren zu Rath gehen würden. *Gut gemeinet, Aber ohne Gottes Befehl.*

XII. Herman Stotz Probst A.C. 1391.

XIII. Nicolaus Schönweber von Zwicke hat dem Kloster zu St. Michael 50. Ungarische Gülden oder Ducaten verehret A.C. 1402.

XIV. Johannes von Rhoda, der Nonnen Probst, A.C. 1400. 1409.

XV. Nicolaus von Hasela ist etzlichemal unterschiedlich Probst gewesen, als An.C. 1401. 1414. 1416. Suche meine Annales Jenens. A.C. 1415.

XVI. Heinricus Bye Probst A.C. 1416. Allhier ist der Leser zu unterrichten, daß die Pröbste von der Eptissin bald angenommen, bald abgeschaffet worden, nachdem sie ihnen gefallen. Auch haben die Pröbste wol ehemals selber ihren Abschied genommen und bekommen. Demnach darff er sich an der Jahrzahl nicht irren lassen.

XVII. Ditrich Groitschen Probst gewesen A.C. 1423.

XIIX. Johannes Meler, Probst der Michaels Nonnen A.C. 1427.

XIX. Albertus Stockhausen Probst, hat dem Kloster erkaufft theils ein Fischwasser A.C. 1437. unter Welniz biß an die Rasemühle und Neuthor, üm 50. Schock Groschen. Die Verkäuffer seynd gewesen Hans von Leysen in Groitschen, Hartman und Conrad Sommerlatten Brüder. Theils einen Siedelhoff in Stiberitz, und zwey Hüner An.C. 1438. üm 8. Reinische Gülden. Der Verkäuffer ist gewesen Hans von Welre in Weymar.

XX. Hartman von Uhlstet, Probst A.C. 1444.

XXI. Fridrich Herig oder Hercke Probst A.C. 1446. in welchem Jahr die Nonnen und der Rath sich verglichen wegen des Lehns zu St. Niclaß, also: Daß Wechselweise der Sacellanus oder Meßpriester soll bestellet werden, erstlich von jenen, darnach von diesen.

XXII. Nicolaus Lindener von der Linde, Probst A.C. 1451.

XXIII. Johannes Rothmund auch Rothschmid genand, A.C. 1461. in welchen Jahr die Bürgermeister zu Jena Johan von Northausen und Ditrich Steckenberg 100. Reinische Gülden verkauffen Petro Kynathen Vicario des Altars zu St. Catharinæ, mit dem Beding, daß er und seine Nachkommen jährlich uff Walpurgis fünff Schock, und uf Michaelis so viel Groschen Zinß haben, und dafür alle Freytage eine ewige Messe lesen soll. Darüber der Rath Patronus, Vormund und Lehnherr seyn und bleiben will.

XXIV. Johannes Zimmermann Probst unter der Eptissen Dorothea von Stein, und Priorin Elisabetha von Molau, A.C. 1465. 1467.

XXV. Johannes Balnhausen Probst A.C. 1469.

XXVI. Nicolaus Hockarand Probst A.C. 1486.

XXVII. Nicolaus Seifride Probst bestetiget vom Official in Erffurt, hat wöchentlich zwo Messen in der Michaels-Kirchen gehalten. Wird angezogen mit Heinrich Francken Spittelmeistern 473 zu St. Nicolai, und Ambroßo Börnern Bürgermeistern in einem Brieffe An.C. 1499. in welchem Conrad Hertel 15. Reinische Gülden verkauffet dem Vicario des Altars zum H. Creutz, davon er und seine Nachkommen jährlich einen Gülden Zinß haben soll.

XXIIX. M. Laurentius Gerhard, Anfangs Hertzog Johansen zu Sachsen Sacellanus endlich Probst in Jena A.C. 1513.

XXIX. Stephanus Lawe, der Nonnen Probst A.C. 1519.

XXX. Conradus Steigerwalt, Pfarr und Prediger in Jena An.C. 1511. darnach Probst zu St. Michael.

XXXI. Georgius Wolffram der letzte Probst A.C. 1524. stirbt A.C. 1533.

Und dieses alles sey geschrieben von dem Nonnen- und Michaels-Kloster zu Jena, so lange es unter dem Pabstthum gewesen ist. Denn A.C. 1525. Montag nach St. Barbaræ hat die letzte Eptissin Katharina von Kolbe, und der letzte Probst Georgius Wolfram, auff Churf. Johansen und seines Sohns Hertzog Johan Fridrichs zu Sachsen Befehl, das jus patronatûs, und alle ihre Ein- 474 kommen und Kleinodien übergeben müssen, darüm die Landsfürsten dem Rath das jus nominandi & vocandi eingeräumet, für sich aber das jus recipiendi & confirmandi vorbehalten haben.

Die Klöster-Dörfer, und die meisten Korn- und Geld-Zinsen sind in das F. S. Amt einverleibet, die andern aber dem Rath und ihrem Gotteskasten, zu Unterhaltung Kirch- und Schuldiener, eingeräumet worden. Davon in diesem XXXVII. Capitel § IV. von den Renten weitläuffiger zulesen ist.

Das Kloster-Gebäude ist nunmehr die Stadt-Schule, und die Neben-Gebäude sind im Anfange der Universität, als An.C. 1559. D. Simoni Musæo, und An.C. 1568. D. Johanni Wigando, ümsonst zur Wohnung eingethan. Hernach aber Erblich verkaufft worden D. Nicolao Reusnero JC. P.P. von ihme sind sie Erblich kommen

(1.) auf seinen Bruder L. Eliam Reusnerum P.P. (2.) auf D. Dominicum Arumeum JC. P.P. (3.) auf D. Gothofredum Mœbium Med. P.P. der sie durch ein Stück Geldes A.C. 1659. den 18. Sept. gäntzlich befreyet. (4.) Auff seinen Sohn, gleiches Namens und Ehrenstandes, welcher An.C. 1673. angefangen hat dieses grosse Eckhauß in drey unterschiedene Frey- und Wohnhäuser ein- und abzutheilen, und hernach zuverkauffen. Suche hiervon mehr im XX. Capitel.

Das XXXIX. Capitel,
Von der Michaels Kirchen.

Drey Kirchen sind noch im rechten Brauch zu Jena, ausgenommen die Jacobs Capelle, oder Kirchlein, darinnen geprediget wird, so offt die Leute im Jacobs- oder Siechspittel zur Beichte und zum Tisch des Herren gehen, jährlich 3. oder viermal. Nemlich zwo in der Ringmauer, und die Pauliner- oder Collegen-Kirche, und die Dritte vor dem Johannesthor zu St. Johannes des Täuffers. Von allen diesen dreyen wollen wir forthin schreiben.

Die Michaels- oder Pfarr-Kirche ist zubetrachten

I.

Nach der Lage und Namen.

Sie liegt auff einem Bühel zwischen dem Schul-Gebäude, welches weiland war das Nonnen-Kloster zu St. Michael und der Eptissin ihre Wohnung, und zwischen dem Platz, genand das Creutz, nicht nur wegen des Creutzweges, der vorüber gehet, sondern auch wegen des Crucifixes oder Creutzbildes, das weiland im Pabstthum daselbst auffgerichtet gewesen. Sie stehet auf XII. Pfeilern, und hat einen Umgang bey dem Ziegeldache, und ihre Zierde ist der höheste Thurm in der Stadt, genand der Haußmans-Thurm. Davon oben im 10. Capitel.

Sie wird genennet 1. die Engel oder Michaels-Kirche. Weil dieser Tempel oder Kirche ist erbauet worden, nicht allein in der Ehre Gottes, sondern auch der Heil. Jungfrau Marien, und des Ertz Engels Michael, dessen Festtag Pabst Gelasius I. A.C. 493. den 29. Septembr. erstlich gestifftet hat, und welchen auch die Einwohner im Pabstthum für ihren Patron und Schutz-Engel der Stadt Jena, nach dem Exempel der Stadt Ordruff, erwehlet und verehret, auch sein Bildnüß im Insiegel und Wapen der Stadt, ja an den Fenstern der Kirchen, und an Wänden des Rathhauses, in- und auswendig angemahlet haben. Suche meinen Geographum

Jenens. cap. 6. p. 84. 2. Die Kloster und Nonnen Kirche, weil sie zu dem Michaels-Kloster gehöret, und die Nonnen ihren Gottesdienst mit lesen und singen, beten und Seelmessen darinnen verrichtet haben. 3. Die Dom- und Pfarr-Kirche, weil weiland Domherren und Vicarien darinnen ihren Gottes- oder vielmehr Götzen- und Meß-Dienst gehalten haben. Wie sie denn in den Archivis und Urkunden üms Jahr Christi 1295. eine Collegiat-Kirche, nunmehr aber unsere Pfarr-Kirche genennet wird.

Weiland seyn die Oerter, darinnen sich die Leute zum Gottesdienst versamlet, genennet worden Templa, das ist, Oerter zum auff- und ümsehen, und haben ihren Ursprung von tuendo, oder von auffsehen, über sich sehen, gegen Himmel sehen, üm sich sehen, unter sich sehen gegen die Erden. An der Ecke gegen Morgen ist An.C. 1669. ein Zimmer vor die Wasser Sprützen nötig in Feuersnoth, gebauet worden, wie auch an der Collegen _478_ Kirchen, 1669. den 15. Sept. darzu ich 30. gl. uff Anordnung gesteuert.

II.

Nach dem Ursprung und Alter.

Sie hat mit ihrem darbey gelegenen Nonnen-Kloster zu St. Michael ohn allen Zweiffel gleichen Ursprung und Alter, vermuthlich von St. Bonifacien, dem Bischoff zu Maintz, welcher der Thüringer, Francken und Hessen Apostel, Bekehrer, oder vielmehr Verkehrer genennet wird. Denn vor ihm sind viel Christliche Lehrer in diesen Landen gewesen, als Haißlieb, Gotthelm, Mülherr, Günther und Heilwart, an welche Pabst Gregorius der II. diesen Bonifacium An.C. 723. den 1. Decembr. verschrieben hat. Suche M. Cyriaci Spangenbergs Bonifacium cap. XI. XII. pag. 23. 24.

Dieser Bonifacius ist A.C. 684. in Engelland, in der Landschafft Devonia zu Cririoduno ohngefehr 6. Meilen von der Stadt Excestria gebohren. Curio sagt, zu Londen, und hat vorher geheissen Wunfrid, von den beyden Wörtern, Wonne (oder Lust) und Fried, welchen er auch auff des Pabsts Befehl mit dem Namen _479_ Bonifacius, (das ist ein Gutmacher) verendert. Er hat sich gerühmet, wie der Ertz Engel Michael ihm erschienen, und Gottes Willen gegen die Thüringer, Francken und Hessen offenbare. Darüm er auch bey ihnen die Capellen und Kirchlein in der Ehre Michaelis, wie zu Bamberg und Ordurff, und also auch vielleicht zu Jena erbauet.

Nun ist das Kloster zu St. Michael schon An.C. 1000. berühmt gewesen, wie oben im 38. Capitel vermeldet ist. Nach dem es aber im Thüringischen Kriege zwischen Landgraff Albrechten zu Thüringen, Degener oder Unartige genand, und seinen beyden Söhnen, Fridrichen der Gebissene, und Ditzmannen Marggraffen zu Meissen, (denen er das Thüringer Land aus blossem Haß gegen ihrer vertriebenen Mutter, und aus böser Liebe gegen seinen unächtigen Sohn, entfremden, und Kauffweise den zweyen nacheinander folgenden Keysern Adolph von Nassau, und Albrechten von Oesterreich zuwenden wollte) lange Zeit wüste und öde gestanden, so ist es auffs neue üms Jahr Christi 1295. wieder ange-

richtet worden, von Herren Herman und Albrechten Gebrüdere, Herren zu Lobdeburg, genand von Elsterburg, mit Einwilligung des obgedachten Landesfürsten, als Landgraff Albrechts des Unartigen An.C. 1295. und desselben Sohns Landgraf Fridrichs des Gebissenen An.C. 1316. und Enckels, Landgr. Fridrich des Ernsten An.C. 1319. Suche das vorhergehende 38. Capitel §. II. nach dem Ursprunge.

Es ist aber diese Michaels-Kirche Anfangs nicht in solcher Länge erbauet gewesen, als sie anitzo vor Augen stehet.

Anno Domini M CCCC VI. ist verbracht diß Gewelb auff den Abend Vincula Petri. Auff diese Zeit sind Baumeister gewesen mit Namen Michael Sezryff, und Asme Pfolsteiber, und Hans Herold. Diese Schrifft ist zulesen oben am Gewelbe über dem Fürstenstuel. A.C. 1604. den 14. Martii halbeg uf ein Uhr, wirfft der Sturmwind einen Stein vom Michaels Thurme 4. Spannen dicke, und 5. Schuh lang, daran ist zulesen gewesen diese Jahrzahl: 1430. die andern Buchstaben und Ziefern sind verblichen, wie D. Ambrosius Reudenius Theologus P.P. in Actis Facultatis Theol. schreibt, und daraus das Alter des Thurms und der Kirchen will schliessen. Aber unrecht: Denn beyde viel älter sind.

Nach Christi Geburt M CCCC in dem XXXXII. Jar ist volbracht diß Gewelbe an Sanct Peters und Pawls Tage. Diese Schrifft zulesen oben am andern Gewelbe. Ferner Anno Domini 1442. Diese Jahrzahl ist zufinden uff der rechten Seiten des Tempels zwischen dem dritten und vierten Pfeiler. Uber das diese Jahrzahl 1486. und 1557. jene bedeut die Grundlegung, diese aber die Erhöhung des Michaels Thurms.

III.

Nach der Zahl und Namen der Meß Altaren.

Die Altare sind zubetrachten nach ihrer Zahl und Namen, so wol nach ihrem Schmuck und Zierden.

Nach ihrer Anzahl und Namen. Der Altare in dieser Micha- <u>482</u> els-Kirchen sind weiland gewesen nicht 50. wie zu Straßburg im Münster, noch 51. wie zu Ulm in der Domkirchen, sondern nur 16. derer im Copialbuch des Michels Klosters fol. 91. 92. in solcher Ordnung gedacht wird.

1. Der hohe Altar zum H. Creutz in dem Chor mit 6. Messen, sein Einkommen 4. Malter Korn, 2. Malter Gersten, ein Weinberg im Lerchenfelde. Die Nonnen haben die Lehn nicht allein über diesen Altar, sondern auch über die gantze Michaels Kirche in Jena. Dieses jus patronatûs ist An.C. 1295. der Kirchen zu Rhoda übergeben, aber 1301. uff die Eptissin Mechtild die I. zu St. Michael kommen. Suche meine Annales Jen. 1295. 1301. Dieses Altars Vicarius ist A.C. 1511. gewesen Johan Zimmerman, welcher die Einkommen zu seiner und seiner Eltern Seligkeit hat vermehret mit 4. fl. aus seinem Hause, der grüne Kopf genand. Mit 2. fl. von Genseberg (oder Jäntzig) bey Wenigen Jena. Mit 2. fl. von 8. <u>483</u> Ackern bey der Sunau. Mit 1. fl. von der Wiesen in der Oberaw unter dem Teuffelsloche, mit 4. Schillingen von 14. Ackern auf der Wölnitz, mit 3. Schillingen vom Artacker bey Ziegenhayn, mit 4. Schillingen vom Weinberge beym Wölnitzer Forst, mit 5. Schillingen von 2. Weinbergen. Sein Nachfolger in der Vicarey soll jährlich einem ieden Meßpriester und Terminier (Marien Knechten oder Bettelmönchen) geben einen neuen Groschen. Den Vicarien ein Pfund Wachs. Dem Probste einen Schilling. Dem Schul Rector einen neuen Groschen, und dem Kirchner einen Schilling. Dieser Johan Zimmerman muß entweder gar alt worden seyn, denn An.C. 1467. ist er zu St. Michael Probst gewesen, oder ein ander dieses Namens domals An.C. 1511. gelebet haben.

2. Der Andreæ Altar. Die Lehn haben die Nonnen, und An.C. 1511. hat davon Johan Steinberg in Zeitz als Vicarius eingenommen ein Malter Korn, ein Malter Hafer, ein Malter Erbsen, ein <u>484</u> Scheffel Korn, 4. Hüner, 16. schock Groschen, 16. alte Groschen, den Weinberg Spiegel am Burgwege, herrührend von Burggrafen zu Kirchberg.

3. Der Elisabeth und Ægidii Altar, in der untersten Sacristey oder Capell, nur mit einer Messe. Die Lehn haben die Nonnen, diese Messe hat An.C. 1499. gehalten der Probst Nicolaus Seifride, und davon bekommen 1. Schock und 10. alte Groschen, zweene

Weinberge, der eine bey Cosweda, der andere im Lerchenfelde, genand der Kefing.

4. Der Petri Pauli Altar. Die Lehn haben die Nonnen, der Vicarius Herman Mönch hat An.C. 1511. davon bekommen 3. Viertel Korn, so viel Gersten, 8. Scheffel Hafer, 4. Schock Groschen, 10. Hüner, den Weinberg Kelner im Lerchenfeld. Hält dafür wöchentlich zwey Messen, weiland aber 4. den Weinberg Albrecht und Fridrich Herren von Helderungen An.C. 1344. dem Nonnen-Kloster vermacht.

5. Der St. Felicis und Aucti Altar. Die Lehn haben die Edlen Wormstet. Der Vicarius Hermann Mönch hält 2. Messen, derer eine Mutter An.C. 1511. gestifftet, und hat davon bekommen 5. Malter und einen Scheffel halb Korn, halb Hafer. XI. schock Groschen, und freye Wohnung. Davon muß er jährlich geben einen silbern Schilling dem Probste, einen neuen Groschen iedem Meßpriester, fünff Schilling den Nonnen, einen neuen Groschen dem Schulmeister, 1. gl. dem Kirchner, und dessen Diener 6. dl.

6. Der Wolffgangi Altar. Die Lehn hat der Rath, der Vicarius Nicolaus Voit hat An.C. 1511. davon 3. fl. zu Kösenitz 7. Schock Groschen bey Ytel Danielen (Eytel Dangeln) dessen wir bey der Eptissin Elisabetha Maurers oben gedacht haben, und 1. fl. aus einem Weinberge.

7. Der Mittel- oder St. Marien Altar. Die Lehn hat der Rath, und die Vicarey Johannes Börner, Anno C. 1511. und davon 28. Schock.

8. Der Martini, Dorotheæ, Elisabethæ und aller Heiligen Altar, mit 4. Messen. Die Lehn hat der Rath, der Stiffter ist Timo und Heinrich von Nedelschitz in Dornburg, von ihren in Wolsdorff, Hermeritz, und Klein-Conditz. Der Vermehrer aber Heinrich von Rudelstet, sonst von Prage genand, Probst zu St. Michael in Jena An.C. 1353. Die Vicarey haben A.C. 1511. verwaltet zweene Vicarii, Georgius Maititz, und N. Topff. Jener hat bekommen zweene Malter halb Korn, und halb Gersten, sechs Scheffel Korn und Gersten, 2. Maß Mohn, 2. Schock Eyer, 2. Lambsbäuche, und ein Stein Seyffen. Dieser aber 14. Scheffel Korn, 7. Schock an Gelde, 16. Hüner, und einen Weinberg bey der Nosenmühlen unter Cosweda, vielleicht der Beiersberg und der Loeskouer.

9. Der Matthæi, Laurentii und Margaretæ Altar mit 4. Messen in der Capell unter dem Glockenthurme, neben den Rathsstülen.

Die Lehn über den Altar haben die Nonnen, und die Vicarii A.C. 1511. Heinrich Sikaw (Schickaw) in Gosserstet. Die jährlichen Einkommen sind domals gewesen 4. Malter Gersten, 4. Schock und 19. gl. an Gelde, 9. Hüner, 45. Eyer, drey Kannen Mohn, einen Weinberg im Mühlthal, und eine Wohnung bey der neuen Pforten oder Nauthor. Diesen Altar hat A.C. 1346. gestifftet _487_ Heinrich von Butenitz, ein Jenischer, hernach Pragischer Bürger, Wolff Straßburgers Eydam. Sein Testamentarius und erster Vicarius oder Mespriester ist gewesen Heinrich von Rudelstet. Wie zu lesen in Amts Urkunden fol. 285. 290. 337. Die Einkommen sind gewesen aus Jena, Winzerle, Kösenitz, Milda, Ginne, Löbschitz, und aus dem halben Weinberge Katzenstein bey Winzerle, welchen A.C. 1346. Graff Günther zu Schwartzburg den Nonnen zugeeignet hat. In diesem 1346. Jahr hat den Laurentii und Margareten Altar erhöhet mit dem Gedächtnüß Matthæi Herr Albertus von Lobdeburg, Herr zu Luchtenburg, und darzu vermacht sein Dorff Cosweda mit allen seinen Einkommen.

10. Der Bartholomæi und Agnetis Altar mit 2. Messen, gestifftet vom Probst Heinrichen von Rudelstet An.C. 1353. Die Lehn haben die Nonnen, die Vicarey hat An.C. 1511. versorget Georgius Penan, und darvon bekommen 10. Schock an Gelde, und den halben Katzenstein.

11. Der Erasmi, Pancratii, Osvvaldi, Antonii und Georgii Altar _488_ mit 4. Messen, gestifftet aus den Gütern in kleinen und grossen Ram- oder Romstet. Der Vicarius An.C. 1511. Fridrich Lambrecht, hat bekommen 27. Scheffel Korn, 10. Scheffel Gersten, weniger 1. Viertel, 2. Maß Erbsen, 3. Schock an Gelde, 7. alte Groschen, 10. Hüner, drey Gänse, einen Weinberg am Windberge oder Haußberge.

12. Der Cosmæ, Fabiani und Sebastiani Altar mit 3. Messen. Die Lehn hat der Rath, gestifftet A.C. 1362. von den zweyen Brüdern Nicol und Ulrichen von Butenitz, mit Einwilligung ihrer Lehn Herren, derer von Lobdeburg. Der Vicarius A.C. 1511. N. Stobin genand, hat bekommen 25. Schock an Gelde. Es hat aber Fabiani Altar absonderlich und allein gehabt, theils 3. Messen von 25. Schock an Gelde, gestifftet und verrichtet von Michael Rochlitz, theils 2. Messen von 15. Ohm oder Eimer Wein, und wenn der nicht gerathen, 150. neue Groschen, 3. Malter Korn, und wenn das verdorben, 6. an Gelde, gestifft und verricht von Johan Engelhart. Theils 2. Messen von 12. Schocken an Gelde, und

zweyen Weinbergen am Jäntzig und im Lerchenfelde, gestifft und verricht von N. Bebra.

13. Der Trinitatis Altar mit 2. Messen. Die Lehn haben die Stiffter genand die Wolffer. Der Vicarius Fridrich Tute, hat A.C. 1511. bekommen 10. fl. einen Weinberg von 3. Ackern, und freye Wohnung.

14. Der Marien Magdalenen Altar mit 7. Messen. Die Lehn hat der Rath, das Einkommen aber An.C. 1511. der Vicarius N. Heinzeman nemlich 50. fl. und freye Wohnung.

15. Der Creutz- und 11000. Jungfrauen Altar mit 2. Messen, gestifftet aus den Gütern zu Oberkeßler. Die eine Messe haben A.C. 1511. die Nonnen selber gesungen, die andere aber der Vicarius Michael Keilalt, vor ihm und zwar An.C. 1400. ist Rector dieser Vicariæ des Altars zum H. Creutz gewesen Nicolaus von Grünberg, zugleich Pfarr in Löbschitz, und der Nonnen in Jena Capellan, und wird in den Kloster-Brieffen genennet ihr alter treuer Diener, der auch in der Kirchen zu Löbgeschitz einen Altar gestifftet, und mit einem Weinberg, von ihm genand der Grünberg, begabet hat.

16. Der Catharinen Altar mit 7. Messen, darunter eine gestifftet hat Gertrude Trinckers.

Diese ietzterzehlte Meß Altäre sind wegen des Mißbrauchs alle abgeschaffet, und ist keiner mehr zusehen, als der in der untersten Sacristey, und in der Capelle beym Kirchthurme.

Nach ihrem Schmuck und Zierden. Und diese seyn unter andern die Kelche, Schüsseln, Creutze, Chorröcke oder Meßgewand gewesen. Wie viel und wie werth sie gewesen, ist Bericht geschehen im Vorhergehenden 37. Capit. §. nach den Kleinodien.

IV.

Nach dem ietzigen Altar.

Der stehet im Chor ist so hoch, daß unter dessen gewelbten Schwiebbogen man Tag und Nacht gehen, reiten, und fahren kann. Das ist ein Denckmahl in Jena. Er ist noch An.C. 1540. mit vielen abgöttischen Schnitzwerck und Bildern ümgeben gewesen, aber am Montage nach Galli sind sie alle abgethan, und theils in die unterste Sacristey, theils in die Capelle unter dem Thurme, theils in Gotteskasten versetzet und beygethan worden. Damals sind Prediger in Jena gewesen L. Antonius Musa, und M. Christophorus Hoffmann, und hernach A.C. 1561. hat D. Johan Wigandus

Superintenden die unnützen Seulen und Gitter zwischen dem Chor und Schoß des Tempels auch abgeschaffet.

Es ist nunmehr dieser Altar gantz bloß und frey ohne einige Bilder und Gemelde, und wird betrachtet

1. Nach seinem Umhang und Tüchern, Seidenen und Flächsernen.

Das Seidene Altartuch von Leberfarben Atlaß hat Hertzog Johan Wilhelms I. zu Sachsen Gemahlin dahin verehret, und darein diese Wort nehen lassen: V.G.G. Dorothea Susanna Hertzogin zu Sachsen, Gott sey mein Trost 1573.

Das Flächserne hat D. Johannis Himmelii Theologi P.P. Eheweib Margareta Reinbothin dahin verehret, und darein beyder Wapen mit dem Namen vom ersten Buchstaben und Jahrzahl machen lassen. Als erstlich eine Sonne uff dem Helm im Schilde eine Sonne, Mond, und Sterne, neben den Buchstaben I.H.D. darnach einen springenden Hirsch, uff dem Helm und Schilde auch _492_ einen, neben den Buchstaben M.R.D. und diese Jahrzahl 1632.

Zu diesen beyden können gezehlet werden diese vier: 1. das Cölerische von rothen Damasken, welches Magdalena Frölichin, D. Matthiæ Coleri JC P.P. ander Eheweib verehrete. Starb An.C. 1611. 3. Sept. 2. das Meisnerische, welches von Leinwad A.C. 1627. Ursula Meißnerin, M. Nicolai Cunonis, Notar. Publ. Cæs. Witbe gegeben. Stirbt A.C. 1633. den 21. Julii. 3. Das Listemannische, welches von Linwad An.C. 1646. den 29. Martii Anna Listemannin, Burchard Großmans F. S. Amtschössers, und hernach David Bambergers Bürgermeisters in Jena Witbe verehret. Darinnen ist der Englische Gruß an die H. Jungfrau Maria offtmals gar kunst- und köstlich geneet. 4. Das Beierische, welches von Pommerantzen-Farben Tuche mit guten güldenen Schnüren A.C. 1664. den 30. Ocob. Maria Kopffin, durch ihren Vormunden Philippum Hirsch, N.P.C. gewesenen Gerichtsschreibern hat eingehändiget. Darinnen sind der Rautenkrantz, und diese Buchstaben V.D.M.I.Æ. _493_ die bedeuten soviel: Verbum Domini manet in æternum, Gottes Wort bleibt in Ewigkeit. Unter solche ist ihr Name und Stand verzeichnet. Seelig Herren Bürgermeisters Christoph Beiers Witbe, Maria Kopffin.

2. Nach seinen Gefäßen. Darunter gehören theils die silberne übergüldete Kanne, welche D. Ortolphi Fomanni I. JC. Witbe, Barbara Müllerin verehret, kurtz vor ihrem Tode, starb A.C. 1637. den 5. Maji. Theils die silbern Schüßlichen und Kelchen mit ihren

Deckeln, unter welchen der eine verehret ist von Bürgermeister Jacob Rudolffen, An.C. 1582. Der andere von D. Johan Teucharts Sohn, daran diese Wort zulesen: Samuel Matthias Teucher legavit Ecclesiæ Cathedralis Altari Jenensi hunc calicem pro usu accedentium ad sacram synaxin salutari, patre Johanne U.J.D. libentor permittente Anno 1609. Der dritte von Hertzog Johan Ernsten dem Jüngern, und Hertzog Fridrichen dem ältern zu Sachsen Gebrüdern, bey ihrem Abzug von der Universität A.C. 1614. Der

494 vierdte und zwar der gröste, daraus über die 80. Communicanten konnen geträncket werden, von M. Casparis Neandri, Pfarrers zu Löbstet Witben, denn also lauten die Wort daran: Catharina Kopfin, M. Casparis Neandri vidua An.C. 1664. 29. Aug. Der fünffte von D. Johanne Theodoro Schencken, Med. P.P. kurtz vor seinem seligen Ende verehret, und durch mich seinem Beichtvater præsentiret und übergeben, starb An.C. 1671. den 21. Decembris.

Auff diesen Altar hat An.C. 1642. den 30. Nov. die Bibel, genand Ernestina oder Weimarische, verehret D. Christoph Philippus Richter JC. P.P. Stirbt A.C. 1673. den 21. Decembr. Gleichwie hernach die Teutsche Bibel in zweyen Bänden in die Sacristey und auff die Cantzel verehret hat Herrn Johan Ludwig Neuenhahns F. S. Bibliothecarii und Buchführers Eheweib, welche mit eigener Hand, vorne an dieses geschrieben: *Diese Bibel hat Gott zu Ehren, und Christlichen Andencken in hiesiege Stadt-Kirche auff die Cantzel verehren wollen im Jahr Christi 1664. Anna Catharina Neuenhahnin,*

495 *gebohrne Rönnerin.* Nach dem Exempel des Keysers Ottonis I. der auff den Altar im Thum zu Magdeburg allein das Crucifix hat setzen, und die Bibel legen lassen. Wie es vermeldet D. Saccus part. 2. Postill. Dominica 22. SS. Trinit. Zum Gedächtnüß habe ich domals diese nachfolgende Verse gemacht, und vorne an mit eigner Hand eingezeichnet.

(vid. tom. 3. Ath. Salan. & huc. refer, p. 504.)

V.

Nach den Gebäuden der Michaels oder
Pfarr-Kirchen von aussen und innen.

Von aussen finden sich

1. Die Gestalt der Michaels-Kirchen, die liegt mehr in die Länge, als in die Breite, ruhet auff XII. hohen Pfeilern, und ist oben mit 3. künstlichen Schwiebbogen gewelbet.

2. Die Mauren sind von grossen viereckigen Quater- und Werck-Stücken, gegraben aus den felsichten und steinigen Bergen

üm Jena. An der Mauer des Thurms auff dem Creutze gegen Mittag ist der Ertz-Engel Michael, als dieser Kirchen und der Stadt Jena, im Pabstthum vermeinter Patron, in Stein gehauen, _496_ und darunter etzliche Denckworte, derer wir oben im X. Capitel §. Engelthurm, gedacht haben.

3. Das Dach ist nicht von Bley, wie die Kirchen in Engelland, sondern wie die Kirchen zu St. Pauli. Vielweniger von güldenen Blech, wie weiland das Capitolium oder Rathhauß zu Rom, sondern mit holen Ziegeln, der Thurm aber mit Schiefer bedecket. Das Ziegeldach ist A.C. 1590. das Schifferdach An.C. 1645. überstiegen und gebessert worden.

4. Der Umgang ist ziemlich eingegangen, zu dessen Besserung wurden von Landsfürstlicher Obrigkeit 300. fl. Straffgelder ausgesetzet, welche Ammalia Bodinissin erlegen muste.

5. Die Fenster sind ziemlich hoch und lang, in dessen Scheiben vieler Heiligen Bilder sind zusehen gewest, welche An.C. 1574. D. David Voigtus Superintendens meistentheils abgeschaffet hat. Die Fenster im Chor und gegen dem Creutze sind An.C. 1660. im Julio, als domals die inwendigen Wände, Mauren und obersten Gewelbe geweiset, auch ergäntzet worden. Die andern Fenster _497_ gegen Mitternacht warten auff dergleiche Ergäntzung.

6. Die Thore seyn zwey gegen Mittag, zwey gegen Mitternacht, und eine Pforte gegen Abend beym Michaels-Thurme, in dessen Eingang liegt eines Vicarii oder Meß-Pfaffens Leichstein, darauff ist eine Sau oder Schwein gehauen. Die Ursache solcher Leichsteinen soll uns M. Barthol. Scheræus erzehlen part. 4. Miscell. Hierarch. p. 230.

Die Antonius Saw kömmet von einem Münch Antonio von Wien, der den Orden des Antonii mit einer Saw An.C. 1095. gestifftet hat, also, daß wo ihre Saw in ein Hauß kömmet, sie darinnen wol tractiret (und gespeiset) worden, iedoch daß sie nicht zu Tische gesessen hat. Dahero sagt man: Er läufft herüm, wie Dinges-Ferckel, oder wie ein Thonnigs-Schwein oder Antonis-Saw. Diese Antonius Saw oder Schwein trug eine Schelle am Halse, dabey sie erkennet wurde, und welche Leute solche wol speiseten, denen gaben die Antonier-Münche Messer mit einem Creutze, dienlich, wie sie vorgaben, zu Heilung der Beulen. Daher kömet der Aberglaube, die vom Fall oder Stoß herrührenden Bäulen mit _498_ einem Creutz-Messer zutrücken, daß sie nicht sollen schwellen und auffbrechen. Spangenberg im Adelspiegel part. 1. lib. 12. c. 8. fol. 375.

Albertus Reimarus fället ihme bey, und schreibet also in Nova Roma p. 735. zu Rom in des Antonii Tempel, stehet eine Saw zu den Füssen Antonii abgemahlet, unter andern deswegen, weil er Gewalt hat über die hellischen Schweine die Teuffel, weil er wol ehemals bey den Schweinen grosse Wunderwercke bewiesen hat. Weil ihm die Sorge vor das Vieh, sonderlich die Schweine und Sawen und ihre Ferckel anbefohlen wird. Pabst Clemens der VI. vorher Petrus Rogerius de malomonte genand, welcher An.C. 1342. ist erwehlet worden, hat solchen Saw- und Schwein-Dienst auffgehoben. Bzovius ad A.C. 1351. Buchananus hat die Antonicher und ihre Saw miteinander also verglichen.

Diceris, Antoni, porcos pavisse subulcus.
vivus adhuc, monachos lumine cassus aris.
Par stupor ingenii est, ventrisq abdomen utrisque,
sorde pari gaudent ingluvieq pari.
Nec minus hoc mutum pecus est brutumq suillo,
nec minus insipidum, nec minus illepidum.
Cœtera conveniunt sed non levis error in uno est,
debuit & monachis glans cibus esse tuis.

Suche D. Joh. Mulleri in Defensione Lutheri defensi contra Jesuitam Carolum de Creutzen cap. 2. p. 59. 60.

7. Die Gänge, die nunmehr ein- und abgegangen seyn. Der Eine gang von aussen gieng aus dem Kloster über das Gäßlein durch die Mitternachts-Mauer neben der untersten Kirchthür in die Kirche. Diesen Gang gebrauchte die Eptissin und die Nonnen, nicht allein wenn sie zu Chor giengen, sondern auch wenn sie beichten wollten. Zwischen ihnen aber und ihrem Beichtvater, Probst oder Capellan war ein eisern Gitter, damit ja keines zu dem andern aus grosser Keuschheit nahen kunt. D. Johan. Major Superintendens, ein Mann von 90. Jahren, wie er denn A.C. 1654. den 4. Jan. allhier sturbe, erzehlete meinem Collegen M. Christoff Müllern und mir, daß einsmals den H. Kloster Frauen, als sie anietzo wollen zur beichte gehen, ein grosser Stänckerbock am selben Orte, an statt des Beichtvaters erschienen were, und das hätte er von alten Leuten erzehlen hören.

Dieses Gänglein ist An.C. 1552. noch gewesen, und hat sich ein Sacrilegus oder Kirchenräuber an einem Netze des Nachts am Freytage nach Valentini herab gelassen auff das Gäßlein, und ist davon kommen. An.C. 1669. im Junio sind die Lag- und Kragsteine dieses Gängleins ergentzet, und der andern Kirchmauer gleichgemacht worden, welche von Dolen, Krahen und Raben ausgehöhlet waren.

Der andere Gang von aussen, gieng aus dem Hause Christoff Schapers, F. Sächs. Lehn-Secretarii, neben dem Burckkeller durch die Mauer des Kirchthurms, in das Gewelbe neben der Orgel, <u>501</u> darinnen die Archiva Anfangs der Hertzogen zu Sachsen, darnach des F. S. Hoffgerichts verwahret worden, erbauet von D. Gregorio Heynse, Pontano oder Brücken, von seinem Vaterland so genand, Churf. Johan. Fridrichs zu Sachsen Cantzler, A.C. 1552. Die Anhebung geschach Freytags Ulrici, den 4. Jul. Die Vollendung aber Montag nach Maria Magdalenæ, wegen seines Alters, daß er nicht hat können und dürffen über die Gassen gehen. Nach seinem Tod ist der Gang wieder eingerissen worden, starb A.C. 1557. den 15. Februarii.

8. Der Eingang durch die Kirchthüren oder Thore, dieser ist I. ümsonst und ohne Geld. Bey den Heyden durffte niemand ohne Geld und Gabe in die Götzenhäuser gehen. Welches ihnen vorrücket Tertullianus in Apolog. c. 13. Bey uns Christen stehet einem ieden frey, ob er etwas vor der Kirchthür den Armen aus dem Spittel zu St. Jacob in die gesatzten Näpffe, oder in der Kirchen in den Klingensack legen, oder in den Almosenkasten stecken will. In dem 38. Capitel §. nach den Nonnen. Haben wir von <u>502</u> ihnen geschrieben, daß sie An.C. 1492. aus Noth und Schulden wegen ausgehöhlete und verschlossene Steine inwendig der Kirchenthüren gesetzet, und darein das Almosen zulegen gebeten haben. 2. allgemein. Jederman darff in diese unsere Pfarr-Kirche gehen. Zu Rom in der Peters Kirche stehet geschrieben also: In diese Kirche darff kein Weibesbild, ohne auff den Montag nach Pfingsten gehen, an welchem Tage den Mansbildern der Eingang verboten ist. Chytræus in Delitiis Itin. Europ. p. 4. 3. Andächtig. Wiewol solche Andacht nicht bestehet in Ausziehung der Schue, wie bey den Türcken, und in Ablegung der Waffen, welche Keyser Theodosius den II. A.C. 431. den 13. Martii verboten hat.

Von innen finden sich

1. Der Raum. Der ist 100. Schuh in die Länge, 50. in Höhe, 30. in die Breite, wie solches erzehlete D. Johan Major Superintend. allhier, als er in einer Predigt von der Archen Noæ handelte. Dieser Raum wird eingetheilet in den Chor, darinnen ist der H.

Altar, davon wir vorher geschrieben, und in die Schoß, darinnen stehet der Tauffstein, davon wir bald schreiben wollen.

In dem Chor dieser Michaels Kirchen ist An.C. 1558. den 2. Febr. die Universität herrlich eingeführet worden von Churfürst Johan Fridrichs zu Sachsen dreyen Söhnen, in Beyseyn vieler Fürsten, Grafen, Herren und Edlen, davon weitleufftig zulesen ist in Præsat. meines Syllabi Rectorum & PP. Jenens. Es sind auch in dem Chor die beyden Leichnam Hertzog Johan-Ernsten des Jüngern, und Hertzog Fridrichen des ältern zu Sachsen, Gebrüdern, durch Adeliche Personen Tag und Nacht bewachet worden, biß auff den Tag ihrer Beysetzung. Jenes, von An.C. 1627. den 27. Jun. biß den 17. Jul. Dieses, von A.C. 1622. den 21. Oct. biß den 17. Nov. do denn beyder Leichnam von Jena nach Weimar geführt, und in der Pfarr-Kirchen sind beygesetzet worden.

2. Der Boden in der Schoß dieser Michaels Kirchen ist bedecket mit Stühlen, und die Gänge nicht mit Marmel, wie die Marx-Kirche zu Venedig, nicht mit Teppichen, wie die Kirchen in Türckey, auch nicht mit köstlichen Steinen, darauff die erdichtete Weissagungen der klugen Frauen Sibyllen genand, wie zu Senis in Welschland. Sondern nur mit gemeinen Quaterstücken und Leichsteinen, derer etzliche von Weiberstühlen verbauet, und in die Erden versencket sind, als des vornehmen JCti und dreyer Churf. zu Sachsen Cantzler Leichstein, unweit vom Gottes- oder Almosen Kasten.

3. Die Mauren und Wände von innen sind An.C. 1660. vom 29. Jun. biß den 28. Nov. neben den Obergewölben geweisset, und das Geld über 200. fl. darzu auff Angebung D. Christiani Chemnitii Superint. gesamlet worden.

An der Wand oder Mauer hinter dem Predigtstuel waren noch An.C. 1659. die zwey grossen Wappen oder Tücher. In der ersten waren in XIIX. Theilen gemahlet die Geschicht von Erschaffung der Welt biß auff des Herrn Christi Einzug zu seinem Leiden. In der andern aber waren in XIIX. Theilen gemahlet die Geschicht von des Herren Christi Leiden, biß zu seiner Zukunfft zum jüngsten Gericht, unter welchem zusehen war ein Mannsbild und ein Weibesbild, beyde Kniend mit einem Pater noster. Bey jenem stunde sein Patron, der Apostel Jacob, und sein Wapen, ein Zweig oder Ast von einem Baume mit seinen Blättern. Bey dieser ihr Patron der Apostel Thomas, und ihr Wapen, ein halber Mond, und auch beyder Leib- und Trost, ja Schrifftspruch: Jesu

Fili David miserere mei, und diese Jahrzahl 1520. Der Mahler soll Albertus Dürer gewesen seyn, das abgemahlte Mansbild bedeut Martin oder Simon Leubel. Jenem hat D. Gregorius Brück 4. Acker Weinberg hinter Johannis, der Hüttenberg genand, abgekaufft. Diesem aber 1½ Acker Weinberg, der Schnedel, wie zulesen im Jenischen Erbbuche A.C. 1569. fol. 67. Als A.C. 1659. im Septemb. und Octob. die zwo kleinen Bohrkirchen hinter dem Predigtstuel vor die Bürgerschafft gebauet worden, sind diese zwo Mappen oder gemahlete Tücher hinter den Altar auffgehenget, als aber An.C. 1660. im Herbst die Wände doselbst geweiset, sind sie weggethan und auffgehoben worden. Der Ort, oder die Weiberstühle bey diesen Mappen sind wegen der Bilder genennet worden hinter allen Heiligen.

4. Die Pfeiler seyn an der Zahl XII. nach der Zahl der XII. ₅₀₆kleinen Propheten, und der XII. Aposteln. Sechs gegen Mittag, sechs gegen Mitternacht, nach dem Exempel und Beyspiel der Kirchen zu Schaffhausen im Schweitzerlande, welche auch auff XII. Seulen oder Pfeilern stehet, derer iede von gantzen Stein, der zwölffte aber, so der Judas heisst gebrochen ist. Das ist nachdencklich. Sigism. von Pircken, im Reisebuch Marggr. Christiani Ernesti zu Brandeburg cap. 2. p. 41.

Diese XII. Pfeiler tragen unter andern die Bohrkirchen, und die drey unterschiedene gewölbte Schwiebbogen, darunter ist immer einer künstlicher erbauet, als der andere, und sind daran zusehen etzliche Wapen, sonderlich das Chur- und Fürstl. zu Sachsen, und in einem schwartzen Schilde stehen diese Wort mit güldenen Buchstaben, George Funil von Gera Anno Domini 1487. Vielleicht ist dieser gewesen der Baumeister oder ein Wolthäter dieser Kirchen. Im ersten Schwiebbogen über dem Chor und Altar, ist zusehen das Loch, dadurch im Pabstthum die Himmel- [507] fahrt des Herrn Christi ist repræsentiret und abgebildet worden.

5. Die Schnecken oder runde Wendeltreppen seyn drey. Die eine gehet bey des Rectoris Magnifici Sitze hinauf in den Fürstenstuel, welcher An.C. 1673. im Herbste ist herrlich erneuert worden, die andere gehet unter der Treppe bey dem Chor, uff den Umgang gegen Morgen, dadurch ist An.C. 1669. nach Ostern eine Thür gebrochen, daß man aussen von der Gassen dadurch in die dreyfache übereinander gemachte Männerstühle und Bohrkirchen gehen kann. Die dritte gehet bey dem Kirch Pförtlein hinauff zur Orgel, und auff den Michaels- oder Engel Thurm.

6. Die Bohrkirchen sind unterschiedlich. 1. gegen Mittag waren weiland nur zwo, die im Chor über der Sacristey vor die kleinen Schuel Knaben, erbauet A.C. 1597. von Rudolff von Bünau, der auch im selben Jahr den 23. Martii gestorben ist. Die andere über der obersten Kirchthür gegen Mittag, erbauet An.C. 1609. den 22. Octobr. unter Bürgermeister Andrea Hübnern, für die grossen Schul Knaben oder Cantores. A.C. 1662. den 10. Nov. hielt Hertzog Bernhard II. zu Sachsen seinen Einzug allhier zum Hofflager, von der Zeit an haben die Fürstl. Bedienten, sonderlich die Capellisten diese Bohr Kirch eingenommen, und ist vor die Schul-Diener und ihre Knaben eine andere Bohrkirche unter der Orgel gebauet worden. Vorher sind unter den vorher erwehnten Bohrkirchen noch zwey andere an die Mittags-Wand oder Mauer vor die Bürgerschafft An.C. 1659. erbauet worden. 2. Gegen Abend war weiland nur eine unter der Orgel, über dem Gewelbe, darunter unlängst der Tauffstein noch stunde, über den alten Rathsstülen. Aber über diese ist A.C. 1663. den 3. Febr. eine neue lange angefangen, und den 22. Octobr. seyn darein gewiesen, theils die Schuldiener mit der Catnorey gegen Mittag, theils die Stutenden. Was trägt sich zu? Weil die Last dieser zweyen, sonderlich der neuen Bohrkirchen, allzuschwer wird, und der Träger neben der Seulen nachtrücket, siehe! do springet der grosse dicke eiserne Stab, darein das Gewelbe gefast und befestiget, nicht ohne einen erschrecklichen Knall und Schall entzwey An.C. 1665. Dominica II. Epiphaniæ den 15. Januar als der Cantor Andreas Zell gleich anfing zusingen. Wir gläuben alle an einen Gott. Die neue Bohrkirchen vor die Schuel-Collegen und Cantorey stehet über der alten Bohrkirchen, und diese alte noch über eine neue, erbauet A.C. 1673. theils vor die Herren Hoffräthe, Hn. Bernharden Pflug, uff Posterstein. Theils vor die Hn. Bürgermeister, Michael Dannenbergern, Christof Neubergern, Heinrich Gottfried Marquarten, ihren Consulenten D. Martin Neubergern, und Stadtschreiber Georgio Pascasio dem Jüngern. 3. Gegen Mitternacht waren weiland zwey Bohrkirchen uff beyden Seiten des Fürstenstandes, und neben dieser nicht allein viel Stüle übereinander, sondern auch eine Einfache, aber nunmehr von An.C. 1657. üm Advent, über die noch eine andere gemacht. Warüm? Weil sich die Studiosi mit der Bürgerschafft zusehens vermehreten. Die vordersten Stühle wurden üm 1. Thalr. die hintersten üm 12. gl. ausgethan.

VI.
Nach den dreyen Capellen.

Die erste Capelle ist neben der Orgel, und hat zwo Thüren, die eine aus dem Michaels-Thurme, die andere aus der Bohrkirchen. Durch jene haben die Keyserlichen Soldaten, so unter ihrem General Graff Hans Götzen An.C. 1637. den 5. Febr. am Sontage Sexagesimæ einen Einfall gethan, diese Capelle gebrochen, die Archiven des F. Hoffgerichts verworffen und zertreten, die Deposita oder Beylagen aber an Kleinodien, Geschmeide, und Baarschafft hinweg genommen und geraubet.

Die andere Capell ist unter dem Glocken-Thurm, neben den alten Rathstühlen, darinnen sind die Schul Knaben A.C. 1295. gelehret, und darnach der Altar S. Laurentii, und St. Elisabethæ, endlich An.C. 1346. auch der St. Matthæi angerichtet worden. Jener ist gestifftet worden von Heinrich von Butenitz, Wolff Straßburgers Eydam, und ist erster Vicarius gewesen Probst Heinrich von Rudelstet, wie oben gemeldet ist. Wird anietzo das Mehl, <u>511</u> und daraus gebackene Brodt für dz liebe Armuth daselbst verwahret, und alle Sontage nach der früe- und Amts-Predigt ausgetheilet. Darzu giebt das F. S. Amt zu Jena wegen der eingezogenen Kloster-Güter und abgebrachten Spende, wöchentlich einen Jenischen Scheffel Korn.

Die dritte Capelle ist unter dem Chor oder hohen Altar, darinnen zusehen seyn der Meßaltar St. Elisabethæ und Ægidii, und die reliquien der Bibliothec des Probsts und der Eptissin, davon die Pergamen-Bücher unlängst Tobiæ Völckern dem Buchbinder verkaufft worden. Es sind aber diese Bücher unlängst An.C. 1672. von daraus gebracht worden auff das Chor, welches unlängst die Schul-Diener mit ihren Schul-Knaben inne hatten, nunmehr aber inne haben die F. S. Hoffbedienten. In dieser Capelle oder untersten Sacristey werden annoch verwahret das Altar-Geräthe und Kelche, mit den Leichtüchern. Uber dieser Capell hat Rudolff von Bünau, welcher An.C. 1597. den 23. Martii allhier gestorben, eine Sacristey gebauet, daraus die Prediger auff <u>512</u> die Cantzel giengen. Diese ist gäntzlich eingerissen worden A.C. 1660. Dominica Oculi den 17. Martii, an welchem Tage zum ersten mahl der Superintendens D. Christian Chemnicius von daraus auff die Cantzel gegangen ist. Nunmehr gehet der Prediger nicht mehr aus der obern, sondern aus der untern Sacristey, (darinnen ein Ofen gebauet ist) auff den Predigstuel. In dieser Sacristey henget der Pfarr-Rock, welchen D. Johan Schwabe JC. und P.P. hat machen lassen, starb An.C. 1634. den 13. Decembr. Und liegen darinnen die zwo teutsche Biebeln, die Ernestinische Gotische, und die Wustische Wittenbergische. Jene hat D. Christoph Philippus Richter P.P. An.C. 1642. den 30. Nov. Diese aber Anna Catharina Neuenhahnin, gebohrne Rönnerin, A.C. 1664. verehret.

VII.
Nach den dreyen Messingen Leuchtern.

Diese sind von Hans Merten, Bürgern und Land-Kutschern in Jena an statt der Steckleuchter und Liechte hergeschaffet und verehret worden. Der erste A.C. 1658. den 13. Sept. kostet 15. Thaler, und das Schild, daran es hänget, 4. Thlr. Der andere An.C. 1659. den 1. Jan. Der dritte An.C. 1659. den 14. Junii. Gott der Herr erleuchte sein Hertz mit den Stralen seiner Gnaden und gnädigen Segens, und der helffe ihm zum ewigen Liecht der Seeligkeit, in Jesu Christo Amen.

IIX.
Nach den zweyen Cantzeln.

Die kleine Cantzel ist in dem Chor, darauff werden die Christ-Gesänge in der Wochen vor dem Christfest von allen dreyen Predigern ausgeleget, die Betstunde uff die Montage gehalten, die Beichte und Vermahnung zur Buße an die Beicht-Kinder auff die Sonnabend, und die Epistel, Evangelia und Litaney uff alle Sontag vor der Amts-Predigt verlesen. Daran seyn abgemahlet die vier Evangelisten. Das Bildnüß des Herrn Christi ist in die Sacristey gesetzet worden. (Zu Avallana in St. Lazari Kirche, ist der Evangelist Matthæus schreibend an der Decke der Cantzel abgemahlet, zu seiner lincken Hand ein Engel bey sich habend, welcher ihm dictiret, aber auff der rechten Hand kömmet der Teuffel von Rücken hinzu, und drucket ihm die Dinten aus, ihn von Schreiben zu verhindern. Petrus Eisenberg Danus, in Itinerario Galliæ & Angliæ p. 14.) Elisabetha Leonharti Ferbers eines Beckern in Jena Witbe hat An.C. 1668. 50. fl. zu dieser und zu der andern Cantzel vermachet.

Die grosse Cantzel ist in der Schoß am vierdten Mittags Pfeiler, und wird mit unterschiedenen köstlichen Tüchern, die von andächtigen und Gottseligen Einwohnern darzu beschieden, täglich und sonderlich auff die hohen Festtage gezieret.

An.C. 1603. den 22. Jan. starb Sophia Fabern, D. Daniel Eulenbecks JC P.P. Witbe, welche das rothe Sammet geblümetes Tuch verehret.

An.C. 1611. den 3. Decembr. starb Joh. Christoph Müller, von Bleichroda, welcher das schwartze Sammete Tuch mit einem Crucifix gestückt, von Gold und weißer Seiden, daran die vier Evangelisten an den vier Ecken, ieder mit seinem Rautencrantz von Perlen, darinn diese Wort: *Johan Christoph Müller, welcher dieses* ___515___ *Tuch hieher gestifftet, ist gestorben den 3. Decembr. Anno D. DC. XI.*

An.C. 1649. den 30. Augusti starb Anna gebohrne Hoffmannin, welche das grüne Sammete Tuch verehret, daran ist zulesen: *Dieses hat gestifftet zum Christlichen Andencken Catharina Tröltzschin Witbe.*

A.C. 1664. den 25. Maji stirbt Maria Koppin, Bürgermeister Christopff Beiers Witbe, und nach ihr ihre Schwester Catharina Koppin, M. Caspari Neandri, Pfarrers zu Löbstet Witbe An.C. 1664. den 31. Augusti, beyde haben nicht allein ein Altartuch, sondern auch ein Cantzeltuch von rothen Farben, und mit güldenen Schnüren vermachet.

Anno C. 1669. den 12. Maji ist diese Cantzel erneuert, und mit Gold überstrichen worden, darzu hat Ursula Susanna, gebohrne von Gehren, Caspari Amthors Medicinæ Licentiati Witbe 100. fl. so wol Elisabetha Ferbern, Leonharti Ferbers Beckers Witbe 50. fl. vermacht, der Kunstmahler war Georgius Hackebeil, die Tischer Andreas Stiberitz, und Nicolaus Becke Bürger in Jena, in- ___516___ wendig in Deckel ist diese Schrifft eingelegt worden. Vide Annales A.C. 1669. den 12. Maji. Diese Cantzel und Predigtstuel erfordert von einem Prediger, er mag leisse oder laut reden, daß er gleich dem Fürstenstuel über stehe, denn wendet er sich hinauffwarts gegen den Altar, so kann niemand ihn unten wol hören, wendet er sich hinunterwarts zur Lincken gegen die Orgel, so kann niemand ihn oben wol hören, wenn er noch so laut redete, und eine helle Stimme hette, wie Stentor beym Homero, welcher ihrer funffzig überschrien soll haben. Allhier erinnere ich den günstigen Leser, der sinnreichen Rede des Chruf. Johan Fridrichs zu Sachsen, als er A.C. 1534. zu Annæberg in der schönsten Kirchen einen ungelehrten Mönch hörete predigen, sprach er: Das Bäuerlein were ja schön, aber der Vogel singe nichts gut. Backius über das Evangelium nach Trinitatis p. 261.

Nach dem Tauffsteine.

517   Dieser hat unlängst gestanden vor der Capelle und alten Rathsstühlen, unter dem niedern Schwiebbogen. (In dessen beyden Wänden ein langer Stab Eisen eingemauert, der brach entzwey An.C. 1665. den 15. Jan. in Anfang des Gesangs ‚Wir gläuben alle an einen Gott‘) Er ist aber schon A.C. 1660. den 21. Septembr. von dannen versetzet worden bey der Almosen Laden oder Gottes-Kasten, und von mir M.A.B. das erste Kind Christianus, Jacob Rößners des Oehlmüllers, getaufft worden. Dieser Tauffstein, der domals ohne Zierde war, wird uff die Sonn- und Festtage geschmücket mit einem kostbaren Monseidenentuch von 30. Reichsthaler. An.C. 1662. verehret von dreyen Christlichen Matronen, und P.P. Eheweibern, als von dreyen Gratiis und charitibus Fr. Maria Gerhardin, Fr. Catharina Elisabetha, und Frau Sophia Margareta Platnerin, Geschwister. Die erste ist D. Christiani Chemnitii Superint. Die andere ist D. Joh. Ernsti Gerhardi. Die dritte ist D. Guerneri Rolfincks Hauß Ehre.

518   Bey Verrichtung der H. Tauffe, wird der Tauffstein mit einem schön weiß ausgeneeten Tuche ümhenget, daran sind diese Wort und Jahrzahl zulesen: *Der Herr Jesus sprach: Lasset die Kindlein zu mir kommen, und wehret ihnen nicht, denn solcher ist das Reich Gottes, Marc. 10, 14. Tauffet sie im Namen des Vaters, und des Sohns, und des H. Geistes Amen,* Matth. 28. v. 16. Barbara Catharina Zeisoldin, geborne Engelschallin, A.C. 1656. 7. Maji. Es ist zwar dieses Tuch An.C. 1662. den 22. Mart. des Nachts von einem Kirchenräuber Johan Georg Tauten aus Rudelstet, der noch im selben Jahr zu Coburg ist gericht, gestohlen, und davon das weise Tuch verkaufft, iedoch das ausgenete oder Schweiff, ist wieder überantwortet worden.

An.C. 1669. den 13. Nov. am Sonnabend des darauff folgenden XXIII. Sontag nach Trinitatis ist der Tauffstein in dieser Pfarr Kirchen zu St. Michael in Jena, mit einer köstlichen Decke oder Krone gezieret worden.

Vide Annales & huc refer.

519   Allhier heisset mich die Danckbarkeit gedencken Herrn D. Johan Gerharden P.P. welcher den löblichen Gebrauch hielte, daß er nicht nur dem Wöchner, der sein Kind tauffte, eine Verehrung schickte, sondern auch dem andern Diacono, einem ieden einen Reinischen Gülden beym Söhnlein, und 1. Reichsthal beym

Töchterlein. An.C. 1630. den 9. Maji, als sein Sohn Polycarpus getauft wurde, schickte er mir einen Goldgülden in einem Briefflein, darbey dieses distichon:

Quod fas, quodg pium, expacto soteria mitto,
Quod mitto, exiguum est, augeat hocce Deus.

J.G.D.

X.
Nach dem Almosen oder Gottes Kasten.

Der stunde noch unlängst etliche Schritt lang von der kleinen Cantzel, aber nunmehr nechst darbey, dahin A.C. 1668. den 11. Sept. gesetzet wegen der Berappung und Weissung der inwendigen Kirchmauern und Wänden, die in selben Jahr angieng den 28. Jun. und sich endete am 28. Nov. Darein werffen ihre Almosen 520 die Fremden und die Einheimischen, sonderlich die Sechswöchnerin, wenn sie ihren Kirchgang halten, die Säuglinge, wenn sie von der Mutter Brust und Milch entwehnet werden. Die Kasten Herren, wenn sie uff die Sonn- und Festtage und bey Begräbnüssen das Zimbel oder Klingelsäcklein in Beysein des Kirchspiels ausleeren.

Vielleicht ist dieser mit Eisen beschlagener und mit Schlössern wolverwahrte Kasten ein Memorial und Erinnerung der ausgehöhleten Steinen, welche die Eptissin Elisabetha von Balstet, Eptissin zu S. Michael, A.C. 1492. innerhalb der Kirchthüren gesetzet, und darein das Allmosen für ihr Kloster gebettelt hat, mit Vorwendung des Mißwachs im Weinwachs. Wiewol der Rath Anfangs darwieder geredet. Solche ausgehöhlte Stein sind noch in unser Kirchen vorhanden, sonderlich bey der untersten Thür am Creutz zusehen.

Es ist aber dieser Almosen Kasten in 122. Jahren zweymahl erbrochen worden, (1.) A.C. 1552. ♀ nach Valentini den 14. Febr. von einem unbekanten Kirchenräuber, der lässet sich heimlich 521 des Tages verschliessen, des Nachts bricht er den Kasten mit einem Eisen auff, nimmet das gesamlete Geld, und kömmet davon. Wie aber? Er knüpffet ein Hasen-Netz an den Nonnen-Gang aus dem Kloster über das Gäßlein in die Kirche, und lässet sich herunter, und das Netz hangen. Derselbe Gang ist hernach abgebrochen, die Thüren an beyden Orten zugemauret, und das Geld nicht mehr doselbst über Nacht gelassen, sondern bey Zeit abgehohlet worden. (2.) A.C. 1662. den 22. Mart. Sonnabend vor Palmarum, lässet sich Hans Georg Taute von Rudelstet verschliessen, bricht des Nachts auff nicht allein diesen Almosen-Kasten, darinnen er keinen Heller findet, sondern auch die Thür an der neuen An.C. 1660. erbaueten Sacristey, und an desselben Schrancke, und nimmet daraus drey messinge Leuchter, eine Liechtbutze, und das von M. Johan Zeisolds P.P. Haußfrauen An.C. 1656. verehrtes Tauff-Tuch.

An diesem Almosen und Gottes Kasten ist zusehen das Crucifix, und eine Tafel mit dieser Schrifft: Kurtze Anmahnung an
522 alle fromme Christen. Beweiset allhier euren Glauben an den Krancken und Haußarmen, so wird sich Gott wieder über euch erbarmen. In Sprüchen Salomons am 3. Cap. v. 9. 10. Ehre den Herren von deinem Gut, und von den Erstlingen alles deines Einkommens, so werden deine Scheuren voll werden, und deine Kelter mit Most übergehen. Diese Tafel ist abgeschaffet, und seyn die Sprüche an die kleine Cantzel gemahlet, an das die abgemahlten vier Evangelisten, und des Herrn Christi Jesu.

XI.
Nach den Stühlen und Bäncken, die
seyn unterschiedlich

1. Wegen der Lage. Etzliche sind uff der Bohrkirchen, darunter die Fürsten und Grafenstühl, gegen der Canzel die fürnehmsten seyn. Etzliche aber unten entweder im Chor vor die Beichtväter und Beicht-Kinder, und Communicanten, oder im Schoß der Kirchen, vor Mannes- und Weibesbilder. A.C. 1669. gegen Pfingsten sind die neuen Mannstühle beym Eingang des Chors
523 gegen die Schuel verwandelt in Weiberstühle, nach dem die dreyfachen Mannesstühle an der Wand gegen die Schule sind gebauet worden.

2. Wegen des Gebrauchs. Obgleich alle Stühle und Bäncke sitzens und kniens wegen dastehen, iedoch sind die XVI. Bäncke vor dem Altar knienshalber gesetzet worden. Darauff knien die Mannesbilder vor der Communion, und die Weibesbilder nach der Communion. Ehe diese XVI. Bäncke sind verordnet worden, haben alle Communicanten uff dem blossen Pflaster gekniet. Es hat aber solche erstlich machen lassen Martin Breme, ein Buchführer allhier, und nach ihm hat An.C. 1633. am Michaels-Feste Burchard Großmann Fürstl. S. Amtschösser allhier solche mit schwartzen Tuche überziehen lassen.

In diesem 1664. Jahr den 30. Octob. ist das rothe Altar-Tuch mit güldenen Borden verehret worden von Maria Koppin, Bürgemeister Christof Beiers Witben, und mit solchen rothen Tuche sollen auch nach ihrem letzten Willen die XVI. Altar Bäncklein bekleidet werden.

3. Wegen der Personen. Etzliche gehören vor die Professores. 524 An.C. 1601. hat D. Georgius Mylius, sonst Gering genand, in seinem dritten Rectoratu die Stühle an der Mitternacht Maure zubauen angefangen, aber Doct. Nicolaus Reußner JC. in seinem andern Rectoratu verfertiget, und D. Petrus Theodoricus JC. An.C. 1612. in seinem ersten Rectoratu vergittern, und grün anstreichen lassen. Unter ihnen haben etzliche Beamte und fürnehme Bürger ihre Stühle. Welche auch A.C. 1664. 1665. mit kleinen niedrigen grünen Gittern gezieret sind.

Vor diesem vom An.C. 1548. biß uff das 1601. Jahr haben die Herren Professores hin und wieder ihre eigenen Kirchenstühle bauen lassen, und solche auch besessen, und ihre Kinder nach ihnen, uff vorhergehende Anlösung. Denn kein Kirchenstand oder Stuel kann Erblich besessen, iedoch von nechsten Erben vor andern gelöset werden, üm 1. oder ½ thal. nach dem er liegt.

Die Bürgemeister hatten unlängst ihre Amtstühle unten, 525 nunmehr aber oben, gegen Abend, in einem absonderlichen Gebäude, mit schönen künstlichen Fenstern, von An.C. 1673.

XII.

Nach der Orgel.

Diese stehet oben an der Mauer gegen Abend, und sind darbey zu beobachten.

1. Der Ursprung. Den Orgel Gebrauch hat in die Kirche eingeführet Pabst Vitellianus An.C. 657. Der Grigische Keyser Constantinus VI. hat A.C. 753. dem Francken Könige Pipino das erste Orgel-Werck geschicket. Crusius part. 1. Annal. Suev. lib. X. c. 7. fol. 305. Zu Aach ist die erste Tret- und Schlag Orgel gemacht worden, uff Befehl Keysers Ludovici I. von Georgio einem Künstler aus Griechenland. Wie Aimomus und Aventinus vermelden.

2. Die Materia und Zeug, daraus sie gemacht, ist nicht aus Glase, wie die im Schlosse Hamtoncourt in Engelland, welche der Cardinal Thomas Wolsæus in das Zimmer, genand das Paradiß, hat setzen lassen, daran alles gläsern ist, ohn die Seiten. Schröter. Cosmogr. histor. lib. 1. c. 8. p. 625. Nicht aus Buxbaumholtz, wie 526 die zu München in Beierland, und zwar in der Marien-Kirchen. Caspar Ens in Delit. Germ. p. 45. Nicht aus Alabaster, wie die zu Mantua in Welschland, in dem Zimmer genand La grotta. Schrö-

ter l. 1. c. 7. p. 561. Nicht aus Golde, wie die zu Constantinopel in Thracien, davon Zonaras schreibet. Sondern aus guten Engelischen Zinn, und diese wird nicht vom Wasser getrieben, wie die bey den Pratelinern, so unweit Florentz in Hetruria wohnen? Georg Graditz von Wertheim, und sein Revisor Nicolaus Bastæus in Deliciis Italiæ p. 77. Sondern mit Füssen getreten.

3. Das gantze Corpus hat zwey Blätter oder Flügel, daran sind zusehen (1.) auswendig das Chur Sächsische Wapen, und zwey bloßen Schwerter, ein Engel und ein Bischoff mit einer Wage, in einer Schüssel oder Schale liegt der Teuffel mit seinem Anhang, und wird überwogen von dem Herrn Jesu Christo, der in Gestalt eines Kindleins in der andern Schüssel oder Schale liegt. Zur Lincken aber das Fürstl. Sächsische Wapen, der Rauten Krantz, Johannes der Täuffer, mit der rechten Hand weisend auff das Lamb mit der Fahne, mit der lincken Hand zu seinen Füssen ein Löwe, anzudeuten, daß er sey das Lamb Gottes, das der Welt Sünde trägt, Joh. 1. v. 29. Und der Löwe vom Stamm Juda, daß unsere Feinde überwunden, Apoc. 5. v. 5. Endlich ein Bischoff mit einer dreyfachen Krone, in der Rechten ein Buch, in der Lincken einen Bischoffstab haltend, und bedeut den Pabst, der führet eine dreyfache Krone, weil er ein gebietender Herr seyn will über Europa, Asia, und Africa. Warüm führt er nunmehr keine vierfache Krone, weil er auch über America, als den vierdten Theil der Welt mit seinen Decreten und Bullen herrschen will.

Uber diesen zweyen zusammen gethanen Flügeln oder Blättern erscheinet die Heil. Jungfrau Maria, und der Apostel Petrus mit gantz verblichener Schrifft. Allhier erinnere ich mich meines treufleissigen Præceptoris M. Wolffgang Heideri P.P. der sagte einmal von einer Orgel ohne Benennung des Orts, hinter welcher diese beyde Personen sollten abgemahlet stehen, bey der ersten: *Peter, Peter, wie hastu die Welt betrogen. Bey der andern aber, Maria, Maria, wolgemeinet, übel gerathen.*

(2.) Inwendig das Christ Kindlein in Windeln, für welchem Maria und Joseph kniend, über ihnen der Engel in der Lufft, zur Lincken aber das Jesu-Kindigen auff der Marien Schoß, für welchem die Weisen aus Morgenland kniend ihre Geschencke darlieffern, über ihm der Stern am Himmel.

4. Das Positivum, auch mit zweyen Blättern, daran sind zusehen:

(1.) Auswendig zur Rechten das Christ-Kindlein auff seiner Mutter Schoß, für welchem König David kniet, und stehet darfür sein Leib und Lob-Spruch Psalm 150. v. 3. 5. *Lobet den Herren mit Posaunen, lobet ihn mit Psalter und Harffen, lobet ihn mit Paucken und Reihen. Lobet ihn mit hellen Cymbeln, lobet ihn mit wolklingenden Cymbeln.* Zur Lincken aber ein Phliosophus, vielleicht Pythagoras, über ihm hängen vier nach der grösse unterschiedene Glöcklein, unter ihnen stehet ein Amboß mit dem grösten Hammer, mit der Rechten schlägt er auff die grosse Glöcklein, und mit dem klein- 529 sten Hammer auff den Anboß, und will auff diese Weise erfahren die harmoniam und übereinstimmenden Klang.

(2.) Auswendig zur Rechten die H. Jungfer Maria, lesende in der Bibel, zur Lincken aber der Ertz Engel Gabriel mit einem Scepter, und darbey sein Gruß: Ave, Maria gratiâ plena. Unter diesem Positiv stehet die Jahrzahl 1516. nicht der ersten Giessung und Setzung, sondern Bemahlung der Orgel, und seines Positivs. Nach dem Exempel der Orgel zu Wittenberg in der Pfarr-Kirchen, welche auch in diesem 1516. Jahr erneuret, und daran auch die Anmahnungs-Wort des Propheten Davids aus dem 150. Ps. 4. 6. zu lesen seyn. Wie ich solches vermeldet in meinem Commentario Biblico histor. Ps. 150. v. 3. 5.

5. Der Zufall, theils der Verletzung. An.C. 1577. den 16. Julii unter der Mittags-Predigt, schlägt das Donnerwetter durch das Kirchtach in das Gewölbe, in die Orgel, und in den Seiger. M. Val. Rempe in Calend. Saxon. p. 197. Desgleichen unlängst An.C. 1673. den 10. Julii nach Mittag üm halbeg drey schlägt das Wetter 530 gleichfals in den Thurm und Orgel. Theils der Erneuerung, und diese ist geschehen, bald An.C. 1575. bald 1600. 20. Maji durch Ezechiel Greitschern dem ältern, von Stadt-Ilm. Seinen Namen hat er mit Kreiden inwendig hinter die grossen Pfeiffen also ge-schrieben: Ezechiel Gretsch hat das Werck renoviret 1600. Bald 1630. den 23. Jul. durch Nicol Gutjahr, gebohren zu Jena, won-hafftig zu Neustat an der Orla, vor 20. fl. bald 1640. den 20. Aug. durch Ludwig Compenium aus der Naumburg vor 80. fl. bald 1641. durch Ezechiel Greitschen den Jüngern vor 40. fl. bald 1661. im Julii durch Johan Netten von Franckfurt an der Oder, vor 120. fl. ohne die Kost uff 3. Wochen, bald 1670. im Junio und Julio, durch Ludwig Compenium von Erffurt vor 160. Reichsthl. ohne die Kost und Lager.

6. Die Ordnung der Organisten, und sind mir nur diese vorkommen, und theils bekandt.

Matthias Krause oder Krausold, kömmet von Eißleben, do er Stadtschreiber und Organist zugleich gewesen, nach Jena A.C.

531 1517. verricht den Dienst bey 30. Jahren, sein Eheweib ist gewesen aus dem Geschlecht der Edlen Neubacher.

Simeon Krause oder Krausold, ist gebohren zu Jena An.C. 1533. folget dem Vater im Amt, und verwaltet dasselbe bey 59. Jahr, und stirbet zu Jena 1613. den 7. Aug. Sein erstes Weib ist gewesen Barbara, Johan Stapsens leibliche- und Bürgermeister Martin Mülners Stiefftochter. Die andere aber Esther Hansen Regners Geleitsmans zu Wiegendorff Tochter, erzeugt von M. Johan Stigelii P.P. allhier Schwester, und von dieser letzten ist gebohren Matthias Krausold U.J.Practicus, Erbsaß in Ober Roßla, stirbt zu Jena A.C. 1639. den 18. Martii zur Kriegszeit.

Johannes Saluhr zu Jena gebohren A.C. 1588. den 8. Aug und gestorben 1617. den 13. Februarii.

Caspar Trost, gebohren zu Balhausen bey Tenstet in Thüringen, An.C. 1589. am Sontage Palmarum, wird Organist in Jena An.C. 1617. wird zugleich Depositor und Kastenschreiber, stirbt An.C. 1651. den 27. Julii.

532 Guerner Franck von Rudelstet, von An.C. 1651. ist eine Zeitlang zugleich Fürstl. S. Landrichter, Anwald im F. S. Hoffgericht gewesen, stirbet A.C. 1666. den 5. Decembr.

Johan Petrus Franck, des vorigen Sohn, von A.C. 1666. wird Actuarius im F. S. Hoffgericht zu Jena, und dancket abe, An.C. 1670.

Johannes Georgius Niedling von Altenburg, wird von Freyburg an der Unstrut, do er Organist gewesen, nach Jena beruffen, An.C. 1670. in Junio.

Das XL. Capitel,
Von Gräbern in der Michaels oder Pfarrkirchen.

Die Gräber, Grabmahl und Grabschrifften doselbst, sind zubetrachten in gemein und insonderheit.

In gemein

1. Wegen der älte: Sie sind schon zur Zeit der Maccabeer, ja

533 zur Zeit des Ertzvaters Jacobs gewesen. Denn Simon der Hohepriester hat seinen Eltern und Brüdern, und Jacob seinem Eheweibe Rahel, ein Grabmal auffgerichtet, 1. Maccab. 13. v. 27. 30.

Gen. 35. v. 20. Im neuen Testament haben die Christen auff ihre Grabsteine lassen hauen gemeinlich diese Wünsche: *Seine Seele sey im Paradiß Eden, oder seine Seele sey gesamlet im Garten Eden.* Suche D. Gerh. Loc. Theol. tom. 8. §. 84.

2. Wegen der Heiligkeit. Sie sind unvergreifflich, nicht nur den Freunden, sondern auch den Feinden. Als dem Keyser Severo gerathen wurde, er solte die Lobsprüche von dem Grabe seines Feindes Pescennii Nigri abethun, sagte er: Jemehr dieser gelobet wird, iemehr werde ich dadurch gelobet, als der ich ihn überwunden habe. Als Keyser Heinrich der IV. zu Merßburg das herrliche Grabmahl seines Feindes Rudolphi Hertzogs zu Schwaben sahe, und etzliche die Abschaffung desselben riethen, sagte er: Ich wolte, daß alle meine Feinde ein solch herrlich Begräbnüß schon hätten. Als Keyser Carolus der V. A.C. 1547. bey dem Grabe D. M. Lutheri stunde, und der Hertzog von Alba die Ausgrabung desselben foderte, sagte er: Lasst ihn ruhen, er hat seinen Richter. 534 Spangenberg im Adelspiegel part. 2. lib. 9. c. 16. fol. 155.

3. Wegen des Nutzens. Sie sind ein Denckmahl der Verstorbenen, ein Zeugniß der Aufferstehung von den Todten, eine Anleitung der Tugenden, darinnen wir den Verstorbenen nachfolgen sollen. Dahin haben weiland gezielet die sinnreichen Gemälde und Schrifften derselben. In einer Stadt sind zwey Gräber bey einander, eines Alten und eines Jungen, und werden nur mit dem signo interrogationis oder Fragzeichen unterschieden. Bey jenem stehet: Et mortuus est. Bey diesem auch Et mortuus est?

4. Wegen des Inhalts. Sie sind 1. schmäliche. Zu Senis in der Dominicaner-Kirche hat ein versoffener Teutscher das Epitaphium oder Grabschrifft:

Vina dedêre neci Germanun, vina sepulchro
funde, sitim nondum finiet atra dies.

Sie sind 2. rätzerliche. Zu Bononien in des Proculi Kirchen, ist ein fleißiger Student, der bey Läutung des Proculi Klocke alzu- 535 frü auffgestanden, und darüber seine Gesundheit verwarloset, gestorben, und daselbst begraben worden, dieses Epitaphium erlanget:

Si procul à Proclo proculi campana fuisset,
tunc procul à Proclo Proculus ipse foret.
Schröter in Cosmogr. histor. l. 1. c. 7. p. 529.

Sie sind 3. unflätig. Zu Rom in der Pauliner-Capelle ist der Apostel Petrus an seinem ümgestürtzten Creutze also bloß an seinem Geburts-Gliede abgemahlet, daß er von züchtigen Weibesbildern nicht kan angesehen werden. Menzius on præsat. Epitaph. Witteb. lib. 1.

Sie sind 4. erbaulich, und solche sind in dieser Michaels und auch in andern Kirchen zu Jena zufinden.

Insonderheit.

Entweder ohne einig Grabmahl, oder mit einem Grabmahl sind die Gräber in der Kirchen.

Ohne Grabmahl.

536 ˏObwol weiland bey diesem und bey jenem Grabe sind Grabmal, Steine und Schrifften gewesen, so seyn solche entweder eingegangen, oder anderswo verlegt und verbauet worden. Nehmet ein Exempel.

An.C. 1004. ist allhier begraben worden Marggraf Eccard der I. zu Sachsen und Thüringen, wer weiß seine Grabstete? Wo ist sein Leichstein? Vielleicht in einem Winckel, wie des Astronomi Archimedis zu Siracusa Grabmahl unter den Dornbüschen gefunden worden. M. Wolffg. Heider. vol. 1. orat. p. 387.

An.C. 1488. am Tage Mage Martini, stirbt Elisabetha Danielin (oder Thangelin) ein Eheweib Eitel Tangels, welcher mit seinem Bruder Hans Tangeln die Sacristey zu Hardisleben, und die Vicarey des Altars Wolffgangi in der Michaels-Kirche allhier An.C. 1477. gestifftet, und An.C. 1479. mit mehren Zinsen begabet hat. Wo ist ihr Leichstein? Der, wie Marcus Wagner in der Thangelischen Chronick schreibet, also soll gelautet haben: Anno Domini 1487. obiit Elisabetha Danielin in die S. Martini. Hie Eytel, ihr Ehelich Gemahl.

537 ˏA.C. 1551. den 6. Mart. stirbt zu Jena D. Pleikhardus Sindringer, von Hall aus Schwaben, weiland Churf. Joh. Friderichs zu Sachsen Rath. Wo ist sein Leichstein? Ein Stück davon habe ich sehen liegen vor der Kirchthür beym Creutze, und daraus schliessen können, daß er Anfangs Professor zu Wittenberg, hernach Churf. Sächs. Rath gewesen ist.

Anno C. 1552. wird zu Jena begraben Volckmar Tangel, ein Edler Thüringer, hundert Jahr alt und drüber. Wie Marcus Wagner d.l. und M. Joh. Stigelius P.P. und Rector im Leich Patente schreibet, wo ist sein Leichstein?

An.C. 1557. den 15. Febr. stirbt zu Jena, und wird in die Michaels-Kirche begraben D. Gregorius Heinse, Pontanus oder Brück genand, dreyer Churf. zu Sachsen Cantzler. Wo ist sein Leichstein? Vor dem 1660. Jahr war er noch, auch von mir zusehen, obenher mit eisernen Stäben verwahret, unweit von den dreyen Pfarrstühlen. Er darauff in Leibesgröße gehauen. Die Schrifft üm das euserliche Gemäuer soll sich also angefangen haben: Reverendissimus & c. Summa pietate, virtute & eruditione præstantissimus <u>538</u> Gregorius Pontanus trium Electorum Cancellarius & c. Wo ist denn dieser sein Leichstein? Er ist domals An.C. 1660. mit den neuen Weiberstühlen bedeckt worden.

Wie viel Pröbste, Vicarien und Meßpriester, will nicht sagen von Eptissin und Adelichen Nonnen, sind in der Michaels-Kirchen begraben worden, wo sind ihre Leichsteine? Etzliche seyn vorhanden, als des Johannis Navinæ, und Johannis Naumans, und noch andere. Die Verrücker und Wegbringer der Grabmahlen, Steinen und Schrifften, solten gelesen und bedacht haben die Schrifft auff dem Grabsteine Rudolphi Agricolæ, der zu Heidelberg An.C. 1485. gestorben, und in Franciscaner-Kirchen in einer Franciscaner Kutte begraben liegt: Deponenti anathema, relinquenti benedicto. Das ist: *Verflucht sey der Wegschaffer, gesegnet sey der Dalasser.* Wie zulesen beym Joh. Jacobo Boishardo in Biblioth. Cent. I. Icon. 27. p. 175. Unter des will ich etzliche erzehlen, welche in dieser Kirchen begraben worden ohne Leichstein und Epitaphien <u>539</u> (Suche meinen tom. Athen. Salan. III. p. 530. c.)

Mit einem Grabmahl sind etzliche Gräber, und haben theils allein ihre Leichsteine, theils allein ihre Epitaphia oder schrifftliche Denckmahle, theils beyde zugleich. Und davon wollen wir ordentlich handeln.

Das XLI. Capitel,
Von Leichsteinen und Grabschrifften in der Pfarr Kirchen zu St. Michaels.

Die Leischsteine sein zufinden entweder im Chor, oder im Schoß der Kirchen, entweder in teutscher oder in lateinischer Sprache. Weil aber die wenigsten in teutscher, die meisten in lateinischer Sprache gemacht, so will ich jene von Wort zu Wort hersetzen, diese aber auffs kürtzeste verteutschen, und den begierigen Leser auff den Appendicem und Anhang dieses meines Architecti Jenensis weisen.

‚Im Chor.

D. Johan Gerhard ist gebohren An.C. 1582. den 17. Oct. wird zu Jena D. der H. Schrifft An.C. 1606. den 13. Nov. Professor A.C. 1616. den 2. Maji, stirbet An.C. 1637. den 17. Augusti.

2. Das Hochgebohrne Fräulein, Anna, Gräfin von Eberstein, Fräulein zu Neugarden und Massow, ist gebohren A.C. 1578 in Gott selig verschieden am 6. Decembr. 1646. und in diß Behältnüß gesetzet worden den 12. April 1647. ihres Alters 69. Jahr.

Allhier lieg ich ohn alle Klag,
Und schlaff biß an den Jüngsten Tag,
Alsdenn wird Christus mein Grab auffdecken,
Und mich zur ewigen Freud erwecken.

3. D. Johan Major, gebohren A.C. 1564. den 26. Decembr. Wird Superintendens in Jena 1605. Doctor und P.P. 1612. den 22. Jul. stirbt 1654. den 4. Jan.

4. Martha Sophia Rolfincken, gebohren 1643. den 4. Nov. Ihr Vater D. Wernerus Rolfinck, der Artzney P.P. Die Mutter aber Sophia Margareta Platnerin, stirbt 1657. den 10. Sept.

5. Eleonora Sophia Rolfinckin, gebohren A.C. 1649. den 19. Junii, stirbt 1659. den 29. Decembr.

6. Maria Gerhardin, gebohrne Mattenbergerin, An.C. 1596. den 13. Junii, verehelicht D. Joh. Gerhardo 1614. den 1. Martii, gestorben 1659. den 30. Martii.

7. D. Christianus Chemnitius, gebohren An.C. 1615. den 17. Jan. Wird zu Jena Superintendens, Doctor und P.P. 1652. den 31. Augusti, stirbt 1666. den 3. Jun.

8. D. Guernerus Rolfinck, gebohren An.C. 1599. den 15. Nov. wird in Medicina Doctor zu Padua 1625. den 10. Aprilis, Professor zu Jena 1629. den 30. Jan. stirbt 1673. den 6. Maji.

Im Schoß.

Und zwar entweder im Mitternacht-Gange bey der Professorum Stühlen, oder im Mittags-Gange hinter dem Predigtstuel, oder im Mittel-Gange zwischen den Weiber-Stühlen.

Im Mitternacht-Gange

‚1. Ulrich Crüger von Güstro aus Meckelburg, LL. Studiosus, gebohren An.C. 1592. den 21. Decembr. gestorben 1616. den 18. Junii.

2. Herr Johan Fridrich Mühlpfort, welcher 8. Jahr zu Roda, und 27. Jahr zur Wachsenburg und Ichtershausen, F. S. Amts-

chösser gewesen, ist selig verschieden den 8. Novembr. An.C. 1624. seines Alters im 74. Jahr und 8. Tage.

3. D. Matthias Colerus Ordinarius, gebohren An.C. 1530. Wird Doctor zu Wittenberg 1558. den 1. Decembr. Professor zu Jena, und stirbt 1587. den 22. April.

4. Paulus Andreas Hahn, gebohren An.C. 1607. den 29. Nov. gestorben 1629. den 21. Mart. Sein Vater war Paulus Hahn, beyder Rechten Doctor zu Hall, die Mutter aber Benigna Dolschin.

Im Mittags-Gange.

1. D. Daniel Eulenbeck von Barby, gebohren A.C. 1539. Wird Doctor zu Senis, und Professor zu Jena 1573. stirbt 1595. den 13. October.

2. Anno Christi M DC II. die 22. Jan. ist in Gott seelig verschieden die Ehrentugendsame Frau Sophia Hn. D. Danielis Eulen- _543_ becks eheliche Haußfrau, gebohrne Schmiedin, derer Seele Gott gnade.

3. Fridericus Coien von Breßlau, gebohren An.C. 1593. den 5. Octob. Wie im Leich-Patent, oder 1594. 16. Decembr. wie im Leichsteine stehet, stirbt 1615.

4. Johan Christophorus Held, von Schweinfurt aus Francken, stirbt An.C. 1615. den 3. Jan. seines Alters 27. Jahr.

5. M. Christophorus Müllerus Archidiaconus in Jena, gebohren zu Capellendorff An.C. 1587. den 1. Martii, gestorben 1635. den 30. Julii.

6. Ursula Nævia, D. Eusebii Schenckens PP. Eheweib, gestorben A.C. 1622. den 14. Augusti, ihres Alters 42. Jahr.

In Mittel-Gange.

D. Gregorius Heinse, Pontanus oder Brück genand, dreyer Churf. zu Sachsen Cantzler, gebohren A.C. 1483. stirbt zu Jena 1557. den 15. Febr. Sein Leichstein ist bey Erneuerung der Kirchen A.C. 1660. gäntzlich mit Weiberstühlen im Eingange des Chors bedeckt worden.

Allhier liegt begraben des Edlen, Vesten und Mannhafften _544_ Hn. Daniel Schleiers, unter dem Wollöblichen Speerreuterischen Regiment wolbestalten Obersten Wachmeisters Töchterlein, Christina Dorothea, ihres Alters 1. Jahr und 9. Monat. Ist gebohren in der Keyserlichen freyen Reichsstadt Lübeck. *Dieweil sie Gott lieb war, darüm eilet er mit ihr aus dem bösen Leben*, An.C. 1637.

M. Paulus Schlevogt PP. gebohren A.C. 1596. den 29. April. gestorben 1655. den 22. Junii.

239

D. Gothofredus Mœbius, gebohren zu Laucha An.C. 1611. den 17. Oct. wird Doctor 1640. den 6. Maji, stirbt zu Halla in Sachsen 1664. den 25. April. Von dannen wird sein Leichnam abgehohlet, und allhier in Jena begraben.

Johan. Achatius von Tydoon aus Schweden, stirbt zu Jena A.C. 1605. (aber im Leich Patent stehet 1601.) Sein Vater ist gewesen Achatius Johannis von Tydoon, König Carls in Schweden Rath, und die Mutter Christina Trolla, welche in der Grabschrifft und Leichsteine genennet wird Catharina Storge.

<u>545</u>⌣Johannes Nauman stirbt An.C. 1511. den 1. Febr. ist gewesen Vicarius oder Meßpriester der Michaels oder Nonnen-Kirchen.

An.C. 1623. den 11. Octobr. ist der Ehrenveste, und Wolerfahrne Herr David Höpffer, vornehmer Bürger und Kauffherr von Augspurg in Gott seelig verschieden, seines Alters 45. Jahr, und drey Monat. Gott verleihe ihm eine sanffte Ruhe, und fröliche Aufferstehung zum ewigen Leben Amen.

Wolff Christophorus von Trautmansdorff, ein Sohn Hiobi Hartmanni von Trautmansdorff, Herren in Dolzenbuch, Liechtenau und Brunn, Keyserlicher Kriegs-Rath, und Frauen Reginæ von Kirchberg, stirbt in Jena An.C. 1591. den 15. Octobr.

Magdalena Cölerin, geborne Frölichen, D. Matthiæ Coleri PP. Eheweib, stirbt A.C. 1611. den 3. Sept. im 68 Jahr ihres Alters.

Jacob Schöppeler von Oetingen, gebohren An.C. 1591. am Jacobstage, gestorben 1615. den 12. Maji. Sein Vater Martinus Schöppeler, Gräfflicher Rath doselbst, die Mutter aber Elisabetha Scheurings.

<u>546</u>D. Johannes Schröter, der erste Rector zu Jena A.C. 1558. den 2. Febr. Stirbt An.C. 1593. den 31. Mart. im 80. Jahr seines Alters.

D. Erhardus Schnepffius von Heilbrun, Theologus P.P. ist gestorben An.C. 1558. den 1. Nov. seines Alters im 63. Jahre.

Fridericus von Koßpoth in Seibtendorff, F. S. Cammerrath zu Weimar, Capitain und Hoffrichter in Jena, ist gebohren A.C. 1569. den 15. Mart. gestorben 1632. den 9. Junii.

Die Wol Edelgebohrne und Viel Ehrentugendsame Jungfrau Friderica Katharina, des Hoch Edel Gestrengen und Vesten, Herren Friderich von Koßpoth uff Seibtendorff, weiland Fürstl. S. Cammerraths zu Weimar, auch wolbestelten Hoffrichters und Hauptmans zu Jena eheleibliche Tochter ist im Fürstl. Schlosse allhier gebohren, An.C. 1632. am 9. Nov. Abends üm 7. Uhr, und

An.C. 1648. am 23. Nov. im 16. Jahr ihres Alters in Christo seelig entschlaffen.

D. Philippus Jacobus Schröter PP. gebohren An.C. 1553. den 8. Jul. stirbt 1617. den 1. Junii.

Elisabetha Schmuckin, gebohren zu Leipzig An.C. 1617. den 547 26. Decembr. vereheliget 1645. den 16. Sept. D. Johanni Strauchen PP (nunmehr F. S. Cantzler zu Jena) stirbt 1654. den 30. Augusti.

Christina Kiesenhöferin, gebohren An.C. 1620. den 20. Maji, vereheliget 1638. den 12. Nov. D. Christiano Chemnicio PP. und Superint. gestorben 1657. den 22. Maji.

Regina Schenckin D. Eusebii Schenckens PP. Tochter, vereheliget 1. mit D. Jacobo Fomanno, 2. mit Doct. Hieronymo Mülpforten, beyden Advocaten im F. S. Hoffgerichte zu Jena, gebohren An.C. 1608. den 17. Martii, stirbt 1655. den 8. Maji.

Anno Domini M. D. LXIII. den 30. Nov. ist die Edle Frau Sophia, Herren Caspar von Teutleben D. Chur- und Fürstl. S. geheimten Raths nachgelassene Witbe, gebohrne von Amsdorff, in Gott selig entschlaffen, und allhier zur Erden bestattet. Philip. 1. vers. 21. *Christus ist mein Leben, sterben ist mein Gewinn.* S. V. T.

Christophorus von Hagen, in Oeuna, gebohren An.C. 1602. den 29. Octobr. gestorben 1622. den 30. Jan.

Das XLII. Capitel, 548

Von Epitaphiis *oder Lobschrifften derer in dieser Michaels- oder Nonnen- nunmehr Pfarr-Kirchen begrabenen.*

Die Epitaphia oder Lobschrifften sind ordentlich zufinden, (wie vorher die Leichsteine und Grabschrifften) theils im Chor, theils im Schoß dieser Kirchen.

Im Chor.

Hinter dem Altar, oder zu dessen beyden Seiten.

Hinter dem Altar.

JOHANNES GERHARDUS D. natus M. D. LXXXII. denatus M. DC. XXXVII.

JOHANNES MAJOR D. natus M. D. LXIV. denatus M. DC. LIV.

CHRISTIANUS CHEMNICIUS D. natus M. DC. XV. denatus M. DC. LXVI.

Zur rechten Seiten.

1. D. Martinus Lutherus in Lebensgröße abgemahlet uff Mes- 549 sing. Dieses Bildnüß hat Hertzog Johan Wilhelm zu Sachsen

An.C. 1571. lassen setzen, ist auch unverseeret blieben theils in der Plünderung A.C. 1637. unter Graff Johan Götzen. Theils in der Einquartirung Matthiæ de Moncado und Hannibalis Gonzagæ, beyder Keyserlichen Kriegs Obersten, A.C. 1642.

Es ist aber D. Martinus Lutherus gebohren zu Eißleben A.C. 1483. den 10. Nov. wird zu Erffurt Magister 1503. Doctor der H. Schrifft zu Wittenberg 1512. am Tage Luciæ, 13. Dec. Stirbt zu Eißleben 1546. den 8. Febr. am Tage Concordiæ oder Einträchtigkeit, nicht ohne sonderliche Ahnung, wird von dannen gen Wittenberg geführet, und in der Schloß Kirche beygesetzet den 22. Februarii.

Uber dem Bildnüß, das ihm gantz ähnlich, stehet geschrieben (wiewol lateinisch) also: *Wir von Gottes Gnaden Johan Wilhelm, Hertzog zu Sachsen, Landgraff in Thüringen, Marggraff zu Meissen haben dieses Bildnüß Lutheri nicht anbetens halben, sondern zum Gedächtnüß hieher gesetzet Anno 1571.*

550   Uber Lutheri Haupt dieser Verß:
Pestis eram vivus, moriens ero mors tua, Papa.

Das ist:
Dir war ich eine Pest, O Pabst, in meinem Leben,
Nach meinem Sterben sol mein Tod den Rest dir geben.

An der rechten Seiten siehet man sein Wapen, nemlich ein Creutz mit der Rosen schattiret und ümfasset.

An der lincken Seiten stehet der Spruch Jes. 52. v. 7. *Wie lieblich sind die Füsse der Boten, die da Friede verkündigen.*

Rund üm das Bildnüß, (wiewol auch Lateinisch) also:

An. M. D. LXVI. den 8. Tag des Monats Februarii ist der Ehrwürdige Mann Martinus Luther, der H. Schrifft Doctor, nach dem er auch in den letzten Todes-Zügen, daß seine Lehre, welche er geprediget, recht, und der Kirchen nöthig sey, beständiglich bezeuget, und seine Seele Gott dem Herren im Glauben des Herren
551 Jesu Christi befohlen, aus diesem sterblichen Leben abgefordert worden, im Jahr seines Alters LXIII. als er der Kirchen Gottes in dieser Stadt (Wittenberg) länger als 30. Jahr treulich und nützlich gedienet hat. Sein Leichnam ist hier zu Wittenberg begraben worden.

Zu Lutheri Füssen stehen die Lateinischen Verse M. Hieronymi Osii PP. in Jena, in welchen vermeldet wird, daß dieses Messing-Bild hette sollen gesetzet werden bey dem Grabe D. Martinti Lutheri, alsbald An.C. 1546. Weil aber die unglückliche Schlacht gehalten zu Mühlberg an der Elbe 1547. den 24. April es verhindert, so were es hernach allererst 1571. verfertiget, und 1572. im Augusto nach Jena gebracht, und in der Stadt Kirchen angemachet worden.

2. D. Erhardus Schnepfius von Heilbron, gebohren A.C. 1495. den 1. Nov. Wird Doctor zu Marpurg, und zwar der erste 1529. und Professor und Prediger in Jena 1549. stirbt 1558. den 1. Nov. Dieses des D. Schnepffens, und M. Joh. Stiegels PP. Epitaphia, Leich- und Lob-Schrifften hat die Universität zu Jena aus Ihrem Fisco machen und mahlen lassen. Wie es bekennet D. Joh. Schrö- <u>552</u> ter in Libio Actorum An.C. 1558. fol. 86.

Zur lincken Seiten.

1. D. Johan Schröter von Weimar, gebohren zu Weimar, PP. zu Wien und zu Jena, hat die vollkommenen Privilegia der Universität zu Jena erlanget vom Römischen Könige Ferdinando I. dessen Leib-Medicus er vorher gewesen, und wird darinnen der erste Rector An.C. 1558. 2. Febr. und wol neunmahl nacheinander, stirbt An.C. 1593. den 21. Martii. im 80. Jahr.

2. D. Janus Cornarius, gebohren zu Zwickau A.C. 1500. wird Doctor zu Ticino oder Paphy, Professor zu Jena 1557. den 21. Febr. stirbt am Schlage 1558. den 16. Martii.

3. Hie liegt begraben des Edlen und Gestrengen Herren Hans Christoffel Geimans zu Galsbach und Trautenega auff Walchen, Röm. Keys. Majestät Raths, und weiland Frauen Juliana gebohrne von Maming, seeliger, beyder Eheleiblicher Sohn, Hans Balthaser, welcher in Gott seelig allhier entschlaffen den 30. Septembr. im M.D.XC. Jahr, zwischen 1. und 2. Stunde vor Mittage, <u>553</u> seines Alters im 17. Jahr, dem Gott gnade.

Im Schoß.

Entweder an den Pfeilern oder an den Wänden und Mauren.

An Pfeilern theils gegen Mitternacht, theils gegen Abend, theils gegen Mittag.

An Mitternacht Pfeilern.

1. Christianus Schenck, Freyherr in Tautenburg, Frauen Brißnitz, und Niedern Trebra, Herr zu Tonna, der letzte in seinem Geschlecht in Thüringen, ist gebohren zu Dreßden An.C. 1599. wird Rector zu Jena 1618. stirbt zu Tautenburg 1640. den 3. Aug. wird begraben zu Frauen Brißnitz, allererst nach sieben Jahren, 1647. den 20. Sept. und 21. Sept. wird auch sein Leichbegängnüß zu Jena gehalten, und zum Gedächtnüß ein Epitaphium

auffgerichtet, und seine Fahne aufgehenget, in welcher dieses sein Symbolum und Leibspruch zulesen: Christe, tibi vivo, tibi morior.

2. Anno Christi 1567. d. 13. Oct. ist allhier zu Jena der Erbare und Wolgeachte Michael Cappel, Bürger zu Salfeld, seines Alters im XXVI. Jahr nach dem Willen des Allmächtigen in Gott Christlich und seeliglich verschieden, auch allhier zur Erden bestattet worden, Gott der Allmächtige wolle ihm und uns allen ein seelige Aufferstehung verleihen, Amen.

3. M. Johan Stigelius von Frimar bey Gotha, ist gebohren A.C. 1515. den 13. Maji, wird Magister zu Wittenberg 1542. und zu Jena 1548. PP. stirbt 1562. den 11. Febr.

4. Leonhardis Ottonis Bürger in Jena, stirbt 1578. den 12. December im 52. Jahr seines Alters.

5. Johannes Bisenzus Vicarius des Altars der XVI. Nothhelffer, ist zu Jena gestorben A.C. 1483. den 18. Octobr.

6. Christophorus Gruber Asam aus dem Beyerland, stirbt zu Jena An.C. 1571. den 10. Junii. Sein Vater ist gewesen Georgius Gruber Asam, die Mutter aber Catharina gebohrne Tenbeckin.

7. Christophorus Druckscherff, Bürgermeister in Jena, stirbt An.C. 1575. den 11. Nov. im 70. Jahr seines Alters.

8. Erasmus Hoffmann Bürgermeister in Jena, stirbt An.C. 1567. den 13. April, im 4. Jahr seines Alters.

An Abend Pfeilern.

Allhier stunden angenagelt die Epitaphia und Lobschrifften zweyer Matronen, Fr. Ursulæ Fischerin, und Fr. Ursulæ Schröterin, aber beyde sind in Auffbauung der neuen Bürgermeisterstühlen An.C. 1672. ab- und an die Pfeiler gegen Mittag versetzet worden.

An Mittags Pfeilern.

1. Wolffgang Druckscherff Bürgermeister in Jena, stirbt An.C. 1576. den 22. Febr.

2. Antonius Musa, Prediger zu Jena, hernach zu Merseburg, da er auch gestorben, An.C. 1547. und daselbst Montag nach Bernhardi, im Augustmonat begraben. Dessen Tochtermann Johan Stössel, der erste zu Jena An.C. 1564. den 13. Julii promovirter Doctor der H. Schrifft PP. und Superintendens doselbst, hat ihm dieses Epitaphium oder vielmehr   taphium in unser Kirchen aufhengen lassen.

3. Laurentius Hiel von Wesel, wird zu Jena Doctor An.C. 1560. und zugleich PP. stirbt daselbst 1566. den 16. Sept.

4. Wolff Christoff von Trautmansdorff zum Dötzenbach in Brün, aus Oesterreich, stirbt zu Jena An.C. 1591. den 13. Nov. im 556 17. Jahr seines Alters.

5. Nicolaus von Nischwitz, stirbt zu Jena, 1577. den 24. April im 25. Jahr seines Alters.

{Nr. 6. +7. fehlt im Buch}

8. Johannes Heldius aus Holstein, stirbt zu Jena An.C. 1596. den 8. Maji.

9. Daniel Fischer, D. Samuelis Fischers, PP. und Superint. zu Jena Sohn, ist gebohren zu Meissen 1587. den 29. Junii, stirbt zu Jena 1598. den 1. Febr.

10. Theodorus Burcholtz von Lüneburg, stirbt zu Jena 1587. den 27. Junii.

11. Fridericus von Koßpoth, F. S. Cammer-Rath zu Weimar, Hauptmann und Hoff-Richter zu Jena, stirbt allhier An.C. 1632. den 9. Jun. seines Alters 63. Jahr, 3. Monat, 3. Tage. Seine Witbe war Catharina von Zersen, welche noch A.C. 1674. lebete. Seine Söhne 1. Wilhelm, gebohren An.C. 1628. den 10. Septemb. 2. Friderich A.C. 1630. den 24. Jun. und einige Tochter Posthuma Friderica Catharina 1632. den 9. Nov. aber gestorben 1648. den 23. Nov.

12. Ursula Fischerin, Christiani Fischers Rathsverwandten Eheweib stirbt An.C. 1573. den 20. Maji im 39. Jahr ihres Alters. 557

13. Ursula Schröterin, D. Joh. Schröters von Weimar, ersten Rectoris uff der Universität erstes Eheweib, starb 1565. unter allen Epitaphiis ist dieses das künstlichste, und hält in sich die Trauerleute bey dem Heil. Grabe des Welt-Heilandes Jesu Christi.

An Mittags Wänden.

Gegen dem Creutze und Marcke.

1. Rudolphus von Büna, stirbt zu Jena A.C. 1597. den 23. Martii. Vorher A.C. 1596. den 7. April. nicht sein erstes Weib Rosina von Rabenstein. Sondern das andere Margareta von Blancket. Er hat den Grund geleget zur obersten Sacristey, daraus die Prediger auff die Cantzel gehen. Ist 70. Jahr alt worden, und bey 25. Jahren ein Glied der Universität gewesen.

2. Daniel Eulenbeck von Barby JC. PP. gebohren A.C. 1539. wird Doctor zu Senis, PP. zu Jena, stirbt 1595. den 13. Decembr. Sein Eheweib Sophia gebohrne Schmiedin starb hernach A.C. 1603. den 20. Jan.

3. Matthias Kolerus JC. PP. Ordinarius, gebohren A.C. 1530. wird Doctor zu Wittenberg 1558. den 1. Oct. stirbt zu Jena 1587. den 22. April. Sein erstes Eheweib Euphrosina N. starb 1563. Die andere Magdalena Frölichen 1611. den 3. Sept. nachdem sie vorher 1589. das kostbare Epitaphium auffgerichtet hatte.

4. Jacob Rudolphus von Wurtzen aus Meissen, Bürgermeister in Jena, starb A.C. 1592. den 20. Febr. im 58. Jahr seines Alters.

Das XLIII. Capitel,
Von der Pauliner-, Collegien- oder Universität-Kirchen

Diese ist zubetrachten 1. nach der Lage. Sie liegt bey dem Nonnenplan oder Sack, nahe bey dem Pauliner Kloster, oben in der Brüder- oder Collegengasse, und hat zwey Thor, das eine gegen Abend in dem Hoff des Collegii, das andere uff dem Kirchhoff oder Plan, der ümmauret, und unlängst An.C. 1664. 1665. mit schattigen und fruchtbaren Bäumen gezieret, und An.C. 1669. im Sept. mit einem Zimmer vor die erkauffte Wassersprützen wieder die Feuerbrunst versehen ist, zum Exempel und Nachfolge des Raths, welcher vorher an der Mauer der Michaelis-Kirchen ein dergleichen Behältnüß ausgebauet hat.

2. Nach dem Namen. Sie wird genennet 1. die Pauliner-Kirche, weil sie von undencklichen Jahren gestifftet ist, ohn allen Zweiffel von den Graffen und Herren zu Arnshag, bey der Neustad an der Orla, Herren zu Lobdeburg genand von Leuchtenburg, als Erbherren über die Stadt Jena, in der Ehre nicht allein der Heil. Jungfrau Maria und Dominici, als Stifftern des Prediger Ordens, sondern auch des H. Apostels Pauli. 2. Die Brüder Kirche, weil die Münche darinnen, als geistliche Brüder, miteinander gelebet, und Prediger Ordens-Leute gewesen, und öffentlich geprediget haben. 3. Die Collegen-Kirche, weil sie nicht allein an dem Collegio Academico liegt, sondern auch der Universität einverleibet, und darinnen nicht allein die Rectoratûs und Doctoratûs Actus von A.C. 1595. sondern auch die Parentationes und Leichpredigten derer, die darinnen begraben, gehalten werden.

3. Nach dem Mißbrauch. Sie ist von ihrem Anfang gewesen ein Vigilien und Meßhauß, da mehr für die Todten gelesen, geplappert, gethan ist, denn für die Lebendigen. Suche die Vorrede D. M. Luthers über den Propheten Daniel Cap. 11. v. 38. In dieser Kirchen hat Jutta (Juditha) Bürgermeister Heinrich Selbers Eheweib, und ihre beyde Töchter, Jutta und Catharina, eine ewige

Messe gestifftet, ohne Zweiffel überredt von ihrem Sohne Dieterich Selbern, der ein Meßpriester darinnen gewesen ist. Wie zulesen im Copialbuch des Amts part. 2. fol. 1341. Diese andächtige
und verführte Frau ist gebohren A.C. 1397. und liegt begraben
bey der Johannis Kirche im Eingange der ersten Kirchthür an der
Mauer, da Johannis des Täuffers Häupt eingemauret ist, und D.
Johan Major PP. und Superintendens allhier auch wolte begraben
seyn, wenn es nach seinem letzten Willen were geschehen, ist
aber in der Michaelis Kirche begraben worden. Was vor Kleino- <u>561</u>
dien noch A.C. 1526. darinnen gewesen, und wo solche hinkommen, ist vermeldet oben im 37. Capitel.

4. Nach der Erneuerung. Als sie von A.C. 1526. wüste und
öde gelegen, auch die Leichsteine daraus genommen, und anderswohin verbauet worden, ist sie An.C. 1594. wieder angerichtet
worden, aus Angebung D. Georgii Mylii (Müllers sonst Gerings
genant) P.P. welcher auch darinnen ist gesehen und gehöret worden, als der erste Disputator 1595. den. 14. Junii. Der erste Rector
1595. den 7. Augusti. Der erste Promotor 1595. den 20. Octob.
Der erste Concionator oder Prediger 1596. den 6. Febr. darin er
Graff Christoffln von Solms die Leichenpredigt gethan aus dem
8. Psalm v. 8. 9. Die Hertzogen zu Sachsen Ernestiner Linien
haben darzu gegeben 2000. Meisnische Gülden. Wie sie geheissen, und was vor PP. gewesen, ist zuersehen aus dem Zeddel,
welcher A.C. 1595. den 27. Mart. in dem Altar eingemauret ist,
und im Libro Actorum Acad. fol. 374. befindlich lautet, wie tom. 3.
Athen. Salan. p. 597. zu befinden ist.

Als die Kirchmauer gegen Mittag etzliche Ritzen und Schrö- <u>562</u>
cke bekommen hat, A.C. 1659. im Julio, hat Hertzog Wilhelm zu
Sachsen (dem die Stadt Jena und darinnen die hohen Gerichte
allein zukommen) als ein weiser und kluger Architectus und Baumeister, solche ergäntzen, und durchaus das Gewölbe und die
Wände mit Weisse anstreichen lassen.

Unlängst A.C. 1672. ist an der sich beugenden Mauer gegen
Mittag, eine Neben-Mauer, uff Fürstl. S. Weimarischen Befehl,
von Hn. M. Erhardo Weigelio PP. und F. S. Architecto auffgeführet
worden.

5. Nach den Schrifften und Bildern, auser den Leichsteinen
und Epitaphiis oder Lobschrifften, sind solche zusehen unterschiedlich.

(1.) An den Wänden, theils gegen Mitternacht, V.D.M.I.Æ. welche Buchstaben bedeuten Churf. Fridrichs des III. und Weisen sein Symbolum und Leibspruch, genommen aus dem Propheten Jes. 40. v. 8. Verbum Domini manet in æternum, das Wort unsers Gottes bleibet ewiglich, darbey die Jahrzahl 1580. Item der

Welt Heiland, in Mannes Grösse, mit der rechten Hand hebt er zwey Finger embor, mit der lincken aber den Welt- oder Reichs Apffel, und darbey drey Buchstaben, P.B.P. Theils gegen Morgen der Oehlberg, und darbey die Creutzigung des Welt Heilands Jesu Christi. Theils gegen Mittag, Churfürst Johan Fridrich zu Sachsen in Lebens Größe leibhaft abgemahlet ist.

Uber dem hohen Reusnerischen Epitaphio bey der Cantzel oder Predigtstuel wird gelesen: Sanctus, Sanctus, Sanctus Dominus Deus, omnipotens, (das ist: *Heilig, Heilig, Heilig ist Gott der Herr Zebaoth,* Jes. 6. 3.)

(2.) An der Bohrkirchen, und zwar an den fünff Pfeilern sind 36. Historien aus dem alten und neuen Testament von der Schöpffung biß auff die Aufferstehung von den Todten, gemahlet, der Mahler ist gewesen aus dem Geschlechte D. M. Lutheri. Wie zusehen war an der Mauer gegen Abend, und also lautete: Martinus Luther Junior, Mahler 1606. Als An.C. 1659. im Monat Julio die Wände auffs neue geweiset waren, in solche bedeckt oder gar ausgeleschet worden.

6. Nach den Stühlen, nicht eigentlich auff dem Singe-Chor und Bohr-Kirchen, sondern unten im Chor und im Schoß der Kirchen.

Im Chor und zwar auff der rechten Seiten, sassen und stunden in den Oberstühlen weiland der Magnificus Rector, mit den Professoren der dreyen obern Facultäten, wegen Mangelung der Stühle aber in denen untern die PP. Philosophi, der Protonotarius, Diaconi, Secretarius Academicus, und Schuel-Rector. Auff der lincken die Advocaten im F. S. Hoffgerichte, und andere Doctores die keine PP. waren. In untern die F. S. Beamten, Bürgermeister und andere Eingeladene uff die Actus Rectoratûs und Doctoratûs der dreyen obern Facultäten. Denn der Actus Magisterii oder Doctoratûs Philosophici von An.C. 1558. biß 1651. den 17. Febr. ist im Auditorio Majori oder Theologico allemahl, ohne einmahl, gehalten worden, wie wir im nachfolgenden §. vermelden und vernehmen werden.

Aber heute zu Tage, nemlich An.C. 1641. haben sich die Professores Philosophici von ihren Stühlen und dem Rectore und PP. 565 der dreyen obern Facultäten gewendet in die obern Stühle gegen Mittag, und sich neben den Advocaten und andern Doctoren, nicht PP. gesetzet, und als im ersten Rectoratu D. Johan Volkmari Bechmanns JCti die obernstühle uff der rechten Seiten biß an den Altar verlängert worden, haben sie An.C. 1662. den 13. Febr. in Actu Magisterii Philosophici die erste Session darinnen erhalten. Und obgleich die F. S. Advocaten und andere Doctores, nicht PP. sich auch dahin gestellet, sind doch nicht die Professores, sondern nur diese durch ein Fürstlich Rescriptum an ihre vorige Stelle angewiesen worden.

Wenn aber Actûs Academici, als Rectoratus und Doctoratus gehalten werden, so stehen die Rectores, der alte und neue, desgleichen die Promotores und Candidati promovendi in den hohen Stühlen bey der Cantzel, welche mit grün Sammeten Decken, oder in Fürstl. Trauer-Fällen, mit schwartzen Tüchern bedecket werden.

Im Schoß und zwar nicht auff der rechten Seiten gegen Mitternacht, sondern auf der Lincken gegen Mittag waren weiland 566 viel Stühle, darinnen zu meiner Zeit die Weibesbilder in grosser Menge sassen, und anhörten die Predigten, welche alle Sontage nach denen in der Pfarr- und Michaels-Kirchen gehaltenen Vesper-Predigten, unter der Auffsehung D. Johan Gerhards PP. in dieser Pauliner oder Collegen-Kirchen von den Candidaten der Heil. Schrifft und des Heil. Predigtamts abgeleget worden. Aber seithero sind solche Stühle in Actibus publicis theils vom unbendigen Pöbel eingetreten und zerbrochen, theils abgebrochen, und daraus neue Stühle im Eingange der Kirchthür auff der lincken Seiten vor die Weibesbilder gebauet worden.

7. Nach den Unfallen.

Anno C. 1617. den 9. Maji schlägt das Wetter die Spitze mit dem Knopffe und Wetterhahn von dieser Pauliner-Kirchen, ohne fernern Schaden. Dieser Unfall hat bedeut den Todesfall Frauen Dorotheen Marien, Hertzogin zu Sachsen, gebohrner Fürstin zu Anhalt, Hertzog Johansen zu Sachsen Witbe, der sich darauf den 18. Julii begeben, wie M. Andreas Wilckius meinet, in der Parentati- 567 on seines Eydams M. Michaelis Wolffi PP.

Es ist diese Spitze, Knopff, und Wetterhahn kurtz hernach An.C. 1617. den 27. Junii wieder ergäntzet und ersetzet, und diese Denckschrifft in den Knopff geleget worden: Ad clavum Reipubl. sedentes. Suche meine Annales A.C. 1617. den 19. Maji & huc refer.

An.C. 1665. 6. Aug. am XI. Sontag nach Trinitatis früe nach 5. Uhren, schlägt der Tonner durch Kirchdach gegen dem Tabulat in die Mauer bey dem Predigtstuel, Gott Lob, ohne Schaden. Es war ein solcher greulicher und erschrecklicher Donnerschlag, dergleichen ich niemals gehöret habe.

8. Nach dem Wolbrauch.

In dieser Collegen Kirchen werden gehalten

1. Die Leichpredigten. Die allererste hat darinnen gehalten D. Georgius Müller, PP. bey dem Leichbegängnüß Graff Christoffln von Solms, A.C. 1596. den 6. Febr. und daran diese Kirche eingeweihet, wie schon oben gesagt. Zugeschweigen der Sontags Predigten nur zur Vesperzeit zwischen 3. und 4. Uhren.

568 2. Die Disputationes, nicht Juristische, nicht Medicinsiche, nicht Philosophische, sondern Theologische. Die erste hat gehalten ietzgenandter Theologus PP. vom geschriebenen Worte Gottes, An.C. 1595. den 14. Junii, sein Respondens war M. Johan Caspar Druydanus Variscus, nach dem Exempel der Wittenbergischen Universität, allwo in der Schloß-Kirchen die Theologi PP. wol ehemals ihre Disputationes gehalten.

3. Die Rectoratus. Von An.C. 1558. den 2. Febr. biß 1595. den 8. Febr. sind die Rectores in der Pfarr- und Michels-Kirchen, von der Zeit an biß auff den heutigen Tag in der Pauliner- und Collegen-Kirchen proclamiret und ordentlich dargestellet worden. In jener Kirchen ist der erste Rector D. Johan Schröter, der Artzeney Doctor, und Keyserlicher Pfaltzgraff, der letzte aber domals Magister, hernach Doctor Ortolphus Fomannus I. gewesen. In dieser ist der erste Rector worden D. Georgius Mylius PP. A.C. 1595. den 7. Augusti.

Allhier will ich zwey denckwürdige Sachen erzehlen. 1. An.C. 569 1627. hat D. Johan Major PP. und Superintendens in seinem dritten Rectoratu geordnet, daß vor dem Ausgange, die beyden Rectores, der alte und der neue, so wol die vier Decani der Facultäten solten für den Altar knien, der Diaconus hebdomatarius aber die Collecta von Frieden, und den Kirchen-Segen aus Num. 6. 24. 26. mit lauter Stimme singen und sprechen. 2. A.C. 1641. den 12.

Augusti hat er ferner in seinem fünfften Rectoratu mir, M.A.B. als seinem Collegen im Predigt Amte, durch den Pedellen Nicolaum Erbachen öffentlich anbefohlen, an statt des abwesenden Theologischen Decani, nemlich D. Joh. Himmels PP. mit ihme und den andern dreyen Decanis der Juristischen, der Medicinischen, der Philosophischen Facultät, für den Altar zu knien, und mit zubeten.

4. Die Doctoratus. Von An.C. 1558. den 21. Febr. biß 1595. den 20. Oct. sind die Doctores der dreyen Ober Facultäten in der Pfarr- und Michaels Kirchen, von der Zeit an aber biß auff heutigen Tag, in der Pauliner und Collegen-Kirchen öffentlich creiret und ausgeruffen worden. Daher ist der Gebrauch noch heute zu Tage, daß auff die Doctorats Tage die Predigt in der Stadt- und ⎯570 Pfarr Kirchen eingestellet wird.

In der Stadt Kirchen ist der erste Doctor worden nicht ein Theologus, sondern ein Juridicus, wie aus der folgenden Jahrzahl zusehen. Der erste Doctor Theologiæ war A.C. 1564. den 13. Julii M. Johan Stösselius von Kitzingen aus Francken, Pfarr und Superintend. allhier. Der erste Doctor Juridicus war An.C. 1558. den 21. Febr. L. Matthæus Wesenbecius von Andorff aus Braband, PP. Der erste Doctor Medicus war An.C. 1558. den 28. Martii Simon Wildius F. S. Leib-Medicus zu Weimar. Aber im Auditorio Theologico war An.C. 1558. den 12. Julii der erste Magister oder Doctor Philosophicus Andreas Fulda von Saltzungen.

In der Universität Kirch ist der Doctor Theologiæ A.C. 1595. den 20. Oct. Paulus Laurentius von Waldenburg im Osterlande, Superintendens zu Oelsnitz im Voigtlande. Der erste Doctor Juridicus An.C. 1595. den 20. Octob. Ortolphus Fomannus I. von Schleusingen, aus der Fürstl. Graffschafft Henneberg. Daraus ist abzunehmen, daß domals auff eine Zeit und zugleich ein Doctorat ⎯571 in unterschiedenen Facultäten ist gehalten worden. Nunmehr aber wil eine iede Facultät ihre Doctoratus absonderlich begehen. Der erste Doctor Medicus An.C. 1602. den 1. Nov. M. Michael Reudenius von Jena aus Thüringen, der Philos. Facultät Decanus. Der erste Doctor oder Magister Philosophus An.C. 1596. den 3. Febr. Elias Küchler von Görlitz aus der Laußnitz im Decanatu M. Nicolai Rhostii von Weimar, Archidiaconi und der Philos. Facultät Adjuncti. Es sind aber hernach, wie auch vorher, die Actus Philosophici gemeiniglich im Auditorio Theologico gehalten worden biß

A.C. 1651. den 18. Febr. do im ersten Decanatu M. Johannis Frischmuthi von Wertheim aus Francken, der Actus Magisterii Philos. weil das Estrich in dem Auditorio Majori oder Theologico gar gefährlich baufällig war, ufs neue in der Collegen-Kirchen gehalten worden biß auff diese Zeit (An.C. 1674.)

5. Die Perorationes, nicht allein in Rectoraten und Doctoraten, sondern auch bey Leichbegängnüssen. Ja im Antrit der Professionen, und dieses ist geschehen zum erstenmahl A.C. 1665. ♀, den 31. Martii, do hält D. Johan Avianus PP. Extraordinarius, anietzo (An.C. 1674.) F. S. Hoffrath zu Gotha, seine Orationem præliminaren de Juris prudentiæ difficultate, ejusque superandæ commoda ratione.

9. Nach den Gräbern.

Ohne oder mit einem Grabemahle.

Ohne ein Grabmahl sind viel Gräber in dieser Pauliner und Collegen Kirchen, die ohne Zweiffel, wo nicht alle, iedoch die meisten ihre Leichsteine und Epitaphia oder Denckwürdige Lobschrifften bekommen haben. Als A.C. 1482. den 17. Sept. Nicolaus Ludwig F. S. Amtschösser zu Jena, und nach ihm An.C. 1501. Ulrich von Liechtenhayn. Denn also schreibet Johannes Oerter, Prior im Pauliner-Kloster: Anno Domini 1501. Fuit nobiscum tumulatus ante altare S. Petri Ulrich de Liechtenhayen Senior, cujus anima requiescat in pace, Amen. Das ist: *Im Jahr des Herren 1501. ist bey uns vor den Peters Altar begraben Ulrich von Liechtenhayn der ältere, dessen Seele solle ruhen in Friede, Amen.*

Ich habe offt gehöret, daß die Leichsteine daraus genommen und verbauet, theils An.C. 1548. als das Kloster ist verwandelt worden in das Pædagogium und zukünfftige Collegium Academicum. Theils in nachfolgenden Zeiten in das Wasserwehr bey der Rasemühln. Deren sich etzliche Zeit deme funden.

Die erste Leiche, welche nach der Reformation in dieser Pauliner-Kirchen beygesetzet, und mir bekand worden, ist Christian von Podewil, ein Pomerischer Edelmann, welcher allhier studieret, und An.C. 1561. den 3. Augusti des Nachts üm 10. Uhr erstochen, und den 6. allhier begraben worden ist. Nach ihm ist Graff Christoff von Solms, welcher der erste in dieser Pauliner Kirchen begrabener in seinem Epitaphio genennet wird, und zwar der erste in der erneuerten Kirchen, sonst ist der erste ietzt genanter Podewil. Diesen beyden sind gefolget:

M. Christophorus Hammer von Hilperhausen PP. An.C. 1597. den 19. Martii.

Fridrich von Borschnitz, ein Edler Schlesier, An.C. 1598. den 7. Augusti.

Melchior Klinge von Halle aus Sachsen An.C. 1598. den 7. <u>574</u> Nov.

Johan Belthen von Wilster aus Oesterreich An.C. 1600. den 12. Jan.

Johan Joachim Luther A.C. 1600. den 23. Martii.

Sigismundus Andreas Marx von Jena An.C. 1600. den 18. Sept.

Wolff Weißmann von Auerbach aus der Pfaltz An.C. 1601. den 8. Maji.

Johan von Berghausen, Erbsaß in Basberg und Frelstörpermühlen A.C. 1611. den 3. Junii.

Georg Schrader von Braunschweig, An.C. 1614. den 24. Jan.

Christophorus Polemann von Verden aus Sachsen, An.C. 1616.

Christian Hilliger D. Oßwaldi Hilligers PP. Sohn, A.C. 1617. den 28. Maji.

Fridrich Ludwig von Burgksdorff An.C. 1619. den 8. Aug.

Catharina Stromerin, D. Johan Stromers PP. Ordinarii Witbe, An.C. 1622. den 25. Oct.

D. Dominicus Arumæus von Arum PP. An.C. 1637. den 20. Febr.

Johan Bornius von Leipzig, A.C. 1648. den 15. Maji. <u>575</u>

Johan Christophorus Richter, D. Christophori Philippi Richters Sohn, An.C. 1648. den 14. Junii.

Und andere nachfolgende mehr, die darinnen begraben liegen, und noch zur Zeit keine Leichsteine und Epitaphia haben.

Das XLIV. Capitel,
Von den Leichsteinen in der Pauliner oder
Collegen Kirchen.

Mit einem Grabmahle, darunter werden verstanden die Leichsteine und die Epitaphia.

Die Leichsteine seyn darinnen zufinden entweder in dem Chor, oder in der Schoß. Weil sie aber fast alle in lateinischer Sprache, so will ich solche nur in etwas verteutschen, und dem günstigen Leser vertröstet und gewiesen haben auff den Appendicem dieses meines Architecti Jenensis, in welchen die in latein auffgesetzten Leichsteine und auch Epitaphia von Wort zu Wort zufinden und zulesen seyn.

Im Chor.

D. Ortolphus Fomannus der Juristischen Facultät Ordinarius, gebohren A.C. 1560. den 23. Jan. stirbt 1634. den 19. Maji.

D. Ambrosius Reudenius, der Heil. Schrifft PP. gebohren An.C. 1543. den 1. Feb. stirbt 1615. den 1. Julii.

D. Johan Stromer, der Juristischen Facultät Ordinarius, gebohren An.C. 1526. den 22. Julii, gestorben 1607. den 11. Octobr.

Anno M. D. LXXXXVI. den 24. Jan. üm 5. Uhr vor Mittags starb der wolgeborne, Christoff Graff zu Solms, Herr zu Münzenberg und Sonnewald, seines Alters im XXI. Jahr.

D. Nicolaus Reusnerus, PP. gebohren An.C. 1545. den 2. Febr. gestorben 1602. den 12. Augusti in seinem andern Rectoratu.

Magdalena Reusnerin, gebohrne Weisemeyerin, von Lavingen in der Pfaltz, D. Nicolai Reusners PP. Witbe, gebohren An.C. 1543. den 10. Augusti, gestorben 1605. den 26. Jan.

D. Ortolphus Fommanus der Andere PP. gebohren An.C. 1598. den 3. Junii, gestorben 1640. den 6. Junii.

Dorothea Susanna, D. Dominici Arumæi Tochter, D. Ortolphi Fomanni des II. andere Eheweib, gebohren An.C. 1607. stirbt 1640. den 12. Augusti.

Im Schoß.

Barbara D. Georgii Mylii Tochter, D. Ortolphi Fomanni des ältern ander Eheweib, gebohren zu Augspurg An.C. 1578. den 1. Julii, gestorben 1637. den 15. Maji.

Der Edle und Ehrenveste Heinrich von Bünau der Jüngere, zu Nedeschütz, ist den 20. Julii A.C. 1605. in Gott verschieden, dessen Seel Gott gnädig und barmhertzig seyn wolle, Amen.

D. Eusebius Schenck, der Artzeney PP. gebohren A.C. 1569. den 11. April, gestorben 1628. den 25. Oct.

L. Elias Reusnerus PP. gebohren An.C. 1555. den 8. Sept. gestorben 1612. 30. Sept.

Otto und Arnold von Hagen, Brüder, Christophori und Ursulæ von Hagen Söhne, sterben beyde an Blattern zugleich in einem Monat. 1605. Jener den 6. dieser den 7. Sept. jener im 23. dieser im 22. Jahr ihres Alters.

Georgius Ridelius von Breßlau, Georgii Ridels und Annæ Wunders Sohn, stirbt An.C. 1610. den 17. Martii, seines Alters im 22. oder wie im Leich-Patent stehet, im 24. Jahr seines Alters.

D. Valentinus Riemer von Hirschberg in Schlesien PP. gebohren An.C. 1582. den 21. April, stirbt 1635. den 21. April.

Caspar Legatus ein Edler Sachse, Hartwichs und Isoldæ von Salzin Sohn, stirbt A.C. 1608. den 23. April, im 21. Jahr, 2. Monat, 16. Tage seines Alters.

D. Johannes Schwabe PP. gebohren zu Anneberg An.C. 1564. stirbt 1634. 13. Dec.

Matthias von Jagow in Aulosen, Uchtenhagen, Scharpenhofe, ein Edler Märcker, gebohren An.C. 1598. den 24. Jan. stirbt 1620. den 21. Jan.

D. Josias Marcus PP. gebohren zu Torga, An.C. 1524. gestorben 1599. den 28. April.

D. Petrus Piscator Theologus PP. gebohren zu Hanau, An.C. 1571. den 7. April, gestorben 1611. den 10. Jan.

D. Petrus Theodoricus der Juristischen Facultät Ordinarius, gebohren zu Grossen bey Zeitz A.C. 1580. den 9. Augusti. gestorben 1640. den 9. Maji. 579

D. Wolff-Werther Mühlpfort, gebohren zu Rhoda An.C. 1575. den 2. Nov. gestorben 1623. den 6. Maji.

Heinricus Ranzovius ein Edler aus Holstein, Gerhardi Ranzow in Breitenberg und Lindemuth Sohn, stirbt An.C. 1618. den 17. Decembr.

Heinrich von Dyhrn in Deutschkessel, Lybigen und Horangwitz, stirbt A.C. 1610. den 23. Jan. im 20. Jahr seines Alters.

Das XLV. Capitel,
Von Epitaphien *und Lobschrifften.*

Diese seyn zu finden und zulesen entweder im Chor oder im Schoß der Pauliner oder Collegen Kirchen.

Im Chor.

Zur rechten oder zur lincken Hand. 580

Zur rechten Hand oder Seiten des Altars.

D. Virgilius Pingitzer von Hal oder Halen im Stift Saltzburg, der Juristischen Faccultät Ordinarius PP. gebohren An.C. 1541. den 9. Octobr. gestorben 1619. den 20. Julii.

D. Ortholphus Fomannus Ordinarius gebohren A.C. 1560. den 23. Januar. gestorben 1634. den 19. Maji.

Der Edle und Ehrenveste Heinrich von Bünau der Jüngere, ist den 16. Octobr. An.C. 1580. zu Dreßden gebohren, und den 20. Junii 1650. allhier in Gott seeliglich entschlaffen. Dem Gott der Allmächtige gnädig und barmhertzig sey, ihm und uns allen eine fröliche Aufferstehung zum ewigen Leben verleihen wolle, Amen.

Zur lincken Hand oder Seiten des Altars.

D. Johannes Stromerus PP. gebohren A.C. 1526. den 22. Jul. gestorben 1607. den 11. Octobr.

Graff Christoff von Solms, Herr zu Münzenberg und Sonnewald gestorben A.C. 1596. den 24. Jan.

D. Nicolaus Reusnerus PP. gebohren A.C. 1545 den 2. Febr. gestorben 1602. den 12. Augusti.

Im Schoß.

Zur rechten oder zur lincken Hand.

Zur Rechten.

D. Osvvaldus Hilliger von Freyberg aus Meissen, gebohren An.C. 1583. den 20. Octobr. gestorben 1619. den 25. Mart. dieser PP. hat iedem Prediger zu Jena jährlich auffs Fest der Weisen aus Morgenland vermacht 6. Meisnische Gülden cum Jubeltatis, die ich M.A.B. auch genossen von A.C. 1626. und sage ihm in der Gruben darfür Danck.

Otto und Arnoldus von Hagen, Gebrüdere, an Blattern gestorben A.C. 1605.

Zur Lincken.

Michael Stromer, beyder Rechten Doctor, und im F. S. Hoffgericht allhier Advocatus, stirbt A.C. 1603. den 5. Aprilis, im 37. Jahr, 4. Monat seines Alters.

Das XLVI. Capitel,

Von der Johannes des Täuffers Kirchen uff
dem Gottes-Acker.

Diese Kirche ist zubetrachten

1. Nach der Lage und Namen.

Sie liegt vor dem Johannis Thor auff dem Kirchhofe oder Gottes Acker, welchen wir im nachfolgenden 49. Capitel beschreiben wollen, und wird genennet 1. die Johannis-Kirche, weil sie von undencklichen Jahren ist erbauet worden in der Ehre Johannis nicht des Apostels und Evangelisten, sondern des Täuffers. Zum Warzeichen ist nicht allein im Eingange der ersten

Kirchthür das abgehauene Häupt Johannis B. sondern auch im Chor der Kirchen die Historia von der Enthäuptung desselben A.C. 1597. leibhaftig abgemahlet. Darüber stehen diese Wort: Diese Historia hat ein Erbar Rath, dieweil die Kirche von ihm den Namen hat, mahlen lassen im 1597. Jahr. Die Gottes-Acker- 583 Kirche wegen der Lage, wie schon gesagt.

2. Nach den Meßaltaren.

Derer sind mir mit Namen nur drey vorkommen. I. Der Fronleichnams-Altar, die Lehn hat der Rath. Die Vicarey hat An.C. 1513. besessen Conradus Steigerwald, Prediger zu Jena, wöchentlich haben drey Meßpriester sieben Messen gehalten. Der erste M. Johannes von Gera, drey Messen wegen 27. Schock Groschen, der andere Herman Münch auch drey Messen, wegen 10. Schock Groschen, und 5. Acker Weinwachs. Der dritte Benedictus Partschnur eine Messe wegen 6. Schock Groschen, daran wegen der verwüsteten Güter nur 2. Schock gangbar. II. Der St. Andreas Altar, die Lehn hat die Eptissin zu St. Michael, und ist An.C. 1500. den 12. Maji von Henningo Göden JC. Canonico zu Wittenberg und Erffurt zum Vicario darüber bestellet worden Ambrosius Lederer. III. Der St. Bartholomæi-Altar. Die Lehn hat auch die Eptissin. An.C. 1497. den 26. Augusti ist uff Befehl Simon Folzen, Sigilliferi zu Erffurt von Nicolao Siffrieden Probsten zu St. Michael 584 in Jena zum Vicario und Meßpriester bestellet worden Fridrich Hütner. Ihm sind nachgefolget Johannes Wischer A.C. 1500. den 10. Dec. Nicolaus Goyl 1503. den 28. Aug. M. Johan von Gera 1510.

3. Nach den Meßstifftern.

Unter welchen mir vorkommen (1.) Nicolaus Eiliger, hat A.C. 1351. den Weinberg genand den Rotenberg, neben Mönchberg und Haineman über dem Schützthurm gekaufft von Burggraff Hartung zu Kirchberg, mit Einwilligung seiner Brüder Ottens und Albrechts, und den gekaufften vermacht zum St. Andreas-Altar. (2.) Albertus und Conradus Winter, Vater und Sohn, Bürger zu Jena, haben A.C. 1365. eine Messe gestifftet in der Johannis Kirche nicht ohn Geld und Gut. (3.) Albertus von Schlöwitz der Jüngere und ältere genand, haben An.C. 1384. zu ihrer Vorfahrer und Nachkommen, auch ihrer eigenen Seeligkeit, auch eine Messe gestifftet. Beyde sind Rathsmeister in Jena gewesen, der ältere 1365. der Jüngere 1389.

4. Nach den Kleinodien.

A.C. 1525. am Tage Erhardi, und wiederüm 1526. am Tage Agathæ werden solche uff Befehl Churf. Johansen zu Sachsen, in Beyseyn des F. S. Amtschössers Sebastian Wölners, durch Hans Flachen den Goldschmid uff 167. Meisnische Gülden angeschlagen, als die Monstrantze 127. fl. an 8. Marcken, und die 4. Kelche und drey Schüßlichen 40. fl. an 7. Marcken und 7. Untzen. Suche oben das 37. Capitel.

5. Nach der Erneuerung.

Nachdem diese Johannis Batillæ Kirche lange von A.C. 1526. biß 1597. wüste gestanden, (denn bey den Begräbnüssen sind die Mannesbilder bey dem steinern hohen Creutze, und die Weibesbilder bey der Mauer gegen Morgen gestanden, so lange, biß der Verstorbene begraben, die Knaben ausgesungen und der Pfarr die Collect und Segen gesprochen.) Siehe, do ist diese Kirche erneuert worden. Darzu der Magnificus Rector D. Jacobus Flach, Medicus PP. an den Tischen XXI. Meisnische Gülden und 8. gl. gesamlet, und dem Rath zur Christlichen Beysteuer übersendet.

Von derselben Zeit an sind darinnen die Leichsprüche verlesen, und die Leichpredigten gehalten worden. Vom Mißbrauch der Leichpredigten oder vielmehr Personalien warnet D. Joh. Gerhard tom. 8. L. T. §. 86. Defuncti encomia non sint mercenaria præconia. D. Joh. Major PP. und Superintendens fragte einmal bey einem Leichbegängnüß seinen und meinen ersten Collegen M. Christoph. Müllern Archidiaconum also. Wie wolt ihr des ietzt hingetragenen gedencken? Und als er antwortet: wol, denn von den Verstorbenen sollen wir alles gutes reden: De mortuis nil nisi bene. Ja sagte darauff der Superintendens. Es heisset aber auch, von Verstorbenen sollen wir alles wahres reden. De mortuis nil nisi vere. Johan. Ovvenus lib. 1. singul. Epigr. 135. giebt auch sein Gutdüncken darzu.

Lædimus insontes vivos, laudamus eosdem
defunctos, ô mors candida, vita nigra.

6. Nach dem Bau.

Do finden sich

1. Die Thore. Das eine ist gegen Abend zwischen den Weiberstühlen, das andere und fürnehmste ist gegen Mittag, uff dessen rechten Seiten ist An.C. 1636. zur Pestzeit ein Maß von Eisen eingemauret, darnach ein Grab soll tieff gemacht werden. Nach Churf. Augusti zu Sachsen Lands-Ordnung tit. XV. soll ein Grab

Mannestieff seyn. Uff der lincken Seiten ist ein Todtenkopf von Stein, und bedeut das Häupt St. Johannis des Täuffers, neben einem Crucifix, zu dessen rechten Hand stehet die H. Jungfrau Maria, zur lincken aber Johannes der Apostel und Evangelist, in seinen Händen haltend das Häupt Johannis des Täuffers, und darbey diese Schrifft: Hy lit Vrow Jutta Selberz, der Gott g. 1397. Die andere Schrifften sind unleserlich.

Sie ist aber gestorben 1397. und vorher Heinrich Selbir Rathsmeisters Eheweib gewesen, und eine Stiffterin einer ewigen Seelmesse in der Pauliner- oder Collegen-Kirchen, welche ihre beyden Töchter Jutta und Catharina A.C. 1400. mit mehrern Ein- 588 kommen versehen haben, ohne Zweiffel uff ,Einrathung ihres Bruders Dieterich Selbers, eines Meßpriesters in selber Pauliner-Kirchen. Wie zulesen im Copialbuch des F. S. Amts Jena part. 2. fol. 1341.

D. Johan Major sagte offt zu uns beyden Diaconen, wenn wir an die Thür und bey dem Johannis-Bilde kamen. Allhier soll mein Grab, wils Gott werden, denn ich wil bey meinen Lehr- und Beichtschäfflein liegen. Wie Balthasar Himmelberg, Pfarr zu Schorndorff in Schwaben, sonst bürtig von Campten, der ist A.C. 1538. der erste auf den neuen Gottesacker begraben werden. Crusius part. 3. Annal. Suev. lib. 11. c. 13. fol. 637. Aber sein Wunsch ist nicht erfüllet worden, denn er liegt zu St. Michael begraben.

2. Der Altar, welcher A.C. 1637. den 15. Februar. von Key-serlichen Soldaten unter Graff Peter von Götzen seines Zieraths zwar beraubet, aber mit neuen weissen leinen Tüchern, von Anna Matthæi, Hans und von Elisabeth Pauli Hanemans Eheweibern A.C. 1639. wieder bedecket und gezieret worden.

3. Der Almosen Stein, darbey ein Crucifix, mit dem Klingel- 589 sack, und eine Tafel mit einer gedoppelten Schrifft.

Die eine Schrifft gegen dem Altar zu, ist in diesen einfältigen Reimer zulesen:

Christus Jesus am Creutz gestorben,
    Hat uns das Heil darmit erworben,
Doch wer festiglich gläubt an ihn,
    Den Nechsten lieben, Almosen geben ist Gewinn.
Wie davon eigentlich schreiben thut,
    Matthæus in seinem Buche gut.
Darnach soll leben ein ieder Christ,

Weil er durch Christum selig worden ist.

Dieses Crucifix hat Georg Franck, Bürger zu Jena dieser Kirchen zu Ehren machen lassen, und zum Gedächtnüß verehret nach Christi Geburt 1615. den 25. Januarii.

Die andere Schrifft gegen den Kirchthüren lautet also: *Kurtze Vermahnung an alle fromme Christen. Beweiset alhier euren Glauben an den Krancken und Haußarmen, so wird sich Gott wieder über euch erbarmen,* Prov. 3. 9. 10. *Ehre den Herren von deinem Gut, und von den Erstlingen alles deines Einkommens, so werden deine Scheunen voll werden, und deine Kelter mit Most übergehen, Luc. 6. 38. Gebet so wird euch gegeben,* Prov. 14. 31. *Wer sich des Armen erbarmet, der ehret Gott.*

4. Der Predigstuel, daran das Bild des Herren Jesu Christi, mit den vier Evangelisten zusehen ist.

5. Die Bohrkirchen gegen Mitternacht, und in dessen Eingange gegen Abend das Sing Chor vor die Schullehrer und Schul-Knaben.

6. Die Stühle. Im Chor der Kirchen sind gegen Morgen oben am Fenster vor die Professores, unten vor die Diaconen. Uff der rechten Seiten der Stuhl vor den Superintendenten, daran das Ostermal des Herren Jesu Christi mit seinen XII. Aposteln gemahlet, und der Spruch Hieronymi in Regim. Monach. cap. 30. Sive comedam, sive bibam, sive aliquid aliud faciam, semper vox illa videtur sonare in auribus meis. Surgite mortui & venite ad judicium. Quoties diem Judicii cogito, totus corde & corpore contremisco. Das ist: *Ich mag essen oder trincken, oder etwas anders thun, so deucht mich, ich höre immer in meinen Ohren schallen diese Stimme: Stehet auff ihr Todten, und kommet vor Gericht. So offt ich an den Jüngstentag gedencke, so offt zittern mir das Hertz und der gantze Leib.* Uff der lincken Seiten der Stuel vor den Leichprediger. Aus diesem Chor gehet eine Thür in die Capelle, und aus derselben eine Thür An.C. 1673. gemacht, darinnen werden die verstorbenen Leichnam derjenigen eine Zeitlang verwarlich beygesetzet, biß sie öffentlich begraben werden. Neben dieser Capell hat Bürgermeister Marquart eine Grabstete vor sich und die Seinigen An.C. 1673. von Grund aus mauren lassen.

Im Schoß der Kirchen sind Stühle vor die Mannes- und Weibesbilder. Jene sind bey und gegen der Cantzel über. Dort sitzen die Trauerleute, hier andere Leute. Diese aber sind zwischen den Kirchthüren gegen Abend.

Allhier ist zuwissen, daß in obersten Männerstühlen gegen Mitternacht seyn X unterschiedene Stühle und Felder, und in einem jeden derselben ein gewisser Namen und Handelszeichen, 592 und bedeuten die Bürgermeister, Syndicum, Richter und Räthe, die in dem Jahr der Erneuerung der Kirchen gelebet haben, und sind in dieser Ordnung.

1. B. Martin Wolff Beier, sein Wapen ein Schweinsrüssel mit einer Ecker.

2. B. Leonhard Rademacher, sein Wapen eine weise Rose im grünen Schild, darbey die Buchstaben, C.I.L.S.I.M.

3. B. Johan Arnurus, dessen Wapen drey Rosen, die eine roth, die andere weiß, die dritte gelbe.

4. B. Philippus von Herden, dessen Wapen drey grüne Psittigen im rothen zertheilten Felde.

5. B. Wolff Francke, sein Wapen eine Weintraube. (Daraus nehme ich abe, das in dem 1597. Jahr mehr als 3. Bürgermeister gewesen seyn. Vielleicht sechse, welche weiland non Civium, sed Consulum Magistri, nicht Bürger- sondern Rathsmeister genennet worden.)

6. M. Philippus Mülner, sein Wapen eine rothe Rosen.

7. Johannes Schwartz Stadt-Richter, dessen Wapen ein son- 593 derliches Handelszeichen.

8. Georgius Taubeneck Bauherr, dessen Wapen Nohæ Täublein, führend ein Oelblat im Schnabel.

9. Johannes John Cämmerer, dessen Wapen ein sonderliches Haußzeichen.

10. Frantz Tröltsch Casten Herr, dessen Wapen zweene übereinander gesetzte Triangel.

Es sind aber diese X. Gemälde oder gemahlte in diesem 1674. Jahr ziemlich verderbet und verstellet.

7. Die Bilder und Schrifften, und zwar an den Wänden.

1. Gegen Morgen hinter dem Altar, ist zusehen ein groß gemahltes Crucifix, zu dessen Haupt sind diese Wort zulesen. Bürgermeister Martin Wolff Beier, und Georg Taubeneck. Diese sind Bauherrn über dieses Gebäu gewesen, welches angefangen und glücklich vollendet ist worden im 1597. Jahr. Zun Füssen aber wird also gelesen. Diß Crucifix habe ich Antonius Ahammer dieser Kirchen zu Ehren, und mir zum Gedächtnüß gemacht im Jahr 1597.

2. Gegen Mitternacht nah uf der rechten Seiten des Altars, über dem Eingang in der vorher gedachten Capell oder Sacristey im Chor, ist die Historia von der Enthauptung Johannis des Täuffers leibhafftig und in Lebensgröße gemahlet, und darunter diese Schrifft. Diese Historia hat ein Erbar Rath, dieweil die Kirche davon ihren Namen hat, mahlen lassen, im 1597. Jahre. Aber auser dem Chor sind über die X. Rathstüele, diese drey schöne Schrifft-Sprüche, welche nunmehr fast verfallen und eingegangen, unlangst zulesen gewesen, Psalm. 71. 20. *Du machest mich lebendig, und hohlest mich wieder aus der Tieffe der Erden herauff.* Rom. 14. 7. 8. *Unser keiner lebt ihm selber, und keiner stirbt ihm selber. Leben wir, so leben wir dem Herren, sterben wir, so sterben wir dem Herren. Darüm wir leben oder sterben, so sind wir des Herren. 2. Timoth. 2. 11. 12. Das ist ie gewißlich war, sterben wir mit, so werden wir mit leben. Dulden wir, so werden wir mit herrschen.*

8. Die Gräber, ohne oder mit einem Grabmahle.

Ohne ein Grabmahl sind nicht wenig Gräber in dieser Johannis-Kirchen. Daß ich nichts sage von Churf. Joh. Fridrichs zu Sachsen Credenzer oder Mundschencken, dessen Leichnam der Churfürst selber in diese Kirche begleitet, und von Rathsherren zu Grabe tragen lassen, Sonnabend nach Laurentii A.C. 1540. So liegt in dieser Kirchen zwischen den Weiberstühlen begraben Fridericus Hordleder F. S. Hoffrath, vornehmer JCtus und Historicus, mit seinem Eheweibe Catharina, gebohrne Barthin, und Sohne Friderico Romano Hordledern begraben, und wartet von seinem Erben, Tochter und Eydam, einen Leichstein und Epitaphium.

Mit einem Grabmahl sind noch etzliche Gräber, und haben theils allein Leichsteine, theils allein Epitaphia, theils beyde zugleich in dieser Johannis Kirchen.

Das XLVII. Capitel,
Von Leichsteinen in der Johans- oder Gottesacker Kirchen.

Im Chor haben ihre Leichsteine Burchardus Großmann der ältere, F. S. Amtschösser zu Jena, stirbt An.C. 1637. im 62. Jahr seines Alters.

Regina Steindörfferin, Burchardi Großmans F. S. Amtschössers Eheweib, gebohren zu Weimar An.C. 1572. gestorben zu Jena 1625.

Im Schoß.

Barbara Neumeyerin, D. Joh. Gerhards PP. erstes Eheweib, gebohren zu Weimar An.C. 1594. den 23. Nov. gestorben zu Jena 1611. den 29. Maji.

Hieronymus Findenklee, von Glotz in Schlesien gebohren 1592. die Phil. Jac. stirbt An.C. 1614. den 28. Oct.

Margareta Gerhardin, D. Johan Gerhards PP. Tochter, gebohren An.C. 1617. den 27. Nov. stirbt 1620. den 17. Maji.

Anna Catharina Richterin, D. Christophori Phil. Richters PP. Tochter, gebohren A.C. 1629. den 17. Junii, gestorben 1637. den 17. April.

Johanna Rosina Himmelin, D. Johan Himmels PP. Tochter, gebohren zu Speier, A.C. 1617. den 20. Jan. gestorben zu Jena 1620. den 7. Maji.

Johannes Andreas und Johannes Himmel, D. Johan Himmels ₅₉₇ PP. Söhne. Jener ist gebohren An.C. 1621. den 1. April, gestorben A.C. 1622. den 9. Nov. Dieser ist gebohren 1627. den 23. Dec. gestorben 1628. den 12. Octobr.

Johannes Sixtus Krauß, D. Rudolphi Wilhelmi Krausens PP. Sohn, geborhen A.C. 1645. den 4. Maji, und den 4. Sept. gestorben.

Das XLVIII. Capitel,
Von Epitaphien *und Leichschrifften der Johannes oder Gottesacker Kirchen.*

In der Mittagsmauer ist zur Zeit ein einiges zusehen, nemlich D. Nicolai Breunings, beyder Rechten Doctoris, welcher zu Jena gebohren, und auch gestorben ist An.C. 1605. den 30. August. im 39. Jahr seines Alters.

In der Mitternachtsmauer haben nachfolgende Verstorbene ihre Epitaphia.

Maria Knoperin. Ihr Epitaphium ist von Zinn.

Margareta Reiffenbergerin, Johann Reiffenbergers, Buchhändlers in Jena Töchterlein, gebohren A.C. 1625. gestorben 1630. den 6. Julii.

Valentinus Theodorus Clemens, F. S. Chymicus, gebohren zu Jena 1591. und gestorben 1637.

Das XLIX. Capitel,
Vom Gottesacker zu Jena.

Weil diese Johannis-Kirche liegt auff unserm Kirchhoff und gemeinen Gottes Acker, so wollen wir solchen betrachten:

1. Nach dem Titul und Namen.

Die Ebreer nennen diesen Ort ein Hauß der Lebendigen. Denn vor Gottes Augen die Todten leben. Darüm wird Gott auch genennet ein Gott nicht der Todten, sondern der Lebendigen, Matth. 22. 31.

Die Griechen nennen diesen Ort ein Hauß der Schlaffenden. Die Ursache ist schon angezeiget, Apoc. 13. 14.

Die Lateiner nennen diesen Ort ein Grab und Ruhestete, Esai 57. 2. Hertzog Colmus zu Florentz, dieses Namens der Andere, erneuerte das Grab des Bischoffs Zenobii, und ließ darbey schreiben diese Wort: Quiescimus, domum hanc cum adimus ultimam. Das ist: *Alsdann ruhen wir, wenn wir in das letzte Hauß kommen.* Nath. Chytræus in Deliciis Itin. p. 111. Ein Christgläubiger Mensch sagt nein darzu. Denn das letzte Hauß desselben ist nicht sein Grab, sondern das Hauß der ewigen Seligkeit, Jes. 32. 18. Ebr. 13. v. 14. Dahin gehöret auch der Leib, Dan. 12. v. 2. Joh. 5. v. 29. 1. Thess. 4. 17.

Die Teutschen nennen diesen Ort einen Gottesacker. Denn die Leichnam, sonderlich der Christgläubigen, seyn wie Weitzenkörnlein, die im Herbst des Todes geseet, im Winter des Grabs verwesen, am Frühling des Jüngstentags wieder herfür grünen, davon zulesen Psalm. 126. 5. 6. Jes. 26. 19. c. 66. 14. Joh. 12. 24. Fürnemlich 1. Cor. 15. 43. 45. oder auch wol einen Kirchhoff, weil die Grabsteten weiland nicht in-sondern vor den Kirchen

und auff den Kirchhöfen sind beygesetzet worden. Biß endlich im Pabstthum der Aberglaube und das Vertrauen auff die verstorbenen Heiligen bey den Layen oder gemeinen Mann, und die Simonia oder Geldgeitz bey der Clerisey und Pfaffheit vom Teuffel ist ausgebrütet worden. Denn ie näher einer lag bey einem Meßaltar dieses oder jenes Heiligen, iemehr er desselben Verdienst und Fürbitte in (erdichteten) Fegfeuer zugeniessen meinete, gläubete, hoffete. An.C. 1411. stirbt zu Coburg Landgraff Georgius zu Thüringen, und Marggraff zu Meissen, Churfürst Fridrichs zu Sachsen, genant Bellicosus, oder Streitbaren Sohn, und wird auff seine Bitte unter den Altar in dem Kloster Pforte an der Saal begraben.

2. Nach der Lage und Bau. Unser Gottesacker liegt nicht in der Ringmauer, wie billich, (suche D. Joh. Gerhard. tom. 8. L. Theol. §. 88.) sondern in der Vorstadt, die von der Johannes-Kirchen ihren Namen führet, und hat theils drey Pförtigen oder Thüren, die eine im Anfange, die andere im Fortgange der Wagner-oder Obergassen, die dritte bey den Scheunen gegen Mitternacht. Theils zwey Thore, das eine beym Anfange des Hügels, genant 601 der Heinrichsberg, dardurch, und zwar heute zu Tage alle Leichen getragen werden. Weiland sind die Leichnam derer in der Wagner-Obergassen auch durch das andere Thor getragen worden. Dieses Thor ist A.C. 1665. im Monat Majo von neuen erbauet, schwartz angestrichen, und mit diesen zweyen Schrifft-Sprüchen gezieret worden, an einem Thorflügel Jes. 26. 19. *Deine Todten werden leben, und mit dem Leichnam aufferstehen.* An dem andern Thorflügel Joh. 11. v. 25. 26. *Ich bin die Aufferstehung und das Leben, wer an mich gläubet, der wird leben, ob er gleich stirbet, denn wer da lebet, und gläubt an mich, der wird nimmermehr sterben.* Das andere Thor im mittel der Wagner- oder Obergassen bey dem Beinhause, ist von den verständigen Vorfahren dahin gemacht, zu dem Ende, daß die Leichen derer in der Wagner- oder Obergassen Verstorbenen ohne grosse Beschwerung und Umgang desto eher auff den Kirchhoff könten getragen und gebracht werden. Diese Endursache wollen ihre Nachkommen nicht verstehen, und ihre Leichen nicht durch das ober- sondern durch das unter Thor uff den 602 Kirchhoff getragen und gebracht wissen.

An der Mauer bey und über diesem Oberthor ist diese Jahrzahl 1594. zulesen, und gehet nicht auff die erste Ummaurung, die ist viel älter, und abzunehmen an den gemaureten Bäncken daran, darauff die Trauer-Weiber im Pabstthum gesessen, geruhet, gekniet unter wehrenden singen und beten bey Einscharrung der Leichen. Sondern auff die andere Ummaurung oder Erneuerung. Denn in diesem 1594. Jahr ist der gantze Kirchhoff, und bald darauff 1597. die Johanns-Kirche erneuert, und unlängst 1665. die gantze Mauer ausgebessert, und mit Kalcke berappet worden. Zugeschweigen daß A.C. 1578. nunmehr fast vor 100. Jahren das Stückfeld auser der Mitternachtmauer, doselbst ein Kerichtwinckel gewesen, zur Erweiterung des Gottesackers ist erkaufft worden. Warüm? auf daß im Nothfall und Pestzeit, durch die Schiedmauer ein Loch, Thür, Thor gemacht, die Leichen dadurch, und dahin als in neuen Gottesacker getragen, gebracht und begraben würden.

603 Noch zur Zeit wird dieser Ort, Platz, Raum, und Feld jährlich Hans Martin, Kutsch Hans genand, als des Gotteskastens in Jena Fuhrman und Zinseinhohler zugebrauchen ausgelassen und eingethan, welcher auch üm dieses Feld und üm seinen daran liegenden Garten eine Mauer An.C. 1670. aufgeführet, und damit den Gottes-Acker, ja der Stadt ein Ansehen gemachet hat.

3. Nach dem Nutz und Gebrauch. Weiland sind die Kirchhöffe und Gottesacker gewesen, nicht allein Oerter der Begräbnüssen, sondern auch Bethäuser, in welchen zum Gedächtnüß derjenigen in dessen Ehre sie gestifftet und gebauet, die Bischoffe ihre Synodos und Zusammenkünffte der Clerisey hielten, Gottes Wort lehreten, die H. Sacramenta verrichteten. Pontanus in Atticorum Bellar. Syntagm. 4. priscorum Rituum 9. p. 383.

Heute zu Tage sind sie allein Ruhekammern der Verstorbenen, und Lehrhäuser der Uberlebenden. Es wird aber mit den Verstorbenen wegen der Grabsteine ein Unterscheid gehalten. 604 Denn die Einheimischen haben fast alle ihre eigene und gleichsam erbliche Grabsteten. Wie denn ich für mein Geschlecht der Beier, das nunmehr das dritte dieses Namens in Jena ist, und vor 200. und mehr Jahren in der Fürstl. Graffschafft Henneberg in Francken zu Schleusingen seinen Ursprung genommen, ein eignes an der Obermauer gegen Mitternacht, uff vorher eingehohletes Jawort der Herren Scholarchen und Vorsteher der Kirchengüter bekommen, darüber ein Gebäude in diesem 1666. Jahr mit meinem zur Zeit ältesten Sohne Adriano Beiern, beyder Rechten Doctore, und im F. S. allgemeinen Hoffgerichte Advocato Ordinario geführet habe.

Denn was anlanget die Fremdlinge, und diejenigen, welche in Spitteln sterben, oder sonst üm ihrer Missethat willen werden gerichtet, geköpffet oder ersäuft, werden zwar ihre Leichnam auch auff unsern Gottesacker gebracht, aber nur im Eingange des untern Thors, uff beyden Seiten begraben, nach den Exempeln anderer Städte. Zu Athen war ein ander Begräbnüß vor den gemeinen Mann, ein anders aber vor die Edlen Athener, das erste 605 war genennet Eleuteris. Dieses aber Eleusina, wie Plutarchus in Theseo vermeldet. Zu Massilien waren vor den Stadtthoren zweyerley Grabsteten. Die eine vor die Freyen, die andere aber vor die Dienstboten. Valer. Maximus lib. 2. c. 1. pag. 74.

Nach den Leichen und ihren Ceremonien und Gebräuchen, und diese seyn unterschiedlich. Etzliche gehen vorher. Denn die Leichnam werden gewaschen Actor. 9. 37. gesalbet Gen. 50. 2. 3. Joh. 12. 7. bekleidet Jer. 38. 16. Matth. 27. 59. Joh. 19. 40. geküsset, Gen. 50. 1. zur Schau aus-, vor- auffgestellet, Act. 9. 37. beklaget und beweinet Matth. 9. v. 23. Etzliche sind darbey, dann die Leichen werden mit den Glocken beklungen, mit der Schul besungen, von der Clerisey und Nachbarschafft begleitet, an manchem Ort ein Creutz vorher und angezündete Wachslichter getragen. Etzliche folgen nach, denn es wird ein Leichspruch verlesen, oder eine Leichpredigt gehalten, und darinnen der Verstorbene andern zur Nachfolge in guten gelobet. Endlich das Almosen an Brodte oder Gelde unter das Armuth ausgetheilet, und ein Trauermahl gegeben. In Summa. Ländlich, sittlich. 606

Die Abdanckung an die Trauerleute geschahen weiland alle im Leich- und Trauer-Hause, aber anietzo geschehen solche auch wol uff Zulassung des Hn. Superintendenten in der Kirche und Gotteshause, oder auff dem Kirchhoffe vor der ersten Kirchthür. Von A.C. 1626. den 13. Oct. daran ich M.A.B. bin Diaconus worden, biß 1657. den 18. Sept. ist die erste Abdanckung geschehen uff dem Johanns-Kirchhofe, bey dem Begräbnüß Bürgermeister David Bambergers, nach gehaltener Leichpredigt in der Stadt-Kirchen zu St. Michael. Diese Dancksagung hielt M. Marcinus Ziegler. Vorher geschach zum erstenmahl in der Johanns Kirchen, als M. Caspari Poßners PP. Söhnlein Joh. Caspar begraben worden.

5. Nach den Todten-Trägern und Gräbern.

Die Todten-Träger werden erwehlet. Denn eine iede Zunfft trägt die Ihrigen. In Pestzeit An.C. 1626. wurden allhier vier ehrliche Bürger erwehlet, die hatten ihr Wartgeld, und bekamen bey wolhabenden Leuten von einer ieden Leiche einen Reichsthaler, 607 trugen ihre langen Trauer-Mäntel, darbey sie erkennet wurden. Gleichwie anderswo bey ihren färbichten Zeichen sie erkennet werden. Suche D. C. Besoldum in Thes. Practico lit. T. von Todtengräbern, 12. p. 779. Von ihnen ist mein erstes Eheweib Anna, gebohrne Kirchnerin, also hingetragen worden, starb An.C. 1636. den 24. Augusti. Die Kramer-Zunfft allhier hat uf Rath Hn Joh. Grauens Materialisten, auch lange Trauer-Mäntel lassen machen für ihre Leich- und Todtenträger aus ihrer Zunfft A.C. 1668. Im Niederland ist eine Stadt Bethunia genant, und darinnen eine

Gesellschafft Charitas El giana, das ist, die Eilgenlieb, genant von Eligio der Flandern Apostel, darzu gehören XXI. ehrliche Bürger, unter ihnen ist einer Probst. Viere sind Majores, die andern XVI. aber Träger, welche mit einander in die insicirten oder angesteckten Häuser gehen, der Verstorbenen Leichnam reinigen, anziehen, in Sarck legen, und zu Grabe tragen. Und das denckwürdig ist, soll keiner unter ihnen zur selben Pestzeit kranck worden
608 seyn. Wie es vermeldet Aubertus Miræus Canonicus Antverp. in Notatione ad Auctuarium Aquicinctinum additum ad Chronicum Anshelmi Gemblacensis.

Der Todtengräber sind bey uns zweene, und hat ein ieder wöchentlich 4. gl. Wartgelt, und nach dem das Grab groß oder klein ist, sein Grabgelt. Wiewol diese ietzigen so viel Gelt vor das gemachte Grab fordern, als der Tischer vor den Sarck. An.C. 1637. waren zugleich im Amte Hans Bauer und Jacob Fischer, beyde fromme Biederleute, derer Treu ich in der Pestzeit erfahren, und ihnen auch gelohnet habe. Jener lebet annoch in diesem 1674. Jahre. Dieser aber ist gestorben. Als ich ihm vorher An.C. 1637. den 7. April drey zugleich gebohrne Kinder, in dem domals uff der untersten Landveste noch stehenden, nunmehr eingerissenen Pestilentz Hause getauffet hatte, nemlich zweene Söhne und eine Tochter. Das Grabzeug, Hacken und Schauffeln schaffet ihnen der Gotteskasten. Es ist aber ihre Hacke nicht so wunderlich und fast lächerlich, als jene zu Rona, einer Insel in Engel-
609 land, in deren Capell zu St. Romano ist eine Hacke, die finden die Todtengräber uf dem Ort liegen, dahin der Verstorbene soll und will begraben werden, Schröter part. 1. Cosmogr. histor. lib. 1. c. 8. p. 671. Bey den Römern waren vorzeiten die Leich-träger und Gräber in schlechten Würden, dahero befahlen die Ædiles Curules den Verkäuffern der leibeigenen Dienstbothen, daß sie einem ieden derselben musten einen Zeddel anhengen, in welchen geschrieben, daß dieser verkäufflicher Leibeigener were gesund, kein Dieb, kein Todtengräber (Nullus Vespillo) l. 31. de evictionibus. conser Gellium lib. 4. Noct. Attic. c. 2. & tot. tit. ff. de ædil. edict. In Florida einer Insul in America, sind sie so veracht, daß allein die Hermaphrodyti, die Zwitter, so kein rechter Mann, noch recht Weib seyn, die Todten beschicken müssen. Johan Mayr in Epitome Chron. p. 282.

6. Nach dem Beinhause. Das liegt theils an der Johannis-Kirchen gegen Mitternacht, theils am Oberthore des Kirchhoffs,

und wurde An.C. 1637. am Sontag Septuagesimæ den 5. Febr. im Keyserlichen Einfall unter Graff Götzen, sonst Holtzapffel, wieder die zu Cambsdorff und Wenigen Jena unter dem Stahlhansen 610 liegenden Schweden, von jenen angezündet, nach ihrem Abzuge geleschet, und aufs neue erbauet von Christian Weitzen, Vorstehern des Gotteskastens. Es könte keinem Wolhabenden unter der Universität und der Bürgerschafft, (sonderlich die wenig oder keine Kinder, und nur lachende und undanckbare Erben haben) schaden an ihrer Nahrung, vielweniger an ihrer Seeligkeit, wenn sie etwas von ihrer Haab und Gut vermachten, nicht nur zum Beinhause, sondern auch zur Ummaurung des An.C. 1578. darzu erkaufften Feldes, und zur Weiterung der 1597. erneuerten Johannis-Kirchen. Sintemal deren ietziger Raum unten und oben nicht den halben Theil der Leidtragenden und der mitleidenden Trauerleute bey volckreicher Leichbestattung aufnehmen, und ihnen gnugsame und bequeme Stete und Sitze verschaffen kan.

Ihnen gehet in dieser Wolthat für, Johannes Konis, welcher zu Rochlitz alle seine Haab und Gut zu Erbauung eines neuen Gottesackers An.C. 1534. vermachet hat. Dresser. de Urbibus Germ. p. 436. Lippold von Hohnstein, welcher zu Oberell nicht 611 allein sein Geld, sondern auch sein Feld An.C. 1589. darzu gegeben hat. Amandus Pfister, welcher zu Tauche seinen Acker zu einem Kirchhoff und Grabstete An.C. 1594. vermacht, und durch D. Georg Weinreich mit einer Predigt aus dem Genes. 23. 3. 20. den 3. Febr. eingeweihet hat. Wie es vermeldet ietztgedachter Prediger in speculo humanæ mortalitatis p. 31.

7. Nach dem steinern Creutz. Das stehet uff der lincken Seiten zwischen dem untersten und obersten Thore, übertrifft zwey Manneslänge, und sind daran gehauen (1.) gegen Mitternacht der Herr Christus an Creutze, zur Rechten seine leibliche Mutter Maria, zur Lincken sein liebster Jünger Johannes. Unter seinen Füssen kniend Maria Magdalena, und der Name Hans Grömus mit der Jahrzahl 1418. (etzliche lesen 1488.) Entweder ist dieses der Bildhauer oder Steinmetz, oder der Gut- und Wolthäter gewesen, der das hohe steinerne Creutz hat hauen oder bauen lassen. (2.) Gegen Morgen der Apostel Petrus mit dem Schlüssel, gegen Abend Paulus mit dem Schwerd. Gegen Mittag Christus, 612 tragend das Creutz, und darbey diese Betwort: *Hilff Jesus Maria.* O abgöttische Wort: Wir werden üm Hülffe und Nothfall nicht gewiesen zur H. Jungfrau Maria, noch zu einem verstorbenen

Heiligen, sondern allein zu dem verheissenen und geleisteten
Heiland Jesu Christo, Psalm. 50. 14. 15. Psal. 91. 23. Ps. 118. 26.
Matth. 8. 25. Johan. 16. 23. Actor. 4. 22.

An diesem steinern Creutz, wie mich Doctor Johan Major
Superintendens und P.P. ein Mann von 90. Jahren berichtet, haben vor 100. und mehr Jahren in wehrendem Pabstthum, bey
instehenden Leichbegräbnüssen gestanden das Predigtamt und
die Schuldiener mit ihren Schülern, die Mannespersonen an der
rechten Seiten, die Weibespersonen aber an der Mauer gegen
Morgen, und ist so lange gesungen, biß der Leichnam wol be-
schauet und eingescharret worden, alsdenn hat der Pfarr die Collecta gelesen, und den Segen gesprochen. Unter solchem Gebet
und Segen sind alle Anwesende auff ihre Knie gefallen, und haben sich vor Gott gedemütiget, ihn üm ein seelig Sterbstündlein
angeruffen. Wo ist heute zu Tage die Demuth? Wo ist die Andacht? An ihre stete ist auffkommen die sichere Ruchlosigkeit,
und der stinckende Stoltz, und die scheinheilige Traurigkeit mit
langen Trauerbinden, Schleyern, und Mänteln. Ich geschweige der
manchesmahl pralenden Abdanckung und Auffscheiderey.

8. Nach den Gräbern, die ohne oder mit einem Grabmahl
anzutreffen. Jener sind die meisten, dieser aber die wenigsten,
welche Leichstein und Epitaphia oder Grabschrifften haben, davon wird gehandelt im nachfolgenden 50. Capitel.

Das L. Capitel,
Von Leichsteinen und Epitaphien *der Grabschrifften*
uff der Gottesacker und Johannis-Kirchen in Jena.

1. Von Leichsteinen.

Diese will ich erzehlen, nicht zwar alle und iede, denn wo
sind diese? Theils versuncken in die Erde, theils zerbrochen,
theils verkaufft, und andere Namen darauff gemacht. Ich weiß
Exempel, und solche zu nennen wolte verdrüßlich seyn, sondern
nur diejenigen, darauff etwas denckwürdiges geschrieben, gemahlet, und gehandelt wird.

An.C. 1666. im Frühlinge habe ich und mein zur Zeit ältester
Sohn, Adrianus Beier beyder Rechten Doctor, und im F. S. gesamten Hoffgerichte allhier Advocatus Ordinarius, unser Erb-
Begräbnüß oben an der Mauer gegen Mitternacht bauen lassen,
darzu ein ieder unter uns beyden über 50. Reichsthaler angewendet hat.

613

614

270

Ich will aber diese Leichsteine nicht erzehlen nach der Lage, ob sie an dieser oder jener Mauer, unten, oben oder in der mitte des Gottesackers liegen, auch nicht nach der Jahrzahl, ob sie in diesem oder jenem Jahre, Monat, Tage geleget. Vielweniger nach dem Ehrenstande, ob sie diesem oder jenem fürnehmen Manne gesetzet worden, sondern wie ich sie in hin und hergehen gefunden und besichtiget habe. Jedoch mit dem Vorbehalt, daß ich die in latein gemachten Schrifften will Anfangs setzen, wie sie darinnen lauten, darnach kurtz verdeutschen, wie ich dergleichen gethan oben in Beschreibung der Leichsteinen und Epitaphien in der Michaels- in der Pauliner- in der Johannis Kirchen. _615_

Suche die Zahl in tomo III. Athen. Salan. p. 693. & 710.

II. Von Epitaphien. Suche ibid. p. 683.

Das LI. Capitel,
Von der Stadt Schuele in Jena.

Bißhero haben wir betrachtet die Kirchhäuser, nunmehr wollen wir auch betrachten die Schuelhäuser. Theils die Stadtschule, theils die Landschule, nemlich das Collegium Academicum mit seinen unterschiedenen Zimmern.

Beyder Name ist dem Gebrauch nach einheimisch und teutsch, dem Ursprunge nach fremd und ausländisch. Das Wort Schuele kömmet her entweder vom Ebreischen Wort scholah, das _616_ heisset ich habe geruhet. Oder von Griegischen Wort χολη, das heisset Müsse und Ruh. Weil die Lehrmeister und Lehrjungen Müsse und Zeit zum lehren und zum lernen, auch bißweilen Rast und Ruh von lehren und von lernen haben sollen, dahin siehet und zielet der Poet Ausonius:

Grajô schola nomine dicta est,
justa laboriferis tribuantur ut otia Musis.

Es bedeut aber der Name Schuele allhier nicht die Müse und Inhaltung von einem Geschäffte, also gebraucht den Namen χολη, oder Schuele Aristotoles, wenn er des Menschen Leben ein- und abtheilet in negotium & otium, in das Geschäffte, und in die Ruhe von den Geschäfften. Sondern den Ort oder das Gebäude, darinnen der Schul- und Lehrmeister mit seinen Lehrjungen und Schülern sich finden und antreffen lässt.

Ein solcher Ort ist wie ein Kornboden, daraus und davon die andern Häupt- und Ehrenstände beseet und bestellet. Ja wie ein Pflantz- und Lustgarten, daraus und davon die andern Häupt und _617_

Ehrenstände angerichtet und erbauet werden. Ihre Feinde und Verfolger sind gewesen im Heidenthum Keyser Julianus, wegen seines Abfalls vom Christenthum zum Heidenthum, genant Apostata. Der hat den Christen-Kindern die Schuel oder die Werckstatt der freyen Künste und guten Sitten verboten. Sozomenus lib. 5. c. 17. Im Christenthum aber unter andern Doctor Carlstadius, sonst Andreas Bodenstein genant. Als An.C. 1521. D. Martin Lutherus zu Wartburg bey Eisenach, als in seinem Patmo war, thäte Carlstadius aus der Knaben-Schuele zu Wittenberg machen eine Brodt- und Fleisch-Banck, vorgebende. Es weren keine Schuelen nicht mehr von der Noth, weil bey dem Propheten Jeremiæ 31 v. 34. also geschrieben stünde: *Es wird keiner mehr den andern, noch ein Bruder den andern lehren und sagen: Erkenne den Herren, sondern sie sollen mich alle kennen, beyde Klein und Groß, spricht der Herr.* Menzius lib. 3. Epitaph. Witteb. p. 3.

618   Unsere Stadt-Schule ist zubetrachten

1. Nach der Zeit und Lage. Vor 300. und mehr Jahren sind die Bürgers-Kinder in der Capelle unter dem Michaelsthurme gelernet worden, denn also lautet ein alt Diploma. Wir Graf Günther zu Schwartzburg, und Herr zu Luchtenburg, bekennen an diesem Brieffe, daß wir mit guten Wollen und wolbedachten Muthe den Weingarten, der geheissen ist, der Katzenstein, der gelegen ist bey unser Frauen der Marggrävin Weingarten, geeignet haben, und eignen denselben Weingarten, durch Gott und seine liebe Mutter, und in der heiligen Ehre St. Lorenz und St. Margareten, zw dem Altar, der gebauet ist zw Jena unter dem Thürme, do dy Schuele von Aldere gewest, geben Anno 1346. Mitwochs nach St. Severi. Wo, von der Zeit an, nemlich von A.C. 1300. biß An.C. 1525. den 23. Octobr. die Bürger Kinder sind gelehret worden, kan ich nicht wissen. Als An.C. 1525. das Pabstthum in Jena gäntzlich gefallen war, ist aus dem Nonnen-Kloster hinter
619 der St. Michaels Kirchen gelegen, die Stadtschuele, das ist, eine Werckstatt der Gottesfürchtigkeit und Geschickligkeit worden, darinnen der Ewige, Ware, Dreyeinige Gott, Vater, Sohn und H. Geist durch seine Rüst- und Werckzeuge selber Patron und Rector, Lehrer und Schulmeister ist.

2. Nach dem Patron und Schirmer. Im Heidenthum sind die Schuelen den erdachten und gemachten Göttern und Götzen anbefohlen worden. Die Heiden, schreibet D. Johan Stegmann in Paradiso Ernestino, haben ihre Schulen besondern Göttern und

272

Göttinnen consecriret und geheiliget. Als denn die Cæsariana dem Apollinem. Die Tiburtina den Herculem. Die Aginia die Libertatem zum Patron gehabt. Zur Zeit Keysers Ælii Adriani sind sonderlich drey Academien in flore gewesen, deren eine iede von ihrem Patrono den Namen gehabt. Die eine ist genennet worden Musæion von den Musis. Die andere Serapion von dem Serapide. Die dritte Iseon von dem Iside. Unsere Stadt- und Land-Schuelen sollen gewidmet seyn der Ewigen Gottheit und Göttlichen Dreyeinigkeit. Im Pabstthum ist St. Michael der Ertz-Engel ein Patron und __620__ Beschirmer der Stadt Jena und also der Schuele gewesen.

Das Jus Patronatus, oder die Lehn über die Stadt Schuelen haben A.C. 1309. Herman und Albrecht von Lobdeburg, genant von Luchtenburg übergeben ihrer Schwester Mechtild, der ersten dieses Namens, Eptissin im Kloster zu St. Michael in Jena, und An.C. 1364. hat die Eptissin Mechtild, die vierdte dieses Namens, dem Rath zu Jena in gesamte Schuel-Lehn genommen, und mit einander zugleich die Stadt-Schuele versorget.

An.C. 1331. wird Conradus von Rhoda genennet Rector der kleinen Schul Knaben, und nach ihm An.C. 1354. Franciscus Anonymus. An.C. 1525. Mitwochs nach Barbara hat Churf. Johannes zu Sachsen alle Kirch- und Schul-Lehn von der letzten Eptissin Catharina von Kolbe genommen, und dem Rath zugewendet. Wie aber? Allein das jus nominandi und vocandi, aber das jus recipiendi und confirmandi hat er ihme vorbehalten. Wie schon oben hiervon Meldung geschehen ist.

3. Nach den Gebäuden und Zimmern, obersten und untersten.

Die obersten Gebäude und Zimmer sind die Wohnung für __621__ den Rector und ConRector. Die andern Schul-Collegen als der Cantor und der Quartus Collega wohneten auff dem Schluckein, also wird der Keller des Gotteskasten in der Jehnergassen genennet. Der Quinrus Collega bekam einen gewissen Jahrszinß. Nunmehr aber hat er an statt des Conrectoris, der sein eigen Wohnhauß besitzet, seine freye Wohnung auff der Schule. Der Cantor bewohnet das Hauß in der Jehnergasse, das Matthias Hahn, ein Raths- und Kastenherr der Schuelen vermacht hat, und gestorben ist An.C. 1639. im 77. Jahr seines Alters. Weil der ietzige Rector M. Joh. Martin Ringler sein eigen Wohnhauß besitzet, so ist seine Wohnung dem ietzigen Kirchner Nicolao Reinbothen eingethan, hingegen sein altes Wonhauß eingerissen, von Grund auff neu gebauet, und D. Rudolpho Wilhelmo Krausen, Medicinæ PP. und nach ihm dem Secretario Academico Johann Graio A.C. 1673. ver- mietet worden.

Die untersten Gebäude und Zimmer sind die drey unter- 622 schiedenen Classen und Stuben, darinnen die Schuel-Knaben gelehret werden. Weiland waren nur zwo Stuben mit ihren Unter- schieden, die erste Stube hatte drey Unterschiede, im ersten der Rector, im andern der ConRector, im dritten der Cantor, und ge- niessen alle drey eines Ofens. Die andere Stube hatte zwey Unter- schiede, im ersten der Quartus, im andern der Quintus. Nunmehr aber hat der Rector eine absonderliche Stube des Sommers und des Winters über. Es haben aber alle fünff Classen ihren Prospect und Aussehen in den Schulgarten, welchen An.C. 1513. die letzte Eptissin Catharina von Kolbe hat ümmauren lassen, und nun- mehr An.C. 1674. der ietzige Schul-Rector M. Martin Ringler, als ein guter Botanicus, mit allerley wolriechenden Kräutern und Blumen künstlich und köstlich gezieret hat.

In der öbersten Classe, welche A.C. 1624. geweisset, unterm Rectore M. Johan Wilhelm Wallichen, hernach Diacono, sind etzli- che lateinische Sprüche angeschrieben, gerichtet theils an einen 623 ieden Eingeher, der soll die liebe Jugend mit Worten, mit Geber- den, mit Wercken nicht ärgern, aus dem Juvenale Satyr. 10.

Maxima debetur puero reverentia, si quid
turpe paras, ne tu pueri contemseris annos,
sed peccaturo obsistat tibi Filius infans.

Theils an die Lehrmeister, die können sich üm Land und Leute nicht besser verdienen, als wenn sie die zum bösen geneigte Ju- gend in allen guten unterweisen, aus dem Cicerone lib. 2. de divina- tione. Quod munus Reipubl. (imprimis Christianæ) afferre majus mi- nusve possumus, quâm si docemus atque erudimus Juventutem, his præsertim moribus, & temporibus, quibus ita prælapsa est, utomni- um opibus res frenanda atque coercenda sir. Theils an die Lehrjün- ger. Die sollen nach des Biantis Lehren viel hören, und wenig reden, und es für eine Sünde und Schande halten, lange uf Schue- len verbleiben, und leer ohne Lehr von dannen wieder heim- 624 kommen. Und bedencken den Spruch des weisen Königes Salo- mons Proverb. 22. 15. Thorheit steckt dem Knaben im Hertzen, aber die Ruthe der Zucht wird sie von ihm treiben.

(Suche tom. 3. Athen. Salan. p. 756. & huc verba Græcalatinaque pone.)

274

Das LII. Capitel,

Von dem Collegio *der Universität Jena.*

Unser Collegium ist zubetrachten

1. Nach dem Namen und Lage.

Es bedeut allhier nicht die Personen, von welchen dieses gesaget wird, daß drey Personen ein Collegium, eine Zunfft und Orden machen, aber zwey Personen können sie erhalten. Sondern der Ort oder das Gebäude an einem Orte. Und dieses gebauete Collegium liegt an der Mittags-Mauer der Stadt Jena, und zwar oben in der Brüdergassen, darinnen noch A.C. 1540. etzliche Pauliner- und Prediger-Münche sich auffgehalten, und endlich An.C. 1548. den 9. Martii uff vorhergehende ihnen zugesagte Jahrkost daraus gezogen, und solches Kloster den Musis und Gratiis, das ist, den freyen Künsten und guten Sitten eingeräumet haben.

Es haben aber die vier Facultäten und Obergeschickligkeiten d'Universität, nicht unterschiedene Collegia und Gebäude, nicht etwan sechse, wie die zu Leipzig. 1. Das Grosse in d'Ritterstraßen. 2. Das kleine Fürsten Collegium, beyde von A.C. 1409. dieses aber ist A.C. 1459. aus der Petersstraßen auch in die Ritterstraße verlegt worden. 3. Das Marianum oder Schlesische Collegium, genant von Münsterberg, weil Johan Otto, erster Magnificus Rector in Leipzig dasselbe An.C. 1409. für die Schlesische Nation auff- und An.C. 1440. Johan Hoffmann, hernach Bischoff zu Meissen, ausgebauet hat. 4. Das neue Collegium, weiland des Raths Marstall. Aber An.C. 1513. auff Befehl Hertzog Georgen des Bärtigen zu Sachsen Befehl der Universität übergeben. 5. Das Petrinum oder Juristen-Collegium. Diese lagen weiland im Eingange des Thomas-Klosters, aber An.C. 1515. haben sie das Peters Kloster zu eigen bekommen. 6. Das Paulinum Collegium, welches Hertzog Mauritius, hernach An.C. 1547. Churfürst, hat übergeben 1544. Sondern nur ein einiges Collegium.

Es reden zwar die Fundatores in ihren der Universität zu Jena An.C. 1558. den 2. Febr. gegebenen, und A.C. 1591. den 22. Jan. ufs neue bestetigten Freyheiten, Ordnungen und Statuten von diesem Gebäude, nicht als von einem einigen Collegio, sondern als von vielen Collegiis, als in diesem paragrapho. So haben wir auch die Collegia zu Jena dergestalt privilegiret und befreyet x.

Aber dadurch verstehen sie allein die Auditoria, derer viere seyn, und die andern Zimmer, vor den Inspector, Oeconomum, und die auff dem Tabulato wohnenden Studenten, und solche Collegia haben ihren Namen nicht allein von legando & collegando vom setzen und zusammensetzen. Sondern vom legendo & collegendo, von lesen und zusammenlesen.

627   Das Collegium oder vielmehr die Universität in Jena wird von M. Johanne Stigelio dem ersten P.P. aus den Philosophis genennet Salana, von dem Salstrome, daran die Stadt Jena gegen Abend liegt, wie zulesen in seiner Epistel an Johan Marium Scævolam An.C. 1558. non Mart. Gleichwie die Universität zu Helmstet Julia, und die zu Rinteln Ernestina, von ihren Stifftern genennet worden. Jener ist Hertzog Julius zu Braunschweig und Lüneburg von An.C. 1576. den 15. Octob. Dieser aber Fürst Ernst Graf zu Holstein Schaumberg.

Dieses Collegium und Gebäude der Universität in Jena, ist würdig der Uberschrift am Palast des Hertzogs Valentini zu Rom.
Stet domus hæc, donec fluctus formica marinos
ebibat, & totum testudo perambulet orbem.
Nath. Chytræus in del Itin. p. 31.

2. Nach den Baumeistern, und diese sind Anfangs gewesen Nicolaus Zölner, ein Vater M. Joh. Zölners P.P. und ein Großvater Johannis Zölneri, der Universität allhier Secretarii, und Nicolaus
628   Groman, welche beyde Dienstag nach Oculi A.C. 1548. uff Befehl des gefangenen Churfürsten Johan Fridrichs zu Sachsen, mit dem Amtschösser Johanne Liemann, die Kloster Gebäude besichtiget, die Zimmer vor die Auditoria und Bibliotheca (welche von Wittenberg nach Jena solte gebracht werden) auserlesen, etzliche tieffe, noch gangbare Keller und Gewölbe ausgegraben, sonderlich A.C. 1557. mit Unwillen der ersten Professoren, und die Steine zu Auff- und Ausbauung gebraucht. Wie solches A.C. 1568. den 25. Oct. in einem Schreiben an Hertzog Johan Wilhelm zu Sachsen die Professores betauert und beklaget haben. Wer vorher die ersten, und nach ihnen die andern Baumeister gewesen, kan ich nicht vermelden. Unter des will ich erzehlen, wie offt daran hernach ist gebauet worden.

An.C. 1569. ist unter dem Rectore D. Joh. Wigando PP. die Dachung des gantzen Collegii überstiegen, und die neuen Hohlziegeln in frischen Kalck eingelegt worden.

An.C. 1592. im Nov. untern Rectore Herrn Reinprecht, Freyherren von Polhaim, und ProRectore D. Antonio Varo, ist das Auditorium Juridicum und Philosophicum erbauet, und dieses von 629 D. Nicolao Reusnero JC. PP. mit einer zierlichen Oration eingeweihet worden. An einem Balcken ist diese Jahrzahl zulesen 1592.

An.C. 1594. ist die Collegien-Kirche unterm Rectore M. Ortolpho Fomanno, hernach beyder Rechten D. und P.P. erneuert worden. Darzu die Fürstlichen Höfe, domals Weimar und Coburg 2000. fl. gegeben haben. Suche oben das 43. Capitel.

An.C. 1659. unterm Rectore D. Johanne Theodoro Schenck, Medico PP. hat M. Erhardus Weigelius Mathematum P.P. und Inspector des Collegii, die forder Gebäude über dem Thorwege erhöhet, mit vier Thürmlein und Umgängen gezieret, auch die Zimmer vor die beyden Buchführer unter seiner Wohnung, und im Eingange des Thorwegs erbauet.

3. Nach den Inspectoren und Auffsehern. Der erste unter ihnen ist gewesen M. Johan. Stiegelius PP. von A.C. 1548. den 19. Martii, und gestorben An.C. 1562. den 11. Febr. Wer der neheste nach ihm gefolget, habe ich nicht gelesen, und kan seine Person und Amtsnamen nicht errathen. Es sind aber die Inspectores ie 630 und allezeit gewesen Professores, und zwar von An.C. 1582. M. Andreas Nehrkorn. Von A.C. 1590. D. Andreas Libavius. Von A.C. 1591. M. Christophorus Hammer. Von A.C. 1597. M. Wolff Heider, mein treuer und lieber Præceptor und Lehrmeister. Von A.C. 1626. M. Daniel Stahl. Von A.C. 1654. M. Erhardus Weigelius, und dieser ist Inspector nicht allein über die Gebäude, sondern auch über die Personen im Collegio, über die Communität, und über die Studiosos, welche Alumni und Stipendiarii genennet werden, auch noch in diesem 1674. Jahre.

Was eigentlich ihr Amt sey, das wird vermeldet in denen vorerwehnten Statuten der Universität §. von dem Inspectore Collegii, davon wird handeln unser Plantator Universitatis Jenensis.

4. Nach den Planen und Plätzen, und derer sind unterschiedlich:

(1.) Vor der Collegien-Kirchen. Dieser Plan und Platz ist zwar ümmauret, und hatte weiland Thüren und Eingänge. Den einen uf den Nonnensack, den andern uf die Brüdergassen. Dannenhero waren sie gleichsam gemeine Spiel- und Bleichplane und 631 Plätze. Jener Eingang auff den Nonnenplan und Sack ist unlängst zugemauret, aber dieser ist neulich An.C. 1669. mit einer verschlossenen Thür befestiget, und darauff schöne fruchtbare Bäume und Lustgärtlein gesetzet worden von ietzt gedachten Inspectore.

(2.) Hinter der Collegen-Kirchen, gegen die Bibliotheca und Tabulat, in dessen Ecken der Eingang zu einem Gefängnüß, weiland vor die ungehorsamen Münche, nunmehr vor die ungehorsame Studenten, zusehen ist. Auff diesem Plan und Platz wurde wol ehemals gekegelt, und die Fahne geschwungen, und damit die Langeweil und Zeit vertrieben von denjenigen, welche die gefänglich gehaltene Studenten besuchten. Uff diesen Plan und Platz ist unlängst ein Erdfall worden, vielleicht von einem alten eingegangenen Keller oder heimlichen Gewölbe.

(3.) Zwischen der Kirchen und des Famuli Communis Wohnung. Diese war weiland nicht auff dem Tabulato, wie anitzo, do der Scriba und die Dapiferi und er mit ihnen wohnet, sondern uff der lincken Seiten im Eingange des Thorwegs. In der Feueresse dieser uralten Wohnung des domaligen Famuli Communis Johan Hertels, hatte D. Joh. Gerhardus Theologus seine Kleinodien verstecket, aber die Keyserlichen Kriegsleute unter dem Graff Hans Götzen, haben dieselben A.C. 1637. am Sontag Septuagesimæ, den 5. Febr. ausgespüret, und geraubet. An den Stubenfenstern, so wol in dem in der Näh an der Mauer angenagelten Brete werden angeschlagen nicht allein die Programmata der Examinandorum und der Religirten, sondern auch die Zeddel der angehenden oder uffgeschobenen Lectionen, so wol die Carmina in der Ehre der neuen Doctoren und Magistern.

(4.) Zwischen dem Convictorio und Auditoris, der Platz und Plan ist An.C. 1569. erschütt und erhöhet, sonderlich bey der Bibliotheca und Auditorio Philosophico, untern Rectore D. Joh. Wigando. Uff diesem Plan und Platz ist zusehen theils ein tieff aussgemauerter und bedeckter Ziehborn. Theils ein grosser Röhrkasten, darein hat A.C. 1505. das Wasser aus der Leuter durch die Stadtmauer gegen Abend leiten lassen. Bruder Johan Oerter von Frickenhausen, Prior in diesem Pauliner oder Prediger-Kloster, hernach Vicarius der Meisnischen Nation. Aber An.C. 1576. den 14. Julii unterm ProRectore D. Michaele Neandro ist ein neuer Röhrkasten vor 70. fl. von Hans Fidlern von Kahle verfertiget, darüber ein eigen Röhrmeister bestellet, und ihme ein Jenischer Scheffel Korn, als ein Wartgeld, bestimmet worden. Darzu

632

633

278

kömmet noch ein Eimer Koffend von einem ieden gebrauten Bier.

(5.) Zwischen der Wohnung des Oeconomi und den Darr- und Brau Hause. Dieser Plan und Platz war weiland groß, und hielt in sich nicht allein die Mistgruben und Hauffen, sondern auch ein Kohlgärtlein, nunmehr aber ist er eingezogen, dann A.C. 1630. hat D. Guernerus Rolfinck P.P. an diesem Orte den Hortum Medicum angeleget, und An.C. 1631. den 11. Julii mit einer zierlichen Oration von Nutz der Medicinischen Wurtzeln Kräuter und Blumen eingeweihet. Davon im nachfolgenden 57. Capitel.

₅. Nach den Gebäuden und Zimmern, nicht zwar nach dem 634 Thurm und Schrifft an ihm. Davon suche oben im X. Capitel. Sondern nach ihrem Gebrauch, eigenen oder gemeinen Nutzen.

Zum eigenen Nutze, theils vor die Haußhaltung des Inspectoris und Oeconomi. Jener hat seine Wohnung im Vorder, dieser im Hindertheil des Collegii, darbey das Darr- und Brauhauß, welches An.C. 1594. im Decembr. ist angerichtet worden. Ein ieder hat seinen eigenen Keller vor sein Geträncke, zugeschweigen des Kellers in der Bibliotheca, und der andern, die zur Unzeit und ohne Noth An.C. 1548. und 1557. sind ausgebrochen, und die Steine davon verbraucht und verbauet worden. Wie schon gemeldet worden §. 2. nach den Baumeistern. Zuloben ist der ietzige Inspector M. Erhardus Weigelius P.P. welcher An.C. 1656. im Herbst das Vorgebäude des Collegii erhöhet, und mit Thürmlein und künstlichen Musæis und Choris Musicis gezieret hat. Theils vor die Wohnung des Famuli Communis, des Scribæ der Dapifero- 635 rum und anderer armen Studenten, üm dero willen das Tabulatum ist gebauet worden, und dieses hat die Musæa gegen der Collegien-Kirchen, den Gang aber uff den Graben und ins weite Feld, Berg und Thal, Wein- Obst- Kraut- und Graßgärten. Die andern Studenten haben ihre Musæa in den Häusern der P.P. und der Bürger, so wol unter den Universität, als unter dem Rath. Diese Studoria. also nennet die Musæa Churf. Augustus zu Sachsen im andern Theil der Kirchen-Agenda, cap. 32. sollen jährlich zweymal von Deputirten der Universität und des Raths besichtiget, angeschlagen und geschätzet werden. Wie zulesen in der oben angezogenen Statuten §. Weil auch befunden ꝛc. Ein Exempel solcher Besichtigung und Schätzung der Musæen finde ich geschehen An.C. 1570. davon zulesen in Libro Actor. Acad. fol. 149.

Zum gemeinen Nutz sind diese nachfolgende Gebäude. Nemlich die Collegien-Kirche, das Consistorium, die vier Auditoria, die Bibliotheca oder Librarey, die Communität oder Convictorium. Weil wir denn die Kirche oben im 43. Capitel betrachtet haben, als wollen wir die andern in nachfolgenden Capiteln betrachten, und alsdenn mit dem Medicinischen Garten unsern Architectum Jenensem beschliessen.

6. Nach den Zu- und Unfällen. Es hat aber das Collegium Academicum biß anhero keinen Unfall von Feuer, von Wasser, von Wetter, von Auffruhr, Gott Lob und Gott Danck! erfahren, ohne An.C. 1637. den 5. Febr. am Sontage Septuagesimæ, daran die Keiserlichen einen Einfall in die Stadt Jena und auch in das Collegium gethan, und darinnen geraubet haben nicht zwar in der Bibliotheca, sondern nur in der schon gedachten alten Wohnung des Famuli Communis.

Sonsten haben anderswo, die Gebäude diese und jener Universität, unterschiedlichen Schaden genommen.

1. Von Feuer, das hat das Collegium Academicum eingeäschert zu Leiden in Holland An.C. 1616. welches domals war im Kloster der weisen Frauen Meursius in Athenis Batav. l. 1. c. 10. p.16. Zu Tübingen in Schwaben, A.C. 1534. Crusius part. 3. Annal. Suev. l. XI. c. 9. fol. 626. Zu Constantinopel, do hat Keyser Leo III. selbst, das Collegium bey seinen Palast mit Feuer angestecket, als er vorher ihren Oecumenicum mit seinen XII. Collegen hienein gestecket und verschlossen hatte. Weil sie seinen Tyrannischen Willen nicht wolten zu Willen seyn. Wie Zonaras schreibet.

2. Von Uffruhr. Als An.C. 1607. zu Leiden in Holland ein Studiosus mit Namen Assverus Hornhoff von einem Nachtwächter todgeschlagen war, und der Thäter nicht bald, wie die Studiosi wolten, am Leben gestrafft wurde. Haben diese aus kindischer Ungedult sich unzeitig gerochen, nicht nur an den Professoren, die sie ausgerauschet, sondern auch an dem Collegio und darinnen an Stühlen und Bäncken, die sie zerschlagen haben. Wie ihnen solches vorhält D. Baudius orat. 1. p. 28. 30. als An.C. 1528. zu Erffurt zwischen Studenten und Bürgern ein Aufruhr entstunde, und jene nach Stürmung der Häuser sich in die Collegia begeben, haben diese die Geschütze vor die Collegia geführet, und solche gestürmet und eingenommen, viel Studenten verwundet, etliche erschlagen, die andern aus der Stadt vertreiben. D. Herman Kirchner vol. 2. orat. 2. p. 52.

3. Vom Kriege. Als An.C. 1637. die Stadt Leipzig von den Schweden, und vorher An.C. 1632. die Festung Pleissenburg belägert wurde, siehe! do hat sonderlich das Petrinum oder Juristen-Collegium grossen Schaden genommen, und hat etliche Jahr nacheinander wüste gelegen, und ist A.C. 1641. allererst wieder auffgerichtet worden. Wie zulesen im Leipzischen Programmate A.C. 1641. den 7. Nov.

4. Von Erdbeben. Als zu Beryth oder Baruth, einer Hauptstadt in Phœnicia, die Einwohner, Studenten und Bürger in allen Sünden und Schanden der Trunckenheit und Hurerey lebeten, und alle Warnungen der Professoren und der Prediger in Wind schlugen, ist einsmahl in der Nacht ein Erdbeben entstanden, welches über 3000. Studenten ohne Bürger hat hingerichtet, wie aus dem Historico Agathea solches vermeldet H. Kirchner vol. 2. orat. 2. p. 38.

Das LIII. Capitel,
Vom Consistorio *der Universität in Jena.*
Dieses ist zubetrachten

1. Nach seiner Lage und Zierde. Es liegt über dem Auditorio der Philosophen, neben dem Auditorio der Juristen. Darinnen sind zusehen nicht allein das in Kupffer gestochene Leichbegängnüß Hertzog Johan Ernsts des Jüngern, Hertzog zu Sachsen, welcher in königlicher Dännemärckischer Kriegsbestallung zu S. Martin in Ober Ungern A.C. 1626. den 4. Decembr. gestorben, und zu Weimar 1627. den 18. Jul. beygesetzet ist. Sondern auch die Bildnüsse der Chur- und Fürsten zu Sachsen, theils der Stiffter, als Churfürst Johan Fridrichs I. und seiner dreyen Söhne, Hertzog Joh. Fridrichs II. Hertzog Johan Wilhelms, und Hertzog Joh. Fridrichs III. theils Erhalter, als Hertzog Fridrich Wilhelms I. und Hertzog Johansen in Weimarischer, und Hertzog Johan Casimirs, und Hertzog Johan Ernsten in Coburgischer unlängst abgestorbener Linien. Nach dem Exempel nicht allein anderer Universitäten: (1.) der Leipzischen, im Pauliner Collegio ist zusehen abgemahlet Hertzog Mauricius, und sein Bruder Hertzog Augustus, dessen Sohn Hertzog Christianus I. und dessen Sohn Hertzog Christianus II. alle Churfürsten und Erhalter der Leipzischen Universität. (2.) Der Wittenbergischen, im Collegio Augustano und in dessen Zimmern, Palatium Pallados genand, sind fünff Churfürsten zu Sachsen abgemahlet, und unter ieden seine an der Univer-

sität bewiesene Wolthat. Wie oben im 26. Capitel §. Der Rosen-keller vermeldet worden ist. Sondern auch d'Stadt Straßburg, welche An.C. 1291. zur Zeit Bischoffs Conradi, die drey Wolthä-ter der Stadt und des Stiffts, uff ihren Pferden sitzend, hat aus-hauen, und an die Mitternachtsmauer des Münsters setzen lassen. Der erste Wolthäter ist König Clodovæus, welcher A.C. 504. das Münster gebauet. Der ander ist König Dagobertus der Grosse, welcher An.C. 640. das Bischoffthum gestifftet, und Amandum
641 zum ersten Bischoff dahin verordnet. Der dritte ist Keyser Ru-dolff der I. von Habspurg. Wie M. Schadæus im Buch vom Straß-burger Münster, cap. 12. p. 45. schreibet.

2. Nach seinem Namen und Gebrauch. Es ist weiland genen-net worden das Consistorium Ecclesiasticum, nunmehr aber wird es genennet das Consistorium Academicum. Die Ursache ist zusehen aus dem vorigen und aus dem ietzigen Gebrauch.

Aus dem vorigen Gebrauch.

Weiland ist darinnen gehalten worden das Kirchen-Consistorium, und dieses ist alhier zubetrachten.

1. Nach der Angehung und Versetzung. An. C. 1561. haben Churf. Johan Fridrichs zu Sachsen drey Söhne, ein Generalis-simum Consistorium in Weimar angerichtet, und wie in die Kir-chen-Ordnung zulesen, so sind darinnen gewesen Theologi und Politici. Jene sind gewesen Superintendenten, als D. Maximilianus Mörlin zu Coburg, M. Johan Stösselius zu Jena und Heldburg. M. Bartholomæus Rosinus zu Weimar, und M. Caspar Aquila zu Or-
642 lamünda. Diese sind gewesen Räthe, als Matthæus von Wallen-rodt, Hauptmann zu Coburg und Sonneberg, Christianus Pontanus Cantzler, Heinrich Schneidewin, Lucas Tangel, alle drey der Rechten Doctores. Nach dem Gotischen Kriege, nicht alsbald 1567. sondern allererst 1569. den 7. Martii hat solches Consistori-um Generalissimum Hertzog Johan Wilhelm zu Sachsen, neben seines weggeführten Bruders Hertzog Johann Fridrichs des An-dern und Mitlern Söhnen, Hertzog Johan Casimiro, und Hertzog Joh. Ernsten, aus Weimar nach Jena versetzet. Rempius in Calen-dario Saxon. p. 66.

2. Nach der Erneuerung ud Bestetigung. Als Hertzog Johan Wilhelm zu Sachsen A.C. 1573. den 2. Martii verstarb, haben die 3. weltlichen Churfürsten und Vormunden, Fridrich Pfaltzgraff bey Rhein, Augustus Hertzog zu Sachsen, Johan Georgius Marg-graff zu Brandenburg, das unlängst von Weimar nach Jena ver-

setzte Consistorium erneuert und bestetiget, und domals von ihnen eingesetzet worden der Præsident, D. Josias Marx, (ihme ist hernach An.C. 1587. D. Johan Stromer Cantzler, und diesem A.C. 1607. D. Virgilius Pingitzer in der Ehrenstelle nachgefolget.) Die 643 Assessores aber aus den Theologen D. Maximilianus Mörlin zu Coburg, D. Martinus Mirus zu Jena, Superintendenten, und D. David Voitus PP. doselbst. Aus den Politicis aber D. Johan Un- werth, und D. Samuel Brothagius beyde PP. Die Einheimischen haben wöchentlich gesessen, aber der Ausländische, und zwar D. Mörlin hat ein oder zweimahl von Coburg nach Jena kommen, und die schweren Fälle den andern vortragen, und mit ihnen sich vergleich sollen. Ihr erster Notarius ist ohn allen Zweiffel gewesen Albertus Krauß, welcher An.C. 1566. auch der erste Protonotarius in F. S. Hoffgerichte allhier gewesen, und An.C. 1587. den 14. Sept. gestorben. Der letzte aber Georgius Rhost, M. Nicolai Rosts Archidiaconi in Jena, hernach Superintendentens zu Alstet, und endlich zu Chemnitz, Bruder.

3. Nach der Enderung und Auffhebung, theils am Ende des 1597. Jahrs hat Hertzog Johan Casimirus und Hertzog Johan Ernst Gebrüdere, Hertzoge zu Sachsen, ihr Antheil an der Uni- versität, an dem Kirchen-Consistorio, und an dem Hoffgerichte zu 644 Jena, nach Coburg genommen. Theils An.C. 1612. haben Hertzog Fridrich Wilhelms vier Söhne, und Hertzog Johansen zu Sachsen acht Söhne, ihr Antheil an dem Kirchen-Consistorio zu sich in ihre Residenzen, jene nach Altenburg, diese nach Weimar ge- nommen, und sind domals im Weimarischen Consistorio verord- net worden zum Præsidenten D. Wolff Spelt Cantzler, welchem gefolget D. Samuel Göchhausen von Erffurt in Buttelstet, und diesem D. Rudolff Wilhelm Krauß in Mellingen. Zu Assessoren aber aus den Theologen D. Antonius Probus, Superint. D. Abraham Lange Hoffprediger. Aus den Politicis aber D. Gabriel Tenzel, hernach Churf. S. geheimter Rath zu Dreßden, und vorerwehnter D. Göchhausen.

4. Nach der Wiederangehung und Auffkommung. Als An.C. 1672. den 14. April. zu Altenburg starb Hertzog Fridrich Wilhelm der Dritte, des Andern Sohn, des ersten Enckel, der letzte Hert- zog zu Sachsen in Altenburgischer Linea, und Hertzog Ernst zu Gotha, die Fürstenthümer Altenburg und Coburg erbte, und 645 etzliche Aempter seines Bruders Hertzog Wilhelms IV. zu Sach- sen dreyen Söhnen, Hertzog Johan Ernsten zu Weimar, Hertzog

Johan Georgen zu Eisenach, und Hertzog Bernharden zu Jena einreimete, siehe! so hat Hertzog Bernhard zu Sachsen ein eigenes Kirchen-Consistorium allhier angerichtet A.C. 1673. den 30. Augusti. Der Præsident ist D. Johan Strauch Cantzler, seine Assessores die Politici, Bernhardus Pflug in Posterstein, und D. Johan Schilter. Die Theologi aber D. Sebastian Nieman PP. und Superint. L. Andreas Wigandus von Fulda, bekehrter Jesuita von Erffurt, und M. Joh. Schlem Hoffprediger, und Inspector zu Dornburg und Bürgel.

Aus dem ietzigen Gebrauch. Nunmehr wird in diesem Consistorio Academico gehalten

1. Die Erwehlung eines neuen Rectoris, von dem noch regierenden Rectore und allen P.P. von welchen der erwehlete Baarweise wird anheim begleitet.

2. Die Examinirung der Magistrandorum, welche von daraus in das Convictorium zum zweyhalbtagen lang wehrenden öffentlichen Examen Baarweise geführet werden. Ich weiß mich zuerinnern, daß die Facultas Theological und das Predigtamt, als D. Joh. Major Superintendens betriß und lagerhafftig war, mehr als einmahl das Examen der Candidaten des H. Ministerii Eccl. darinnen angestellet, und weil domals keiner unter den PP. Theologis ordiniret, mir wol dreymahl das Amt der Christlichen Ordination in der Stadt und Michaels Kirchen zuverrichten, anbefohlen hat. Do ich denn nach dem Apostolischen Gebrauch mit meinen Collega M. Johan Wilhelm Wallichen Diacono, und M. Johan Wagnern, Pfarrn zu Wenigen Jena ordiniret habe (1.) An.C. 1651. den 12. Oct. Tobiam Wendlern, Pfarrn zu Asbach in Francken. (2.) An.C. 1652. den 8. Febr. Christian Ehrenreich, Pfarrn zu Bischoffheim in Francken. (3.) An.C. 1652. den 14. Julii Gottfried Hammern, Pfarrn zu St. Michael in Langen Milsen.

3. Die Berathschlagung des gemeinen Nutzens, welcher das höchste und gröste und beste Gesetz ist. So wol die Verhörung und Abhelffung der Streitsachen derer unter der Universität gesessenen. D. Nicolaus Reusner JC. PP. schreibt in Libro Actorum Acad. fol. 319. das An.C. 1592. den 23. Febr. die erste Convocatio Senatûs Academici darinnen were gehalten worden. Welches zu verstehen ist nicht nach der fundation und Bauung, sondern nach der restauration und Erneuerung. Oder es haben die Magnifici

Rectores vor ihme die Zusammenkunfft der PP. angestellet nicht in diesem Zimmer, sondern daheime in ihren Musæis.

Paulus Henzner in Itinerario p. 247. vermeldet, daß zu Bononia an der Wand des Zimmers, darinnen der Senatus Academicus zusammen kömmet, diese beyde Hexametri sollen zulesen seyn:

Este pares, & ob hoc concordes vivite, cum vos
& decoret studium ut munus sociaret & atas.

Das ist. *Ihr seyd einander gleich, darüm liebet Einträchtigkeit.*

Nathan Chytræus in Deliciis Itin. Europ. p. 181. schreibet, das ___648___ solche Verse sollen stehen angeschrieben doselbst in einem Auditorio, und über der Thür der Zehnmänner dieser Spruch: Privatorum obliti, publica curate. Das ist. *Vergesset des Eigennutzens, und befördert den gemeinen Nutz.*

In diesem Consistorio Academico henget ein ernstes Verbot, betreffende die Balgerey An.C. 1612. den 29. Maji getruckt im 8. Rectoratu Hertzog Johan Ernsten zu Sachsen, und ProRectoratu D. Alberti Grawers PP. dieses Inhalts:

Suche in tom. 3. Athen. Sal. p. 793.

Das LIV. Capitel,
Von den Auditori*en in der Universität zu Jena.*

Die Auditoria in dem Collegio Academico, haben ihren Namen nicht von den Autoribus, Büchern und Schrifften, die darinnen gelesen und ausgeleget werden. Wie zu Tübingen eines genennet wird Homercum, weil neben dem Thucydide und Cicerone auch der ___649___ Homerus erkläret wird. Crusius part. 3. Annal. Suev. l. 8. c. 17. fol. 465. Nicht von den Actibus, welche darinnen gehalten. Wie zu Wien im Collegio Oratorio & Poetico, von Keyser Maximiliano I. gestifftet, die Poeten vom Rectore gekrönet werden. Nicht von den Fundatoribus und Personen, die sie gestifftet haben, wie zu Pariß eines genennet wird Sorbonicum, weil Robertus genant von Sorbona dasselbe Collegium und Auditorium gestifftet. Middendorp. de Acad. part. 2. l. 6. p. 204. Sondern von den vier Facultatibus und Obergeschickligkeiten, die darinnen gelehret werden, und heissen demnach das Theologische, das Juristische, das Medicinische, das Philosophische Lectorium, weil in ieden davon gelesen wird. Auditorium, weil in ieden davon gehöret wird. Scriptorium, weil in ieden das gelehrte und das gehörte nachgeschrieben wird. Wir wollen eines nach dem andern betrachten.

1. Das Theologische.

1. Nach dem Namen. Es wird genennet (1.) das Theologische. Weil die Theologi PP. darinnen ihre Lectiones und Disputationes fürnemlich halten. (2.) Das grössere Auditorium, zum Unterscheid der andern dreyen, die nicht halb so groß und weiten Raum haben.

2. Nach der Lage. Es liegt gegen Mittag mehr in die Länge als in die Breite, und hat einen lustigen Prospect und Aussehen in die Weinberge und Gärten. Uber ihm ist der Schüttboden, und unter ihm die Bibliotheca. Gegen Abend ist die übereinander gedoppelt gebauete Cathedra vor die Profitenten, Peroranten, Disputanten, Præsidenten, und Respondenten. Gegen Mitternacht sind die in die Länge gebaueten, und allererst An.C. 1615. im andern Rectoratu D. Alberti Grauers von aussen zugemachte Stühle für den Rectorem Magnificum, Prof.P. Doctores und Diaconos. Gegen Mittag sitzen oben die Opponenten, unter ihnen die fürnehmsten Studenten, in der Mitte stehet eine lange Banck neben der andern, darauff etzliche 100. Personen sitzen können. Es scheinet, als sey dieser Raum weiland im Pabstthum gewesen das Refectorium oder dormitorium, die Esleibe oder Schlaffhauß der München.

3. Nach den Bildern und Schrifften an der Wand gegen Abend hinter der Cathedra oder Lehrstuel ist ein Crucifix oder der gecreutzigte Welt Heiland abgemahlet, und stehen über seinem Haupt die vier Buchstaben, J.N.R.J. und bedeutet ein ieder ein gantz Wort, nemlich Jesus Nazarenus Rex Judæorum. Das ist: Jesus von Nazaret ist ein König der Jüden. Zur rechten Seiten stehet abgemahlet die Jungfrau Maria mit einem Trauerschleyer, und blauen Rocke. Zur lincken aber Johannes der Jünger in einem rothen Rocke, und hat in der lincken Hand ein Wischtüchlein, als wolte er damit seine Zeehren und Thränen abwischen. An.C. 1655. hat D. Joh. Ernestus Gerhardus, PP. in seinem ersten Rectoratu dieses Auditorium Theologicum lassen erneuern und weiß anstreichen, und anschreiben über der Cathedra. Verbum Domini manet in æternum. Das ist: Gottes des Herren Wort weret in Ewigkeit, Jes. 40. 8. Uff der rechten Seiten gegen Mittag: Ex solo Domini verbo sapientia vera. Das ist: Allein aus Gottes Wort kömmet die ware Weißheit. Uff der lincken Seiten gegen Mitternacht: Sivos manseritis in sermone meo, vere discipuli mei estis. Das ist. So ihr bleiben werdet in meiner Rede, so seyd ihr meine rechten Jünger, Joh. 8. v. 31.

4. Nach dem Gebrauch und Nutze. Ordentlich und fürnemlich halten die Theologi P.P. an diesem Orte ihre Prælectiones und Disputationes in gemein, und auch insonderheit pro Loco und pro Gradu. Der erste Theologus Prof.P. ist gewesen Erhardus Schnepfius von An.C. 1549. bis 1558. den 1. Nov. do er seelig allhier verstorben, so wol die Philosophi P.P. ihre Actûs Baccalaureatus und Magisterii. Von A.C. 1558. biß 1651. Zu dem Ende hat An.C. 1573. den 13. Jan. M. Ambrosius Reudenius in seinem letzten Decanatu Philosophico sechs Teppiche üm 7. Joachims Thaler gekaufft zur Zierung und Schmückung der Stühlen. Bißweilen haben die Philosophi PP. ihre Magisteria oder Doctoratûs gehalten in der Collegen-Kirchen (wie Anfangs die drey Ober-Facultäten von Anno C. 1558. biß 1595. in der Stadt Kirchen zu St. Michael) denn ‿653‿ An.C. 1595. den 3. Febr. hat M. Nicolaus Rhostius Diaconus, Adjunctus und Decanus XVII. Magistros in der Pauliner- oder Collegien Kirchen, und allererst hernach An.C. 1651. den 18. Febr. hat M. Johan Frischmuth PP. ihrer XII. auch in der Collegien-Kirchen creiret, und seine im Decanatu Philos. ihm nachfolgende Decani haben seithero biß auff diesen Tag ihre Candidaten dahin geführet.

Uber das, geschehen in diesem Auditorio Theologico die Disputationes der Medicorum, nicht zwar pro Loco, sondern pro Gradu. So wol die Proclamationes und auch Revocationes derer die ihren Irrthum wiederruffen und sonderlich von dem abgöttischen, schein- und werckheiligen Pabstthum zu unser Lehre treten. Es ist aber oben an der lincken Seiten ein Durchbruch und Gang in das Juristische Auditorium gemacht An.C. 1654. den 28. Febr. denn an dem Tage wurde Hertzog Bernhardus II. zu Sachsen in der Stadt-, Pfarr- und Michaels Kirchen zum Rectore Magnificentissimo bestetiget, und von daraus über den Marck durch die Brüdergasse in das Collegium und Consistorium, und aus diesem ‿654‿ durch das Juristische in das Theologische Auditorium begleitet, und darinnen ein Fürstlich Mahl gehalten. Wie uf F. S. Befehl ich solche pompam in XII. Epigrammaten beschrieben, und in öffentlichen Truck gegeben habe.

II. Das Juristische.

1. Nach dem Namen und Lage. Es wird genennet das Juristische Auditorium, weil es eigentlich vor die Professores Juris erbauet ist, und liegt über dem Auditorio Philosophico, zwischen dem Consistorio Acad. und Auditorio Theologico, und hat seinen Prospectum

und Aussehen theils in den Medicinischen Garten, theils auff den Hoff gegen der Collegen Kirchen.

2. Nach dem Ursprung und Bau. Weiland haben die Professores Juris gelesen auff dem Platz vor dem Auditorio Medico, aber auff Angebung und Anhaltung D. Nicolai Reusneri JC. PP. ist derselbe Raum den Medicis allein überlassen, und den Juristen ein eigen Auditorium eingethan, und A.C. 1592. an einem Montage, 655 war der 6. Nov. von ihm mit einer Oration von Ursachen, Fortgang und Auffnehmung der Schuelen, sonderlich der JCtorum, fürnemlich der Jenischen, eingeweihet worden, derselben gedencket er Vol. 2. Orat. 14. p. 166.

Es ist den PP. Juris zu Jena ergangen, wie denen zu Leipzig, denn diese haben Anfangs kein eigen Collegium und Auditorium gehabt, sondern von An.C. 1409. ihre Lectiones gehalten im Creutzgange zu St. Thomas, biß 1515. daran sie in das Peters-Kloster sind gewiesen. Und als dieses in der Leipzischen Belägerung An.C. 1632. und 1637. verwüstet, wurde es 1641. wieder ergäntzet, und von D. Sigismundo Finckelthauß JC. und Ordinario mit einer Oration und Gesang aus dem 119. Psalm. v. 1. 8. gemacht von Musico Tobia Michael, den 11. Sept. eingeweihet, wie schon erwehnet worden im vorhergehenden 52. Capitel.

3. Nach dem Gebrauch und Nutz. In diesem Auditorio halten allein die PP. Juris ihre Lectiones und Disputationes pro Gradu & pro Loco. So wol die andern beyder Rechten Doctores und Candidaten ihre Exercitationes.

656 .III. Das Medicinische.

1. Nach der Lage. Es liegt über der Bibliotheca, unter dem Tabulat, hat sein Aussehen theils auf den Plan hinter der Collegen-Kirchen, theils in die Vorstadt vor dem Löbderthore, nicht weit von dem Auditorio Theologico. Wie zu Giessen in Hessen, do seyn die Auditoria Theologicum und Medicum auch neben einander, alsbald im Eingange und in untersten Zimmer, nicht ohne Ursach, auff daß ein ieder im Eingange des Collegii der Gottesfurcht und der Demuth sich erinnere, ohne welche sonst keiner in seinem Studiren wol fortkommen kan. D.C. Dieterich in Inst. orat. c. 10. p. 115. Zu Cölln am Rhein ist das Auditorium Medicorum und Philosophicum auch neben einander, und bieten einander die behülfliche Hand. Nach dem bekanten Spruch: Ubi desinit Physicus, ubi incipit Medicus.

288

2. Nach dem Gebrauch. An diesem Ort haben Anfangs von An.C. 1558. die Professores Juris gelesen, biß 1592. do haben sie den Raum und Ort zwischen dem Consistorio Academico und Auditorio Theologico einbekommen. Hingegen haben die Professo- 657 res Medici gelesen in dem Auditorio Philosophico, welches zu meiner Zeit, nunmehr vor 56. Jahren, deswegen genennet wurde das Auditorium Physicum, obgleich die Medici ihr ietziges Auditorium schon A.C. 1592. gäntzlich einbekommen, iedoch haben sie dasselbe allererst An.C. 1612. den 30. April mit einer Oration eingeweihet, und halten darinnen ihre Prælectiones und Disputationes pro Loco. Aber die pro Gradu in dem Auditorio Theologico.

3. Nach der Zierde. Obgleich im dem Auditorio Medico kein Laboratorium Chimicum und Theatrum Anatomicum von Anfang der Universität An.C. 1558. den 2. Febr. gewesen. Jedoch haben die PP. Medici sich und die studierende Jugend in beyden daheim geübet in ihren Musæis, und ausserhalb in dem Auditorio Physico oder Philosophico. Denn in diesem hat D. Wernerus Rolfinck viel Anatomes oder Sectiones von A.C. 1626. angestellet, und daheim in seinem Palast An.C. 1641. eine Officinam Chimicam köstlich und herrlich erbauet. Zugeschweigen daß D. Johan Theodorus Schenck 658 PP. das Theatrum Anatomicum neben dem ietzigen Auditorio Medico An.C. 1655. den 25. April. ausgebauet hat, und ist hierinnen gleich worden dem D. Hieronymo Fabricio ab Aquapendente, welcher von D.W. Rolfincken, in einem Programmate A.C. 1631. den 10. Julii der erste Chimiæ und Chirurgiæ Professor, und der erste Horti Medici Præfectus zu Padua genennet wird, so wol dem Felici Platero, Heinrico Pantaleoni und Joh. Nicolao Stupano, welche zu Basel An.C. 1599. im Sept. das Theatrum Anatomicum an- und auffgerichtet haben. Grossius in Descr. Basileæ p. 453. Uber das dem D. Petro Pavio, welcher zu Leiden in Holland das Theatrum Anatomicum angegeben, und der erste Præfectus desselben gepriesen wird. An.C. 1597. Meursius lib. 1. Athen. Batav. c. 12. p. 34.

IV. Das Philosophische.

1. Nach der Lage und Namen. Es liegt unter dem Consistorio Academico und Auditorio Juridico, hat uf der rechten Seiten den Hortum Medicum, uff der lincken den Hoff des Collegii, stösset von hinden an die Bibliotheca, von forne an den Eingang hinauff 659 in das Consistorium Academicum und Auditorium Jurid. Es ist weiland noch zu meiner Zeit (A.C. 1618.) genennet worden das Audi-

torium Physicum, weil Anfangs die Medici darinnen gelesen, von
A.C. 1558. biß 1592. auch vor diesem und unlängst ihre Sectiones
Medicas gehalten. Nunmehr heisst es gemeiniglich das Auditorium
Philosophicum, weil etliche PP. Philosophi noch darinnen, die meis-
ten aber im Auditorio Theologico lesen, nach dem Exempel ihrer
Vorfahren, welche von An.C. 1548. den 19. Martii in dem grossen
Auditorio ihre Prælectiones und Disputationes pro Loco und pro
Gradu gehalten haben. M Wolff Heider, Moralium PP. laß noch
A.C. 1618. in demselben.

2. Nach dem Ursprung und Bau. An.C. 1592. sind die Auditoria vor die Juristen, vor die Mediciner, vor die Philosophen ufs
neuer angerichtet, und hat den 22. Nov. das Auditorium Philosophicum eingeweihet L. Elias Reusnerus PP. mit einer Oration de Lyra
Mercurii. An.C. 1597. ist die Cathedra grün angestrichen unterm
660 Rectore M. Laurentio Rhodomano, und 1635. sind die neuen Stühle
gegen dem Horto Medico vor die Herren PP. gemacht worden
untern Rectore M. Joh. Michael Dilherren PP.

3. Nach dem Nutz und Gebrauch. Weiland, wie schon gesagt, haben die Medici PP. darinnen gelesen, und sich unterredet,
darüm ist es auch unlängst An.C. 1618. das Auditorium Physicum,
und von An.C. 1612. das Philosophicum. Zu meiner Zeit von A.C.
1618. laß M. Wolff Heider die Philosophiam Practicam, M. Balthasar Walther die Ebræische Sprache, und M. Michael Wolfius Log.
und Metaphys. in Auditorio Theologico, wegen grosser Menge ihrer
Zuhörer. Hingegen Heinricus Hoffmann Mathemata, und M. Theophilus Ænetius Physicam in diesem Auditorio Philosophico. Ja D.
Joh. Himmelius PP. hat darinnen seine getruckten Disputationes
Theologicas über die Formulam Christianæ Concordiæ, wie auch
D.W. Rolfinck seine erste Anatomen A.C. 1629. den 24. Oct. dessen Symbolum und Losungs-Wort war dieser Spruch: Medicinæ
661 oculus est Anatomia. Das ist. *Das Auge der Artzeney ist die künstliche*
Zertheilung der Glieder. So wol D. Paulus Marquartus Slegelius auch
seine erste Anatomiam, dessen Leibspruch war dieser: Subjecta res
oculis certum dabit consilium, das ist, der Augenschein weiß zu-
rathen.

Diesen und viel andern Sectionibus Medicis habe ich domals
beygewohnet, und mich darbey meiner menschlichen Schwach-
heit, Gebrechligkeit und Sterbligkeit erinnert.

Das LV. Capitel,

Von der Bibliotheca *im* Collegio Acad. *zu Jena.*

Diese ist zubetrachten unterschiedlich.

1. Nach dem Namen. Der ist dem Gebrauch nach teutsch, aber dem Ursprunge nach Griegisch. (απο 18 βαβλι8 κι θηκης) und heisset so viel als ein Behältnüß der Bücher. das Wort Bibliotheca wird genommen bald vor eine Menge der Bücher, bald vor den Ort, do die Bücher stehen, bald vor die Personen, welche die Bücher machen. Middendorpius part. 2. de Acad. lib. 8. p. 475. scheuet und schämet sich nicht die Gelehrten Leute mit Eunapio zunennen Bibliothecas animatas.

Sonsten werden die Bibliotheken auch genennet: 1. Libraria, vom Wort Liber, ein Buch. Wiewol dieses Wort ehe heisst ein Ort, nicht da die Bücher gesamlet und gebraucht, sondern do die Bücher feilgeboten und verkaufft werden. Ausonius Popma l. 1. de differ. verb. pag. 71. 2. Chartaria, vom Wort Charta, eine Rinde von Papyr, daraus die Ægiptier das Schreibpapyr macheten und leimeten. Plinius histor. l. 13. c. 11. 13. 3. Armaria. Vom Wort arma, Waffen, denn der Gelehrten Waffen sind ihre Bücher, damit sie sich wieder die Unweißheit rüsten und wehren. 4. Archiva, welche die Lateiner Tabularia, die Griechen Chartop...ylacia nennen, und verstehen dadurch solche Oerter, do die Arcana und heimlichen Schreib Bücher eines Landes oder Stadt hehr auffgehoben werden.

Freylich sind die Bibliotheken oder die versamleten Bücher wie eine Cantzeley. König Alphonsus hat die Bücher pflegen zunennen seine Consiliarios mortuos, die verstorbene Räthe, welche ihm dem Könige, ehe und mehr die Warheit sagten, als die Lebendigen. Hulderich Fugger, Freyherr zu Kirchberg und Weissenhorn in Schwaben nennete seine Bibliothecam, die er der Chur-Pfaltz vermachte, unicum exilii comitem, *einen einigen Geferten seines Elendes.* Janus Gruterus nennete die Churpfaltzische Bibliothecam zu Heidelberg, dessen letzter Bibliothecarius er gewesen, sein Reich. M. T. Cicero nennet des T. Pomponii Attici Bibliothecam nicht anders als seine Braut, und wolte nicht gerne, das er solche mit einem andern, als mit ihm selber verloben solte, ob er gleich noch so einen starcken und fest darüm anhaltenden Freyer bekommen solte. Wie zulesen lib. 1. Epistol. 9. ad Atticum. Keyser Octavius Augustus nennente seine zu Rom auffgerichtete Bibliothecam einen Hoff der Freyheit. Denn darinnen kan ein Lesender mit den Büchern oder mit ihren Tichtern frey ohne Scheu reden. Osimanduas König in Aegipten ließ über die Thür seiner Bibliotheca oder Liberey schreiben diese beyde Wort: ψυχης ιατρι8 Animæ Medicina, der Seelen Artzeney, und Franciscus Patricius nennet in einer Schrift an Pabst Sixtum IV. die Bibliothecam: Pabulum mentis bene instituæ, ein gut zucker und Leckerbißlein für eine Kunsthungerige Seele. (lib. 8. tit. 19. de Institutione Reipubl.) Diese löbliche Namen alle können auch unser Bibliothecæ allhier zugeeignet werden.

Weiland hat man den Bibliothecis Zunahmen gegeben. 1. von ihren Stifftern und Anrichtern. Als Octavia und Olpia. 2. Von ihren Steten und Stellen, als Tibetiana und Laurentia. 3. Von ihren Beschützern und Beschirmern, Gellius lib. 16. c. 8. gedencket der Bibliothecæ pacis. Und Middendorpius part. 2. de Acad. l. 3. p. 618. Der Bibliothecæ Herculis. Anzudeuten, daß in Fried- und Kriegszeiten die Bibliothecæ nöthig und nützlich seyn. Sollen die Musæ Fried und Ruhe haben, so muß ein Hercules sie beschützen. Wil Hercules gelobet und gepriesen werden, so müssen die Musæ das beste darbey thun. Zu Ochsenfurt in Engelland seyn zwo Bibliotheken, die eine heisst Christi, die andere heisst Jesu, dieser Christus Jesus ist der rechte Beschützer. Suche §. IV. von Bibliothecariis.

Wenn wir unser Bibliothek zu Jena solten einen Zunamen geben, 1. von dem Stiffter, so wolten wir sie nennen Johannem de pace. Denn Churfürst Johan Fridrich zu Sachsen hat sie zu Wittenberg angerichtet, und von dannen haben seine drey Söhne Joh. Fridrich II. Joh. Wilhelm und Joh. Fridrich III. An.C. 1548. nach Jena gebracht. 2. Von dem Orte, so wollen wir sie nennen Salanam, denn die Stadt Jena, und in ihr das Collegium, und in dem die Bibliotheca liegt an dem Salstrom, der ist ein Land- und Hauptwasser, welches Thüringen gegen Morgen scheidet von Ost-Pleissen und Meisnerlande. 3. Von dem Beschützer, so wolten wir sie nennen Christianam, weil sie der Herr Christus mit seinen Engeln wieder Feuer-, Wasser-, Wetter-, und Kriegsnoth und Gefahr beschützen soll, ja beschützet hat wieder die Raube bald und Eilebeut, (Jes. 8. v. 2.) Wenn? An.C. 1637. am Sontage Septuagesimæ den 5. Febr. habe ich selber aus eines nicht geringen Befehlhabers Munde gehöret diese Wort: Die Bibliotheca ist mir schon vom General verehret worden. Es kan seyn, es kan auch nicht seyn.

II. Nach dem Stiffter. Es mag Aquis granum (Aach) loben den Keyser Carolum I. Es mag Augspurg loben den Joh. Jacob Fuggern. Es mag Bredenberg loben den Heinrich von Ranzow. Es mag Francker loben den Graf Ernst Casimir von Nassau. Es mag Giesen loben den Landgraff Ludwigen zu Hessen. Es mag Leiden loben den Fürst Wilhelm von Uranien. Es mag Meissen loben den Bischoff Brunonem den ersten dieses Namens. Es mag München loben den Pfaltzgraff Albertum bey Rhein. Es mag Königsberg in Preussen loben den Marggraff Albertum den ältern zu Brandeburg, daß sie bey ihnen die Bibliotheken erstlich angeleget, oder hernach vermehret haben. So soll Jena loben Churfürst Johan Fridrichen zu Sachsen, der hat An.C. 1535. eine neue Bibliothek erstlich zu Wittenberg angerichtet, und darüber zum Uffseher bestellet M. Georgium Spalatinum, der ist uff Churf. Befehl nach Venetig gezogen, und doselbst die vornehmsten Bücher in 667 Ebræischer und Griegischer Sprache darzu eingekaufft. Wie zulesen beym Hordleder tom. 1. B. G. l. 4. c. 23. Als er aber An.C. 1547. am Sontage Misericordias Domini, war der 24. April in einer unglückseligen Feldschlacht den Thilone Trotten gefangen, und zum Keyser Carolo V. gebracht worden, hat er mehr gesorget für die Erhaltung der waren Religion und der Bibliothek als der Churf. Würde und Ehre, und auch beyde frey erhalten. Darüm haben seine nur anietzo gedachten Söhne solche Bibliothecam, als ein Patrimonium und Erbe mit guten Willen des siegenden Keysers von Wittenberg nach Jena An.C. 1548. geführet, und in zwey lange und luftige Gewölbe ordentlich gesetzet, und die Auffsicht darüber anbefohlen M. Georgio Rorario, gewesenen Diacono und treuen Amanuensi des Herren D. Martin Lutheri.

III. Nach den Gehülffen. Darunter sind zuzehlen unter andern:

1. Die Notarii, Librarii, Amanuenses, oder Schreiber, welche weiland, ehe die Truckerkunst auffkommen ist, die Bücher der Gelehrten Leute ab- und ümgeschrieben. Keyser Tacitus ließ die 668 Historias Taciti seines Landsmans jährlich zehnmal ümschreiben, und in die Bibliothecen hin und wieder vertheilen. Weil aber solche Copisten offt aus Unverstand, offt aus Nachlässigkeit, die anvertrauten Bücher und Schrifften falsch ab- und ümschreiben, hat Itenæus Lugdunensis schon zu seiner Zeit sie also beeidigt. *Ich*

beschwere dich, der du diß Buch abschreibest, durch unsern Herrn Jesum Christum, und durch seine herrliche Wiederkunfft, do er die Todten und Lebendigen richten wird, daß du übersehest, was du abgeschrieben hast, mit Fleiß und diesen auffgelegeten Eid auch an dein Exempler hengest. Wie zulesen beym Nicephoro hist. Eccl. l. 4. c. 30.

2. Die Typographi, Buchsetzer und Buchdrucker. Die sind nicht auffkommen und jung worden in der Insel China, wie aus Neid wieder die Teutschen schreibet Maffæus, Bocerus, Jovius, und Joh. Consalvus Mendoza. Sondern in Teutschland, und ist der erste Buchdrucker gewesen. 1. zu Augspurg Joh. Bemler, der hat A.C. 1466. die lateinische Bibel doselbst getruckt, Melior Adam Vol. 1. de Vitis Germ. p. 2. 2. Zu Basel Bernhardus Richelinus An.C. 1478. Gross. in Epit. Chron. Basil. p. 124. 3. Zu Eßlingen Conradus Finer A.C. 1475. wie zeugt Mel. Adam d. l. 4. Zu Franckfurt am Meyn Christianus Egenolphus, dessen Tochter Magdalenam D. Adamus Lonicerus An.C. 1554. doselbsten geehliget hat. Boissard. part. 3. Icon. 46. p. 183. 5. Zu Harlem Laurentius Küster, der soll die typos erfunden, die erfundenen sein Diener Johan Faustus ihm entwendet, und gen Mäintz gebracht, und doselbst sein erstes Buch, Doctrinale Alexandri An.C. 1442. gedruckt haben, ex Annal. Belgicis M. Joh. Faber in Relat. Bibl. Germ. historia. 6. Zu Mäintz Johan Faustus An.C. 1440. Denn in dem Jahre sollen die officia Ciceronis gedruckt, und ein Exemplar davon in die Bibliothek zu Franckfurt beygelegt seyn. Jacob Vagetius in Geogra-historia p. 178. Ihm ist zuwieder Melior Adamus d. l. und schreibt, daß Petrus Ramus ein Exemplar der auff Pergamen getruckten Officiorum Cicer. habe, an dessen Ende der Druckherr Johan Faust und der Druckdiener Peter von Germersheim An.C. 1467. den 4. Febr. genennet werde. 7. Zu Rom:

Hans von Laudebach ist mein Nam
Die ersten Bücher druckt ich zu Rom,
Bitt für mein Seel, Gott gibt dir Lohn,
Starb 1514. auff St. Stephan.

Diese Reim werden gelesen zu Heidelberg im Eingang des Auditorii Theologici, Nathan Chytræus in Delic. Itin. pag. 703. 8. Zu Straßburg Johan Guttenberg An.C. 1440. Und als er nach Mäintz gezogen, Johan Mendel, wie es vermeldet Jacob Meier lib. 16. Annal. Flandr. und es also erweitert Mel. Adamus d. l. p. 1. nemlich Johan Guttenberg, ein Edler Straßburger, habe diese Kunst mit seinem Diener Peter Schäffer von Germersheim oft versucht,

669

670

und die Buchstaben in Breter geschnitzet. Darzu weren als Gehülffen endlich kommen Johan Faust, Johan Medinbachius und andere. 9. Zu Tübingen Anonymus An.C. 1498. denn in dem Jahr sind daselbst gedruckt worden Pauli Wilensis Suevi Minoritæ ex planatio in 1. senrentiarum Scoti. Crusius part. 3. Annal. Suevic. l. 9. c. <u>671</u> 8. fol. 509. 10. Zu Wittenberg Bartholomæus Vogel, der hat des Hn. Lutheri Schrifften daselbst am allerersten gedruckt, und ist gestorben A.C. 1569. den 13. April. 11. Zu Jena Christian Rod oder Rödiger, An.C. 1553. Montag nach Elisabeth, do er von Churfürst Johan Fridrichs zu Sachsen dreyen Söhnen uff der Festung Grimmenstein bey Gotha, das Privilegium erlanget, die Schrifften Lutheri in dem Carmeliter Kloster vor dem Löbderthor zu Jena zudrucken, dahero kommen die IIX. teutsche und IV. lateinischen Tomi Jenensis. Und jene sind unlängst An.C. 1664. uff Hertzog Fridrich Wilhelms II. zu Sachsen Befehl, wiederüm zu Altenburg auffgelegt, und mit mehrern Schrifften Lutheri, und einem Haupt Register in IX. Capiteln angefüllet, und zwar von D. Johan Christfried Sagittario, weiland PP. in Jena, nunmehr General-Superint. und Obern-Hoffprediger zu Altenburg. Aus diesen Exempeln mag nun ein ieder schliessen, von wem? Wenn? Wo die Buchdrucker Kunst sey auffgebracht worden.

Allhier kan ich nicht unterlassen zuerinnern, wo die officinæ <u>672</u> Typographicæ oder Druckereyen sollen an- und auffgerichtet werden, entweder in Fürstlichen Residentz-Städten, oder auff Universitäten, oder in Reichs-Städten. Wie es erfordern Reichs-Abschiede zu Speyer An.C. 1570. und Policey-Ordnung zu Franckfurt An.C. 1577. Demnach sind unsere Buchdruckereyen in Jena, derer anietzo Sechse seyn, als die Nisische, die Krebsische, die Bauhöferische, die Wertherische, die Müllerische, die Golnerische, auf zweyerley privilegirt, weil sie sind in einer solchen Stadt, die nicht allein eine Universität von A.C. 1558. den 2. Febr. sondern auch eine Fürstl. Residentz von An.C. 1663. Ihr Amt und Eid ist zufinden in den alten von A.C. 1570. 1574. und in den neulichsten von Weimar aus A.C. 1653. den 7. Jan. überschickten Statuten tit. von den Druckern und Druckereyen. Unter andern wird ihnen befohlen, nichts ohne des Rectoris und Decani Wissen und Willen zudrucken, bey Straffe 20. fl. und daß sie 5. Exemplaria eines ieden gedruckten Buchs sollen lieffern in die Bibliothek und an die Fürstlichen Höfe.

‚3. Die Bibliopolæ, Buchführer und Händler, weil sie, wie die Buchsetzer und Drucker, den Universitäten und ihren Anverwandten an die Hand gehen, geniessen sie auch derselben Privilegien und Freyheiten. Wie wol indirecte & oblique, beyhalben und aus Gunst Limnæus tom. 3. Jur. publ. l. 8. c. 10. n. 1. Ihre und der Buchdrucker Symbola, Leibspruch und Handels Zeichen erzehlet nach der Länge Spangenberg im Adelspiegel part. 2. l. 12. c. 28. fol. 305.

Von An.C. 1618. waren in Jena diese Buchführer. Tobias Steinmann, Wipprecht, Gruner, Beitmann, Lobenstein, Breme, Johannes Birckner und Sengewald. In diesem 1674. Jahre sind diese, Matthæus Birckner, Johan Bielcke, Tobias Steinmann, Bauhöfer, Fleischer, und Matthias Götze, und dieser ist der erste, der seinen Buchladen vor wenig Jahren im Collegio Academico angebauet, und sein Diener Johan Fritsch verwaltet hat.

In Statuten der Universität in Jena A.C. 1574. den 18. Febr. tit. von Truckereyen und Buchladen wird den Buchführern anbe-
fohlen, ehe sie ein Exemplar ihrer mitgebrachten Bücher verkauffen, den Catalogum, so wol den Tax derselben denen vier Facultaten zuüberschicken, und keine im Römischen Reiche verbotene Bücher zuverkauffen, bey Confiscirung derselben, und bey Bestraffung 20. fl. In Franckfurt darff kein Buchführer führen des Francisci Suaretz und des Cardinals Bellarmini Bücher von der weltlichen Macht des Pabsts zu Rom. Limnæus tom. 3. jur. publ. l. 8. c. 10. n. 12. König Philippus III. in Hispanien hat An.C. 1610. den 3. Octob. verboten den XI. tomum Annal. Baronii bey Straffe 800. Cronen. Idem ibid. n. 14. p. 155.

4. Die Bibliopegi oder Buchbinder. Ob gleich dieselben auch unser Universität mit ihrer zum studiis oder freyen Künsten dienlicher Arbeit auffwarten, dennoch geniessen sie derselben Privilegien nicht, sondern sind unter des Raths Botmässigkeit, do sie doch desselben anderswo geniessen mit den Buchdruckern und Büchhändlern. Petrus de Rebuffis Privil. Studios. 150. und zwar zu Tübingen, nach Aussage der Statuten, und zu Giessen. Wie solches beweiset Hunnius Comment. in Authent. habita. C. ne Filius pro patre, quæst. 9. p. 81.
‚IV. Nach den Bibliothecarien, Auffsehern, Hütern, und diese folgen allhier in dieser Ordnung.

1. M. Georgius Rorarius, gebohren An.C. 1492. den 1. Octob. ist der erste von D.M. Luthero ordinirter Kirchen Diener zu Wit-

tenberg An.C. 1525. den 14. Maji am Sontage Cantate. Zeucht A.C. 1547. von Wittenberg in die Marck, wird von dannen nach Jena gefodert, nicht allein zum ersten Bibliothecario, sondern auch mit L. Nicolao von Amsdorff, dem vertriebenen Bischoff von Naumburg und Zeitz, die waren Schrifften D. Luthers nach den Sprachen und Jahren zusamlen, und in Druck heraus zugeben, wie auch geschehen ist. Stirbt allhier An.C. 1557. den 24. April. Sein Epitaphium sähet sich also an:

Vir gravis atque animi purus, patiensq laborum,
Scriba vigil, mentis sancte Luthere, tuæ.

2. Martinus Both aus Francken, ist An.C. 1555. des Herren Rorarii Beystand worden, und wird in der uralten Matricul der Universität (von A.C. 1548. den 19. Mart.) genennet Bibliothecari- <u>676</u> us noster.

3. Johannes Weischner, ist zwar seines Handwercks ein Buchbinder, aber darneben ein wolerfahrner und verständiger Mann gewesen, derowegen ist ihm die Liberey anbefohlen worden, stirbt A.C. 1589.

4. Lucas Weischner ist gebohren zu Erffurt An.C. 1550. folget seinem Vater im Amte 1589. und stirbt 1609.

5. M. Georgius Limnæus, sonst Wirn genand, Mathematum PP. ist gebohren A.C. 1554. den 23. Octob. stirbt 1611. den 15. Augusti, nach dem er zwey Jahr Bibliothecarius, und zwar der erste aus den Orden der Professorum gewesen war.

6. Wolffgangus Limnæus, ist gebohren A.C. 1590. den 10. Sept. wird Bibliothecarius 1611. stirbt 1617. den 9. Sept.

7. M. Wolffgang Heider, Philos. Practic. PP. gebohren An.C. 1558. den 14. Dec. wird Bibliothecarius 1617. stirbt 1626. 10. Aug.

8. Carolus Güntherus Pingitzer, D. Virgilii PP. Sohn, ist gebohren A.C. 1593. den 12. Dec. wird Bibliothecarius 1627. stirbt 1669. den 9. April.

9. Johan Gerorg Cummer, folget Pingitzern, A.C. 1670. ehe- <u>677</u> liget An.C. 1674. den 26. Jan. Magdalenam Elisabeth Franckin.

Das Amt des Bibliothecarii allhier ist dieses, 1. daß er die Schlüssel zur Bibliothek allein hat. Zu Oxenfurt in Engelland hat ein ieder unter den ältlichen Studenten den Schlüssel zu den zweyen Bibliotheken, die ihren Namen haben von ihrem Collegiis, darinnen sie sind, und wird die eine von dem Namen Christi, die andere von dem Namen Jesu genennet. Jene hat angefangen Thomas Wolfæus, der Cardinal zu Eborach, und vermehret König

Heinrich IIX. in Engelland. Diese aber Hugo Prisus der Rechten Doctor. Schröter in Cosmogr. hist. l. 1. c. 8. p. 613. 2. Daß er alle Tage die Bibliothek besuche, und darinnen die Bücher saubere und ordne, sonderlich in Feuersnoth, da ihme die auff dem Tabulat wohnenden Studiosi zur Hand gehen müssen. 3. Daß er ausser den PP. niemand ein Buch verleihe, es sey denn daß ein Professor dafür gut sage. 4. Daß er von den hiesigen Buchdruckern die Exemplaria ihrer alhier gedruckten Bücher einfordere, davon eines in die Bibliothek bringen, die andern an die Fürstl. S. Höfe schicken. Wie zulesen in Statuten von A.C. 1653. den 7. Jan. tit. 7.

Für diese und andere Mühwaltung mehr hat er jährlich 80. fl. und 18. weiland 24. Scheffelkorn, und Kleidung des Jahrs zweymahl, darzu wird ihm das Geld aus dem Fisco des Fürstl. S. allgemeinen Hoffgerichts alhier zu Jena. Weil er ohne das ein Literatus ist, so geneusst er aller Privilegien der Universität. Zu Orliens in Franckreich, ist der Bibliothecarius einer aus den fürnehmsten der teutschen Nation, hat über sich den Procuratorem, Quæstorem, Assessorem, unter sich aber die XII. Seniores. Sein Amt ist dieses, daß er täglich eine und die andere Stunde muß in der Bibliotheca seyn, und seinen Landsleuten den Teutschen die Bücher auffsuchen und leihen, die sie begehren. Schröter in Geogr. histor. part. 1. l. 1. c. 6. p. 252.

V. Nach den Zufällen, theils schädlichen, theils nützlichen. Unter jene ist zurechnen die Versetzung und Zertheilung.

Obgleich unsere Bibliotheca alhier keinen Schaden hat genommen von Feuersnoth, wie die zu Tübingen im Hause der Weißheit An.C. 1534. im Feuer auffgegangen ist. Jedoch hat ihr nicht gefrommet, daß sie zwar A.C. 1536. ihren Anfang zu Wittenberg genommen, und von daraus nach Jena 1548. geführet, aber 1598. theils nach Coburg zur vorgenommenen, aber unternommenen neuen Universität, soll gebracht seyn. Wiewol in Libro Actor. fol. 160. 296. gelesen wird, daß Hertzogs Johan Fridrichs II. zu Sachsen Bücher A.C. 1574. von Weimar nach Jena, und von Jena nach Coburg 1589. den 16. Oct. sind geführet worden.

Unter diese ist zurechnen die Vermehrung der Bücher, und ist geschehen zu unterschiedenen mahlen.

1. Anno C. 1573. den 2. Martii, stirbt zu Weimar Hertzog Johan Wilhelm I. zu Sachsen, der hat 800. Reichsthlr. der Bibliothek beschieden, und dafür hat D. Schröter, als Proxenata, Paraius und Ausbitter dieser Gelder, etzliche Medicinische Bücher gekaufft,

wie zulesen in Matricula Medica fol. 52. In Libro Actorum Acad. fol. 157. wird gemeldet, daß in dem 1573. Jahre, auch 100. fl. aus den beyden Fürstlichen Höfen, Weimar und Gotha zur Einkauffung 680 der Bücher sind geschicket worden. Solche milde Steuer ist hernach jährlich gefolget, biß auff die Zeit des Böhmischen Kriegs (von A.C. 1618. biß 1650.) do ist sie in Stecken gerathen, biß A.C. 1653. den 7. Jan. Im tit. von Vermehrung der Bibliotheken wird die Darreichung der jährlichen 80. fl. ufs neue verheissen, mit der Bedingung, daß die vier Facultäten Wechselweise zur Einkauffung der Bücher solche anwenden sollen.

2. An.C. 1637. den 24. Febr. stirbt D. Dominicus Arumæus von Arum PP. und verehret der Universität seine von ihm auff 4000. fl. geschatzete Bibliothecam, welche auch seine Erben A.C. 1639. im Januario überantwortet haben. Nach dem Exempel anderer Dd. und PP. Unter den Theologen, D. Antonius Probus Superint. und D. Johan Holman PP. Jener hat der Kirchen zu Weimar, dieser der Universität zu Leiden seine Bibliothek beschieden. Unter den Juristen, Jacob Alvarotus, und Ludovicus Grempius, jener hat d' Juristen Facultät zu Padua, dieser der Universität zu Tübingen seine Liberey vermachet. Unter den Medicis, D. Paulus Marquardus 681 Schlegel, weiland PP. zu Jena, hernach Physicus zu Hamburg in seinem Vaterlande, vermacht seine kostbare Bibliothek daselbst, und stirbt A.C. 1653. im Hornung. Unter den Philosophen, Aldus Manutius und Josephus Justus Scaliger bescheiden ihre Bibliotheken, jener der Pisanischen, dieser der Leidischen Universität.

Zur Vermehrung der Bücher in der Bibliotheca alhier in Jena hilfft gar viel, die unlängst auffgebrachte Gewonheit, und gewöhnliche Verehrung, die gefordert wird von denen, die als Cives Academici immatriculirt werden.

VI. Nach der Lage. Unsere Bibliotheca liegt unter dem Auditorio Theologico und Medico, und hat ihre Fenster gegen Mittag und Mitternacht, in zweyen langen unterschiedenen Gewölben, uff unterschiedenen Pulten und Repositorien, welche allenthalben frey stehen, und sind die meisten Bücher an Ketten geleget, also gebauet uff Befehl Churf. Joh. Fridrichs zu Sachsen, und seiner dreyen Söhnen, An.C. 1548. den 14. Junii. An der Wand gegen Abend sind zusehen, wie auch im Auditorio Theologico das Cruci- 682 fix, oder der Welt Heiland am Creutze, darbey stehet seine Mutter Maria und Jünger Johannes. Daraus ist abzunehmen, daß der Prior mit seinen Pauliner und Dominicaner München in diesem

Untergemach des Winters, und in dem Obergemach des Sommers Mahlzeit gehalten hat.

Im Eingang der Bibliothek, ist an einer Tafel zusehen das Bildnüß St. Petri und St. Pauli, welches der Evangelist Lucas soll gemahlet haben. Das erste forderste Gewölbe hat Theologische, Juristische, Philosophische Bücher. Gleichwie das andere und hinterste Gewölbe, die Medicinische und Mathematische. Nicht in diesem, sondern in jenem obern Gewölbe, sind etzliche von den ersten und ältesten, aber fast alle von ietzigen PP. abgemahlet zusehen. Wie in der Bibliotheca zu Leiden in Holland, und zwar nach Ordnung der Facultäten, nicht aber nach der Zeit dorinnen sie allhier gelebet und gelehret haben. Ich will sie setzen, wie ich sie zu meiner Zeit gesehen habe.

Im ersten Unterschied stehen die Theologi PP. zur rechten, und die Philosophi zur lincken Hand.

683   Die Theologi PP. sind diese:

D. Erhardus Schnepf, D. Simon Musæus, D. Johan Wigandus, D. Tilemannus Heshusius, D. Timotheus Kirchner, D. David Voitus, D. Samuel Fischer, D. Georgius Mylius, D. Ambrosius Reudenius, D. Petrus Piscator, D. Albertus Grawer, D. Johan Major, D. Johan Gerhardus, D. Johan Himmel.

Wo ist denn des M. Matthiæ Flacii Illyrici Bildnüß? Es stehet von diesen abgesondert an einem andern Ort allein, vielleicht wegen seines Irrthums von der Erbsünde, den er im Colloquio zu Weimar An.C. 1560. vom 2. biß zum 8. Aug. aus Unvorsichtigkeit geseet, und anderswo fortgepflanzet hat. Von Lyra und Luthero wird geführet dieser Spruch: Si Lyra non lyrasset, Lutherus non saltasset. Von Flacio und andern Theologen sagte zu mir ein Jenischer Theologus PP. hetten die Thimniter nicht mit Simsons Kalbe gepflüget, sie hetten das vorgelegte Rätzel nicht errathen, Judic. 14. 15. zielete auff desselben Buch, genandt Cavis Scripturæ. Welches A.C. 1674. zu Jena ist auffs neue gedruckt worden.

684   Die Philosophi PP. seyn diese:

M. Justus Lipsius, M. Joh. Rosa, M. Johan Stigelius, M. Sebastianus Schäfer, M. Christophorus Hammer, M. Laurentius Rhodomannus, M. Joh. Zölner, M. Wolffg. Heider, M. Georgius Lymnæus, D. Thomas Sagittarius, M. Balthasar Walther, M. Michael Wolffius, Heinricus Hoffmann, M. Theophilus Ænetius, Quirinus Cubach, D.

Salomon Glassius, M. Philippus Horst, M. Daniel Stahl, D. Heinricus Neuenhahn, M. Paulus Schlevogt, M. Hieronymus Prætorius.

Im andern Unterschiede stehen die Medici PP.

D. Johan Schröter erster Rector, D. Janus Cornarius, D. Gervasius Marstaller, D. Laurentius Hiel, D. Michael Neander, D. Jacobus Flach, D. Philip Jacob Schröter, D. Johan Frider. Schröter, D. Antonius Varus, D. Zacharias Brendelius, Senior, D. Eusebius Schenck, D. Zacharias Brendel, Junior, D. Wernerus Rolfinck.

Im dritten Unterschied die Juridici PP.

D. Matthæus Wesenbeck, D. Basilius Monner, Doct. Heinricus Schneidewein (wiewol der Name Johannes darbey gelesen wird, 685 denn Johannes Schneidewin ist zu Wittenberg, niemals zu Jena PP. gewesen.) D. Matthias Colerus, D. Josias Marcus, D. Johan Stromer Senior, D. Nicolaus Reusner, D. Daniel Eulenbeck, D. Liborius Hoffmann, D. Leopoldus Hackelmann, D. Virgilius Pingitzer, D. Ortolphus Fomann Senior, D. Dominicus Arumnæus, D. Johan Schwabe, D. Petrus Theodoricus, D. Osvvaldus Hilliger, D. Wolff Wertherus Mühlpfort, D. Valentinus Riemer, D. Ortolphus Fomann Junior.

In der Mittagswand der Mauer dieses dritten Unterschieds ist zusehen in Lebensgröße abgemahlet D. Nicolaus Reusner, und gleichsam zu seinen Füssen M. Johan Rosa, oben aber M. Matthias Flacius, und D. Jacob Welsen. Warüm stehen diese zweene letzten abgemahlete allein? Jener nicht unter den Theologen, do er doch der andere in der Zahl und Reihe, nechst D. Schnepffen seyn solte, wo nicht wegen der Kunst und Geschickligkeit der Erste? Und dieser D. Welsen nicht unter den Juristen und Philosophen, do er doch in beyden Facultäten allhier profiti- 686 ret und gelesen hat? Die Ursache wegen des Flacii ist schon vermeldet, die Ursache aber des Welsens kan diese seyn. Er hat zwar in beyden Facultäten gelesen. Wie es bezeuget der Syllabus Lectionum publ. Er ist aber von keiner als ein Glied derselben auff- und angenommen worden. Nicht in die Juristische, denn er ist nur Doctor in Keyserlichen, aber nicht zugleich in Päbstlichen Rechten worden zu Orliens in Franckreich. Nicht in die Philosophische, denn er ist kein legitime promotus Magister gewesen.

VII. Nach den Büchern, die wollen wir betrachten:

1. Wegen des Inhalts. Es sind Theologische, Juristische, Medicinische, Philosophische Bücher. Unter andern ist zusehen ein Pergamen Buch voller Figuren mit Golde angestrichen, darinnen

die Mysteria der Alchimiæ begriffen seyn sollen. Ferner die von D. M. Luthern verteutschete, uf schön Bergamen mit vielen Kupferstücken gedruckt, von Luca Kranachen gemahlte, und von Churf. Johan Fridrichen zu Sachsen in seiner 5. jährigen Custodia wol durchlesene Bibel. In einem Manuscripto, ist forne an ein künstlich Gemälde, und darbey ein so subtil gemahlter Wagen, mit Heu, vier Pferden und Fuhrmann, daß ihn eine kleine Fliege bedecken kan.

687

2. Wegen der Schrifft. Es seyn Ebræische, Griegische, Lateinische, Teutsche, Frantzösische und ausländische mehr, theils nur geschriebene, theils auch getruckte darinnen zufinden. So ist auch allhie nicht wenig berühmt die Gerhardische Bibliotheca, welche Doct. Johan Gerhard angefangen, sein ältester Sohn und Nachfolger in der Profession und Possession der väterlichen Güter D. Johan Ernst Gerhard täglich vermehret, denn darinnen sind zusehen 1. die neulichen Biblia polyglotta Anglicana, über die XXX. unterschiedene Exemplaria der Bibel, fast alle Schrifften der Griegischen und Lateinischen Patrum. Die köstlichen Bücher in allen vier Facultäten. 2. Bücher von allerley, fats von allen Sprachen unter der Sonnen, als Griegische, Lateinische, Chaldæische, Syrische, Persische, Türckische, Moscowitische, Englische, Finnländische, Böhmische, Polnische, Schwedische, Italiänische, Frantzösische, Spannische, Armenische, Chinensische 2c. 3. Vieler Völcker Numisimata oder gemüntzt Geld, sonderlich der Griechen und der Römer, und daß sich zu verwundern, bey 200. MS. Volumina darunter etzliche tausend Sendbrieffe seyn abgegangen an die Gerhardinos. 4. Allerley Mincralia, Meergewächse, Idola oder Götzenbilder der Heiden, Amuleta der Türcken und der Jüden. 5. Manuscripta D. Lutheri, Philippi Menlanchthonis, Petri Mosellani, Stigelii, Lipsii & c.

688

Mit dieser ihrer Bibliotheca, getheilet nach den vier Facultäten, und gesetzet in unterschiedene Zimmer, seyn die Gerhardini nicht neidisch, sondern wilfährig allen denen, die sie wollen besichtigen. Denn in allen ihren Büchern ist auff einem Zeddel diese nachfolgende Schrifft gedruckt zulesen.

D. O. S.

Bibliothecæ Gerhardinæ

pars sum

cave

me macules,

me laceres,
ₗultra mensem ne è dicta Bibliotheca
apud te retineas,
furari noli.

Hierinnen sind ihnen vorgegangen bey den Römern Lucullus, dessen Thür zu seiner Liberey iederman sperrweit auffgestanden, und bey uns Jenensern M. Johan Stigelius PP. der über seiner Bibliotheca dieses distichon geschrieben, zulesen im 6. Buche seiner Poematum, ausgegangen von D. Jobo Fincelio epigr. 20.

Musarum patet hæc Studiosis janua cunctis,
at procul hinc abeas, Rustice, clausa tibi est.

3. Wegen der Zahl. Davon können am besten Bericht geben die Catalogi, der alte zu Wittenberg An.C. 1548. und der neue zu Jena, und zwar der allererste A.C. 1565. unter dem Rectore M. Johan Rosa gemacht. Und dieser ist von ihm auff allen Blättern mit seiner Handschrifft bestetiget, ₗund in die Fürstl. Höfe ver- schicket worden. Ob eine Copia und Transumtum dieses neuen Registers in Archivis Academicis vorhanden, kan ich nicht wissen.

Von ietzigem Bibliothecario Carolo Günthero Pingitzern habe ich gehöret, daß er bey Antritt seines Amts, nemlich An.C. 1626. keinen Catalogum überkommen, hette aber aus unterschiedenen Zeddeln An.C. 1635. einen verfertiget, welchen ich auch abgeschrieben, und meinem tom. 3. Athen. Salan. l. 9. c. ult. einverleibet habe.

Anietzt ist diese Bibliotheca Academica durch die von gesamter Fürstl. Herrschafft erkaufften, aus etlichen tausend Stücken bestehenden Bibliotheca Bosiana, sehr vermehret, und dadurch dieser löblichen Universität ein köstlich Kleinod zugewendet worden.

Das LVI. Capitel,
Von der Communität uff der Universität Jena.
Die ist zubetrachten.

ₗI. Nach der Lage. Die Communität oder das Convictorium liegt zwischen des Inspectoris und Oeconomi Wohnung, ist gebauet in die Länge, und stehen XII. Tische auff ieder Seiten sechse, oben ist eine gedoppelte Cathedra oder Gestühl, welche D. Johan Himmel in seinem Rectoratu An.C. 1619. machen ließ, weil er und D. Johan Gerhard zu Winterszeiten darinnen profitirten und disputirten. Ihnen ist nachgefolget D. Erasmus Ungebauer JC. und hat darinnen A.C. 1641. den 31. Oct. præsidiret Nicolao Mich. Himmeln, als dieser pro gradu unter ihm respondirt.

II. Nach dem Namen. Sie wird genennet 1. das Convictorium. Weil zu meiner Zeit von An.C. 1618. täglich darinnen 108. Studiosi über 9. Tischen gespeiset worden. Die Griechen heissen solche Speiseörter συσσιτα νςμ φιδιπα 2. Das Pædagogium, weil darinnen der Professor Pædagogicus Anfangs von A.C. 1548. den 19. Martii biß 1599. den 21. Maji gelesen, und der letzte gewesen D. Ortolphus Fomannus I. Darüm werden noch darinnen die Examina gehalten, nicht allein der Alumnorum oder der Communitet, sondern auch der Magistrandorum, und zwar die publica, denn die privata derselben geschehen im Consistorio Academico.

Das Pædagogium ist gewesen ein Seminarium, der domals noch zukünfftigen, und das Convictorium eine starcke Seule der hinfallenden Universität.

III. Nach dem Anfang. An.C. 1548. Dienstag nach Oculi bekömmet der Amtschösser Johan Gruner, Fürstl. Befehl, das Pauliner Kloster zubesichtigen, denen dreyen noch überbliebenen München ihre Jahrkost zuordnen, und die Gebäude vor die Bibliothek und Communität anzurichten. Wie auch geschehen. Montag nach Judica kömmet M. Victorinus Strigelius von Erffurt nach Jena mit 20. Studenten, gleichwie vor ihm M. Johan Stigelius von Wittenberg mit ihrer etzlichen war ankommen. Beyde haben nach Ostern den 19. Mart. das Pædagogium und die Communität mit ihren Orationibus, dieser vor, jener nach Mittage eingeweihet, in Beyseyn der dreyen Söhnen Churf. Johan Fridrichs zu Sachsen, Hertzog Johan Fridrichs II. Hertzog Johan Wilhelms, und Hertzog Joh. Fridrichs III. und ihrer Räthe. Darunter gewesen D. Gregorius Pontanus, und Johan von Hagen, welche zu Anrichtung eines Pædagogii und Convictorii gerathen haben. Jener ist des Churfürsten, dieser seiner Söhne Cantzler gewesen.

Ist demnach die Communität in Jena theils älter, als anderswo. Denn die Communität ist angangen zu Coburg A.C. 1605. an Michaels, zu Helmstett, nicht unter Hertzog Julio, der die Universität An.C. 1576. den 16. Oct. gestifftet, sondern unter seinem Sohne Hertzog Heinrich Julio. Zu Leiden, nicht von Anfang der Universität 1575. den 8. Febr. Sondern allererst 1592. theils jünger, als anderswo, denn die Communität ist angegangen zu Leipzig A.C. 1409. Zu Tübingen An.C. 1482. zu Wittenberg An.C. 1502.

IV. Nach der Auffnahme. Ob gleich Anfangs An.C. 1548. am H. Pfingsttage die Communität nur von IV. Tischen ist angegangen, und die erste Speisung geschehen in Beyseyn des Cantzlers Johan von Hagen. Jedoch ist noch im selben Jahre am Sontage ₆₉₄ nach Dionysii den 9. Octob. darzu kommen der fünffte, und ist einem ieden Communitäter ein Nösel Bier verordnet worden. Als der sechste Tisch bald darzu kommen, hat der Oeconomus vor diese 6. Tische jährlich bekommen 187. Jenische Scheffel Korn, und 234. Scheffel gersten, ausgeschlossen 5. gl. die ein ieder Communitäter als eine Zubuße wöchentlich dem Oeconomo gegeben hat.

In Statutis Acad. von An.C. 1558. den 2. Februar. wird der 8. Tischen in der Communität gedacht, nicht in der Meinung, daß sie domals schon angegangen weren, sondern daß sie solten im kurtzen gesetzet werden. Es ist aber damit verblieben biß Michaelis des 1588. Jahrs. Im nachfolgenden 1589. Jahr hat der Oeconomus Johan Schmid dem Magnifico Rectori M. Johan Zölnern ein solch Verzeichnüß der Einnahme und Ausgabe überreichet.

249½. Scheffel Korn, 312. Scheffel Weitzen, 1188. fl. 12. gl. vor 96. Communiteter, von iedem wöchentlich 5. gl. Item 50. fl. Additament Gelder, 20. fl. Gesinde Lohn 19. fl. 1. gl. vor Kleyen, 60. fl. vor Drebern und Koffent. Summa der Einnahme 1337. fl. ₆₉₅ 13. gl. Hingegen die Summa der Ausgabe ist gewesen 1796. fl. 18. gl. 6. d.

Endlich An.C. 1595. den 9. Dec. haben die beyden Brüder und Hertzoge zu Sachsen, Hertzog Fridrich Wilhelm I. und Hertzog Johannes den neunden Tisch geordnet gantz frey, (darüber bin ich ein Alumnus gratuitus gewesen von An.C. 1619. den 4. Dec. biß A.C. 1622. den 27. Julii). Hingegen den achten Tisch in der Ordnung und Reihe hat A.C. 1596. am Christtage gantz frey gemacht ihr Cantzler D. Marcus Gerstenberger. Wie aber? Er hat nur das gewöhnliche Kostgeld, nemlich 5. gl. von einer ieden Person, und in einer Summa 142. fl. 18. gl. jährlich vor den gantzen Tisch gezahlet, die andern Unkosten seyn über die Landsfürsten gegangen. Er ist gebohren zu Butstet A.C. 1553. am Sontage Lætare, und gestorben zu Dreßden 1613. den 22. Aug. Seines Sohns Johannis Gerstenbergers Tochter, hat geheiliget D. Sebastian Beer, Fürstl. S. Hoffrath zu Altenburg, und dessen einige Tochter hat unlängst geheiliget ein Adelicher Thüringer von Schönfeld. Hierinnen ist ihme gleich D. Michael Wirth von ₆₉₆

Leoberg aus Schlesien, beyder Rechten Doctor, Ordinarius zu Leipzig, gebohren An.C. 1547. den 6. Jan. gestorben 1611. 3. Dec. der hat 4000. Gülden gestifftet zu einem Freytisch für XII. arme Studenten im Convictorio zu Leipzig. Wie solches von ihm rühmet D. Weinreich part. 4. conc. funeb. 13. p. 304.

V. Nach der Auffsicht. In Visitation. Articulen, gegeben zu Weimar An.C. 1560. den 9. Oct. wird vermeldet, daß alle viertel Jahr die Communität und die Haußhaltung des Oeconomi soll besichtiget werden durch die Decanos der 4. Facultäten, und F. S. Amtschösser, aber den 10. Oct. hat der Senatus eingewendet, daß solche Besichtigung allein ihrem Rectori zukomme, und der ließ solche geschehen durch denjenigen Professorem, der zugleich Inspector des Collegii were, und darinnen auch wohnet.

Zu Tübingen sind die sechs PP. Philosophi allein die Inspectores Wechselweise, und ein gantz Jahr, so lange sie Decani seyn.
697 Die Oberauffsicht hat allein der Universität ‚Cantzler, und der Kirchen Decanus. Crusius in Annal. Suev. part. 3. l. 8. c. 17. fol. 465.

Anno C. 1639. den 6. Jul. hat Hertzog Wilhelm zu Sachsen, und seine Gemahlin Eleonora Dorothea, gebohrne Fürstin zu Anhalt, mit ihren jungen Printzen das Convictorium besichtiget, und zugesehen, wie des Abends Speiß und Tranck ist auffgetragen, unter der Mahlzeit gelesen, und hernach gebetet und gesungen worden.

Der erste Inspector der Communität und Einwohner des Collegii unter den PP. ist gewesen M. Johan Stigelius An.C. 1544. den 19. Martii. Ihme sind überlang gefolget unter andern von An.C. 1582. M. Andreas Nehrkorn, D. Andreas Libavius, von 1590. M. Christophorus Hammer, von 1591. M. Wolffg. Heider, von 1626. M. Daniel Stahl von 1645. M. Erhardus Weigel.

Alhier ist zuwissen, daß wol ehemals zweene Inspectores uff einmahl gewesen seyn, aber nicht des Collegii Academici, sondern der Stipendiaten und der Alumnorum im Convictorio. Denn A.C.
698 1642. waren zugleich D. Johan Himmel, und M. ‚Daniel Stahl. Und An.C. 1653. zugleich D. Joh. Tobias Major, und M. Daniel Stahlius. Ihr Amt ist dieses, daß einer unter ihnen im Collegio wohnen, beyde aber die Auffsicht uff den Oeconomum, Stipendiaten, und Communiteter haben sollen. Für solche Mühwaltung sind iedem 6. Scheffel Getreide verordnet. Suche die neuen Statuten tit. von Inspection der Stipendiaten und Alumnorum.

306

VI. Nach dem Unfall (1.) als A.C. 1578. die Pest zu Jena einreissen wolte, vermeldet den 2. Julii der Rector D. Andreas Ellin-
ger den Studenten in einem Patente, wie daß die drey weltlichen
Churfürsten, Pfaltz, Sachsen, Brandenburg, als treue Vormünder
dieser Länder, gesonnen weren, die Universität von Jena nach
Salfeld zulegen. Darauff zog der neue Rector D. Fridericus Pen-
soldus, und D. Petrus Wesenbeck dahin uf die Besichtigung, und
wurden ihnen zum Auditoriis und Convictorio eingeräumet das
Franciscaner-Kloster, nach ihrer Wiederkunfft zogen die PP. und
bey 200. Studenten den 1. Aug. dahin, wurden von den Einwohnern beliebet und wol bewirthet. Unter des von unsern Jenensern 699
wieder gewünschet. Blieben aber daselbst biß auff den 9. Martii
1579. Jahrs, und wurde darauff den 10. Martii öffentlich allhier
verkündiget ein neuer Rector, D. David Voitus, wie zulesen in Libro
Actor. Acad. fol. 188. 189.

Dergleichen Verordnung und Versetzung der Universitäten
und darinnen der Communitäten, haben sich auch an andern
Oertern, nicht allein wegen der Pest, sondern des Kriegs begeben,
wie ich solches mit XV. Exempeln und Geschichten bewiesen
habe in meinem Syllabo Rectorum lib. 1. c. 3. p. 118.

(2.) Als An.C. 1597. den 5. Oct. Hertzog Casimirus zu
Coburg, und Hertzog Johan Ernst zu Eisenach Gebrüdere und
Hertzoge zu Sachsen, ihren Vettern Hertzog Fridrich Wilhelm I.
und Hertzog Johansen, H. Johan Wilhelms beyden Söhnen, die
Communion und Gemeinschafft der gesamten Univeristät, Kirchen Consistorii, Hoffgerichts, Schöppenstuels und Communität
Auffkündigten, und ihr Antheil zu einer neuen Universität zu
Coburg, (daraus nur ein Gymnasium worden ist) anwenden wolten, siehe, do were es auch unter andern üm die Communität 700
geschehen gewesen, wenn nicht treue Obadiæ und Hoffräthe
wieder den Riß gestanden, und diesen beyden Brüdern gerathen
hetten, aus ihrer Rent Cammer solche Landschulen zuerhalten.

(3.) Als An.C. 1621. Kupffergeld in Jena noch wehrete, und
allererst An.C. 1622. den 22. Aug. vollkömlich abgeschaffet wurde, unter des aber die Kipper und Wipper alle Victualien theuer
und seltzam machten, lidden die armen Communitäter, der ich
auch einer über dem 9. Tisch war, grossen Mangel, nicht zwar an
dem lieben Brote, sondern an dem Zugemüse, fürnemlich aber
am Fleische, daß in vielen Wochen selten, in etzlichen aber gantz
und gar nichts vor uns kam.

(4.) An.C. 1648. den 28. Jan. ist die letzte Promotion der Baccalaureorum in Jena gehalten worden, weil etzliche Tische wegen des steten Kriegswesen abgiengen. Sie sind aber An.C. 1669. den 7. Nov. alle IX. Tische wieder ersetzet, als der I. und der VI. in der Ordnung. Dannenhero hat M. Phil. Müllerus PP. A.C. 1670. den 13. April. eine öffentliche Danckrede gehalten.

VII. Nach den Tischen. Derer seyn niemals über IX. gewesen, Anfangs nur IV. von A.C. 1548. am Pfingstfest, bald V. hernach VI. überlang, als A.C. 1588. am Michaelistage achte. Endlich An.C. 1595. den 9. Dec. gar IX. Diese werden unterschieden, nicht wegen der Speisen und Trancks, die seyn in gemein einerley. Im Kloster Roßleben an der Unstrut über dem Wendelstein gelegen, wurden von Philip Heinrichen von Witzleben zu meiner Zeit A.C. 1613. 1618. fünff Tische gespeiset, darunter der erste genennet der Edelleute Tisch, die bekamen mit den andern zwar einerley Tranck, aber besser Essen. Die Edelleute gaben jährlich ein ieder 20. fl. Die anden waren theils Kostfrey, theils gaben jährlich 15. fl. und unter diesen bin ich in das sechste Jahr gewesen. Sondern wegen anderer Ursachen, theils wegen des Nutzens und Vorzugs. Die ersten sieben Tische sind nicht gantz gratuitæ und Freytische, denn ein ieder giebt wöchentlich 5. gl. A.C. 1574. im vierden Rectoratu D. Johan Schröters wurde beschlossen, daß ein ieder auff einmal 30. gl. auff 6. Wochen dem Oeconomo

Burchard Müllern voraus zahlen sollte, wegen bequemer Einkauffung und Speisung. Theils wegen des Titels und Namens. Unter diesen IX. Tischen heisst der eine, zwar der achte in der Ordnung, bald der Gerstenbergische wegen des Stiffters, bald der Beerrische und Schönfeldische wegen der Erblichen Erhalter. Theils wegen der Zeit und Wehre. Die acht Fürstentische sind ehe auffkommen, als der neunde Gerstenbergische, wiewol in der ietzigen Ordnung dieser nicht der neunde, sondern der achte. Und dieser ist zubetrachten wegen seiner Angehung, von An.C. 1596. am Christtage, so wol wegen seiner Bestetigung, die hat D. Marcus Gerstenberger, domals Weimarischer, hernach An.C. 1605. Altenburgischer Cantzler gesucht A.C. 1600. den 1. Jan. und bey Hertzog Fridrich Wilhelm I. zu Sachsen am 3. Jan. erhalten für XII. arme Studenten aus dem Fürstenthum Weimar und Altenburg, auch aus der Graffschafft Hohnstein, do er vor diesem Rath und Cantzler gewesen, so fern sie der Augspurgischen Confession zugethan seyn. Durch jährlich Geldmittel, nemlich

142. fl. 18. gl. Diese und andere Zinsgelder haben gestanden bey 703 dem Rath und Gotteskasten zu Jena, sind aber unlängst An.C. 1662. gäntzlich abgeleget worden. In seinem Testament gemacht zu Dreßden A.C. 1612. den 30. Dec. Erbeut er sich, in Jena anzurichten eine freye Wohnung vor diese XII. Alumnos, und noch vor drey Stipendiaten, darunter jährlich haben soll der erste 50. fl. wegen vermachter 1000. fl. von D. Matthia Colero, weiland Ordinario allhier. Der andere 25. fl. der dritte auch 25. fl. wegen vermachter 1000. fl. Johan Colers, Bürgermeisters in Altenburg, und diese drey Stipendia sollen bekommen Altenburgische Kinder. Jedoch die ausländischen nicht gäntzlich ausgeschlossen. Diese freye Wohnung für die XV. Personen ist noch zur Zeit nicht zusehen in Jena. So ist mir auch die Beschaffenheit dieses Stipendii nicht bewust.

IIX. Nach den Communitätern. Die kommen uns zubetrachten vor, unterschiedlich:

1. Wegen der Zahl, derer sind nicht 24. über zween Tischen, wie zu Coburg im Gymnasio Casimiriano, von An.C. 1605. am Tage Michaelis. Nicht 36. über 3. Tischen, wie zu Oxenfurt in 704 Engelland, und sitzen über dem ersten die Grafen, Freyherrn, Edlen und Doctores, über dem andern die Magistri, Baccalaurei und andere fürnehme Studenten, über den dritten aber nur gemeiner Leute ihre Kinder, wie Schröter schreibt part. 1. Geogr. histor. l. 1. c. 8. p. 613. nicht 40. oder 50. über etzliche Tische, wie zu Würtzburg im Convictorio Kiliano, bald 40. oder 50. Philosophi und Theologi gespeiset werden, und bezahlet der Bischoff vor ieden jährlich 100. fl. Middendorp. part. 2. de Acad. lib. 5. p. 228. Sondern 108. über 9. Tischen, über ieden XII. oder XIII. denn über dem 10. genand der Beytisch, sitzen die zweene Dapiferi, der Famulus Communis, der Lector, der Scriba, derer wir im nachfolgenden IX. §. gedencken wollen.

2. Wegen der Ankunfft. Sie sollen seyn Land Kinder, und zwar arme, wie zusehen in Statuten A.C. 1558. den 2. Febr. §. damit auch unser gnädiger Wille ꝛc. D. M. Gerstenberg hat seinen Tisch gestifftet für Arme aus dem Fürstenthum Weimar und Altenburg und Graffschafft Hohnstein. Zu meiner Zeit An.C. 1618. genossen der zweyen Freytischen, des Gerstenbergischen 705 als des IIX. und des Fürstlichen als des IX. allein Lands Kinder, aber der ersten Siebenen Einheimische und Ausländische, wofer-

ne auch diese vorher ihre diplomata von den Fürstl. Höfen erlangten, und damit sie vor andern Expectanten desto eher möchten genommen werden, so namen sie gradum Baccalaureatûs Philos. an sich.

3. Wegen der Einführung, und diese geschicht uf Befehl des Rectoris und Inspectoris, durch den Scribam, welcher einführet nicht allein die ordentliche Membra, und von ieden bekömmet 12. gl. sondern auch die Substituten. An.C. 1590. den 20. Novembr. unterm Rectore D. Jacobo Flachen, ist es auffkommen, daß in eines verreissenden Communitäters Stelle ein ander armer Student ist eingesetzet worden, biß uff jenes Wiederkunfft, und solche Substitution ist hernach A.C. 1595. vom gantzen Senatu Academico bekräfftiget worden. Wie zulesen in Libro Actor. Acad. p. 363. 384. aber nicht ümsonst, sondern üm 5. gl. wöchentlich. Es sey denn das der Substitutus über den freyen Fürstlichen Tisch gesetzet worden ist.

706 4. Wegen der Sitzung. Wie ein ieder an seinen Tisch ist eingeführet, also sitzet er darüber, unter welchen der Oberste genennet wird Senior, und der Unterste Junior, und diesem gebühret im Nothfall uff die andern zu warten.

5. Wegen der Speisung, drey Gerüchte, als Suppe, Fleisch, und Zugemüße werden allezeit von den Dapiferis uffgetragen. Weiland XII. Stücke Fleisch, in einer ieden Schüssel, unter dem Oeconomo Georgio Lemsern An.C. 1635. sind solche XII. in III. Stücke verkehret worden. Zu meiner Zeit An.C. 1618. wurde des Mitwochs üm 10. des Abends üm 5. Uhr zu Tische geleutet, nunmehr eine Stunde längsamer. Weil theils Professoren noch zu profitiren und zu disputiren haben.

6. Wegen der Wohnung. In Statutis A.C. 1558. den 2. Febr. und A.C. 1574. den 18. Febr. ist nicht allein den Stipendiaten, sondern auch den Alumnis gebothen, ihre Musæa in oder nahe bey dem Collegio Academico zu haben, und ohne Erlaubnüß nicht zuverreissen, damit sie in Feuersnoth (dafür Gott in Gnaden das

707 liebe Jena ferner behüten wolle) dem Bibliothecario desto eher könten beyspringen. Ein solch decretum ist absonderlich gemacht A.C. 1570. im Rectoraru D. Petri Brems, wie zulesen in Libro Actor. fol. 148.

7. Wegen der Examinirung. Im Frühling und Herbst. Weiland sind darbey gewesen der Rector und die Decani aller vier Facultäten. In derer Beyseyn ein ieder dahin beruffener Professor

310

aus seinen Prælectionen die Communitäter gefraget hat. Lib. Actor. fol. 29. 30. Zu meiner Zeit An.C. 1618. haben allein die PP. Philosophi und ihre Adjuncti die Examina gehalten, zu welchen auff die letze der Magnificus Rector kommen, und die Leges zuverlesen befohlen hat.

Diesen beyden Examinibus müssen alle Communitäter, ausgenommen die Magistri beywohnen. A.C. 1588. den 22. April. sind sie alle, auser sechse davon blieben, und ist deswegen ihr Anstiffter und Redelführer Caspar Prast von Crannichfeld den 2. Maji in Ewigkeit religiret worden. A.C. 1595. sind die Alumni des IX. Freytisches auch aussenblieben, und vorgewand, sie weren schon ⁷⁰⁸ uff der Rosen mit den Stipendiaten examiniret worden, aber uff Befehl des Rectoris M. Laurentii Rhodomanni sind sie alle erschienen, und haben sich also darbey bewiesen, daß ihnen das Liber Actor. fol. 391. das Zeugnüß des Fleisses und der Geschickligkeit gegeben hat.

Zu meiner Zeit A.C. 1619. enthielten wir Alumni des IX. Freytisches uns dieses Examinis im Convictorio, mit Vorwendung, wir weren schon uff der Rosa examiret worden. Aber es wurde uns diese Entschuldigung von den PP. zunichte gemacht, also, wir giengen billich in die beyden Examina, die jährlich zweymahl in dem Convictorio und im Ædisicio des Rosen Kellers gehalten werden, dort zugleich mit andern Communitätern wegen der Kost, hier mit den Stipendiaten wegen des Gelds, nemlich wegen der 5. gl. wöchentlich Kostgelds.

8. Wegen der Andacht oder des Gottesdienstes. Vor-, bey-, nach dem essen. Mitten im Convictorio ist eine Seule, daran tritt einer (wen die Reihe an seinem Tisch trifft) und spricht ein Lateinisches Gebet vor und nach essens, und beschleusst mit dem Vater Unser. Uber dem Mittagsmahl lieset der Lector uff dem ⁷⁰⁹ Cathedra aus der heiligen Schrifft, aber über dem Abendmahl aus Historien Büchern, beyde Mahlzeiten werden mit einem teutschen Kirchen-Gesang beschlossen, und ist der Anfang An.C. 1642. unter der Inspection D. Johan Himmels, Theolog. PP. gemacht worden.

9. Nach den Bedienten. Darunter gehörigen die Oeconomi und etzliche Studiosi.

Die Oeconomi sind zubetrachten:

1. Nach dem Amte. Ihnen gebühret die Haußhaltung weißlich zuführen. Speiß und Tranck wol zubereiten, Kochgeschirr

und Gefäße sauber zubehalten. Ihnen wünsche ich von Gott der beyden Witbin zu Sarepta und im Lande Israel gesegnetes Mehlfäßlein und Oehlkrüglein (1. Reg. 17. 12. 14. 2. Reg. 4. 1. 6.) so wol den küpffern Kochtopff in dem Kloster zur H. Treyeinigkeit, gelegen XII. Meilwegs von der Residentz Moscau, in welchem noch allezeit, üm essens Zeit, etwas von Speise, sonderlich von Kraute darinnen überbleibet, es mögen ihrer wenig, oder ihrer viel dahin kommen, und Speise begehren. Schröter in Geogr. histor. part. 1. l. c. 12. p. 902.

2. Nach ihren Mitteln. Und zwar vor die IX. Tische, und diese seyn (1.) Getreide, als 281. Jenische Scheffel Korn zum Brot, 351. Scheffel Gersten zum Bier. (2.) Holtz A.C. 1548. Freytag nach Lamperti ist nur gnug Holtz zur Erwärmung der Communität Stuben bestimmet worden, aber nunmehr werden jährlich 50. Klafftern Holtz oder Floßscheite auff der Sala nach Jena geführet, und auff der Landfeste zum Heitz- und Kochholtz ausgesetzet. (3.) Geld, theils als ein Geschenck, An.C. 1591. den 22. Jan. sind 100. Thaler von Weimar geschicket worden, wegen Mangel der Victualien und theuren Zeit. Theils als eine Schuld, welche jährlich beygetragen werden, als 350. Meisnische Gülden, 1. gl. 4. d. von den Fürstl. Höfen, 142. fl. 18. gl. von den Gerstenbergischen Erben, 100. fl. von der Universität aus ihrem Fisco, nach dem Fürstl. Befehl, ertheilet An.C. 1607. im Majo. Item eine gewisse Summa von den Communitätern über den ersten sieben Tischen, deren ieder zu meiner Zeit An.C. 1618. nur 5. gl. nunmehr 6. gl. wöchentlich zahlen muß. (4.) Vortheil und Vorschub, denn die Einwohner in den vier Dörffern, Isserstet, Coßweda, Lüzeroda und Cloßwitz (als welche die Viehtrifft vom Landsfürsten erblich erkaufft, und jährlich 40. fl. Zinß davon geben) dürffen kein Rind- oder Schaffvieh verkauffen, wenn sie solches dem Oeconomo zuvor nicht angeboten haben. Er hat auch Macht einen eigenen Fleischer Knecht (wenn er gleich selber kein Meister ist) zuhalten, und Tischgänger anzunehmen, als andere Cives Academici.

3. Nach ihrem Namen. Ihr Amts-Name ist Anfangs gewesen der Name Koch, weil der erste Oeconomus ist ein Fleischer und vielleicht zugleich ein Garkoch gewesen. Darnach ist der lateinische Name Oeconomus, das ist, ein Haußhalter allmählich auffkommen. Ihre Person und Geschlechtsname ist dieser nachfolgender:

1. Nicolaus Gräfe, sonst Beier genand, Einwohner des Gasthauses zum Roten Hirsche am Eckhause vor dem Löberthore, ist der erste Koch oder Oeconomus worden in Jena. Gleichwie Michael Lemmermann in der Fürstl. S. Klosterschule an der Sale, die Pforte genand, A.C. 1543. den 1. Septembr. Und Johan Roßbach in der Fürstenschule zu Meissen an der Elbe. Auch An.C. 1543. den 3. Julii. Er hat An.C. 1448. Montag nach Judica den aus Erffurt mit XX. Studenten ankommenden M. Victorinum Strigelium beherberget, und ist vom Weimarischen Cantzler Johansen von Hagen zum Koch oder Oeconomo auff und angenommen worden, und hat am ersten Pfingstfeyertage den Anfang zur Speisung der vier Tischen in derselben, und der zweyen ersten Professoren M. Joh. Stigelii, und M. Victorini Strigelii gemacht. _712

2. Andreas Densteter An.C. 1568. stirbt im nachfolgenden 1569. Jahre den 2. April.

3. Wolff Encke, ein verdorbener Buchführer wird Oeconomus 1569. und 1570. abgeschafft.

4. Valentinus Müller vom Königssee, A.C. 1570. stirbt 1586. den 27. Martii.

5. Burchard Müller wird seines unvermöglichen Vaters Substitutus, und erlangt A.C. 1574. von der Universität, daß ein ieder Communiteter über den ersten sieben Tischen 30. gl. uff 6. Wochen zum Voraus geben muß, ist geschehen unterm Rectore D. Joh. Schrötern. Wie zulesen in Libro Actor. fol. 159. stirbt A.C. 1588. _713

6. Heinrich Frölich A.C. 1588. am Michaelis eingeführet, läufft heimlich davon.

7. Johan Schmid von Eichenberg, ein Fleischer von Eisenberg, wird An.C. 1589. den 24. Martii zu Weimar angenommen, vom Cantzler D. M. Gerstenberg und Günther Schneidewein, in Beyseyn des Rectoris M. Joh. Zölners, und D. Jacobi Flachens PP. welche damals dem neuen Oeconomo bey der F. S. Regierung erlanget haben 80. fl. von dem Theil des Holtzes, das seine Vorfahren zu Nutzen inne hatten. Er hat vor 300. fl. eine schrifftliche Caution eingeleget, und diese ist in Archivis beygelegt worden. Wie zulesen in Libr. Actor. fol. 272.

8. Laurentius Beier, ist gebohren A.C. 1550. wird zweymal Oeconomus, einmahl allein An.C. 1600. Hernach mit seinem Sohne Wolffg. Beiern, stirbt An.C. 1631. den 12. Augusti, ihm habe ich die Leichpredigt gehalten.

ˏ9. Georgius Knabe Stadt Richter zur Neustadt an der Orla An.C. 1602. den 13. Febr. daran Laurentius Beier abgedanckt, verlässet hinter sich einen Sohn seines Namens, welcher im Städtlein Roda Pfarr worden ist.

10. Victorinus Müller von Königsee, dancket abe An.C. 1614. und wird Laurentius Beier wieder angenommen, mit der Bedingung, daß er das Unschlit vom geschlachten Rind- und Schaffvieh den PP. anbiete und verkauffe.

11. Wolffgang Beier ist seines Vaters Laurentius Beier Coadjutor biß 1629. ist gebohren A.C. 1591. den 17. Mart. stirbt 1659. den 28. Febr. und lässet hinter sich unter andern einen Sohn David Beiern Fleischern in Jena.

12. Michael Resch vom A.C. 1629. sein Vater ist gewesen ist gewesen Wolffg. Resch beyder Rechten Doctor und Hoffrath bey Georg Ernsten dem letzten Gefürsteten Graffen zu Henneberg, endlich Syndicus zu Schweinfurt. Sein Schweher aber Johan Hartmann Schäfer, Rentmeister des Apts zu Fulda in die 50. Jahr. Nimmet A.C. 1634. die Verwaltung des Brückenhoffs zu Jena an sich, stirbt A.C. 1638. den 3. Augusti.

13. Georgius Lemser A.C. 1634.

14. Martinus Gruner von Kahle A.C. 1641.

15. Fridericus Schreck von Rudelstet, do sein Vater M. Laurentius Schreck Diaconus gewesen, von An.C. 1652. biß 1655.

16. Johannes Weise von Jena, von A.C. 1655. den 30. Nov. am XVI. Sontage nach Trinit. biß auff diese Zeit 1674. den 10. Febr.

II. Die Studiosi, welche uf die Communiteter beschieden, sind an der Zahl viere, und werden nach ihrem Amte genennet Dapiferi, Scriba, Lector.

Die Dapiferi decken die Tische, tragen die Speisen auff, reumen von Tischen, samlen die überleien Brocken, und tragen sie mit den Schüsseln in die Küchen. In Examinibus Magistrandorum tragen sie Confect und Geträncke vor, wie auch der Pedel und Famulus Communis. Dafür haben sie freye Kost und Wohnung auff dem Tabulat, bekommen von den Communitätern ein Neujahrs verehren, von Doctoranden ein baar Handschuh, und von ieden Magistrandis einen Ortsgülden wegen Aufflegung der Bücher und Auffhebung der Hüte. Ihrer seyn an der Zahl nur zweene.

Der Scriba trägt das Geträncke in stübigen Kannen aus dem Keller auff die Tische, bey einer ieden Mahlzeit dreymahl. Nimmet das Kostgeld von den ersten sieben Tischen ein, und überantwortet solches dem Oeconomo auff einmal. Führet die neuen Communitäter ein, und bekömmet von ieden 12. gl. hat sonsten den Freytisch, und eine freywillige Neujahrs Verehrung.

Der Lector lieset bey dem Mittagsmahl in der Bibel, aber bey dem Abendmahl in den Historien. Der Anfang ist allererst A.C. 1569. im Rectoratu D. Johan Wigandi PP. gemacht, nach dem Exempel der Leipzischen und Wittenbergischen Universität, und der Witzelebischen Kloster Schuelen zu Roßleben an der Unstrut.

In der Communität zu Oxenfurt in Engelland ist die Cathedra nicht oben an der Wand, wie zu Jena, sondern mitten im ⸗Cœna- _717_ culo, darinnen drey Tische, wie oben im IIX. §. nach den Communiteten erwehnet, stehen, und muß ein ieder selber, wie ihn die Ordnung trifft, aus der Bibel lesen. Keyser Carolus der I. und Grosse, und Keyser Maximilianus I. haben auch unter wehrender Tafel oder Mahlzeit lesen lassen. Jener des Augustini Bücher von der Stadt Gottes. Dieser aber andere nützliche Scribenten. Für seine Mühwaltung hat der Lector freye Kost in der Communität mit dem Famulo Communi, beyden Dapiferis und Scriba.

Das LVII. Capitel,
Von dem Medicinischen Garten im Collegio Academico.
Dieser ist zubetrachten

1. Nach dem Namen. Er wird genennet (1.) der Medicinische, weil er zur Lust und Nutz, Lieb und Lob der Medicinischen Facultät, so wol derselben Hochachter ,und Werthalter erfunden und _718_ angelegt worden ist. (2.) Der Collegische, weil er im Collegio Academico liegt. Suche unten §. 7. (3.) Der Rolfinckische, weil D. Guernerus Rolfinck von Hamburg denselben erfunden und angelegt, auch An.C. 1631. den 11. Julii mit einer anmutigen Rede von Nutzbarkeit des Studii Botanici, eingeweihet und eingesegnet hat.

Demnach ist dieser Rolfinckischer Garten unterschieden von dem Schlegelischen, der liegt ausser dem Collegio, gegen Mitternacht, bey dem Fürstenkeller in grosser Länge, und in ziemlicher Breite, und wurde An.C. 1641. von Hertzog Wilhelm IV. zu Sachsen eingethan der Medicinischen Facultät. War aber zur selben Zeit wüste und öde, ohne Abtheilung der Bethen, ohne Besamung der Kräuter, ohne Ergetzung der Blumen, voller Ge-

sträuch, Gebüsch und Grasses. Denselben thät Doct. Paulus Marquardus Schlegel von Hamburg PP. als sein Proxeneta und Parati-
us, Ausbitter und Erlanger, aus Liebe zur Botanica, zu Lob der
Stadt Jena, zu Nutz der Mediciner, saubern und reinigen, mit
719 allerley Saamen begatten, und mit viel ausländischen und einheimischen Kräutern zieren, und wurde desselben erster Præfectus,
nach ihm sein Landsmann und Discipel D. Christophorus Schelhammer PP. der andere. Und D. Joh. Theodorus Schenck der dritte
und auch der letzte Præfectus.

Denn als Hertzog Bernhardus II. zu Sachsen seinen Fürstlichen Hoff von Weimar nach Jena versetzet, und den Einzug mit
seiner Gemahlin Fr. Maria Hertzogin zu Tremulien, Thuar, und
Lodune, Fürstin zu Talmond, Gräfin zu Lavale, Ambose,
Schavalla, Gihre, Vernange, Monfort und Taliburg, Vitzgräfin zu
Rhena, Fräulein zu Vitre, Moleon, Bern und Didonna, Marggräfin
zu Epine An.C. 1662. den 10. Novembr. herrlich hielte, ist im
nachfolgenden 1663. Jahre dieser Schlegelischer Mediciner Garten wiederüm zur Fürstl. Hoffhaltung gezogen, und auff eine
andere Weise angericht und gebraucht worden. Wie ich denn
schon vor diesem in meinem Geographo Jenensi cap. 39. beyder
des Rolfinckischen und des Schlegelischen Gartens in etwas gedacht habe, und dieses letzten nicht weiter gedencken will.

720 II. Nach den Ursachen. Und diese seyn unterschiedlich (1.)
wegen der Anlegung, ists M. Hieronymus Prætorius von Hamburg,
domahls Professor allhier, hernach Domprediger zu Würtzburg,
ferner Hoffprediger zu Weimar, Pfarr zu Schleusingen, und endlich Superintendens zu Schmalkalden. Als An.C. 1629. von dem
Ort eines Medicinischen Gartens Unterredung geschach, schlug
er unter andern den Garten des Oeconomi, gelegen an den Auditorien der Juristen und der Philosophen, und eignete solchen der
Floræ Medicæ zu. (2.) Wegen der Befestigung, ists D.P.M. Schlegel,
domals Medicinæ Candidatus, hernach Doctor und PP. alhier, der
ließ ihm keine Mühe nicht tauren, biß dieser Platz An.C. 1630.
vor Winters wurde mit dem Pfluge ümgerissen, mit Miste gedin-
get, mit Saamen beseet, mit Kräutern gezieret, vor seiner Abreise
von Jena in Italien, und diese geschach A.C. 1631. den 2. Martii.
(3.) Wegen der Dirigirung, ists D. Wernerus Rolfinck PP. als der
von Wittenberg, dahin er sich von Padua aus gewendet hatte,
721 nach Jena An.C. 1629. den 31. Maji kam, und sahe, das der Stadt,
und in der Stadt der Universität alhier, noch dreyerley mangelt.

Erstlich ein wolbesteltes Nosocomium, daran es auch zu Leiden in Holland gemangelt, und darüber geklaget Petrus Bausius Botanicus und Anatomicus PP. Darnach ein Theatrum Anatomicum, daran es vor diesem zu Padua gemangelt, und es Hieronymus Fabricius ab Aquapendente Anatomicus und Chirurgicus erhalten. Endlich ein Plantarium Medicum, daran es eben zu Padua weiland gemangelt, und An.C. 1533. auff Angebung Francisci Bonafidei Med. PP. der Rath zu Venedig einen Mediciner-Garten daselbst, wie auch König Heinricus IV. in Franckreich zum Mompelier (in Monte Pessulo) angerichtet habe. Siehe! richtet und trachtet er Tag und Nacht dahin, daß dergleichen Mediciner Garten möchte allhier in Jena angebauet werden.

Diese Trium Viri von Hamburg sind die ersten drey Ursächer dieses Medicinischen Gartens im Collegio Academico, und gleichsam die drey Charites oder Gratiæ. (4.) Wegen der Promovirung und Beförderung, ists der Senatus Academicus welcher nicht allein 722 den Ort, sondern auch das Geld darzu hergegeben hat. Insonderheit der Magnificus Rector D. Johan. Gerhardus An.C. 1629. bey der Berathschlagung. D. Zacharias Brendel der Jüngere. A.C. 1630. bey der Anbauung, M. Daniel Stahl An.C. 1631. den 1. Julii bey der Einweihung. (5.) Wegen der Begabung und Beschenckung, ists Hertzog Ernst zu Sachsen zu Gotha, dieses Namens der Dritte und Gottselige genand, welcher viel und mancherley Samen, Kräuter, Blumen aus den zweyen F. S. Lustgärten, zu Weimar und Lützendorff anhero geschicket hat. (6.) Wegen der Uffsicht und Erhaltung, ists vorher erwehnter D. W. Rolfinck. Gleichwie der erste Horti Medici Præfectus gewesen ist, zu Leiden A.C. 1600. D. Petrus Pavv. von Amsterdam. Zu Montpelier D. Andreas Laurentius. Zu Padua An.C. 1533. Franciscus Bonafidius, also ist er der erste Præfectus zu Jena An.C. 1631. den 11. Jul. daran er diesen hortum Medicum mit einer zierlichen Oration vom Nutz der Botanicæ eingeweihet, und der andere Præfectus nach ihm D. P.M. Schlegel A.C. 1638. den 19. Julii, daran er in der öffentlichen Ora- 723 tion diese Frage fürlegte. Ob auch den Medicis, bey d'hin und wieder befindelichen Ignoranz und Unwissenheit der Wehemütter, vergönnet sey ihre stete zuvertreten? Als aber Doct. Schlegel von Jena nach Hamburg zum Physicar beruffen, und dahin An.C. 1642. den 11. Oct. verreisset, hat D.W. Rolfinck den Schlüssel über diesen Hortum Medicum wieder zu sich genommen. Von ihm ist er ordentlich kommen uff D. Gothofredum Mœbium, von ihm uff D. Christophorum Schelhammer, von ihm auff D. Johan Theodorum Schencken, von ihm auf D. Johan Arnold Fridrichen, von ihm auff D. Augustinum Heinricum Faschen, welcher nch An.C. 1674. F. S. Leib Medicus und PP. in Jena ist.

III. Nach den Gewächsen, da seyn allerley Pflantzen, Kräuter, und Blumen, welche nach ihrer Natur, nach ihrer Gestalt, nach ihrer Wartung, nach ihrem Gebrauch und Nutzung ich nicht beschreiben soll, und wenn ich soll, nicht kann, und wenn ich gleich könte, nicht wil beschreiben, denn davon halten mich diese Sprüchwörter: Ne sutor ultra crepidam, & ne pastor ultra Cathedram, Plato und Galenus heissen mich schweigen, und rathen mir, daß ich mich nicht über die Stern über mir, noch über die Pflantzen unter mir bekümmern soll. Werde ich eine σκιαγαφιαν und Entwerffung derselben Gewächsen und Pflantzen, Kräutern und Blumen von einem Botanico überkommen, wil ich solche mit der Zeit zu ihrem Lob und Ehren Gedächtnüß mit einschieben.

IV. Nach ihren Gebäuden. Da findet sich:

(1.) Das Aquarium, der Wasserständer und Trog gesetzet A.C. 1631. zu Begiessung der Gewächsen, zur Erfrischung der Händen, zur Reinigung der Werckzeugen.

(2.) Das Repositorium, welches besetzet ist mit vielen hülzernen und irrdinen Gefäßen, voller fremder Gewächsen, und hatten nachfolgende Emblemata A.C. 1636. den 18. Aug. daran ich sie besichtiget und abgeschrieben:

1. Im Umkreiß des Gartens: (1.) χδεις αβολαικος ειοιτω. (2.) langvesco sole cadente. (3.) Sic transit schema mundi. (4.) Vita mihi flores viridantes inter & herbas. (5.) Hâc ornari aut mori i.e. Lauro (6.) Ni Deus adfuerit, viresque infuderit herbis, quid rogo, dictamnus? quid Panacæa juvant. (7.) Ista renascentes homines docet herba renascens.

2. Um die unterschiedene Bete des Gartens. 1. Dei benedictio ditat. 2. nil nisi folium i.e. ficus Indica, dove sono i feglii grandi, i granari piccolic. 3. Rien n'esticer l'eternelle duree. 4. Gratior est odor exiliens è germine pulcro. 5. ut pereunt flores, peteunt sic urbis honores. 6. emicat ex ipsis divina potentia rebus. 7. Aliter cœlestin durant.

Diese Kräuter und zugefügten Sprüche erinnern die Vorübergeher und Anblicker theils der Göttlichen Allmacht, Weißheit, und Güte, theils der menschlichen Nichtigkeit, Flüchtigkeit und Gebrechligkeit.

(3.) Das Lusthauß oder Sommerleube, erbauet An.C. 1631. und geschmücket 1635. mit Schilden von etzlichen Candidaten, dessen Boden mit Ziegelsteinen beleget, und die Decke mit einem sceleto oder Todtenbilde gezieret, welches einen Schild führet, und darinnen diese Wort: Homo, memento ‚mori, omnis caro 726 fœnum, & omnis gloria ejus, sicut flos agri. Das ist: *Mensch, gedencke an den Tod, alles Fleisch ist Heu, und alle seine Güte ist wie eine Blume auff dem Felde.* Die Meinung der beyden Sprüchen ist genommen aus der Heil. Schrifft. Des ersten, aus dem 39. Psalm. v. 5. Psal. 90. 13. Sir. 7. 40. c. 38. 23. Des andern Meinung aus dem Proph. Jes. 40. 6. 1. Petr. 1. v. 24.

V. Nach den Gemählden des Lusthauses. I. an dessen vier Wänden sind abgemahlet, theils allerley Pflantzen und Erdgewächse, und unter denselben mancherley Thierlein und kriechende Würmlein, und soll ein iedes Gemählde gestehen einen Reinischen Gülden. Theils unterschiedene Horti Medici, I. der Patavinische, abgerissen von Johanne Chemnicio von Braunschweig, liegt in der Runde, abgetheilet in vier Kreiße, und hat ein ieder seine gradus und Ecken. In der ersten ist Jason, welcher die Patavinische Universität mit der Athenischen verglichen. In der andern ist ein Sonnenzeiger, welchen die Griechen Amusium, die Lateiner Solarium, die Barbaren Compast nennen. ‚In der dritten die 727 Præfecti des Patavinischen Gartens, der erste wird mit dem Wort Anonymus angedeutet. Es ist aber derselbige gewesen Franciscus Bonafidius von An.C. 1533. sein Nachfolger Aloysius Mondella von Brix. In der vierdten und letzten Ecken stehet dieser Lobspruch des Bellonii von diesem Garten. Bellonius lib. 3. observ. c. 50. Nullum vidimus magis tingularem & elegantioremillô hortô, qui à Venetis Patavii colitur. Cujus Autor fuit Daniel Barbarus Patriarchi Aquilegiensis, Magni Var Judicii & insignis eruditionis. II. Der Lützendorfische, hat seinen Namen vom Fürstlichen Vorwercke bey Weimar am Aetersberge, liegt uff der Ebene, viereckicht abgetheilet in viel Kreiße und Bede, nach den Buchstaben Abc. III. Der Weimarische liegt auch auff der Ebene viereckig, getheilet in XII. Höfe und Bede, die unterschiedene Buchstaben anzeigen, gezieret mit Springwasser und Vogelgesang. IV. Der Leidische in Holland, liegt auch auff der Ebene viereckig, mit einem weiten Spatziergange. V. Der Jenische liegt länglich und viereckig, wie in nachfolgenden VI. und VII. §. zufinden und zulesen.

728
.2. An dessen Decken sind in 5. unterschiedenen Feldern abgemahlet unterschiedene Wapen. In dem mittelsten Felde stehet D.W. Rolfinckens, als des Præfecti Wapen, welches im Schilde hat einen Fincken, sitzend auff einem Büschel Getreide, und einen Stern zwischen zweyen Büffelshörnern über dem offenen Helm. Die andern Felder liegen uff der rechten und uff der lincken Seiten.

Uff der rechten Seiten, theils in der Nähe, sind drey Wapen, als Johan Daums von Grossenhayn aus Meissen, Caroli Schäfers von Halle aus Sachsen, Heinrici Bæzonis von Dreßden aus Meissen. Der erste führet im Schilde einen blauen Balcken, mit dreyen Creutzen, über dem zugedeckten Helm zweene Flügel, und darzwischen zwo Himmels-Kugeln, und in diesen zwey weisse Creutze. Der ander führet oben im Schilde drey weisse Balcken mit einem Triangel, in der Mitte drey silberfarbene Rosen, unten ein grüngemahlten Engel mit einem Schafe, aber über dem zugedeckten Helm ein Schaff zwischen zweyen Büffels-Hörnern. Der

729
dritte führet im Schilde ˏvier Stern, aber über dem Helm den Mond mit einen grünen Krantze. Theils in der Ferne sind zwey Wapen, als Johannis Chemnicii von Braunschweig, und M. Conradi Schneiders von Bitterfeld, beyde aus Sachsen. Der erste führet im Schilde eine halbe Lilien, und über dem Helm zwey weisse Lilien mit dem Stengel. Der ander führet im Schilde eine weise Taube mit dem Oehlblat auff einem grünen Berge.

Uff der lincken Seiten, theils in der Nähe sind drey Wapen, als Johannis Georgii Mylii von Regenspurg aus Beiern, Andreæ Wolffs von Jena, Johan Wilds von Heersbrück aus Francken. Der erste führet in dem zertheileten Schilde ein weiß Pferd mit der Fahne, und einen schwartzen Beer mit dem Scepter. Uber dem Helm zwischen Adlers Flügeln den schwartzen Beeren mit einem Scepter über den Achseln. Der ander führet im Schilde einen uff einem grünen Berge lauffenden Wolff, aber über dem Helm einen Wolff zwischen zweyen Flügeln. Der dritte führet im Schilde und auch über dem Helm einen mit Lorber gekröneten Satyrum, der

730
in der Hand hält eiɲen verhauenen Baum. Theils in der Ferne, sind zwey Wapen, als Johannis Christiani Fomanni von Coburg aus Francken, und Johannis Dammenhayns von Altenburg aus Meissen. Jener führet in einem zwölffgetheilten Schilde Löwenköpffe

und Jägerhörner, weisse und schwartze Windhunde, über dem offenen Helm eine Jungfer in ungeflochtenen Haaren, und über ihr der Mond, in welchen ein Jägerhorn. Dieser aber führet im Schilde eine schwartze Henne uff einem grünen Berge, aber über dem Helm einen Haußhahn.

VI. Nach der Gestalt. Diese ist nicht Kugelrund, wie der garten zu Padua, auch nicht ungleich, wie der Garten zu Leiden, sondern recht viereckig, getheilet in vier Plane und Plätze, die Plätze in Bede, die Bede in Kreise, und zwischen ieden Spatziergänge creutzweise. Gegen Abend ist zusehen ein Compaß, wie zu Padua, welchen M. Nicolaus Staphorst von Hamburg, hernach Prediger daselbst, als ein Liebhaber des Studii Botanici, hat auffrichten lassen.

VII. Nach der Lage. Er liegt nicht in der Vorstadt, wie der zu Mompelier, in Franckreich, sondern in der Ringmauer, wie der zu _731_ Leiden in Holland, und zwar im Collegio Academico. Hat gegen Morgen die zwey Auditoria, unten das Philosophische, oben das Juristische, darbey ein Gewelbe, darinnen wie zu Leiden die in grossen Aeschen, Töpffen und Gefäßen gesetzten Pflantzen in Winterszeiten verwahret werden. Gegen Mittag die hohen Stadtmauren, welche als die Cherubim das Paradiß, und als die Drachen die güldenen Aepffel bewachen, gegen Abend das Darr- und Brauhauß. Gegen Mitternacht aber einen grossen Unterschied zwischen dem Medicinischen Garten, und dem grossen Hoff des Oeconomi.

IIX. Nach dem Nutze, und der gehet

1. Auff eine Ergetzligkeit. Die empfinden diejenigen, welche die mancherleyen Gewächs anschauen mit ihren Augen, nicht allein des Leibes, sondern auch und fürnemlich des Gemüths.

2. Auff eine Gesundheit. Die befördern so viel Pflantzen, so viel Kräuter, so viel Blumen, so viel Samen, so viel Wurtzeln, so viel Säffte, so viel Pulver, die davon wieder die Kranckheiten _732_ gemacht werden, und zwar nach Gottes Ordnung, und mit Gottes Segnung. Davon ist zulesen Sir. 38. v. 1. 15.

3. Auf eine Bequemligkeit. Die geniessen vornemlich die Studiosi Medicinæ und Liebhaber der Botanicæ. Diese finden darinnen in einer einigen Stunde die Gewächse, die sie anderswo in einer gantzen Wochen kaum finden würden. In der Jenischen Gegend ist kein Berg, kein Thal, keine Ebene, darinnen nicht sollten Medicinische Gewächse, Pflantzen, Wurtzeln, Kräuter,

Blumen, Samen anzutreffen seyn. Wie ich solches bewiesen in meinem Geographo Jenensi cap. 32. 33. 34.

Allhier erinnere ich mich des danckbaren Lobes, welches D. Gotfrid Mœbius PP. seinem Præceptori und Collegen D. W. Rolfincken PP. offtmals gegeben hat, und sagte: Ich bin niemals in Franckreich, in Welschland, in Hispanien und Engelland gewesen, und des Studii Botanici wegen daselbst über Berg und Thal gereiset, und gleichwol die Kunst der Artzeney gelernet, und das weiß ich, nechst Gott, Danck dem treuen Fleiß, und fleißiger Treu D.W. Rolfinckens, das ist ein gut Lob der Danckbarkeit eines discipuli oder Lerners, und auch ein gut Lob der Treue und Fleisses eines Doctoris und Lehrers.

IX. Nach dem Segner und Schirmer.

Im Heidenthum ist der Garten Segen und Schirm gesuchet worden bey den erdichteten Göttern und Göttinnen. Derer etzlicher will ich gedencken, nur deswegen, daß der Leser daraus des Teuffels Werck und der Heiden Blindheit erkennen soll.

Die Götter der Felder und der Gärten waren unter andern diese:

Apollo sol den Nutz der Kräuter gewiesen und die Artzney erfunden haben, von Ovidio lib. 1. Metamorph. wird er also redend auff und eingeführet:

In ventum Medicina meum est, opifexg per orbem
dicor & herbarum subjecta potentia nobis.

Arungus ist zu Arunca, einer Stadt in Welschland vor einen Feldgot gehalten worden.

Averruncus sollte die unnützen Pflantzen abschaffen.

Arvales waren XII. Priester, von Romulo bestellet, die musten das Opffer dreymal üm die Fluren und Trifften, zur Zeit des reiffenden Getreidichs führen, und alsdenn der Cereri und Baccho schlachten. Darüm hießen auch solche Opfer hostiæ ambarvales. Unsere Päbstler affen ihnen nach, wenn sie mit ihren Fahnen und Weihwasser das Feld ümziehen.

Bacchus hatte in Schutz den Wein. Dis oder Pluto die Cypressen, Hercules die Pappeln, Jupiter die Eichen, Mercurius die Citronen, die Pomerantzen, die Quitten.

Nodosius oder Nodicius, die Knötigen an Zweigen oder Halmen. Occator die Erdklöße und Schollen uff den Aeckern und Beden. Osiris das Getreide, Pan und Priapus die Gärten, die beyden Brüder Pilumnus den Mist, und Picumnus das Getreide.

Robigus wehrete dem Mehlthau, Sarritor dem Unkraute, Spinensis den Dörnern, Saturnus, der auch Stercutius und Sterculius genennet wird, segnete den Dingmist.

Terminus, und Vertumnus oder Vortumnus nam die Felder und Gärten in Schutz.

Die Göttin der Felder und Gärten waren unter andern diese. Es segneten und behüteten Ceres das Getreide, Cymbele die Fische, Flora die Blüten, Fructuosa die Früchte, Hamadryades die Bäume, sonderlich die Eichen, Hostilina die Aehern, Isis das Korn, Minerva die Oehlbäume, Mellona das Honig, und den honigsafften Klee, Patulena die Körner in Hülsen, Pomona die Aepffel, Puta die Schalen, Robigo den Regen wieder den Mehlthau und Brand. Runcina das Gipffeln, Schrapffen, Wippeln der Bäume und des Getreidichs. Rusina die Felder, Seia und Segecia oder Segesta den geseeten Samen unter der Erden, Tutilina oder Tutelina das Getreide in der Scheune und uff dem Boden, Vacuna die Bauersleute nach der Ernde, Venus die Myrten und die Rosen.

Weg mit den Heidnischen, ja mit den Teuffelischen Göttern und Göttinnen. Der Einige Segner und Beschirmer unsers Medicinischen Gartens, wie auch aller andern Gärten und Feldern, Gewächsen und Früchten, ist der Ewige Treyeinige Gott, Vater, Sohn und H. Geist, Genes. 1. 11. 13. c. 2. v. 8. 17. Ps. 65. v. 10. 14. Ps. 104. v. 14. 16. Zu dem wenden wir uns in Heil. Andacht, dancken ihm dafür, und beschliessen diesen unsern Architectum Jenensem mit diesem Schrifft- und Danckspruche: Psalm. 104. v. 4. *Herr, wie sind deine Werck so groß und viel, du hast sie alle weißlich geordnet, und die Erde ist voll deiner Güte, Amen.*

geschrieben A.C. 1674. den 10. Febr. hor. 5. vesp.

Nur meinen Nehesten zu Dienste,
vor allen Dingen Gott zu Ehren

Soli DEO gloria!

Jova Triune, ulterius juva

M.A.B.

Register
A.

R5

326

R6

NB. Suche am Ende dieses Registers, was hier übersehen worden.

R16

338

G.

340

H.

R33

R34

346

R36

R37

R38

O.

R48

R50

R51

R54

R57

R60

365

R66

R69

NB.

R72

Verzeichniß der Capitel,
Wie sie in der Ordnung nach einander folgen.

E N D E.